BRASIL
A TURBULENTA ASCENSÃO DE UM PAÍS

MICHAEL REID

BRASIL
A TURBULENTA ASCENSÃO
DE UM PAÍS

Tradução
Cristiana de Assis Serra

Do original: Brazil - The Troubled Rise of a Global Power
Tradução autorizada do idioma inglês da edição publicada por Yale University Press
Copyright © 2014, by Michael Reid

© 2014, Elsevier Editora Ltda.

Todos os direitos reservados e protegidos pela Lei n. 9.610, de 19/02/1998.
Nenhuma parte deste livro, sem autorização prévia por escrito da editora, poderá ser reproduzida ou transmitida sejam quais forem os meios empregados: eletrônicos, mecânicos, fotográficos, gravação ou quaisquer outros.

Copidesque: Cynthia dos Santos Borges Gaudard
Revisão: Tássia Hallais Veríssimo
Editoração Eletrônica: SBNigri Artes e Textos Ltda.

Elsevier Editora Ltda.
Conhecimento sem Fronteiras
Rua Sete de Setembro, 111 – 16º andar
20050-006 – Centro – Rio de Janeiro – RJ – Brasil

Rua Quintana, 753 – 8º andar
04569-011 – Brooklin – São Paulo – SP – Brasil

Serviço de Atendimento ao Cliente
0800-0265340
sac@elsevier.com.br

ISBN 978-85-352-3844-0
ISBN (versão digital): 978-85-352-8190-3
ISBN da Edição original: 978-0300165609

Nota: Muito zelo e técnica foram empregados na edição desta obra. No entanto, podem ocorrer erros de digitação, impressão ou dúvida conceitual. Em qualquer das hipóteses, solicitamos a comunicação ao nosso Serviço de Atendimento ao Cliente, para que possamos esclarecer ou encaminhar a questão.
  Nem a editora nem o autor assumem qualquer responsabilidade por eventuais danos ou perdas a pessoas ou bens, originados do uso desta publicação.

CIP-Brasil. Catalogação na fonte.
Sindicato Nacional dos Editores de Livros, RJ

R284b

Reid, Michael
  Brasil / Michael Reid ; tradução Cristiana de Assis Serra. - 1. ed. - Rio de Janeiro: Elsevier, 2014.
  320 p. : il. ; 23 cm.

  Tradução de: Brazil: the troubled rise of a global power
  Índice onomástico
  ISBN 978-85-352-3844-0

  1. Brasil - Política econômica. 2. Brasil - Condições econômicas. I. Título.

14-14361.   CDD: 338.981
                                             CDU: 622.012

Para Emma

Agradecimentos

Minha primeira dívida de gratidão é para com a *The Economist*, por haver me mandado para o Brasil em primeiro lugar, e por me permitir passar tanto tempo lá nos anos que se seguiram. Sou especialmente grato a John Micklethwait e Edward Carr por terem me concedido uma licença do trabalho para concluir a redação deste livro. Beneficiei-me também dos relatos daqueles que me sucederam no cargo de correspondentes da revista no Brasil – Peter Collins, Brooke Unger, John Prideaux e Helen Joyce. Sou particularmente grato a Helen Joyce, colega e amiga maravilhosa que incentivou minhas frequentes visitas de pesquisa ao Brasil, aceitou que eu a acompanhasse em algumas de suas próprias investigações jornalísticas e teve olhos de águia para encontrar erros no manuscrito. Nathália Sardelli, do escritório da *The Economist* no Brasil, ajudou no rastreio de dados, assim como David Camier Wright. Agradeço a Adam Meara pelos mapas e, particularmente, a Celina Dunlop, por me ajudar a conseguir fotos.

Gostaria de salientar que este não é um livro da "*The Economist*". Nas duas ou três passagens em que reproduzi quase literalmente material da revista, foram matérias que eu mesmo levantei e escrevi. A análise e as avaliações são de minha autoria.

Tive o privilégio de conseguir conversar com muitos líderes políticos e empresariais do Brasil ao longo dos últimos 17 anos e ser brindado com o tempo e os conhecimentos de um sem-número de acadêmicos, jornalistas, líderes da sociedade civil e os brasileiros comuns. Muitos são identificados no livro. Devo um agradecimento especial a algumas dessas pessoas. Quando me propus a escrever este livro, Eduardo Giannetti da Fonseca me deu conselhos valiosos com relação ao que ler (e, igualmente importante, ao que não ler). Ofereceu-me também comentários minuciosos sobre o manuscrito. Leslie Bethell não só me iluminou, em tantas conversas ao longo dos anos, com seu conhecimento enciclopédico e sabedoria a respeito do Brasil, como também me salvou de uma infinidade de erros no manuscrito. Freddy Bilyk, em São Paulo, tem demonstrado excepcional generosidade em cobrir-me de livros e recortes de revista e jornais. Além de publicarem aquele que talvez seja o melhor jornal brasileiro, Celso Pinto, Célia de Gouvêa Franco e Vera Brandimarte, do *Valor Econômico*, presentearam-me com sua amizade e imensa ajuda ao longo desses meus anos de tentativa de compreender seu país. Sou, da mesma forma, grato a Sérgio Amaral pela amizade e sugestões no decorrer de todos estes anos. Roberto

Jaguaribe, embaixador brasileiro em Londres nos últimos anos, tem demonstrado sua generosidade para comigo não só por meio de sua hospitalidade, mas também na discussão comigo de todo tipo de aspectos do Brasil. Agradeço, também, pelas muitas conversas úteis com Norman Gall, Richard Lapper e Mac Margolis. Peter Hakim e Tim Power tiveram a gentileza de compartilhar comigo artigos inéditos. Charlie Forman e John Prideaux deram sugestões úteis sobre os primeiros capítulos. Escusado será dizer que nenhum dos citados possui qualquer responsabilidade pelas análises feitas neste livro, todas exclusivamente minhas.

Devo agradecimentos também a Arthur Goodhart, meu agente; a Robert Baldock, em Yale, inclusive pela paciência com que aguardou por um livro que levou mais tempo do que o previsto; e a Rachael Lonsdale, Candida Brazil e o resto da equipe de Yale, pela agilidade e eficiência em seu trabalho de produção.

Para esta edição em português, agradeço pelo esmerado trabalho da tradutora Cristiana de Assis Serra, de toda a equipe da Editora Elsevier e aos comentários de alguns brasileiros sobre a versão em inglês, que, acima de tudo, permitiram a correção de alguns erros no texto. Mais uma vez, minhas maiores dívidas de gratidão se encontram em minha casa. Roxani, minha filha, e Torsten Wilberg, seu parceiro, revelaram uma excepcional capacidade de compreensão diante da minha falta de disponibilidade por longos períodos. Emma, minha esposa, não só me ajudou com parte da pesquisa e deu valiosas sugestões para o texto, mas me apoiou neste projeto com infinito vigor, apesar de ele tanto interferir em sua vida. É a ela que o livro é dedicado.

Sumário

Introdução: Uma nova potência

1	A agitada ascensão brasileira	3
2	O estilo de vida brasileiro	11

Parte I
A história, a partir da geografia

3	A formação de um povo	25
4	Da monarquia à república do café	50
5	Getúlio Vargas e o "nacional desenvolvimentismo"	73
6	A longa ditadura	91

Parte II
A construção do Brasil democrático

7	Da desordem ao progresso sob Fernando Henrique Cardoso	109
8	O lulismo e o sonho brasileiro	130
9	A longa jornada rumo a uma sociedade de classe média	152
10	Petróleo, agropecuária e Amazônia	178
11	O capitalismo orientado brasileiro	198

Parte III
Perspectivas

12	Ambições e frustrações globais	223
13	Um leviatã sem reformar	245
14	O século do Brasil?	262
	Notas	269
	Bibliografia	293
	Índice Onomástico	299

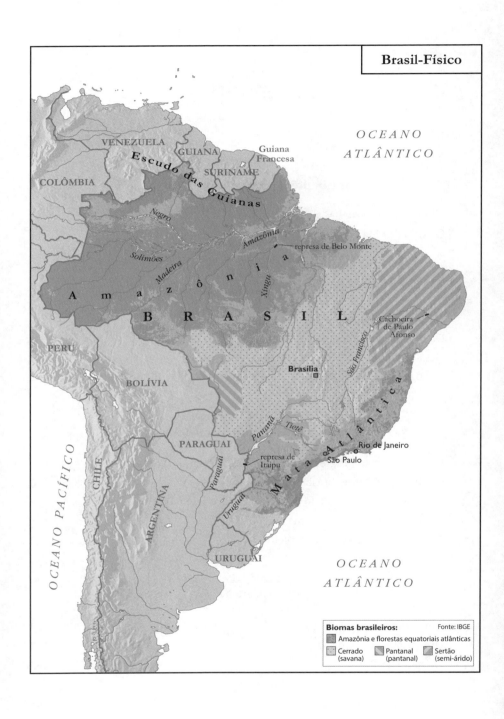

INTRODUÇÃO
Uma nova potência

CAPÍTULO 1

A agitada ascensão brasileira

Em uma fresca manhã de novembro de 2009, o salão de conferências do Hotel Marriott em Mayfair, Londres, estava lotado com centenas de empresários de toda a Europa quando Luiz Inácio Lula da Silva subiu à tribuna para falar. Ex-líder sindical, fundador do Partido dos Trabalhadores (PT) e principal representante da esquerda brasileira por uma geração inteira, desde que se tornou presidente de seu país, em 2003, Lula tornou-se um mestre em seduzir plateias de empresários. Em sua voz de baixo grave, ele começou pedindo que reuniões como aquela ocorressem com maior frequência: "Precisamos nos encontrar mais para entender melhor uns aos outros (...) há tanta coisa acontecendo no Brasil que às vezes não nos damos conta." Em seguida, ele iniciou um relato do programa de eletrificação rural do seu governo ("Luz para Todos"), que havia levado eletricidade a cerca de 2,2 milhões de famílias. "Usamos cabo suficiente para dar a volta ao mundo 21 vezes – se os números que me deram estiverem certos", disse ele. Os empresários riram. O projeto custou ao governo R$9 bilhões (cerca de US$5 bilhões). Mas, acrescentou, em decorrência do programa, mais 1 milhão de aparelhos de televisão e geladeiras foram vendidos – por empresas privadas.

Lula concorreu à presidência pela primeira vez em 1989, pregando o socialismo e conclamando o Brasil a dar calote em sua dívida externa. Perdeu por pouco. Na década de 1990, concorreu e perdeu mais duas vezes, por margens maiores, para Fernando Henrique Cardoso, um sociólogo de quem Lula tinha sido aliado contra a ditadura militar no Brasil. Antes da eleição de 2002, Lula abandonou as políticas de esquerda mais radicais, deslocou-se mais para o centro e reconciliou-se com as reformas favoráveis ao mercado de Fernando Henrique Cardoso, que haviam domado a crônica inflação brasileira e estabelecido uma plataforma para o crescimento. Lula passou a usar ternos italianos. Sua barba acompanhou a evolução de sua política: agora com mais cabelos brancos do que grisalhos, passou a ser bem aparada – uma mudança e tanto em relação ao pelame negro de seus tempos de sindicato. Mas Lula ainda gostava de provocar a burguesia. "Os capitalistas, no nosso país, não percebiam que, para haver capitalismo, é preciso haver capital circulante", disse ele aos empresários no Marriott. Um pouco mais adiante, brincou: "Quando me dizem que os bancos estão ganhando muito dinheiro, eu penso: 'graças a Deus' – afinal, se eles quebrassem, nos custariam uma fortuna."

O principal objetivo de Lula naquele dia era divulgar o que ele chamou de "uma revolução silenciosa no Brasil: a recuperação da autoestima de um país inteiro". Tendo começado seu primeiro mandato adotando e radicalizando as ortodoxas políticas fiscais e monetárias de Fernando Henrique Cardoso, Lula havia presidido uma economia em aceleração. Seu governo conseguiu combinar crescimento com redistribuição de renda, através de grandes aumentos do salário mínimo e ambiciosas políticas sociais. Entre 2002 e 2009, 30 milhões de brasileiros deixaram a pobreza para trás, contabilizou ele. Dispondo pela primeira vez de renda em mãos, este grupo crescente – saudado, por alguns analistas, como uma "nova classe média" – lançou-se à aquisição de bens de consumo, de carros a roupas. Graças aos seus pontos fortes recém-descobertos, o Brasil atravessou relativamente incólume o colapso financeiro mundial de 2008-9, desencadeado pela acidificação das hipotecas sub-prime nos Estados Unidos. Tendo com tanta frequência perdido oportunidades no passado, hoje "o Brasil está desfrutando de um excelente e excepcional momento", concluiu Lula. "Estou convencido de que o século XXI é o século do Brasil." Ele tinha falado por quase uma hora, sem consultar anotações e sem usar um teleprompter. Ao retornar ao seu lugar na plateia, foi assediado com o tipo de fervor normalmente reservado aos jogadores de futebol de seu país.

Eu tinha escutado Lula várias vezes no passado, tanto no Brasil quanto no exterior. Apenas três anos antes, vi-o desfrutar da pompa de um banquete de Estado no Palácio de Buckingham. Em setembro de 2010, pouco antes de os brasileiros elegerem a candidata de Lula, Dilma Rousseff, para sucedê-lo, estive com ele por uma hora e meia em seu espaçoso escritório no Palácio do Planalto, em Brasília, para uma entrevista em que analisamos as realizações e frustrações de sua presidência. Contudo, creio que nunca o vi tão entusiasmado como nessa conferência de Londres, em novembro de 2009. O mundo parecia ter despertado, de uma infinidade de maneiras diferentes, para o Brasil. Na *The Economist*, tentamos capturar esse estado de espírito numa capa daquele mês, que mostrava a icônica estátua do Cristo Redentor, no Rio de Janeiro, subindo no ar como um jato, sob o título "O Brasil decola".

O próprio Lula de repente virou o homem do momento. Em abril do mesmo ano, na cúpula do G20 em Londres, convocada para discutir a crise financeira internacional, Barack Obama tinha declarado, sobre Lula: "Este é o meu cara." Poucas semanas depois, Lula viajou para Ekaterinburg, nos Montes Urais, para a primeira cúpula presidencial dos BRICs, grupo que reúne Brasil, Rússia, Índia e China. Os membros desse quarteto não podiam ser mais diferentes, mas foram associados por Jim O'Neill, economista da Goldman Sachs, em 2001, para representar uma reviravolta do poderio econômico no mundo, afastando-se dos Estados Unidos e da Europa – mudança que ganharia reconhecimento tardio com a formação do G20. Outro indício simbólico de que nada mais se conseguiria na diplomacia global sem passar pelo Brasil e seus novos amigos se deu por ocasião da conferência das Nações Unidas sobre Mudança do Clima em Copenhague, em dezembro de 2009. Quando Obama procurou o primeiro-ministro chinês, Wen Jiabao, para negociações de última hora, encontrou-o sentado com Lula, Manmohan Singh, da Índia, e Jacob Zuma, da África do Sul – e sentou-se ao lado de "meu amigo Lula".[1] A União Europeia, para o desgosto de seus líderes, não participou da conversa.

Na mesma cidade, poucas semanas antes, Lula tinha sido o beneficiário de uma afronta pública a Obama. O Comitê Olímpico Internacional escolheu o Rio de Janeiro para cidade-sede das Olimpíadas de 2016. Chicago, cidade natal política de Obama, foi eliminada na primeira rodada de votação, apesar de o presidente americano ter voado no último minuto para Copenhague a fim de tentar arrebanhar votos. A indicação pareceu ser recebida com genuína boa vontade em todo o mundo, e veio se somar à escolha do Brasil para organizar a Copa do Mundo de Futebol em 2014. Lula, emocionado, afirmou que aquela era uma demonstração de que o Brasil fora finalmente reconhecido como um "país de primeira classe".

Certamente o Brasil é um país de superlativos, em parte, pura e simplesmente, devido ao seu tamanho. Seus 8,5 milhões de quilômetros quadrados fazem dele o quinto maior país do mundo em área, igual à dos Estados Unidos continentais, ocupando quase a metade da massa terrestre da América do Sul. Todos os 28 países da União Europeia caberiam com margem dentro do território brasileiro. Seus 200 milhões de habitantes lhe asseguram o posto de quarta democracia mais populosa do planeta. Com um PIB de US$2,4 trilhões em 2012, foi a sétima maior economia mundial, praticamente empatada com a da Grã-Bretanha, segundo cálculos do FMI.[1*] É o terceiro maior exportador de alimentos, e deve tomar a primeira posição dos Estados Unidos em 2025, segundo previsões da Organização de Alimentação e Agricultura das Nações Unidas (FAO). Já autossuficiente em petróleo, nas profundezas do Atlântico Sul o Brasil fez algumas das maiores descobertas de petróleo do século XXI, o que deve fazer do país um grande exportador até 2020. Mas também é o líder mundial em combustíveis vegetais: metade de seus carros é movida a etanol, derivado da cana-de-açúcar. É o país mais rico do mundo em água doce *per capita*, de acordo com um estudo da FAO. Abrange cerca de 70% da floresta amazônica, o que o coloca como um dos protagonistas nos debates internacionais sobre a redução das emissões de carbono e o alívio da mudança climática. Entretanto, o Brasil não é apenas um produtor de commodities: foi classificado como a sexta maior potência manufatureira do mundo em 2010.

Quando a Goldman Sachs cunhou o rótulo BRICs, em 2001, a princípio houve alguns comentários de que o Brasil não teria lugar naquele grupo. Sua economia crescia muito mais devagar do que nos outros três países, e havia mesmo certa preocupação com relação à possibilidade de que não conseguisse honrar sua dívida em 2002. A China se encontrava, claramente, em uma posição única: graças ao seu tamanho e rápido crescimento, estava na iminência de se tornar o único país capaz de rivalizar com os Estados Unidos como superpotência. A Índia era mais pobre do que os outros três, mas estava crescendo rápido (pelo menos até 2012) e era a democracia mais populosa do mundo. Quanto à Rússia, era a mais rica dos quatro, com uma renda *per capita* de US$15,8 mil; tinha armas nucleares e assento permanente no Conselho de Segurança da ONU, além de se beneficiar dos reflexos geopolíticos de seu *status* de ex-superpotência, estendendo seus tentáculos sobre os Bálcãs e o Oriente Médio.

A bem da verdade, o Brasil desfrutava de algumas vantagens em relação aos outros BRICs: sua renda *per capita* girava em torno de US$12 mil em 2012; em termos de poder de compra, era cerca de um terço maior que o da China (embora essa lacuna

---

[*] Perdendo para Estados Unidos, China, Japão, Alemanha, França e Reino Unido, ao câmbio de mercado. O Brasil também foi o sétimo na lista do FMI de economias mensuradas de acordo com o poder de compra, mas, nesse caso, Índia e Rússia vêm tomar o lugar de França e Reino Unido.

estivesse sendo rapidamente preenchida pelos chineses) e quase três vezes maior que o da Índia. Quase metade dos brasileiros usou a internet em 2012, percentual semelhante ao da Rússia e maior do que o da China ou da Índia. Os brasileiros são os segundos mais ávidos usuários do Facebook, perdendo apenas para os americanos.[2] De modo mais geral, o Brasil era, sob muitos aspectos, o mais aberto e "ocidental" dos quatro (embora em determinados sentidos essa aparência possa ser enganosa). Ademais, não só era uma democracia, como estava livre das tensões religiosas ou étnicas e da violência terrorista que afligiam os outros três. O país não tinha fronteiras em disputa nem enfrentava nenhuma ameaça estratégica evidente. A ascensão da China à posição de superpotência parece inevitável, no fim das contas; mas seria uma surpresa caso seu crescimento econômico meteórico não sofresse nenhum tropeço em algum momento, o que por sua vez poderia desencadear distúrbios e tensões políticas de consequências imprevisíveis, mas potencialmente importantes. Quanto à Índia, sofria com a pobreza rural generalizada e era dividida em castas, clivagens étnicas e religiosas, de modo que sua ascensão recente pode mesmo parecer "estranha" e "contrária aos desígnios divinos", para tomar emprestado o título de um livro recente.[3] Já a Rússia encontrava-se, discutivelmente, em declínio, não em ascensão. Sua economia era ainda mais dependente da produção de commodities (petróleo e gás, em seu caso) do que a brasileira, e seu sistema político era permeado por intimidação e corrupção.

Apesar dessas dúvidas iniciais, graças em grande parte às reformas econômicas implementadas por Fernando Henrique Cardoso – às quais Lula optou por dar continuidade –, o Brasil parecia ter alcançado aquela combinação de crescimento econômico mais rápido e baixa inflação que por tanto tempo lhe tinha escapado. O país era cada vez mais citado por empresários e políticos em associação com a China e a Índia. "O Brasil é o lugar onde todo mundo quer estar", declarou Paul Volker, ex-presidente do Federal Reserve americano e assessor de Obama, em uma visita ao país em 2010.[4] Quando questionado acerca de seu maior arrependimento durante seu mandato como Ministro dos Negócios Estrangeiros da Grã-Bretanha, entre 2007 e 2010, David Miliband respondeu "não ter visitado o Brasil".[5] As firmas de private equity se estapeavam para lançar fundos brasileiros, enquanto outras empresas, de agências de publicidade a gigantes das telecomunicações, pagavam os preços aparentemente mais alucinados para conquistar uma posição no país, através da compra de rivais locais.

Ao mesmo tempo, as empresas brasileiras começavam a deixar a sua marca no mundo. Assim como a Petrobras, a companhia petrolífera nacional, a crescente coorte de gigantes multinacionais brasileiras incluía a Vale, segunda maior mineradora do mundo; a Embraer, terceira maior fabricante de jatos para aviação civil; dois grandes bancos privados, Itaú e Bradesco, além do BTG-Pactual, o principal banco de investimentos da América Latina; e a JBS-Friboi, um negócio familiar nascido como um pequeno açougue no estado de Goiás, nos rincões do Centro-Oeste brasileiro, que em menos de 60 anos se converteu na maior empresa de carne do mundo. Além destes, a crescente lista de multinacionais incluía aquelas "empresas brasileiras de que você nunca ouviu falar", nas palavras de Roger Agnelli, então presidente da Vale, na conferência de

Londres, citando nomes como Brasil Foods, Gerdau (a siderúrgica) e duas empresas de engenharia, Weg e Embraco. Minutos depois, Emilio Botín, cujo Banco Santander acabara de vender 16% de sua operação brasileira para os investidores por US$8 bilhões, na maior oferta pública inicial de ações de 2009, subiu à tribuna para proclamar que São Paulo em breve seria "um centro financeiro de importância mundial".

Esperança seguida de decepção

Todo esse ufanismo naturalmente provocava o pensamento cético de que aquilo tudo talvez não passasse de um exagero. A "esperança seguida de decepção" é um padrão brasileiro típico, como Fernando Henrique Cardoso já assinalou.[6] O potencial do país é óbvio há muito tempo, tanto para os brasileiros quanto para os de fora. Em 1940, Stephan Zweig, escritor austríaco que se mudou para o Rio de Janeiro para escapar dos nazistas, escreveu um livro ardente intitulado, em sua tradução para o português, *Brasil, um país do futuro.** Mas o humor popular no Brasil não demorou a acrescentar: "... e assim vai continuar" – brincadeira que se transformou em um clichê ressentido. O país era um sinônimo de promessa assombrosamente não cumprida.

Naturalmente, após o crescimento econômico atingir um pico de estonteantes 7,5% em 2010, ano eleitoral em que Lula assistiu ao triunfo da sua candidata à sucessão, Dilma Rousseff, o Brasil começou a sofrer decepções e algo como um retrocesso em sua reputação. Como escrevemos em nossa capa de novembro de 2009, "assim como seria um erro subestimar o novo Brasil, igualmente equivocado seria encobrir suas vulnerabilidades".[8] Muitos fabricantes brasileiros não eram nada competitivos, ao passo que o setor de serviços era prejudicado pela baixa produtividade. Isso se devia, em parte, ao fraco desempenho do país na educação; e também em virtude de um sistema tributário oneroso e uma burocracia sem sentido. Em um país ainda jovem em termos demográficos, os gastos previdenciários estavam subindo de forma alarmante. Enquanto isso, o investimento público em infraestrutura mantinha-se irrisório: os portos, aeroportos e estradas brasileiros não eram funcionais, e a capacidade do país de gerar suficiente energia para alimentar o crescimento econômico era alvo de questionamentos. As desigualdades de renda e poder começavam a ser reduzidas, mas ainda eram gritantes. Enquanto uma minoria abastada levava uma vida de opulência em vastas fazendas, ou nos luxuosos apartamentos à beira-mar dos bairros nobres da Zona Sul carioca e nos arborizados bairros paulistas dos Jardins, Vila Nova Conceição e Morumbi, uma massa de migrantes pobres do campo viviam amontoados em favelas em geral miseráveis. A violência do crime e, às vezes, da polícia, continuava assolando a vida de muitos, especialmente os jovens, os negros e os moradores das comunidades carentes. A vida política era marcada por uma exagerada proliferação de partidos, pela disputa desenfreada por patrocínios e mamatas, e pelo poder de veto exercido por interesses particulares. O Judiciário era moroso. Era difícil fazer valer o Estado de Direito. A corrupção ainda era

---

* A edição original em alemão foi chamada simplesmente de *Brasilien*, mas seu frontispício citava uma carta, de 1868, escrita por um diplomata austríaco, Conde Prokesch-Osten, na qual ele saudava o país como "um lugar novo; um magnífico porto, distante da puída Europa; um novo horizonte político; uma terra do futuro...".

generalizada. Por todas essas razões, a riqueza gerada pelo petróleo poderia facilmente vir a constituir uma desgraça econômica, tanto quanto um benefício.

Temporariamente ofuscados durante o boom dos anos Lula, esses problemas arraigados vieram à tona durante a presidência de sua sucessora, Dilma Rousseff. Por mais que sua vitória tenha se devido à extraordinária popularidade de Lula e ao seu enérgico patrocínio, não deixou de ser outro marco na história brasileira o fato de ela ser a primeira mulher a governar o país. Sua primeira tarefa ao assumir a presidência foi lidar com as consequências das políticas econômicas expansionistas que ajudaram a elegê-la para o cargo. Dilma, como é chamada pelos brasileiros, deparou-se com um difícil número de malabarismo, tentando manter o crescimento e, ao mesmo tempo, tendo de restringir a inflação e vendo-se às voltas com as consequências da ampla supervalorização da moeda (fruto, em parte, das tentativas desesperadas dos bancos centrais americano e europeus de injetar dinheiro em suas economias; mas também consequência da minguada poupança e das altas taxas de juros brasileiras). Seu governo não se saiu bem nesse desafio, ziguezagueando de uma política para outra – e as constantes intromissões da presidente só faziam alimentar a incerteza. Em meados de 2011, a economia havia chegado mais ou menos a um impasse, e só ao fim de 18 meses de estagnação ensaiou uma morna recuperação. A inflação ultrapassou os 6% ao ano, e caiu o ritmo de crescimento da renda real. Vários dos maiores economistas brasileiros advertiam que o amplo consenso em torno da política econômica que havia sustentado o progresso do país ao longo das duas décadas anteriores tinha começado a ruir, e que o governo estava retomando certos hábitos intervencionistas do passado;[9] defendiam que, sem uma nova rodada de reformas liberais, o Brasil não teria como crescer mais de 2% a 3% ao ano sem deflagrar a inflação. Também os comentaristas estrangeiros voltaram a se concentrar nos pontos fracos do país.[*++]

A tese amplamente aceita era a de que Rousseff estava de olho na reeleição em 2014. De repente, contudo, em junho de 2013 o Brasil viu-se convulsionado por protestos públicos em uma escala que há uma geração não se via no país. Em essência, foi um clamor de insatisfação com o que muitos brasileiros viam como uma classe política corrupta, não representativa e preocupada com seus interesses particulares, bem como com a má qualidade dos serviços públicos – hospitais e saúde em geral, educação e transporte público. Embora logo tenham se extinguido, as manifestações foram um profundo choque para o sistema político. Junto com a recessão econômica,

---

[*++] O ceticismo renovado foi sintetizado em um artigo na revista *Foreign Affairs* ("Bearish on Brazil: The Commodity Slowdown and the End of the Magic Moment" ["Pessimismo brasileiro: a desaceleração das commodities e o fim do período de encantamento"], maio/junho de 2012), de autoria de Ruchir Sharma, economista do Morgan Stanley, banco de investimento de Wall Street. Ele atribuiu o crescimento mais acelerado do Brasil exclusivamente ao boom dos preços mundiais das commodities, acarretado pela industrialização da China e pelo excesso de liquidez global. Diante da desaceleração chinesa e do iminente esgotamento do dinheiro barato no mundo rico, defendeu ele, o Brasil fatalmente sofreria as consequências de sua dependência das altas taxas de juros e do dispendioso Estado de bem-estar social, ambos decorrentes da obsessiva busca por estabilidade, não pelo crescimento. Embora o artigo de Sharma contivesse alguns equívocos (por exemplo, o programa de transferência de renda do Bolsa Família não é, na verdade, um item que onere o orçamento). Mesmo assim, não deixou de ter também uma boa dose de verdade.

sugeriram que o ciclo inebriante de progresso das duas décadas anteriores havia, pelo menos, dado uma pausa.

O país tem uma tradição de iludir pelo ufanismo. De 1930 a 1980, a economia brasileira foi uma das que mais cresceram em todo o mundo. Na década de 1950, o presidente eleito Juscelino Kubitschek prometeu animadamente "50 anos (de desenvolvimento) em 5", e pôs-se a transformar o Brasil em uma potência industrial. Como atestado da modernidade do país e símbolo de sua ambição, ele construiu uma nova capital, Brasília, no coração do Planalto Central. Da mesma forma, na década de 1970, diante do crescimento que chegava aos dois dígitos os generais que então governavam o país proclamaram um "milagre" econômico e lançaram uma campanha de propaganda intitulada "Brasil Grande". Tanto numa ocasião quanto na outra, os estrangeiros se deixaram arrebatar pela onda de otimismo, só para verem o país sair dos trilhos mais à frente. Foi só no campo de futebol que o Brasil veio a ser uma superpotência, vencendo cinco Copas do Mundo entre 1958 e 2002, recorde que nenhum outro país igualou até agora. Entretanto, nenhum brasileiro ainda ganhou um Prêmio Nobel.

Quando morei no país, entre 1996 e 1999, como primeiro correspondente residente da *The Economist*, convenci-me de que o país tinha pontos muito fortes, alguns deles pouco evidentes, além das vulnerabilidades, que saltam mais à vista. Eu acreditava que estava em andamento um amplo processo de reforma, que promoveria o progresso do país no decorrer dos anos seguintes. Desde então, tenho visitado o Brasil com frequência, passando longos períodos no país. Ainda acredito que seu progresso recente seja baseado em fundamentos econômicos e sociopolíticos muito mais consistentes do que durante a era Kubitschek ou o "milagre econômico" dos generais. Este progresso é dissecado na Parte II, que compõe a maior parte do livro. As vantagens do Brasil em termos energéticos, agrícolas e, cada vez mais, nos campos de pesquisa e científico são reais, e não vão desaparecer. A sociedade brasileira é vibrante e criativa (embora continue sendo injusta). Todavia, ainda que eu não acredite que o país corre o risco de outro colapso econômico, como muitos brasileiros receio que, sem a liderança política e as políticas corretas e sem reformas políticas, entre outras, seu ritmo de avanço pode vir a decepcionar tanto brasileiros quanto estrangeiros. Na tentativa de resumir essas dúvidas, em setembro de 2013 repetimos, na *The Economist*, nossa capa de 2009, com a estátua do Cristo Redentor voltando a aterrissar e a pergunta "Será que o Brasil estragou tudo?". Na Parte III procuro responder essa interrogação, além de explorar o impacto que o país terá sobre o restante do mundo nos próximos anos.

Centenas de milhares de torcedores de todo o mundo estão se preparando para visitar o Brasil, primeiro para a Copa do Mundo e, em seguida, para os Jogos Olímpicos. O país que encontrarão é mais complexo do que pode parecer à primeira vista. Embora o turismo tenha ganhado fôlego nos últimos anos, o Brasil continua sendo surpreendentemente desconhecido no exterior – ao menos para além dos clichês – e ainda é pouco estudado. Isso talvez se deva, em parte, ao fato de a língua portuguesa ser falada por um número relativamente pequeno de não brasileiros em todo o mundo. Mesmo os especialistas em América Latina, em sua maioria, falam apenas o espanhol.

Meu outro objetivo neste livro é tentar oferecer uma interpretação e uma explicação do Brasil de hoje. Para tanto, tratei de mergulhar no passado. Diferentemente da Índia ou da China, cujas civilizações e culturas têm milênios de história ininterrupta, o Brasil é um país relativamente "jovem". Sob outros aspectos, contudo, não se trata de uma terra tão nova assim. O país manteve praticamente as mesmas fronteiras desde os tempos coloniais (ao contrário dos Estados Unidos). Estabeleceu-se como Estado-Nação antes da Alemanha ou da Itália. A história do Brasil marcou o país em certos sentidos básicos, que ajudam a explicar seus problemas e *modus operandi* atuais. Essa trajetória constitui o tema da primeira parte do livro, que se concentra especialmente em diversos temas que até hoje assombram o país. Um deles é a dificuldade enfrentada por Portugal, uma potência colonial relativamente fraca, para povoar e manter o controle de sua enorme colônia; outro diz respeito às circunstâncias únicas que cercaram a conquista da Independência, em 1822. A experiência colonial brasileira e a monarquia independente que se seguiu afetaram os hábitos de governo do país, por mais que estes tenham sofrido uma evolução vertiginosa no decorrer do século XX, quando o Brasil se empenhou em modernizar-se economicamente. O terceiro tema primordial é a maneira como a prática da escravidão em larga escala e a importação forçada de milhões de escravos africanos deixaram uma marca indelével na sociedade brasileira e em sua política, a ponto de constituir a causa isolada de maior peso para suas persistentes desigualdades sociais. Embora o Brasil não tenha chegado a praticar a segregação racial que tanto onerou os Estados Unidos ou a África do Sul, grande parte dos pobres do país, ainda hoje, tem a pele mais escura do que os mais ricos.

A história também distingue o lusófono Brasil de seus vizinhos de língua espanhola. A diferença mais evidente diz respeito ao fato de que, por ocasião de sua independência política, a América espanhola fragmentou-se em mais de uma dúzia de repúblicas distintas, ao passo que o Brasil permaneceu unificado. Sob vários aspectos, o Brasil pode ser comparado aos Estados Unidos: ambos possuem vastas massas de terra continentais, com acentuadas variações regionais em termos climáticos, topográficos e demográficos; ambos foram caracterizados por uma fronteira interna aberta, assim como pela inquieta energia dela decorrente; e ambos são cadinhos raciais, embora haja diferenças consideráveis nos detalhes. Como nos Estados Unidos, muitas coisas no Brasil tendem a ser grandes: as distâncias, as paradas de caminhões, os restaurantes e o tamanho das porções de comida, por exemplo. Como os americanos, não causa estranhamento aos brasileiros ter de dirigir por vários dias para chegar a algum lugar. O resultado é que os dois maiores países das Américas se assemelham, embora muitas vezes um pareça um reflexo distorcido do outro. Talvez por isso ambos com frequência se frustrem e decepcionem com o comportamento um do outro.

Em suma, o Brasil é um universo à parte, e os brasileiros, como os americanos, são dotados de um forte senso da própria excepcionalidade. Há muito têm consciência do potencial de seu país, e sentem-se frustrados e aflitos com a sua incapacidade de realizá-lo. Como um petisco servido antes do prato principal deste livro, o próximo capítulo apresenta um breve retrato desta terra excepcional e de seu povo.

CAPÍTULO 2

O estilo de vida brasileiro

"O Brasil é um país imenso, um continente de alta complexidade humana, ecológica e social", nas palavras de Lula em seu discurso de posse como presidente em 1º de janeiro de 2003. Em termos geográficos, a maior parte do país situa-se nos trópicos. O Brasil contém muitos dos diferentes ambientes do planeta, excetuando-se condições alpinas: seu ponto mais alto, o Pico da Neblina, tem pouco menos de 3.000 metros, erguendo-se, na fronteira com a Venezuela, no Escudo da Guiana, o geologicamente ancestral coração da América do Sul. Três grandes bacias hidrográficas dividem o país: a do Amazonas, a do Paraná, no Sudoeste, e a do São Francisco, que nasce em Minas Gerais e corre para o Norte, paralelo ao litoral, antes de desaguar no mar entre Recife e Salvador. Mesmo em seu estado um pouco reduzido, a floresta amazônica ainda cobre quase metade do país. Grande parte do restante é cerrado, as vastas savanas que se estendem, em um gigantesco crescente, desde o Mato Grosso até o Piauí e o Maranhão. A faixa costeira relativamente estreita e o interior imediatamente contíguo ainda são as áreas mais densamente povoadas do país.

O Brasil é dividido em cinco regiões (ver mapa no início do livro). A Região Sul é uma zona temperada, que atraiu um grande volume de imigrantes da Europa (alemães, italianos e leste-europeus) nos últimos dois séculos. É uma terra de agricultura familiar e muitos brasileiros loiros, que confundem os estereótipos do país trazidos pelos forasteiros, e de cidades com nomes como Novo Hamburgo e Blumenau (onde se realiza uma Oktoberfest que atrai multidões). Com 26 milhões de habitantes, o Sul corresponde a apenas 7% do território nacional e é a segunda região mais rica em renda *per capita*, perdendo apenas para o Sudeste; todavia, apresenta os mais altos níveis de desenvolvimento humano. No Paraná e em Santa Catarina há muitas fábricas modernas; o Rio Grande do Sul, cujos habitantes são conhecidos como gaúchos, é um estado de fronteira, que desempenhou um importante papel na história do país. Algumas de suas indústrias tradicionais, como a calçadista, a metalúrgica e a vinícola, têm enfrentado dificuldades, nas últimas décadas, para se manterem competitivas.

O Sudeste é o coração e a potência econômica do Brasil, com 77 milhões de habitantes. Aí se localizam as duas maiores cidades do país. O Rio de Janeiro é uma cidade com marcante presença portuguesa e africana mas, tendo sido a capital de 1763 a 1960 e a principal porta de entrada do país até o final do século XIX, é um núcleo urbano naturalmente cosmopolita. É abençoada com um dos ambientes urbanos mais belos e dramáticos do planeta, com morros afunilados e florestas residuais debruçados sobre o Atlântico, terra e água em constante interação nas lagoas costeiras e na Baía de

Guanabara, cravejada de ilhotas. A cidade encarna a típica mistura brasileira do avassalador, do pitoresco e do miserável. Ao mesmo tempo em que é coalhado de favelas, o Rio possui dois dos mais famosos cartões-postais urbanos do mundo: Copacabana e Ipanema, bairros nascidos apenas na década de 1890, depois que túneis foram rasgados nas montanhas de granito que os separam do centro da cidade. Os "cariocas", como os moradores da cidade são conhecidos, são vistos pelos outros brasileiros como melhores em festejar do que em trabalhar – imagem que se deve, em parte, ao fato de que no Rio, uma das maiores cidades costeiras do mundo, a praia é um espaço social de destaque. É um lugar para se encontrar e fazer amigos, jogar futebol e, às vezes, falar de negócios, como escreve o biógrafo da cidade, Ruy Castro: "No Rio as pessoas vão à praia como quem vai ao cinema, às compras ou ao banco, porque ela está lá, 24 horas por dia, o ano inteiro."[1] Depois que o governo federal mudou-se para Brasília, o Rio sofreu décadas de declínio econômico, desgoverno corrupto e introversão narcisista. Nos últimos anos, porém, vem experimentando um renascimento graças à expansão da indústria do petróleo, sediada na cidade; a importantes empreendimentos industriais no estado; e à ascensão do comércio eletrônico, que permitiu à maior parte do setor de gestão de ativos financeiros retornar de São Paulo para o elegante bairro do Leblon, à beira-mar. Os cariocas esperam que os Jogos Olímpicos venham selar essa sua retomada.

Originalmente um posto avançado provincial, o café e, em seguida, a industrialização transformaram São Paulo em uma das cidades de crescimento mais acelerado do mundo por grande parte do século XX: sua população saltou de apenas 65 mil habitantes em 1890 para 570 mil em 1920, chegando a uma metrópole de 12 milhões de moradores até 1970 e cerca de 18 milhões hoje. Tornou-se a capital econômica e empresarial do Brasil e, na década de 1970, a maior cidade industrial do Hemisfério Sul. Claude Lévi-Strauss, o antropólogo francês que lecionou na recém-fundada Universidade de São Paulo na década de 1930, escreveu sobre a cidade na época: "Pastagens estendiam-se ao pé de blocos de concreto; uma área inteira de repente podia passar a existir, como uma miragem." Ele assinalou que, em seu crescimento vertiginoso, São Paulo foi muitas vezes comparada a Chicago; hoje a referência seriam cidades chinesas como Chongqing ou Chengdu. Como o Sul do Brasil, São Paulo atraiu imigrantes da Itália e da Alemanha, mas também muitos sírios e libaneses, bem como japoneses e coreanos. Se o Rio dependia do governo, São Paulo girava em torno dos negócios. A diferença entre as duas foi expressa por Victor Civita, imigrante italiano fundador do Grupo Abril, o maior grupo editorial do Brasil. Quando ele chegou ao Brasil, em 1949, foi alertado por moradores do Rio de que São Paulo era provinciana, desprovida da gente criativa de que uma empresa de comunicação necessitava. Mas Civita gostou de São Paulo, que lhe pareceu ser repleta de empreendedores – lembrou-lhe sua Milão natal, ao passo que julgou os cariocas parecidos com os romanos, bons para brincar, mas não para trabalhar.[2] São Paulo passou por uma difícil transição com a abertura da economia na década de 1990, deixando grande parte de sua indústria para trás e emergindo como capital empresarial, financeira e cultural do Brasil, uma cidade do mundo. Sua imagem sofreu uma metamorfose similar. Era muitas vezes retratada como uma distopia urbana. Os super-ricos pairam de helicóptero nas alturas enquanto lá embaixo, nas feias ruas congestionadas, manadas de motoboys jogam com a morte e os paulistanos correm entre o trabalho e suas casas nos inumeráveis edifícios cercados de guardas e grades de ferro. Nos últimos anos, a cidade também passou a ser vista como o epítome do cool brasileiro, com seus edifícios modernistas e extraordinária energia criativa, seu florescente mercado de arte contemporânea e restaurantes gourmets. No entanto, além do centro antigo e outros poucos bairros de negócios, São Paulo se reveste de um aspecto estranhamente suburbano, fruto da ascensão meteórica vivida pela cidade, em lugar de uma evolução orgânica.

A economia paulistana é alimentada pelo rico e vasto interior do estado, coração do agronegócio brasileiro e lar de uma fieira de cidades menores com modernas indústrias de alta tecnologia, como Campinas e São José dos Campos. Muitas das melhores cidades para se morar no Brasil e de crescimento mais acelerado são de médio porte, espalhadas pelo interior de São Paulo e outros estados do país. No total, o estado de São Paulo, com cerca de 40 milhões de habitantes, é responsável por um terço do PIB do país; sua economia de mais de US$800 bilhões é maior do que as da Argentina, do Uruguai e do Paraguai (fundadores, com o Brasil, da área de livre comércio do Mercosul) juntas.

Minas Gerais, o segundo estado mais populoso, com 20 milhões de habitantes, é extremamente diversificada. No Sudoeste do estado, predominam colinas cobertas de plantações de café e pontilhadas de cidades de indústria leve; o Sudeste, antes coberto de florestas, é, sob muitos aspectos, uma extensão do Rio de Janeiro; o centro do estado caracteriza-se pelas montanhas, pela mineração e pela indústria pesada; o recanto Nordeste é pobre e rural, ao passo que, no Oeste, a área conhecida como Triângulo Mineiro possui uma agricultura próspera e moderna e empresas de logística. João Guimarães Rosa, escritor por vezes chamado de "o James Joyce brasileiro", descreveu seu estado natal como "a montanha, montanhas, o espaço erguido, a constante emergência, a verticalidade esconsa, o esforço estático", mas acrescentou: "Minas Gerais é muitas. São, pelo menos, várias." Era, escreveu ele, "muito Brasil, em ponto de dentro, Brasil conteúdo, a raiz do assunto".[3] Minas tem uma arraigada tradição política, misturando rebelião liberal e conservadorismo agrário. Os mineiros são vistos pelos outros brasileiros como reservados, matreiros e perspicazes.

O Nordeste é, tradicionalmente, a região mais pobre do Brasil. No litoral prepondera o plantio de açúcar e algodão; no interior estende-se o árido sertão, dominado pela pecuária extensiva e pela agricultura de subsistência. Os 53 milhões de habitantes da região têm uma renda *per capita* de apenas cerca de dois terços da média nacional. Dos nove estados da região, os três mais importantes são Bahia, Pernambuco e Ceará, com as respectivas capitais Salvador, Recife e Fortaleza. Suas fortunas relativas têm oscilado. Pernambuco, um estado com intensa tradição liberal e rebelde, declinou durante grande parte do século XX, mas neste século vem se fortalecendo sob uma vigorosa liderança política. A Bahia se beneficiou, entre 1964 e 1985, do investimento dos governos militares na indústria pesada. A vasta chapada no Oeste do estado vem desenvolvendo uma agricultura moderna, assemelhando-se ao Centro-Oeste. Salvador, capital do Brasil colonial até 1763, é a cidade mais africana do país, um centro da cultura e da música negras brasileiras. O Ceará, outrora um dos estados mais pobres do Brasil, começou a implementar reformas pioneiras a partir de fins da década de 1980, investindo em saúde comunitária e educação; com custos de mão de obra inferiores aos do Rio Grande do Sul, tornou-se um centro calçadista. Piauí e Maranhão agora disputam o ignominioso título de estado mais pobre do país. Desde a década de 1980 o governo do Maranhão encontra-se nas mãos do ex-presidente José Sarney e sua família.

O Centro-Oeste é uma região em rápido crescimento, tanto em termos econômicos quanto populacionais. É a fronteira agrícola do Brasil, ocupando a maior parte do cerrado; após o impulso inicial do estabelecimento de Brasília como capital federal, a região foi convertida pela "revolução verde" brasileira dos anos 1970 de um vasto ermo em terras agrícolas. É o lar de grande parte da cultura de soja, bem como de açúcar e algodão. Nos últimos tempos vem despertando o interesse de setores da indústria como o processamento de alimentos, usinas de açúcar e etanol e até montadoras de automóveis. Visto de cima, grande parte do Centro-Oeste é uma paisagem aparentemente vazia, composta de amplos campos, grandes retângulos e círculos marrons e verdes, as pradarias brasileiras.

O Norte compreende seis estados e corresponde a dois quintos da área total do país. Rivaliza com o Nordeste em termos da pobreza de sua população, e com o Centro-Oeste na rapidez de seu crescimento demográfico. Junto com Mato Grosso, Tocantins e a metade ocidental do Maranhão, constitui a "Amazônia legal", unidade territorial definida pelo governo brasileiro à qual se aplicam várias políticas de desenvolvimento, e, mais recentemente, de conservação. Essa vasta área equivale a 60% do país, e não só contém a maior floresta tropical do mundo, mas também é o lar de 24 milhões de pessoas, em sua maioria vivendo em núcleos urbanos. Os dois maiores, Manaus e Belém, contam, cada um, com uma população de cerca de 2 milhões de habitantes. Belém é um grande porto que se ergue próximo à foz do Amazonas. Manaus, no coração da floresta, junto à confluência dos rios Solimões (Amazonas) e Negro, possui uma célebre casa de ópera, construída no auge do ciclo da borracha, em fins do século XIX, mas é mais conhecida pelos brasileiros como o lugar onde se concentra a maior parte da produção de bens de consumo eletrônicos do país, resultado bizarro de uma zona franca instituída por um dos governos militares da década de 1960.

Futebol, família e outras religiões

Se o Brasil é de fato "a nação mais emocionante do mundo", como afirmou recentemente o *Financial Times*, é graças não só à sua geografia mas também ao seu povo, cultura e democracia cada vez mais vibrante. O que define os brasileiros? A julgar pelo estereótipo, a resposta deveria começar pelo futebol, carnaval e sexualidade, bem como por uma exuberância tropical sintetizada por Carmen Miranda, cantora brasileira que alcançou a fama em Hollywood em parte pelo uso de fruteiras como chapéus.** Os brasileiros,

---

* *Nota da Tradutora*: Carmen Miranda era, na verdade, luso-brasileira, segunda filha de um casal de portugueses que emigraram para o Brasil, aonde ela chegou com menos de 1 ano e nunca retornou à sua terra natal.

naturalmente, se ressentem por serem reduzidos a tais caricaturas, por mais que estas de fato forneçam certas pistas acerca da psicologia e da cultura nacionais.

Comecemos pelo futebol. A prática chegou ao país em 1894, introduzido por Charles Miller, filho de um engenheiro ferroviário escocês desconhecido na Grã-Bretanha mas célebre no Brasil, homenageado em estátuas e nomes de ruas. Os brasileiros não demoraram a aderir ao esporte, no qual se tornaram os melhores do mundo. Em sua melhor forma – as seleções nacionais das décadas de 1950 a 1980 – o futebol brasileiro foi elevado a uma forma de arte, sendo chamado de "o jogo bonito". Para o antropólogo e escritor Gilberto Freyre, o futebol brasileiro "é como uma dança", uma qualidade por ele atribuída à influência africana no país.[4] Na verdade, o futebol brasileiro costuma mesclar uma criatividade mágica a um obstinado aspecto físico (encarnado pela equipe que conquistou a Copa do mundo em 1994); talvez seja o melhor exemplo do talento brasileiro para o trabalho em equipe que salta aos olhos dos teóricos de gestão.[5] Por outro lado, o esporte tornou-se também um elemento central da identidade nacional brasileira. O sucesso em campo proporcionou "uma confiança em nós mesmos que nenhuma outra instituição deu ao Brasil na mesma proporção", nas palavras do antropólogo Roberto DaMatta.[6] Ademais, a lealdade a um determinado clube é uma forma de estabelecer uma identidade social. "Qual o seu time?" é uma das primeiras perguntas que as pessoas fazem umas às outras ao se conhecerem. Das incontáveis religiões do Brasil, o futebol é uma das mais arraigadas. O país para por completo nos dias em que a seleção joga na Copa do Mundo; abate-se sobre as ruas de São Paulo e outras cidades um silêncio espectral. Antes da Copa de 2010, os operários da Embraer, a fabricante de aviões, optaram por trabalhar sete minutos a mais por dia durante várias semanas, a fim de ter tempo para assistir aos jogos do Brasil.[7] É o único país de cuja seleção se espera que vença a Copa do Mundo como um direito e uma obrigação – o que gera uma enorme pressão sobre os jogadores em 2014, com o campeonato disputado no Brasil. A vantagem de jogar em casa deve ajudar: não há no mundo torcedores mais barulhentos ou apaixonados do que os brasileiros, homens ou mulheres. Embora uma pequena parte da população não se interesse pelo esporte, é uma minoria silenciosa.

O Carnaval é outra expressão de talento brasileiro tanto para o trabalho em equipe quanto para a fusão cultural. Suas origens remontam ao Carnaval de estilo italiano trazido pela corte portuguesa em sua breve estada no Brasil durante as guerras napoleônicas; no final do século XIX, porém, essa manifestação tinha se fundido a um carnaval negro, uma festividade de bairro. O samba, a música do Carnaval, também data do século XIX. O caráter espontâneo local do Carnaval como uma festa de rua de proporções gigantescas sobrevive em alguns lugares ainda hoje. Em Salvador, inclui sistemas ensurdecedores de som montados sobre caminhões. No Rio, há muito encoberto pela disputa organizada entre as chamadas "escolas" de samba, que se tornaram influentes instituições sociais que são responsáveis por projetos comunitários e passam meses a fio se preparando para as festividades. O Carnaval é um glorioso espetáculo multimídia de música, canto e dança, com fantasias e coreografias elaboradas – "uma ópera a céu aberto", na definição de Ruy Castro.[8] É uma ópera fabulosamente democrática – pois o Carnaval também representa o mundo de cabeça para baixo por alguns dias. Os trajes carnavalescos, significativamente chamados de "fantasias", "permitem a livre circulação de pessoas em um espaço social que no mundo cotidiano lhes é vedado pelos preconceitos e repressões hierárquicas", analisa DaMatta.[9] Como o futebol – e em agudo contraste com grande parte da vida diária e política – o Carnaval segue regras específicas, que se aplicam de igual maneira a todos os participantes. E como os times de futebol, as escolas de samba são em sua maior parte integradas por pessoas oriundas dos setores mais pobres da sociedade. Ambos constituem arenas em que ricos e pobres, negros e brancos, se misturam em igualdade de condições.

O caráter orgiástico do Carnaval deve muito ao clima (ninguém vai querer dançar com muita roupa em um calor de bem mais de 30°C) e à atitude descontraída dos brasileiros de maneira geral em relação à nudez e ao sexo – fato assinalado por não poucos observadores ao longo dos séculos. Suas origens parecem remontar às culturas dos três povos fundadores do Brasil: ameríndios, portugueses e africanos (ver o Capítulo 3). Já no século XVI, um dito popular apregoava que "não existe pecado ao Sul do equador", para horror da Igreja Católica.* José Bonifácio de Andrada e Silva, estadista da Independência, comentou que os brasileiros eram "apaixonados do sexo por clima, vida e educação". Os brasileiros são, de modo geral, tolerantes em termos sexuais; a maior Parada do Orgulho Gay do mundo acontece em São Paulo, ainda que o país venha sofrendo um aumento preocupante de assassinatos homofóbicos.

O clima também atribui à praia um papel central na cultura brasileira; não por acaso, no Brasil inventou-se o fio-dental e o calção de banho justo e provocativo usado pelos homens. Talvez por isso os brasileiros se preocupem tanto com a aparência pessoal. Investem uma parcela maior de sua renda disponível em produtos de beleza e cuidados pessoais do que qualquer outro povo do mundo, segundo a empresa de pesquisa de mercado Euromonitor. Em 2013, esperava-se que gastassem cerca de US$29 bilhões com seus corpos, ultrapassando o Japão e tornando-se o segundo maior mercado do mundo, perdendo apenas para os Estados Unidos.[10] O Brasil reivindica também o crédito por haver, de certo modo, inventado a cirurgia plástica como indústria. O aumento da renda ao longo da última década foi acompanhado do número de operações, que chegaram a mais de 900 mil por ano em 2012, perdendo apenas para os Estados Unidos, segundo Richard Lapper, editor do boletim informativo *Brazil Confidential*. Esse tipo de cirurgia não se restringe aos ricos; Ivo Pitanguy, mais conhecido cirurgião plástico do país, montou uma enfermaria gratuita em um hospital público no Rio, alegando que "a cirurgia estética não é um luxo (...) e deve estar disponível a todos".[11]

Todavia, os forasteiros que partem do pressuposto de que os brasileiros são libertinos estão muito enganados, adverte Larry Rohter, jornalista americano que conhece bem a cultura brasileira. A liberdade sexual caminha lado a lado com um forte traço de moralismo naquela que é, de certa forma, uma sociedade conservadora.[12] Nelson Rodrigues, jornalista e dramaturgo que, nas décadas de 1940 e 1950, inventou o teatro

---

* Esse provérbio foi registrado por Caspar van Baerle, historiador holandês incorporado pelo Príncipe Maurício de Nassau à expedição a Pernambuco, no século XVII; mais recentemente, deu nome a uma canção popular de Chico Buarque.

brasileiro praticamente sozinho, tinha suas peças com frequência vetadas por censores do governo, por tratar de temas como o adultério, o aborto e o incesto.[13] Tal conservadorismo ainda hoje aflora de tempos em tempos – como, por exemplo, em 2009, quando uma jovem chegou a ser expulsa de uma universidade particular em São Paulo por usar um vestido curto demais (após protestos, ela seria readmitida na instituição).[14]

Esse moralismo é um lembrete de que o Brasil é uma nação profundamente religiosa. Não é por acaso que seu símbolo mais conhecido seja a gigantesca estátua do Cristo Redentor, erigida em 1931 no topo do Corcovado, no Rio. O país era o maior produtor mundial de Bíblias até recentemente, quando foi ultrapassado pela China. Caniços religiosos dos mais variados tipos são extremamente populares. O brasileiro comum muitas vezes se despede dizendo "vá com Deus". Mas que Deus? O catolicismo há muito coexiste com as versões brasileiras das religiões africanas, como o candomblé e a macumba. Muitos brasileiros se dirigem, em suas orações, tanto para os santos católicos quanto para os orixás (divindades) africanos. Outro ingrediente dessa sopa de fé é o espiritismo, crença religiosa fundada pelo francês Allan Kardec, que acreditava na possibilidade de comunicação com os mortos através de médiuns e cujas ideias foram mescladas à macumba na umbanda, outra expressão própria da religiosidade brasileira.[15]

Ao longo das últimas décadas o protestantismo evangélico tem avançado muito. Se em 1960 93% dos brasileiros se declaravam católicos, hoje esse percentual caiu para apenas 65%, segundo o censo de 2010 – o que, não obstante, ainda faz do Brasil o maior país católico romano do mundo. Entretanto, 22% dos brasileiros agora se descrevem como evangélicos, pertencentes a uma infinidade de igrejas, algumas com sede nos Estados Unidos, mas em sua maioria (e a maioria das maiores) nacionais. Com sua mensagem de sobriedade moral, trabalho duro e progresso pelo esforço pessoal, os evangélicos têm sido especialmente bem-sucedidos no recrutamento dos brasileiros negros e das camadas mais pobres da população,[16] na medida em que proporcionam uma estrutura para pessoas muitas vezes abatidas por vários problemas, entre eles a desagregação familiar. Alguns dos seus pastores tornaram-se empresários ricos e controversos. O império empresarial de Edir Macedo, fundador da Igreja Universal, inclui a TV Record, emissora que, sob seu comando, consolidou-se como a segunda maior rede de televisão do Brasil. A revista *Forbes* estimou sua fortuna pessoal em US$1,1 bilhão em 2012; talvez por isso, sua igreja começou a perder fiéis para as rivais.[17] As igrejas evangélicas têm se aliado para eleger membros do Congresso, e algumas começaram a abraçar o conservadorismo social ao estilo americano. A principal resposta da Igreja Católica tem sido o movimento carismático, que faz uso de métodos semelhantes aos evangélicos. Seus padres utilizam a televisão, o rock e mídias sociais para envolver os fiéis. O mais conhecido deles, o Padre Marcelo Rossi, chegou ao topo tanto das paradas de sucesso da música popular quanto das listas de best-sellers.[18]

Junto com o futebol e o Carnaval, outra instituição que unifica os brasileiros e fornece assunto para as conversas no país é a telenovela. Graças em grande parte ao seu domínio do gênero, a TV Globo, maior rede do país, com 122 estações locais, mantém uma quota de audiência de cerca de 50%, número que não passa de um sonho para as emissoras norte-americanas. Em grande parte graças à popularidade das novelas, à televisão ainda foram destinados 64% da verba total gasta com publicidade no Brasil em 2010, a maior participação do mundo. De propriedade da família Marinho, a Rede Globo conta com 10 mil funcionários e uma equipe de mais de 20 mil contratados, e investe um enorme montante em suas novelas, especialmente aquelas transmitidas no horário nobre. Apesar de serem com frequência criticadas por mostrarem um Brasil idealizado, branco e plutocrático, na realidade as novelas se debruçam sobre questões sociais e políticas. Hoje em dia as novelas incluem casais homossexuais, apesar de estes não se beijarem na tela. Pesquisas da Globo mostram que 70% da audiência vivem fora dos grandes centros, são socialmente conservadores e, muitas vezes, assistem às novelas em família. Por um lado, as mulheres gostam que as novelas abordem temas como o orgasmo feminino ou a impotência masculina; por outro, não querem se sentir constrangidas diante dos seus filhos, explica Octavio Florisbal, diretor-geral da Globo. "Nosso foco é refletir o comportamento social, não tentar estar na vanguarda", disse ele em entrevista ao jornal brasileiro *Valor Econômico*.[19] Não obstante, as novelas podem contribuir para forjar tendências sociais: pesquisadores alegam que a expansão da Globo para todo o país e a apresentação de núcleos familiares pequenos e felizes em suas novelas parecem ter contribuído para a queda da taxa de fertilidade e até mesmo ter exercido um ligeiro impacto sobre o aumento das taxas de divórcio, à medida que as mulheres se tornaram mais independentes.[20] A Globo é certamente uma arguta observadora de tendências sociais; *Avenida Brasil*, uma de suas novelas recentes mais assistidas e debatidas, que alcançou um público noturno de até 80 milhões de espectadores durante seis meses, retratou a classe média baixa "emergente" dos subúrbios, sendo considerada por muitos críticos um marco da aceitação do país por si mesmo (ver o Capítulo 9).[21]

Sob diversos outros aspectos, também, a família é a instituição central da sociedade brasileira. Se a identidade nacional nos Estados Unidos está enraizada em sua revolução fundadora contra a autoridade e nos valores anglo-protestantes do individualismo, há amplo consenso acadêmico em torno da ideia de que a identidade nacional brasileira é fundada na lealdade à família. Em virtude da relativa fraqueza de Portugal como potência colonial e da falta de uma tradição de organização social, a família "fornecia a ideia mais normal do poder, da respeitabilidade, da obediência e da coesão entre os homens", de acordo com Sérgio Buarque de Holanda em seu "Raízes do Brasil", um ensaio influente publicado em 1936. O resultado foi "a invasão do público pelo privado, do Estado pela família".[22] Em um país de poucos heróis públicos, nem a Independência nem a Democracia foram decorrentes de uma revolução nacional. Não há, no Brasil, um Bolívar ou um Zapata.

Uma sociedade baseada em laços de família e amizade é o principal obstáculo ao Estado de Direito, no entendimento de Buarque de Holanda. O impulso de personalizar todos os relacionamentos foi o meio encontrado para gerir o conflito inerente à escravidão. Os brasileiros gostam de ver a si mesmos como "cordiais, hospitaleiros e generosos". De fato, para Buarque de Holanda é "o horror às distâncias [sociais] que parece constituir, ao menos até agora, o traço mais específico do caráter brasileiro". Horror também a distância física: é uma peculiaridade dos brasileiros a ênfase no sentido do tato. Os estrangeiros ficam muitas vezes desconcertados com o hábito brasileiro de se aproximar muito de seus interlocutores, o que para outros, em geral, não é confortável. Os brasileiros são extremamente cordiais e rápidos para adotar um tratamento aparentemente íntimo. Alguém que você nunca viu pode arrematar um e-mail com "Abraços", em geral abreviado para "*Abs*". Contudo, por trás dessa cordialidade espreita uma considerável dose de falta de confiança pessoal (pelo menos segundo pesquisas de opinião) e cinismo.[23]

O horror às distâncias sociais se aplicam, também, à questão dos nomes, que espantam os estrangeiros. Os brasileiros têm alguns dos nomes mais longos do mundo, mas tendem a usar apenas um. Assim, um político do século XIX chamado Eusébio de Queirós Coutinho Matoso da Câmara era conhecido como Eusébio. Tom Jobim, compositor da música "Garota de Ipanema", na verdade se chamava Antônio Carlos Brasileiro de Almeida Jobim. Os brasileiros tendem a chamar pelo nome, em geral o primeiro nome ou um apelido, também seus presidentes, quer gostem ou não deles – assim, adotaram Lula, Dilma e Fernando Henrique, em vez de Da Silva, Rousseff ou Cardoso. Em geral, usam o sobrenome paterno, que se segue ao sobrenome da mãe (em espanhol, a ordem é o contrário). Alguns, porém, como o ex-Presidente Fernando Collor de Melo, preferem usar o sobrenome materno. Em vez de seus nomes completos, políticos e jogadores de futebol muitas vezes ficam conhecidos por diminutivos, apelidos ou lugar de origem: Paulo Pereira da Silva, líder sindical e deputado federal, é chamado de "Paulinho da Força" (devido ao nome de seu sindicato, a Força Sindical). José Orcírio Miranda dos Santos seguiu carreira política sob o nome de "Zeca do PT". Ronaldo de Assis Moreira celebrizou-se como "Ronaldinho Gaúcho", ao estourar no cenário do futebol, por ter nascido no Rio Grande do Sul e para distingui-lo de Ronaldo Luís Nazário de Lima, jogador um pouco mais velho que era conhecido no Brasil como "Ronaldinho" antes de se tornar apenas "Ronaldo". Os brasileiros também gostam de inventar novos nomes. O ex-Ministro da Fazenda Maílson da Nóbrega, cujo pai era alfaiate em uma aldeia rural da Paraíba, escreveu que, no Nordeste, os pais "misturam nomes, inspirados por filmes, jogadores de futebol e músicos, para que seus filhos tenham nomes diferentes e originais". Seu próprio nome é uma mistura de "mãe" e "Wilson", o nome de seu pai. Todos os seus irmãos tinham nomes iniciados com M: Milton, Marisa, Marilene, Marizete, Marcos, Maria Madalena, Mauricio e Milson.[24] Por outro lado, Silva é um sobrenome extraordinariamente comum, ao que tudo indica por muitas vezes ser o nome concedido aos escravos que, na travessia do Atlântico Sul, perdiam não só a liberdade, mas também os nomes.

A penetrante influência das relações pessoais e familiares se manifesta de muitas maneiras no Brasil contemporâneo. Por exemplo, uma peculiaridade do mercado de trabalho é que só empresas estrangeiras em busca de gerentes seniores contratam agências de recrutamento. "O restante do recrutamento é feito por recomendação e, portanto, depende da rede pessoal de cada um", explica o headhunter Luiz Antonio Concistré.[25] O nepotismo rivaliza com o desvio de verbas públicas como o grande vício político brasileiro; os legisladores costumam empregar parentes e agregados em sua equipe. Contudo, os brasileiros também têm uma concepção extraordinariamente flexível da família, que não se limita aos vínculos biológicos; em um caso amplamente divulgado, um juiz de Santa Catarina determinou que um padrasto pagasse pensão à enteada de 16 anos, a quem havia criado por 10 anos. O pai biológico da jovem lhe fornecia a soma de um salário mínimo por mês, mas o padrasto, engenheiro, tinha condições financeiras melhores, e o tribunal estabeleceu que ele destinasse 20% de sua renda à garota – o que expressa uma nova visão do direito de família, no sentido de que pai é quem cria a criança.[26] Nesse mesmo espírito, quando Dilma Rousseff tirou suas primeiras férias como presidente, viajou para uma praia em Natal não só com a filha, o genro e o neto, a mãe e a tia, mas também com o ex-marido, sua nova companheira e os dois filhos.[27] Essa abordagem maleável da família talvez tenha raízes profundas. Era tradicional no Brasil colonial que as mulheres aceitassem em casa os filhos das amantes do marido.[28] Lévi-Strauss descobriu que certas tribos indígenas brasileiras recompunham seu nível populacional mediante a adoção forçada de crianças sequestradas em ataques a outros grupos.[29]

DaMatta estabelece uma distinção, que a seu ver é fundamental na vida brasileira, entre a Casa e a Rua.[30] A casa é um mundo harmonioso, onde predominam um discurso conservador e valores morais tradicionais. A rua é um lugar de luta, da vida econômica moderna e de confronto: embora os brasileiros gostem de se ver como uma gente pacífica, a sociedade é permeada por uma persistente tendência à violência. Não obstante, segundo David Neeleman, empresário brasileiro-americano que fundou companhias aéreas de baixo custo nos dois países, o confronto interpessoal não constitui tanto uma norma cultural nas atividades empresariais no Brasil quanto nos Estados Unidos.[31] E, se a casa é o reino da família e da amizade, a rua é o lugar onde os brasileiros devem lidar com as demandas de uma lei que, teoricamente, é impessoal – as quais lhes parecem impossíveis. Para conciliar esses dois aspectos, os brasileiros recorrem ao chamado *jeitinho*, palavra quase intraduzível que significa, grosso modo, um ajuste ou solução. Em seu sentido mais grosseiro, significa um suborno; em sua versão mais benigna, pode significar estabelecer algum ponto de conexão com uma autoridade qualquer, a fim de encontrar uma maneira de contornar alguma eventual barreira burocrática. Na pior das hipóteses, pode significar uma recusa por parte dos poderosos ou bem relacionados a seguir as regras, tal como resumida na inquisitiva pergunta "Você sabe com quem está falando?".

Uma interpretação consistente do "jeitinho" é que se trata do produto de uma sociedade hierárquica, hostil ao Estado de Direito. Um dos temas dos capítulos que se seguem é o quanto tem sido longa e árdua a busca do Brasil por uma sociedade de cidadãos iguais. Ainda assim, o jeitinho é também um dos muitos exemplos, embora infeliz, da grande flexibilidade e pragmatismo dos brasileiros, que os leva a repudiar extremismos e violência política. Nisso, diferem de muitos outros latino-americanos. É uma característica das autoridades brasileiras – como acontece com os franceses, com quem sob certos aspectos se assemelham –, ao abordar um problema qualquer, primeiro desenvolver uma análise conceitual abstrata e elaborar uma lei teoricamente perfeita para lidar com a questão, para só então adotar uma solução prática. A aparente objetividade do país, assim, às vezes acaba sendo enganosa – ou, como comentou Tom Jobim certa vez, "o Brasil não é para principiantes". O Brasil é repleto de complexidades inesperadas e surpresas. Para dar um exemplo trivial, o gênero musical mais popular no país, tal como mensurado pelas vendas, não é o samba ou as obras de artistas de renome internacional como Caetano Veloso, Gilberto Gil ou Chico Buarque, mas o sertanejo, seguido do gospel.

Talvez a característica mais óbvia e atraente dos brasileiros seja a sua alegria ou *joie de vivre*, uma expressão positiva de uma cultura que dá grande valor à amizade e à família e que encontra consolo na religião, no Carnaval e no futebol, e de um povo que desfruta de um país de clima quente e grande beleza. O músico baiano Caetano Veloso assim se referiu a essa peculiaridade em sua canção *Alegria, Alegria*:

> *Sem lenço, sem documento,*
> *Nada no bolso ou nas mãos,*
> *Eu quero seguir vivendo, amor,*
> *Eu vou,*
> *Por que não, por que não...*

De fato, por que não? Contudo, a alegria tem a sua contrapartida na saudade, uma palavra em português que muitas vezes é traduzida como "nostalgia", mas que, como assinalou Lévi-Strauss, corresponde mais precisamente ao sentimento de perda decorrente da consciência da intensidade fugaz do presente.[32] Sem dúvida, os brasileiros têm uma tendência a viver no presente e dão pouca atenção ao longo prazo – conforme evidencia a secular incapacidade do país de investir o suficiente em capital, infraestrutura e educação, e seu injustificavelmente generoso sistema previdenciário. Em termos históricos, esse aspecto caminha lado a lado com um certo desdém pelo trabalho e, em particular, pelo trabalho braçal, uma consequência da escravidão. Essas características são capturadas em *O Empréstimo*, um conto de Machado de Assis, escritor do final do século XIX que muitos consideram o maior romancista brasileiro. Trata-se da história de Custódio, sujeito pobre que combina "um ar de pedinte e general" e que solicita, de um tabelião que mal conhece, um empréstimo de vulto para uma empresa mal definida. O tabelião responde que não dispõe de tamanha soma, mas que, se tivesse, adoraria ajudar: "A alma do Custódio empertigou-se; vivia do presente, nada queria saber do passado, nem saudades, nem temores, nem remorsos. O presente era tudo." No fim das contas, o tabelião empresta a Custódio uma pequena fração do montante solicitado originalmente, mas sua oferta de ajudá-lo a obter um emprego através do Ministro da Justiça, que é seu amigo, é recusada. "Esse Custódio nascera com a vocação da riqueza, sem a vocação do trabalho", escreve Machado.[33]

Naturalmente, muitos brasileiros sempre trabalharam duro. O Brasil, hoje, é uma democracia sofisticada e complexa. Entretanto, paralelamente às suas muitas conquistas há dificuldades que terá de superar, se é que de fato pretende se tornar o "país de primeira classe" proclamado por Lula. A exploração dessas conquistas e dificuldades, de onde vêm e para onde podem levar, é o tema do restante deste livro.

PARTE I
A história, a partir da geografia

CAPÍTULO 3

A formação de um povo

A história registrada do Brasil começa com um encontro enganosamente idílico entre europeus e ameríndios, e com uma dúvida quanto a se isso aconteceu por acaso ou de propósito. Tudo começou numa segunda-feira, 9 de março de 1500, quando o Rei Manoel de Portugal e sua corte se reuniram no ancoradouro do Restelo, no Tejo, 5 quilômetros a jusante do centro de Lisboa, perto de onde hoje se encontram a ornamentada Torre de Belém e o gigantesco monumento aos navegadores portugueses. O rei, sua comitiva e uma grande multidão de lisboetas comuns estavam lá para assistir à partida da mais imponente frota que Portugal já havia enviado para o Atlântico, constituída por 13 navios e 1,5 mil homens sob o comando de Pedro Álvares Cabral, um jovem nobre.

Embora Cristóvão Colombo, um genovês a serviço de Castela, houvesse feito três viagens para as Américas nos oito anos que antecederam a expedição de Cabral, eram os portugueses que ocupavam a liderança entre as nações marítimas europeias no século XV. Portugal tinha forjado o primeiro Estado-Nação no continente: seus reis cristãos puseram fim a cinco séculos de dominação islâmica por volta de meados do século XIII, levando a cabo a sua reconquista cerca de 250 anos antes da vizinha Espanha. No final do século XIV, Portugal tinha alcançado a estabilidade política sob os reis da Casa de Aviz. Isolados atrás das cadeias de montanhas que separavam a nova nação de Castela, os portugueses olharam para o mar. Haviam absorvido dos árabes a mais avançada tecnologia marítima da época, que incluía itens como a quilha fixa, a vela latina, a bússola e o astrolábio. Era uma nação de comerciantes. Como o feudalismo nunca havia sido muito forte em Portugal, o país carecia de hierarquias sociais rígidas; assim, o êxito no comércio abria a possibilidade de acesso à nobreza.

As primeiras colônias lusitanas foram estabelecidas nas ilhas atlânticas (Madeira, Açores e o arquipélago de Cabo Verde). Os portugueses foram abrindo seu caminho ao longo do litoral africano até alcançarem o Oceano Índico, estabelecendo uma rede de postos comerciais fortificados conhecidos como feitorias. Lisboa tornou-se um próspero porto, lar não só dos comerciantes portugueses, mas para de um número significativo de comerciantes genoveses, flamengos e judeus. Tanto Portugal quanto Castela pediram e obtiveram a bênção papal para realizar conquistas no exterior, em bulas que concederam às duas monarquias o direito de apropriar-se do Novo Mundo e "reduzir" seus habitantes ao cristianismo. No Tratado de Tordesilhas, de 1494, patrocinado pelo papado, as duas nações ibéricas concordaram em fixar o limite entre seus impérios putativos 270 léguas a Oeste da demarcação original do Papa – o que levaria à incorporação de grande parte do Brasil, bem como da África, nos presumidos domínios de Portugal. Três anos mais tarde, o português Vasco da Gama comandaria a primeira expedição europeia por via marítima a alcançar terra firme na Ásia – chegando a Calicute, na Índia, de onde retornou com um carregamento de especiarias e pedras preciosas.[1]

A Coroa estava ávida por mais, e o destino pretendido de Cabral era a Índia. Porém, seja por acidente ou, mais provavelmente, graças a informações anteriores adquiridas por marinheiros franceses e portugueses – questão ainda controversa entre os historiadores – a frota de Cabral sofreu um desvio muito para o Oeste, aportando no Brasil.[2] Em 23 de abril, quinta-feira, a expedição ancorou próximo à foz de um rio, em um lugar que os portugueses batizariam de Porto Seguro, hoje um popular balneário. Cabral enviou um de seus pilotos mais experientes, Nicolau Coelho, em um barco para investigar a costa. Pero Vaz de Caminha, escrivão da expedição, descreveu em uma carta ao Rei Manoel o que aconteceu a seguir:

> E tanto que ele começou a ir-se para lá, acudiram pela praia homens aos dois e aos três, de maneira que, quando o batel chegou à boca do rio, já lá estavam 18 ou 20. Pardos, nus, sem coisa alguma que lhes cobrisse suas vergonhas. Traziam arcos nas mãos, e suas setas. Vinham todos rijamente em direção ao batel. E Nicolau Coelho lhes fez sinal que pousassem os arcos. E eles os depuseram.

Trocaram presentes, Coelho oferecendo um barrete vermelho, a carapuça de linho que levava na cabeça e um sombreiro preto, e recebendo um cocar de penas de papagaio vermelhas e pardas de um e, de outro, uma longa fieira de pequeninas pérolas brancas. Nos nove dias que se seguiram, a frota de Cabral desembarcou em vários pontos ao longo do litoral coberto de florestas, realizando novos contatos com seus habitantes. Os portugueses ficaram impressionados e perturbados com a beleza física dos nativos, inocentes em sua nudez e simplicidade. Caminha descreveu os homens como tendo "bons corpos e bons rostos". Seus lábios inferiores eram perfurados com um ossinho branco; seus cabelos eram lisos, raspados acima das orelhas em um corte redondo. Muitos pintavam seus corpos com tinturas vegetais vermelhas e pretas. Eles o impressionaram por serem "tão rijos e tão nédios que o não somos nós tanto".** Quanto às mulheres, foi difícil para Caminha conter seu entusiasmo:

> Ali andavam entre eles três ou quatro moças, bem novinhas e gentis, com cabelos muito pretos e compridos pelas costas; e suas vergonhas, tão altas e tão cerradinhas e tão limpas das cabeleiras que, de as nós muito bem olharmos, não se envergonhavam.

Assistidos pelos índios, os portugueses celebraram a missa em uma praia. Cabral ordenou que dois carpinteiros da expedição cortassem uma árvore e erguessem uma grande cruz para marcar sua visita à terra, a que deu o nome de Ilha de Vera Cruz, depois alterada por D. Manoel para Santa Cruz. Quando Cabral fez seus homens se ajoelharem e beijarem a cruz, os índios os imitaram, despertando em Caminha a esperança de que "se nós entendêssemos a sua fala e eles a nossa, seriam logo cristãos". Contudo, parece

---

* *Nota da Tradutora*: Em português atual, "mais fortes e bem alimentados do que nós".

mais provável que os índios tenham ficado fascinados com as ferramentas de metal dos carpinteiros. Para eles, a Idade da Pedra tinham findado abruptamente, e seu mundo nunca mais seria o mesmo.[3]

Os nativos encontrados pela expedição de Cabral pertenciam à miríade de tribos de língua Tupi que predominavam em grande parte da costa brasileira. Como os demais povos nativos que viviam no Brasil em 1500, eram caçadores e coletores. Ao longo dos últimos mil anos, mais ou menos, os tupis haviam se espalhado para além de sua terra natal, nas cercanias dos Rios Paraguai e Paraná, na área Centro-Sul da América do Sul (seu idioma é aparentado ao Guarani, ainda falado no Paraguai). Depois de percorrem o vasto cerrado e praticamente esgotar seus recursos de caça de grande porte, haviam penetrado na floresta tropical que se estendia por mais de 2.000 quilômetros ao longo do litoral do Atlântico Sul e penetrava por até 500 quilômetros pelo interior, revestindo as serras que cingem a costa. Os tupis viviam em aldeias de entre 300 e 2 mil membros, em longas cabanas comunais, às vezes rodeadas de paliçadas. Eram soberbos caçadores e pescadores: cervos, roedores e outros animais de caça, bem como peixes, caranguejos e lagostins, compunham uma parte importante da sua dieta. Conheciam e coletavam uma centena de frutos silvestres diferentes. As mulheres tupis cultivavam a mandioca (uma raiz rica em amido), tabaco, algodão, amendoim e alguns outros vegetais em roçados laboriosamente desmatados da floresta. Essa agricultura baseada no corte e queima não demorava a esgotar os nutrientes dos frágeis solos florestais – um problema familiar na Amazônia hoje. Diferentemente dos incas peruanos ou dos astecas e maias, os índios brasileiros não dispunham não só de ferramentas de metal, mas também de animais domesticados. Tudo isso os condenou a uma existência seminômade e fez com que nunca desenvolvessem nenhuma organização política para além da aldeia. Longe de viver em um estado de graça paradisíaco, entre as aldeias havia rixas e guerras constantes, com o objetivo de expandir o território de caça ou ao menos reduzir a pressão sobre o fornecimento de caça e peixe. Era costume dos tupis matar, desmembrar, assar e comer alguns de seus prisioneiros, num ritual elaborado. Referiam-se a outros grupos indígenas que falavam línguas diferentes da sua de "tapuias", termo logo adotado pelos portugueses.[4]

Não tendo encontrado qualquer evidência imediata de metais preciosos que ali os detivessem, ao fim de apenas oito dias a expedição de Cabral partiu para o Sudeste, em direção da Índia (Caminha cairia no campo de batalha em Calicute). No ano seguinte, entretanto, a Coroa despachou uma esquadra de três caravelas para explorar a costa brasileira – expedição lembrada sobretudo por sua contribuição para a nomenclatura. Seu principal piloto, Américo Vespúcio, um aventureiro florentino convertido em navegador, cujo primeiro nome viria a batizar o continente inteiro, confundiu a vasta Baía de Guanabara (como era chamada pelos tupis) com uma boca de rio; e, tendo a frota nela adentrado no Dia de Ano-Novo, chamou o lugar de "Rio de Janeiro".[5] Em seguida, a esquadra recebeu o primeiro de muitos carregamentos da madeira de uma árvore que produzia um corante vermelho de que havia grande demanda na Europa. Os portugueses referiam-se a árvores semelhantes que haviam encontrado na Ásia como *pau-brasil* (nome provavelmente derivado da palavra "brasa") – que logo foi transmitido ao país, em lugar de "Santa Cruz". Foi uma substituição apropriada: a produção de mercadorias e o mercantilismo suplantariam a fé e a conversão dos nativos como prioridades da Coroa portuguesa no Brasil. Ainda assim, ainda se passariam dois séculos antes que *brasileiro* se tornasse uma designação de nacionalidade, em vez de sinônimo para madeireiro.[6]

Índios, bandeirantes e jesuítas

Com o paulatino desenvolvimento do colonialismo português ao longo dos três séculos seguintes, o Brasil evoluiria de maneiras muito distintas tanto das colônias britânicas quanto das espanholas nas Américas.[7] A princípio, as relações entre índios e portugueses seguiram o curso amigável estabelecido em Porto Seguro. Cabral deixou para trás, no Brasil, dois dos degredados que constituíam uma parte significativa das primeiras expedições. Era prática dos tupis forjar alianças com estranhos, oferecendo-lhes mulheres jovens como concubinas; dos europeus, esperavam em troca ferramentas de metal, espelhos e outras bugigangas. Uma vez estabelecido o laço de parentesco, o desconhecido poderia exigir trabalho da comunidade. Durante uma considerável parte do período colonial, os imigrantes que vinham de Portugal para o Brasil eram, em sua maioria, homens. Os portugueses nunca demonstraram qualquer escrúpulo em ter relações sexuais com as indígenas (e, posteriormente, as africanas), nem em desposá-las. A miscigenação (cruzamento entre as raças), seria ainda mais difundida no Brasil do que no império hispânico nas Américas. Segundo Sérgio Buarque de Holanda, isso talvez pode ter se dado em decorrência de uma "falta de orgulho racial" entre os portugueses, em consequência de sua própria mistura de sangue europeu com norte-africano.[8] Na verdade, os homens portugueses eram oficialmente encorajados, tanto pelo governo quanto pela igreja, a contrair matrimônio com suas concubinas indígenas (e, em menor medida, escravas africanas). A Coroa tinha consciência do reduzido tamanho da população portuguesa (cerca de 1,5 milhão, em 1530). Todos esses fatores criam um evidente contraste com a Nova Inglaterra, para onde os colonos puritanos migraram com suas famílias inteiras e viviam separados da população indígena. Considerando do ponto de vista das mulheres, essas relações sexuais, sem dúvida, iam do companheirismo genuinamente voluntário ao estupro e abuso coercitivos e traumáticos. Os degredados, assim como os outros primeiros colonos portugueses, literalmente "viraram nativos". O caso mais conhecido foi o de João Ramalho, um dos primeiros a aportar em São Vicente (próximo ao atual porto de Santos). Sua adesão ao estilo de vida tupi escandalizou os funcionários da Coroa. Manoel da Nóbrega, um dos primeiros dos muitos padres jesuítas enviados ao Brasil, queixou-se de Ramalho:

> Ele tem muitas mulheres. Ele e seus filhos andam com irmãs e têm filhos delas, tanto o pai como os filhos. Vão à guerra com os índios e as suas festas são de índios e assim vivem andando nus como os mesmos índios.[9]

A FORMAÇÃO DE UM POVO

O desdém de Nóbrega em relação aos modos dos indígenas seria um presságio. Os índios logo se tornaram objeto de uma disputa entre colonos e jesuítas e outras ordens missionárias.

A Coroa portuguesa, enriquecida pelo comércio asiático, a princípio deu ao Brasil pouca importância além de incentivar algumas feitorias modestas. Dois fatores mudariam esse cenário: a crescente presença dos franceses no litoral brasileiro e a expansão da produção açucareira. Quando navios normandos começaram a se imiscuir no comércio do pau-brasil, o Rei D. João III respondeu enviando um grupo de colonos para estabelecerem um posto permanente em São Vicente. Em seguida, confiou brevemente à iniciativa privada a tarefa de colonizar o Brasil: dividiu a costa em 15 capitanias, e arrendou-as para 12 donatários, que receberam poderes administrativos e terras seguindo o modelo de um regime previamente adotado nas ilhas do Atlântico. Todavia, apenas duas das capitanias prosperaram: as de Pernambuco, no Nordeste, e São Vicente. Assim, em 1549 o rei optou por transformar o Brasil em uma colônia da Coroa, enviando o primeiro governador real, instruído a construir uma capital em Salvador, na capitania da Bahia. Seis anos mais tarde, uma expedição francesa de 600 homens e 5 moças desembarcou na Baía de Guanabara a fim de estabelecer uma colônia chamada *La France Antarctique*. Era uma séria ameaça ao controle lusitano do Brasil. No entanto, o governador português, Mem de Sá, mostrou-se mais eficaz do que os franceses no recrutamento de aliados indígenas; em 1565, expulsou os franceses, enfraquecidos por rivalidades religiosas internas entre católicos, huguenotes (a maioria) e calvinistas.[10] Mem de Sá, um dos mais formidáveis governadores portugueses do Brasil, fundou uma cidade no local da colônia francesa – e assim nasceu a futura cidade do Rio de Janeiro.

O assentamento permanente veio pressagiar a deterioração das relações entre indígenas e europeus, que passaram dos laços de parentesco para a escravidão. Não por acaso, o processo ocorreu em paralelo a uma mudança na imagem dos índios na Europa. As primeiras crônicas, muitas vezes ilustradas com gravuras que deviam tanto à fantasia quanto ao fato, retratavam o Brasil como um paraíso tropical, um éden habitado por nobres selvagens. (De fato, o protagonista da *Utopia* de Sir Thomas More, publicada em 1516, é um português descrito como tendo sido deixado para trás no Brasil pela expedição de Vespúcio.) No entanto, dos anos 1550 em diante, as crônicas passaram a se concentrar na prática de canibalismo pelos índios: o bom selvagem tornou-se o bárbaro comedor de carne humana. Os editores passaram a ilustrar os primeiros relatos europeus sobre o Brasil, muitos deles semifictícios, com xilogravuras picantes, retratando churrascos preparados por velhas nuas que devoravam membros humanos pingando gordura. Seu canibalismo e nudez tornavam muito fácil para os primeiros missionários retratar os índios brasileiros como demônios – especialmente depois de o primeiro bispo nomeado para o país ter sido capturado, morto e comido. No Brasil, os jesuítas portugueses raramente mostraram para com a cultura nativa a mesma curiosidade respeitosa que alguns de seus colegas espanhóis manifestariam pelos impérios inca e asteca. Entretanto, os tupis e demais índios brasileiros nada tinham que se comparasse às civilizações sofisticadas e esplêndidas cidades dos altiplanos do México e do Peru.[11]

Em teoria, a Coroa portuguesa distinguia entre os índios pacíficos – aqueles que se converteram ao cristianismo e deveriam ser tratadas como minorias protegidas – e os que resistiram à conversão, contra quem "guerras justas" poderiam ser, e foram, travadas. A política dos jesuítas e outras ordens missionárias ao longo dos dois séculos seguintes consistiu em "descer" os índios para aldeias, onde eram vestidos em trajes simples de algodão e obrigados a viver em famílias nucleares, praticando os ritos do culto cristão. Os jesuítas tornaram-se muito poderosos no Brasil. Embora possuíssem plantações de cana-de-açúcar no litoral, eram especialmente ativos nas fronteiras da colônia portuguesa, onde a autonomia dos índios perdurou por mais tempo, em São Paulo e nas terras limítrofes do Sul e do Norte, no Maranhão, Pará e Amazonas. A política dos jesuítas de aglomerar os índios teve a trágica consequência imprevista de acelerar sua exposição às doenças europeias (e à escravização pelos colonos).

Houve um elemento comum às presenças portuguesa, britânica e espanhola no Novo Mundo: a catástrofe biológica que se abateu sobre a população indígena em decorrência do contato com doenças eurasianas/africanas para as quais eles eram destituídos de qualquer imunidade. Foram as enfermidades, mais que a escravidão ou os maus-tratos (ainda que ambos fossem recorrentes), as principais responsáveis pelo genocídio dos ameríndios. No Brasil, as epidemias começaram pela de varíola, em 1562 e 1563, que eliminou cerca de 30 mil nativos só nas aldeias jesuítas da Bahia. Sarampo, tuberculose, febre tifóide e gripe também foram responsáveis por pesadas baixas.[12]

Os colonos raramente se mostravam satisfeitos com o vigoroso paternalismo jesuíta em relação aos índios. Ávidos por mão de obra para trabalhos forçados, eles pressionavam a Coroa para que lhes concedesse acesso aos índios dos jesuítas, às vezes invadindo as aldeias. Na verdade, os homens nativos eram extremamente resistentes ao trabalho agrícola, entre outros motivos porque, em sua cultura, a lavoura era trabalho reservado às mulheres. A exceção parcial foi o povo guarani no Sudoeste, que não só eram bons agricultores como responderam positivamente aos jesuítas. O fato de os monarcas lusitanos promulgarem repetidas leis contra a escravidão indígena indica a enorme dificuldade para fazê-las valer.

Foi em São Paulo que o regime jesuíta logrou seus maiores êxitos e foi submetido às maiores pressões. São Paulo de Piratininga, como era originalmente chamada, foi fundada como uma aldeia, em 1554, por Nóbrega e seu companheiro jesuíta José de Anchieta. Erguida às margens do Rio Tietê, no vasto planalto acima da íngreme escarpa de 900 metros que se ergue por trás de São Vicente, São Paulo foi o primeiro assentamento português de alguma relevância no interior, ainda que por muito tempo permanecesse muito mais pobre do que as capitanias produtoras de cana no litoral – demasiado pobre para que seus habitantes pudessem arcar com escravos africanos. Os filhos dos portugueses com índias, conhecidos como mamelucos, adotavam ferramentas, alimentos e métodos de cultivo indígenas, e o tupi foi falado em todos os níveis da sociedade paulista até meados do século XVIII.

A partir da década de 1580, colunas móveis encabeçadas por portugueses e mamelucos, mas compostas basicamente por índios, começaram a penetrar rumo ao Oeste, seguindo o curso do Tietê e outros afluentes do Rio Paraná, em expedições que ficariam conhecidas como bandeiras (por levarem uma bandeira à frente da coluna, um costume indígena). Seus objetivos eram encontrar índios autônomos e capturá-los como escravos e prospectar ouro e prata. As bandeiras se tornaram um modo de vida. Envolviam tanto a mais deslavada crueldade quanto coragem e tenacidade extraordinárias. Ao contrário dos conquistadores espanhóis, que viajavam a cavalo, os bandeirantes deslocavam-se como os índios, percorrendo descalços caminhos acidentados através da mata, ou de canoa. Em um relato anônimo, um jesuíta assinalou, com admiração relutante: "[eles] se deixam andar (...) sem Deus, sem mantimentos, nus, como os selvagens, e sujeitos a todas as perseguições e misérias do mundo."[13] O mais resoluto dos bandeirantes foi Antônio Raposo Tavares, que começou por expulsar as missões jesuítas espanholas de Guairá (perto da atual fronteira do Brasil com o Paraguai). Em 1649, ele novamente partiu de São Paulo, agora à frente de cerca de 2 mil seguidores, em uma épica travessia de 12.000 quilômetros; sua bandeira cruzou o Chaco, onde saqueou uma missão jesuíta espanhola e massacrou seus habitantes, passou pelo sopé da Cordilheira dos Andes e desceu os rios Mamoré e Madeira, chegando à Amazônia. Muitos na coluna morreram em ataques espanhóis e indígenas. Raposo Tavares chegou a Belém quase três anos depois, com apenas 58 seguidores. No decorrer do século, alguns paulistas migraram para o Norte, onde foram instalar-se como pecuaristas no árido sertão nordestino. Um deles, Domingos Jorge Velho, celebrizou-se pela brutalidade com que sufocou uma rebelião indígena da tribo Potiguar, no Rio Grande do Norte e Ceará. Ele mesmo era meio índio; seu irônico ponto de vista acerca dos jesuítas era que "em vão trabalha quem os quer fazer anjos, antes de os fazer homens".[14]

Embora fossem rivais, bandeirantes e jesuítas foram responsáveis por empurrar as fronteiras do Brasil para Oeste e Sudoeste, bem além do limite fixado pelo Tratado de Tordesilhas. Como quer que se julguem seus atos, fato é que os bandeirantes foram cruciais para a formação do Brasil. "Quando entra no sertão a primeira bandeira cessa a história de Portugal e começa a do Brasil", declarou Cassiano Ricardo, escritor nacionalista de meados do século XX.[15] Por essa razão, hoje são celebrados em São Paulo – o governador do estado reside no Palácio dos Bandeirantes, uma das autoestradas estaduais tem o nome de Raposo Tavares, e outra o dos Bandeirantes em geral. Na cidade, junto ao Parque do Ibirapuera, um gigantesco monumento de granito com 50 metros de comprimento, erigido pelo escultor modernista Victor Brecheret, retrata a face heroica de uma bandeira, arrastando uma canoa e seus feridos, "vergando a vertical de Tordesilhas", como se lê na inscrição, que cita um poema de Guilherme de Almeida.

No entanto, houve também críticos brasileiros dos bandeirantes. Um deles foi Antônio Vieira, o mais infatigável e impressionante dos jesuítas, que, embora nascido em Portugal, foi criado no Brasil. No curso de uma vida longa e notável – ele faleceu em 1697, aos 89 anos – Vieira, uma figura alta e imponente, com uma barba cheia, foi, sucessivamente, missionário, pregador, principal assessor político e propagandista do Duque de Bragança (que, como D. João IV, restaurou a monarquia portuguesa independente após seis décadas de domínio espanhol), prolífico autor de sermões (publicou cerca de 200 deles) recheados dos fogos de artifício da retórica barroca, ativista defensor dos judeus luso-brasileiros contra a Inquisição, e conselheiro do papado em Roma.[16]

Quando missionário no Pará, durante a segunda de suas três longas temporadas no Brasil (totalizando mais de meio século), entrevistou os sobreviventes da bandeira de Raposo Tavares quando chegaram a Belém, e viu com sombria satisfação o que interpretou como castigo divino infligido à coluna sob a forma de "peste, fome e guerra". Outro crítico foi Capistrano de Abreu, historiador do Brasil colonial falecido em 1927, que questionou: "Compensará tais horrores a consideração de que por favor dos bandeirantes pertencem agora ao Brasil as terras devastadas?"[17] Não obstante, também é difícil não ver nos bandeirantes e seus soldados indígenas uma continuação da tradição tupis de guerra incessante contra tribos vizinhas, que da mesma forma procedia à escravização dos prisioneiros. Os índios respeitavam guerreiros temíveis como Domingos Jorge Velho e, uma vez derrotados, dispunham-se a segui-los. Os paulistas empregavam os tupis como soldados ou arqueiros, caçadores, canoeiros e carregadores, atividades a que estavam acostumados e para a qual haviam sido preparados para executar.[18]

O outro grande palco da atividade missionária foi no Norte, na Amazônia. Quando os franceses ergueram um forte em São Luís, no Maranhão, os portugueses arregimentaram um exército indígena para expulsá-los, em 1614. Em seguida, trataram de estabelecer outro forte mais a Oeste – a futura Belém, junto à foz do Amazonas. O governador enviou uma expedição rio acima, instalando um marcador de fronteira próximo à atual fronteira entre Brasil, Peru e Colômbia. Os jesuítas e outros missionários montaram expedições em que "desceram" cerca de 200 mil índios amazônicos a 54 aldeias, onde muitos sucumbiram às doenças ou foram apreendidos por colonos. Consternado com a escravização dos índios da Amazônia, Vieira condenou os colonos, de quem afirmou que viviam em pecado mortal. Convenceu o rei a emitir uma nova lei contra a escravidão indígena em 1655. Seus atos provocaram uma rebelião dos colonos, levando à sua prisão e desterro para Portugal.

Um século mais tarde, Sebastião José de Carvalho e Melo, mais conhecido como Marquês de Pombal, expulsou em definitivo os jesuítas do Brasil. Pombal, principal ministro do Rei D. José I durante todo o seu reinado (1750-1777), foi um déspota modernizador, que tentou aplicar as ideias iluministas a Portugal e seu império. Seus motivos eram, em parte, de ordem econômica. Em meados do século XVIII, o Brasil havia se tornado a principal fonte de receita da Coroa lusitana. No entender de Pombal, os jesuítas tinham se convertido em um Estado dentro do Estado na mais importante colônia de Portugal; a ordem possuía 16 usinas de cana, vastas fazendas de gado e colégios, bem como seminários e igrejas em todas as grandes cidades. Também irritava Pombal o fato de que os jesuítas espanhóis tinham desafiado o Tratado de Madri de 1750, ao abrigo do qual os atuais estados do Paraná, Santa Catarina e Rio Grande do Sul foram atribuídos a Portugal em troca da cessão à Espanha de Colônia do Sacramento, um posto avançado português plantado às margens do Rio da Prata. À recusa dos jesuítas de transferir sete missões guaranis para a margem ocidental do Rio Uruguai, como determinava o tratado, opôs-se um exército conjunto espanhol e português. Em questão de minutos, "a artilharia e a cavalaria europeias massacraram 1,4 mil índios cristãos, que erguiam pateticamente suas bandeiras, crucifixos e imagens sacras", na descrição de John Hemming, historiador dos índios brasileiros. Não seria a última vez na história do Brasil que as forças da modernização abateriam humildes e obstinados defensores da tradição conservadora. Mas se a prática de Pombal para com alguns dos índios brasileiros foi despótica, sua teoria era de cunho iluminista: ele decretou o fim de toda discriminação racial e declarou os índios cidadãos livres.[19]

As estimativas da população brasileira em 1500, quando Cabral ancorou em Porto Seguro, variam entre 2,4 milhões e 5 milhões. Em 1800, os povos indígenas contavam apenas 600 mil membros, segundo Hemming. Já naquela época, aqueles que viviam dentro dos limites da colonização portuguesa estavam em condições miseráveis, tendo perdido suas tradições tribais e todo o seu orgulho.[20] Sem sua contribuição, o Brasil não teria suas dimensões atuais, nem alguns de seus traços culturais definidores. Os brasileiros beneficiaram-se do conhecimento que os índios tinham da terra e, em especial, de suas florestas. Uma versão crioula do tupi, chamada de língua geral, foi por séculos falada em grande parte do país –tendo sobrevivido em aldeias no Rio Negro até 1940, muito embora nunca tenha havido tupis na Amazônia.[21] Exceto pelo Nordeste, onde os índios foram exterminados quase que de imediato, o tupi deu nome a muitos lugares, árvores e animais em uso até hoje. A alimentação diária dos brasileiros inclui pratos indígenas como a farofa, farinha de mandioca torrada que é pulverizada sobre a comida e é onipresente nos restaurantes e mesas domésticas. Também o apreço dos brasileiros pelo banho e higiene pessoal e pelos adornos, bem como sua liberdade sexual, são igualmente legados dos tupis.

Açúcar e escravidão

Quase desde os primórdios de seu assentamento permanente do Brasil, os portugueses deram início ao plantio de cana-de-açúcar. O açúcar tinha sido trazido da Ásia para o Sul da Europa após a invasão do Ocidente, nos séculos VII e VIII, pelos muçulmanos – que estabeleceram plantações de cana com mão de obra escrava na Sicília, no Sul da Espanha, e, por fim, no Algarve, em Portugal, enquanto os cruzados cristãos e venezianos faziam o mesmo em Chipre. Ao colonizar as ilhas do Atlântico, os portugueses levaram o açúcar consigo, primeiro para a ilha da Madeira, depois para as Canárias (logo capturadas pela Espanha) e, por fim, para São Tomé, no Golfo da Guiné, colonizada na década de 1490. Em São Tomé, que viria a ser usada como um entreposto marítimo para o tráfico de escravos, os lusitanos plantaram extensos canaviais, onde trabalhavam milhares de escravos oriundos do continente africano – modelo que não haveria dificuldade para reproduzir no Brasil. À medida que a população europeia se recuperava da Peste Negra do século XIV e os europeus foram pouco a pouco se tornando mais prósperos, cresceu a demanda por açúcar, a fim de adoçar sua desinteressante dieta.

A cana-de-açúcar se adaptou muito bem ao Nordeste, ao solo vermelho das florestas que cobriam as planícies costeiras das capitanias de Pernambuco e Bahia. Entre as décadas de 1570 e 1670, o Brasil era o maior exportador mundial de açúcar (*status* de que hoje voltou a gozar). Sua produção envolvia uma operação agroindustrial de uma complexidade quase sem paralelo naquela época, uma combinação de agricultura intensiva e processamento no engenho. A colheita e moagem da cana e o refino do açúcar implicava um trabalho braçal bárbaro no calor tropical. A princípio, a mão de obra era indígena; de meados do século XVI em diante, porém, os portugueses começaram a importar escravos africanos em números cada vez maiores para trabalhar nas plantações de açúcar. O açúcar e a importação de escravos africanos deixariam marcas ainda mais profundas no Brasil do que os tupis e bandeirantes.

Os portugueses não inventaram a escravidão,[22] que já era praticada em larga escala pelos antigos gregos e romanos, na África e entre os povos indígenas das Américas. Contudo, o tráfico atlântico de escravos entre os séculos XVI e XIX assinalou a primeira vez na História em que a escravidão constituiu-se em um sistema internacional de comércio, no qual circulavam grandes somas de capital. Suas origens estão intimamente associadas à cana. O Brasil dispunha de uma vantagem geográfica crucial com relação ao açúcar: por um lado, o tempo de navegação até Lisboa, cerca de 50 dias, era menor do que entre qualquer outro ponto das Américas e a Europa; por outro, os navios negreiros que cruzavam da África para o Brasil levavam apenas cerca de um mês, metade do tempo da travessia até o Caribe ou a América do Norte.[23]

O açúcar não demorou a converter-se na atividade econômica dominante no Brasil, onde já havia cerca de 350 engenhos de açúcar em 1630.[24] Sua produção demandava muito espaço, mão de obra, combustível e capital. Embora as primeiras concessões de terra da Coroa (conhecidas como sesmarias) fossem relativamente modestas, elas logo passaram a compreender vastas extensões, ainda que fronteiras e títulos em geral fossem vagos. As fazendas de gado no sertão eram ainda maiores do que os engenhos, que tendiam a comprar parte de sua cana de agricultores ou meeiros independentes, como forma de reduzir sua necessidade de capital. Esses agricultores integravam uma pequena classe média, junto com alguns artesãos e comerciantes. Um engenho médio era operado por 60 a 100 escravos; um grande, por até 200. Exigia também um número considerável de artesãos qualificados, técnicos e gestores. Estes eram, por vezes, imigrantes de Portugal ou das ilhas atlânticas, e às vezes escravos ou negros forros.[25]** O combustível para os fornos dos engenhos era fornecido por lenha proveniente da Mata Atlântica. Presidindo o empreendimento como um todo, os senhores de engenho, como eram conhecidos os grandes proprietários, exerciam o poder sócio-político e desfrutavam da prosperidade econômica. Diferentemente dos proprietários rurais da América espanhola, tendiam a viver em suas terras, embora muitos também mantivessem uma residência na cidade mais próxima. Alguns deles investiam em fazendas de gado e transporte, atuando também como comerciantes. De acordo com Gilberto Freyre, um cientista social que fez a crônica da sociedade nordestina do açúcar em um livro clássico, mas controverso, *Casa-grande & senzala*, eles compunham "uma minoria de brancos e brancarões dominando patriarcais, polígamos, do alto das casas-grandes de pedra e cal". A plantação constituía um sistema econômico, social e político inteiro: de produção, trabalho, transporte, religião, família e vida sexual; além de funcionar como "fortaleza, banco, cemitério, hospedaria, escola, santa casa de misericórdia amparando os velhos e as viúvas, recolhendo órfãos".[26]

---

* *Nota da Tradutora*: Negros libertos da escravidão, ou "alforriados", de onde se derivou a expressão "forro".

O sistema erguia-se sobre o trabalho forçado. Como declarou, em 1729, o Governador-Geral Luís Vahia Monteiro, "são os escravos as propriedades mais sólidas do Brasil, e mede-se a riqueza de um homem pela quantidade maior ou menor de escravos que possui [...] pois muitas são as terras, mas só pode cuidar delas quem tem escravos".[27] Graças à sua rede de feitorias no litoral africano, como São Jorge da Mina (hoje conhecida como Elmina, uma cidadezinha na costa de Gana), os portugueses foram os principais atores do tráfico atlântico de escravos, embora holandeses, ingleses e franceses tenham, nos séculos XVI e XVII, aberto brechas em seu monopólio inicial. Portugal estabeleceu alianças com governantes e comerciantes africanos, muitos dos quais contribuíam ativamente e de bom grado para o tráfico. Sozinhos entre os europeus durante esse período, os portugueses penetraram além do litoral africano, estabelecendo uma presença permanente no interior de Luanda, na que hoje é Angola e era, na época, o extremo sul do reino do Kongo. Até princípios do século XVII, as plantações de cana no Brasil eram rentáveis o bastante para gerar o capital necessário à importação de africanos em larga escala. No início, a principal origem dos escravos que chegavam ao Brasil era a África Ocidental, dos povos Iorubá, Wolof, Magindo e Hausa, entre outros. Alguns eram muçulmanos; muitos eram pastores, de temperamento independente. Pelo século XVIII, a maioria dos escravos trazidos para o Brasil era de Bantos do Congo, Angola e Moçambique, de menor estatura, religião animista e predominantemente agricultores. Os donos de escravos consideravam os africanos ocidentais melhores para o trabalho no campo, ao passo que os angolanos eram melhores artesãos. Cerca de um terço de todos os escravos que chegavam ao Brasil correspondia a mulheres e crianças.

O Brasil importaria um número maior de escravos da África, e por um período mais longo, do que qualquer outro país. De acordo com cálculos de Herbert Klein, cerca de 12,5 milhões de africanos no total foram adquiridos e embarcados para as Américas entre 1500 e 1866; destes, acredita-se que mais de 1,5 milhão sucumbiu à superlotação, a doenças ou à fome durante a célebre "Passagem do Meio", em que eram aglomerados nos porões dos navios para a travessia do Atlântico. Um número desconhecido morreu antes de ser embarcado. Dos 10,7 milhões que aportaram nas Américas, quase 4,9 milhões foram importados pelo Brasil, em comparação com menos de 400 mil pelos Estados Unidos. A quantidade de escravos desembarcados no Brasil tende a aumentar ao longo do tempo: menos de 600 mil chegaram antes de 1700, número que então saltou para cerca de 15 mil ao ano no início do século XVIII, chegando ao dobro desse patamar 100 anos depois.[28]

Por que essa demanda tão grande por escravos no Brasil? A primeira razão é que sua importação era muito mais barata do que no Caribe ou América do Norte. O Brasil estava mais perto de África, o que reduzia o tempo de navegação. Klein assinala também que o custo maior dos comerciantes de escravos era a aquisição dos artigos demandados pelos comerciantes africanos que lhes forneciam suas presas. O Brasil era o único território americano a exportar bens para a África. Muitos comerciantes de escravos portugueses eram baseados em Salvador e Rio de Janeiro, não em Lisboa. A partir do século XVII, deram início a um comércio bilateral no Atlântico Sul, exportando tabaco baiano, rum, pólvora e armas de fogo em troca de escravos.²⁹ (Os portugueses também mandavam mandioca e amendoim do Brasil para a África, onde se tornariam alimentos básicos.)

A segunda razão de o Brasil ter importado tantos escravos foi a quase impossibilidade, por longos períodos, de atrair mão de obra livre. A colonização europeia do Brasil foi um processo lento, tanto devido à reduzida população de Portugal quanto porque sua colônia nas Américas oferecia parcos atrativos iniciais. Vicente de Salvador, um frade franciscano que vivia na Bahia e publicou, em 1627, a primeira história do Brasil, queixou-se de que os portugueses, em vez de povoarem suas terras, "contentam-se de as andar arranhando ao longo do mar como caranguejos".³⁰ Entretanto, os obstáculos à colonização mais ampla e ao desenvolvimento da agricultura camponesa de estilo ibérico eram formidáveis – a começar pela barreira da Serra do Mar e da Mata Atlântica. Atravessar a cadeia montanhosa que se estende ao longo da costa do Rio de Janeiro para o Sul era tarefa extremamente árdua, como evidenciam os relatos dos viajantes. Em 1585, o jesuíta Fernão Cardim escreveu, a propósito da jornada de 72 quilômetros que separava São Vicente de São Paulo – que lhe tomou quatro dias –, que "o caminho é tão íngreme que às vezes íamos pegando com as mãos" em meio à lama e às torrentes.³¹ (As estradas que hoje serpenteiam serra acima são uma espetacular sucessão de viadutos de tirar o fôlego, curvas fechadas e túneis.) Depois de passar um dia perto da Bahia, em 1832, Charles Darwin exclamou que "delícia (...) é um termo fraco para expressar os sentimentos de um naturalista que, pela primeira vez, vagou sozinho por uma floresta brasileira".³² Porém, não era esse o sentimento da maioria dos colonos. Diferentemente dos puritanos ingleses na Nova Inglaterra, os portugueses depararam-se, no Brasil, com um mundo que lhe era completamente estranho – e, em razão da dificuldade de conquistar o ambiente tropical, "seu sentimento dominante seria o terror", argumentou Viana Moog em um influente trabalho sobre as diferenças entre o Brasil e os Estados Unidos.³³ Os medos dos colonos incluiriam os animais silvestres, os insetos e as doenças tropicais, bem como o próprio labirinto escuro e úmido da floresta.

Os obstáculos mais avassaladores à agricultura eram os insetos, as pragas e as pestes, especialmente as temidas saúvas ou formigas cortadeiras, como escreve o historiador ambiental Warren Dean.³⁴ Dois ou três anos depois da abertura de um campo na floresta, as formigas apareciam. Suas tocas eram reconhecíveis pelos montes que formavam no chão, com até 8 metros de diâmetro e meio metro de altura; abaixo da superfície, formavam vastas câmaras com até 25 metros de profundidade, repletas de um fungo pegajoso que se desenvolvia a partir do bagaço das folhas e no qual as formigas eram criadas. As saúvas eram capazes de desnudar um campo de mandioca em uma ou duas noites. Até o advento dos pesticidas químicos, em meados do século XX, nenhuma contramedida havia se mostrado eficaz. Em 1587, o cronista Gabriel Soares de Souza lamentou:

> se elas [as formigas] não foram que o despovoará muita parte de Espanha [o autor escreveu durante a união das coroas ibéricas] para irem povoar o Brasil; pois se dá nele tudo o que se pode desejar, o que esta maldição impede, de maneira que tira o gosto aos homens de plantarem senão aquilo sem o que não podem viver na terra.³⁵

Se não fosse a saúva, como argumenta Dean, os campos desmatados teriam muito mais valor, o que por sua vez teria encorajado os portugueses a fazer uso do arado e outras tecnologias agrícolas. Além disso, teria ajudado se os títulos de terra fossem mais precisos e seguros. Na situação que viviam, os colonos se dedicavam à precária agricultura de corte e queima, mudando-se quando o solo se esgotava, o que não tardava a acontecer. E contavam com os africanos para fornecer a força muscular necessária ao trabalho.

A escassez de alimentos e a má alimentação foram temas constantes no Brasil do século XVI e até poucas décadas atrás – uma realidade particularmente no Nordeste, onde a monocultura do açúcar e a desigualdade na distribuição fundiária foram alvos de frequentes acusações. Esses fatores sem dúvida tiveram sua participação; todavia, ultrapassada a faixa litorânea, a acidez e pobreza dos solos e a hostilidade do ambiente, caracterizado por secas periódicas e muitas vezes catastróficas no sertão, associadas ao padrão climático do *El Niño* provavelmente tinham uma responsabilidade maior. Quando, ao assumir a presidência, em 2003, Lula lançou um programa chamado Fome Zero, tocou em uma memória coletiva profundamente enraizada.

Contudo, se a escravidão alcançou tamanha prevalência no Brasil, foi também porque a Coroa portuguesa nada fez para impedi-la. Em 1684, a Coroa chegou a instituir regras para o provisionamento de navios negreiros e para o número máximo de escravos por tonelada; a mortalidade a bordo caiu, mas nunca chegou a menos de 1 em cada 20. A Coroa espanhola, fortalecida por uma sólida base fiscal em casa, raramente recuava em suas tentativas de fazer valer sua vontade nas Américas, e foi mais vigorosa na contenção da escravidão indígena. Entretanto, os monarcas portugueses dependiam das receitas do comércio com seus bastiões coloniais – a princípio na Ásia e depois, do século XVII em diante, no Brasil. Hesitavam em reprimir os proprietários rurais e comerciantes que constituíam a força dominante na sociedade colonial brasileira.[36] Por todas essas razões, enquanto na Nova Inglaterra do século XVII os imigrantes estabeleciam fazendas familiares, o Brasil continuava sendo um reino de plantações costeiras e mão de obra escrava. A escravidão passou a se autorreforçar, e sua abolição apresentaria extraordinárias dificuldades.

Filhos do fogo de Deus

Na primeira metade do século XVII, um proprietário rural recuperava o custo de um escravo em 13 a 16 meses; mesmo depois de 1700, quando o preço do açúcar caiu e o dos escravos subiu, esse prazo era de cerca de 30 meses. Assim sendo, havia escasso incentivo para melhorar as condições de trabalho – que eram brutais: as estimativas da vida útil de um escravo na mineração, no século XVIII, variava entre 7 e 12 anos. O engenho, com seus fornos ardentes e caldeirões ferventes, costumava ser descrito como uma espécie de inferno por observadores piedosos.

Em um dos vários poderosos sermões que despejava sobre congregações mistas de escravos e senhores na igreja da Irmandade Negra do Rosário, em Salvador, na década de 1680, Antonio Vieira disse dos escravos que "não há trabalho nem gênero de vida no mundo mais parecido à Cruz e Paixão de Cristo que o vosso em um destes engenhos".[37]

Mas a escravidão era só do corpo, não da alma, ele insistia. Em troca do serviço "de boa vontade" aos seus senhores, na vida após a morte os escravos se depararicam com situação inversa. "Vós sois os irmãos da preparação de Deus, e os filhos do fogo de Deus", disse aos escravos. O sofrimento "vos trouxe à luz da fé e conhecimento dos mistérios de Cristo [que os vão preparar para a] liberdade eterna". Mas Vieira também repreendeu os senhores por imporem trabalhos excessivamente pesados aos escravos e impedirem-nos de se casar, isto é, por não "[anteporem] a sua [dos escravos] salvação aos ídolos de ouro, que são os vossos malditos e sempre malogrados interesses". Muitos dos senhores não entrariam nos Céus, ele pregou:

> Qual teologia há ou pode haver que justifique a desumanidade e sevícia dos exorbitantes castigos, com que os mesmos escravos são maltratados? (...) Tiranizados, devera dizer, ou martirizados, porque serem os miseráveis pingados, lacrados, retalhados, salmourados, e os outros excessos maiores (...) Pois, estai certos que vos não deveis temer menos da injustiça destas opressões, que dos mesmos cativeiros, quando são injustos; antes, vos digo que mais vos deveis temer delas, porque é muito mais o que Deus as sente. (...) Mas estes clamores, que vós não ouvis, sabei que Deus os ouve; e já que não têm valia para com o vosso coração, a terão sem dúvida sem remédio para vosso castigo.[38]

Esses sermões de Vieira visavam à eliminação dos maus-tratos impingidos aos escravos, não da instituição da escravidão em si. Como todos os jesuítas, ele fazia uso de dois pesos e duas medidas: os índios eram bárbaros cuja graça residia no fato de que suas almas estavam abertas para Deus; para os africanos, contudo, o cativeiro é que era o caminho para a evangelização.[39] Os jesuítas, afinal de contas, possuíam escravos africanos em suas próprias plantações de cana.

Os barrocos vitupérios teológicos de Antonio Vieira ecoaram ao longo dos séculos não apenas em função de sua eloquência, mas também por tratarem de um assunto que é objeto de intenso debate histórico. A escravidão foi menos opressiva, menos desumana, menos ruim no Brasil do que no Caribe ou nos Estados Unidos – ou ainda pior? A ideia de que a escravidão brasileira foi mais benigna do que suas contrapartes em outros lugares ganhou uma defesa poderosa na voz de Gilberto Freyre, que descreveu como paternalista a sociedade açucareira do Nordeste. Na sua opinião, "A escassez de mulheres brancas criou zonas de confraternização entre vencedores e vencidos, entre senhores e escravos", em que "os extremos antagônicos" foram em grande parte contrariados pelos efeitos sociais da miscigenação – defendendo a tese de que, sob alguns aspectos, os escravos acabaram se vendo em pior situação quando deixados à própria sorte, após a abolição. Freyre, um antropólogo, escritor e jornalista de notável originalidade que cresceu no Recife logo após a abolição, é amplamente reconhecido hoje como o primeiro pensador a atribuir a devida importância à contribuição dos negros e da África para a sociedade e a cultura brasileiras. Ademais, foi o primeiro a aplicar os conceitos psicossexuais de Freud ao Brasil. Entretanto, sua visão excessivamente rósea da escravidão hoje é encarada como um mito. "Que bom seria se essa fosse toda a verdade, desde que fôssemos todos senhores", escreveu Fernando Henrique Cardoso, que, além de político, é também sociólogo.[41]

São raros os relatos de próprio punho de escravos ou ex-escravos. Visitantes estrangeiros tendem a pintar um quadro misto, em que alguns proprietários dispensavam bom tratamento a seus escravos, ao passo que outros eram abomináveis. H. Augustus Cowper, cônsul britânico em Recife, faz um relato típico. Depois de uma visita a várias propriedades em Pernambuco, na década de 1840, ele escreveu a Lorde Aberdeen, então secretário britânico de Relações Exteriores, que vinha pressionando com insistência o Brasil no sentido de que abolisse o tráfico de escravos e a escravidão. Cowper havia ficado muito bem impressionado com o Coronel Gaspar de Menezes Vasconcellos Drummond, ex-oficial do Exército que havia se tornado o chefe de polícia local e que fazia uso de motores a vapor ingleses e energia hidráulica em seus engenhos. Seus 400 escravos eram protegidos por um código de conduta que impedia que os superintendentes os punissem; trabalhavam do romper da aurora até as 20 horas, sendo dispensados do serviço quando caíam doentes; suas rações de carne-seca e farinha de mandioca eram em quantidade semelhante às de um soldado de Infantaria; e o coronel em pessoa brincava afetuosamente com os filhos dos escravos. Por outro lado, dizia-se que seu vizinho, o Coronel Francisco de Barros Rego, impunha a seus escravos uma carga de 20 horas de trabalho por dia, "ter o hábito de mutilá-los constantemente", e que havia levado à morte mais de 20 deles. Cowper assinalou que "os crimes mais bárbaros gozam da mais absoluta impunidade legal" e que alguns senhores puniam seus escravos com a castração. Outras formas menos drásticas, mas ainda bárbaras, de castigo corporal eram comuns, como o açoitamento. Os engenhos e algumas cidades dispunham de um pelourinho, onde o castigo dos escravos convertia-se em demonstração pública, com a intenção de inspirar obediência nos demais. (O pelourinho de Salvador hoje dá nome a um bairro colonial restaurado, de íngremes ladeiras de paralelepípedos que é o centro tanto da vida cultural da cidade quanto de seu turismo.)[42]

Rebeliões de escravos de diversos tipos eram comuns. Variavam de iniciativas individuais de desobediência a ocasionais revoltas em grande escala. Os afro-brasileiros tinham seus próprios líderes, às vezes desconhecidos de seus senhores; muitas vezes eram aqueles que tinham sido reis ou chefes em sua terra natal. Senhores abusivos corriam o risco de serem mortos por seus escravos (e a consciência dessa possibilidade pode ter servido para conter violências ainda piores). As fugas ocorriam com frequência. As regiões rurais do país eram pontilhadas de quilombos e mocambos, como eram conhecidos os assentamentos de escravos fugidos – que podiam não passar de alguns barracos, em geral fora das cidades, mas alguns constituíam aldeias. Seus habitantes viviam da agricultura, da pesca e de incursões de pilhagem na sociedade branca, às vezes amalgamando-se com aldeias indígenas hostis. No século XVII, constituiu-se no atual estado de Alagoas uma rede de quilombos fortificados que ficou conhecida como Reino dos Palmares, com uma população de talvez 10 mil habitantes. Palmares sobreviveu por décadas, em parte graças à distração das autoridades portuguesas com a guerra contra os holandeses. Resistiu a várias expedições militares, com perdas consideráveis de ambos os lados. Em 1678, o governador de Pernambuco firmou um tratado de paz com o reino; em 1695, porém, a Coroa convocou Domingos Jorge Velho, o sertanejo paulista e flagelo dos índios potiguares, que finalmente derrotou Palmares. Seu derradeiro líder, Zumbi, foi capturado e decapitado em 20 de novembro – data que nos últimos anos passou a ser celebrada por parte da população negra do país e pelo governo como Dia da Consciência Negra. Muitos quilombos sobrevivem ainda hoje por todo o Brasil, seja como nomes de lugares ou como comunidades de descendentes de escravos fugidos. O governo Lula começou a outorgar-lhes direitos sobre a terra que alegam ter ocupado, deflagrando uma onda de disputas de propriedade.

Todavia, por mais difícil que fosse a vida dos escravos, não há nenhuma razão para acreditar que ela fosse pior no Brasil do que no Caribe ou na Confederação Americana, como têm defendido acadêmicos dos Estados Unidos. Essa tese baseia-se, em primeiro lugar, no fato de a população escrava nos Estados Unidos se reproduzir mais rápido do que no Brasil. Em virtude do desequilíbrio sexual entre os africanos enviados para o Brasil, com dois homens para cada mulher, a população escrava não se reproduzia; em vez disso, era constantemente reabastecida por recém-chegados. Na verdade, porém, de modo geral acontecia o mesmo no restante das Américas até o século XIX. Se foi o que continuou acontecendo no Brasil, isso se deveu em grande parte ao grande número de negros livres, combinada com a prevalência de enfermidades tropicais.[43] O segundo argumento é que os escravos da Confederação Americana se beneficiaram do fato de que viviam em uma sociedade mais desenvolvida: segundo Robert Conrad, no Brasil, em 1872, menos de 1 em cada 1 mil escravos foi registrado como alfabetizado, ao passo que, em 1860, "provavelmente" 1 em cada 20 escravos nos Estados Unidos sabia ler e escrever.[44] Sem dúvida, o fato de a escravidão ter sido tão difundida no Brasil está intimamente associado à lamentável negligência da educação no país. Ademais, o protestantismo, com sua ênfase na leitura da Bíblia, pode ter gerado um maior índice de alfabetização do que o catolicismo brasileiro. Sob outros aspectos, contudo, são argumentos redutores: a expectativa de vida dos brancos era, analogamente, menor no Brasil do que nos Estados Unidos, porque as condições físicas de vida eram mais difíceis para todos. A expectativa de vida de um escravo nascido nos Estados Unidos em 1859 era de 35,5 anos; no Brasil, o número equivalente para um escravo era cerca de 20 anos, mas para a população como um todo era de apenas 27,4 anos.[45]

O que constitui uma verdade incontestável é o fato de que a escravidão como instituição apresentava no Brasil certas diferenças notáveis – e uma flexibilidade maior – em relação à americana. Muitos trabalhos artesanais, bem como certas funções de fiscalização, eram realizados por escravos, que também integravam a tripulação dos navios negreiros brasileiros. A alforria – a libertação dos escravos – era bem mais comum até mesmo do que na América espanhola, e muitíssimo mais do que nas colônias britânicas ou francesas. Isso significa que o Brasil não tardou a desenvolver uma vasta população de negros livres. Entre a população negra, os alforriados tendiam a ter nascido no Brasil, em vez de na África, eram mais propensos a ser mulheres do que homens e a ter a pele relativamente mais clara. Os primeiros registros oficiais a reportar distinções raciais, feitos pouco depois da chegada da corte portuguesa ao Rio de Janeiro, em 1808, constatou que, de uma população total de pouco mais de 2 milhões de pessoas, 28% eram brancos, 38% eram escravos, mas 28% eram negros forros ou mulatos (cerca de 6% eram índios, fração quase decerto subestimada). Há aí uma diferença gritante com os Caribes francês e britânico, onde os negros livres, em fins do século XVIII, correspondiam a não mais que 8% da população.[46]

A segunda grande diferença foi a prevalência, no Brasil, da miscigenação e da mistura racial. O número de mulatos crescia continuamente. A consequência dessas diferenças é que não há uma correspondência rígida entre o status socioeconômico e a cor da pele. O lugar dos mulatos na escala social variava sobretudo de acordo com suas ocupações. Se um mulato se consagrasse padre ou fosse nomeado magistrado, "seus documentos podem defini-lo como branco, mesmo que isso não seja visível", assinalou Henry Koster, um britânico que viveu em Pernambuco entre 1809 e 1820 como um proprietário rural escravocrata. Koster indagou a um de seus escravos se um certo capitão-mor (um capitão miliciano) não era mulato, e recebeu em resposta: "ele era, mas não é mais (...) Será que um capitão-mor pode ser mulato?"[47] João Antônio Andreoni, jesuíta italiano que em 1711 publicou um relato sobre a economia da colônia, escreveu que "confirmamos o provérbio segundo o qual o Brasil é o inferno dos negros, o purgatório dos brancos e o paraíso dos mulatos de ambos os sexos".[48] (Sua suposta boa fortuna era atribuída ao que hoje em dia poderíamos chamar de seu capital erótico.)

Mesmo alguns mulatos e negros forros brasileiros eram proprietários de escravos. Machado de Assis, o maior escritor do Brasil, era mulato. O mesmo se aplica a André Rebouças, economista e engenheiro responsável pela construção, no século XIX, de novas docas para a capital do país, que foi um grande abolicionista. Confidente do Imperador Dom Pedro II, Rebouças era visitante frequente no palácio imperial, no Rio de Janeiro. Mas quando visitou Nova York, em 1873, recusaram-lhe um quarto de hotel devido à sua cor. O cônsul brasileiro conseguiu que ele fosse aceito "em um hotel de terceira classe, (...) sob a condição de que eu fizesse todas as minhas refeições no quarto, nunca no restaurante", escreveu ele. "O preconceito racial impediu-me de assistir a uma apresentação na Grand Opera House."[49] E isso foi em Nova Iorque, e após a Guerra Civil – e não no Sul.

Embora a escravidão no Brasil raramente tenha ocasionado segregação racial, de fato deu margem a preconceitos. Entretanto, as diferenças em relação aos Estados Unidos ou à África do Sul têm profundas consequências para o modo como as questões raciais têm sido – e devem ser – abordadas por parte do governo e da sociedade (ver o Capítulo 9). Por outro lado, se o catolicismo prejudicou a alfabetização, foi mais complacente com relação ao sincretismo religioso (a mistura de elementos de religiões distintas). As divindades africanas eram adoradas com entusiasmo nas senzalas, às vezes disfarçadas de santos católicos. Tal sincretismo é um traço distintivo da cultura brasileira até hoje. Foi celebrado nas histórias de Jorge Amado, popular escritor baiano. Todos os anos, quando dezenas de milhares de cariocas (os habitantes do Rio de Janeiro) lotam a praia de Copacabana na véspera do Ano-Novo, vestem-se de branco e jogam flores no Atlântico como oferendas a Iemanjá, a deusa iorubá das águas, que de muito bom grado faz as vezes também de Nossa Senhora dos Navegantes para os católicos.

Também sob outros aspectos a cultura africana misturou-se ao corpo central da cultura brasileira – na comida, na música, na dança e no idioma, por exemplo.

Tudo poderia ter sido muito diferente caso o Brasil tivesse caído nas mãos dos franceses ou dos puritanos holandeses, o que facilmente poderia ter acontecido. A prosperidade da indústria açucareira fez o Brasil se tornar um dos cenários da europeia Guerra dos Trinta Anos (1618-1648), durante a qual o controle português de sua vasta colônia nas Américas enfrentou seu mais grave desafio. Quando o jovem rei lusitano Sebastião pereceu sem deixar herdeiros, em 1578, na tentativa de capturar o Norte do Marrocos, o trono passou às mãos de seu tio, Filipe II da Espanha. Portugal e suas colônias mantiveram o seu próprio sistema de governança. Todavia, os holandeses protestantes, engajados em uma longa luta pela independência contra os Habsburgos espanhóis, viram o império português como um alvo oportuno para sua própria expansão como potência marítima. A holandesa Companhia das Índias Ocidentais enviou duas grandes expedições militares para o Brasil; a primeira chegou a capturar brevemente Salvador e a segunda, composta por 67 navios e 7 mil homens, se apoderou de Pernambuco em 1630. Os holandeses ocuparam ainda São Jorge da Mina, São Tomé e Luanda, cortando o abastecimento de escravos brasileiros. Grande parte da ponta nordeste do Brasil permaneceria sob dominação holandesa durante um quarto de século. Foi, de certa forma, uma empreitada esclarecida. O Príncipe João Maurício de Nassau, enviado em 1637 para governar a colônia, construiu uma moderna cidade e porto planejados em Recife (chamado *Mauritstaad* pelos holandeses), abaixo de Olinda, a capital da província portuguesa, com seu emaranhado de ladeiras e conventos. As ruas pavimentadas de Mauritstaad, suas casas de quatro andares, pontes e um dique para canalizar o Rio Capibaribe, mais parecia uma mini-Amsterdã tropical. Sua infraestrutura não encontraria par em outras cidades brasileiras por pelo menos um século e meio.[50] A expressão "trabalho de holandês" é empregada ainda hoje em Pernambuco para denotar algo de qualidade.

Nassau fez-se acompanhar de um grupo de artistas e cientistas. Os brasileiros lhe devem os primeiros registros visuais naturalistas de seu país, ainda que eurocêntricos. Frans Post, educado na grande tradição holandesa da pintura de paisagens, produziu dezenas de telas como resultado de sua temporada na nova colônia. Muitas continham retratos detalhados da flora e da fauna de Pernambuco. Na representação de Post, as plantações de açúcar do Nordeste são bucólicas arcádias, povoadas por trabalhadores negros e indígenas que se desincumbiam de suas tarefas com a serena industriosidade de camponeses holandeses. Albert Eckhout foi incumbido de documentar as pessoas: pintou grandes figuras esculturais de índios e negros que possuem valor etnográfico infinitamente maior do que aquelas primeiras xilogravuras. No entanto, alguns dos índios são retratados com indicadores de canibalismo, ainda que este estivesse extinto em quase toda a área sob o controle dos europeus.[51]

Os brasileiros portugueses enfrentaram os holandeses, que tiveram de bater em retirada em 1654, incapazes de repetir em terra o domínio que tinham dos mares. A investida holandesa contra seu império provocou uma reação nacionalista em Portugal, que acabou levando à restauração de sua independência da Espanha sob a nova casa real dos Bragança. Os historiadores brasileiros também veem na guerrilha de resistência aos holandeses uma das primeiras afirmações do espírito nacional brasileiro. Os portugueses alistaram centenas de soldados negros e indígenas, em companhias encabeçadas por seus próprios comandantes, a fim de travar uma guerrilha contra os holandeses. Grande parte da campanha militar foi financiada e organizada em âmbito local. A retomada de Luanda e São Tomé por uma expedição organizada no Rio de Janeiro por Salvador de Sá, governador-geral e neto de Mem de Sá, mostrou um grau de iniciativa colonial que teria sido quase impensável na América espanhola. Todavia, o fator decisivo para que o Brasil permanecesse nas mãos dos portugueses foi o grave prejuízo econômico imposto pela guerra em Pernambuco à Companhia das Índias Ocidentais holandesa, cujos acionistas acabaram por optar pelo fim da aventura.[52] Da mesma forma, o levante dos proprietários rurais contra os holandeses foi motivado mais pelo desejo de se desobrigarem das dívidas contraídas junto à Companhia das Índias Ocidentais do que por patriotismo luso-brasileiro.[53] Os Braganças, por sua vez, trataram de consolidar sua permanência no poder, e no Brasil, reforçando os tradicionais laços de Portugal com a Grã-Bretanha – aliança cuja renovação foi selada pelo casamento de Catarina de Bragança com Carlos II. Se o controle do Brasil por Portugal não sofreu nenhum desafio sério durante todo o século e meio que se seguiu, isso se deveu em grande parte ao seu asseguramento implícito pela Marinha Real (em troca de concessões tarifárias e comerciais para os comerciantes britânicos em Portugal).

Pernambuco levaria um século para se recuperar da guerra contra os holandeses, e o centro da produção açucareira do Brasil deslocou-se para a Bahia. Por iniciativa do Padre Antônio Vieira, sempre homem de negócios além de teólogo, Portugal organizou uma companhia comercial e um sistema de comboio para as suas esquadras de transporte do açúcar. Este continuaria sendo a maior indústria e artigo de exportação brasileiro; seu domínio do mercado mundial, porém, havia chegado ao fim, eclipsado por novos concorrentes no Caribe. Os holandeses, que haviam se tornado importantes participantes do tráfico negreiro, levariam a tecnologia de produção do açúcar para suas colônias no Suriname e nas Antilhas. O açúcar foi plantado pelos franceses em São Domingos (Haiti), e pelos britânicos em Barbados e na Jamaica, onde as plantações eram maiores e mais eficientes do que as da Bahia e de Pernambuco. No último terço do século XVII, a economia brasileira estagnou.

A corrida do ouro

Erguido acima das colinas verdes e suaves ao Norte de Lisboa, o imenso mosteiro-palácio de Mafra pode ser visto da estrada do Porto, a cerca de 12 quilômetros de distância. Seus três andares de severa cantaria barroca cobrem uma área de quase quatro hectares e contêm mais de mil quartos. Sua fachada tem 232 metros de comprimento; as laterais, mais de 200 metros; a biblioteca, com 85 metros de comprimento, contém 36 mil livros dos séculos XVI e XVIII. É uma construção fria e sombria. Sua massa gigantesca é seu propósito: aparentemente o mais importante era que ele superasse em tamanho El Escorial, sua inspiração não menos sombria e equivalente na Espanha, construído por Filipe II, o usurpador do trono português. A construção de Mafra ocupou a maior parte do longo reinado de João V (1706-1750), e foi a mais grandiosa manifestação da riqueza súbita que transformou os Braganças na mais rica família da Europa.

A fonte de tamanha riqueza jazia nos rincões do Brasil. Na década de 1680, a Coroa tinha apelado para os bandeirantes paulistas no sentido de que redobrassem seus esforços para encontrar os depósitos de ouro e diamantes cuja existência era confirmada por antigos rumores. Na década seguinte, os paulistas finalmente lograram êxito, encontrando ouro nos córregos aluviais que riscam os flancos das ásperas montanhas que logo seriam batizadas de "Minas Gerais". Logo em seguida foram descobertos diamantes e esmeraldas na região, além de ouro no Sul da Bahia, em Cuiabá no Mato Grosso, e em Goiás. A notícia provocou uma corrida do ouro, e gente de todo o Brasil e além inundou as regiões mineiras. Pela primeira vez, um grande número de portugueses migrou para o Brasil: vieram cerca de 600 mil do continente e das ilhas atlânticas nos primeiros 60 anos do século XVIII. Os mineiros usavam escravos para trabalhar nas novas descobertas. Núcleos urbanos brotavam quase da noite para o dia. As autoridades portuguesas enfrentavam dificuldades para manter o controle, incapazes de evitar confrontos violentos em torno dos direitos de mineração entre paulistas e os que chegaram depois. Assim, o monarca não teve alternativa se não conceder mais autonomia às autoridades locais. O principal intento da Coroa, nunca realizado por completo, era supervisionar e recolher tributos sobre a produção de ouro, cujo volume registrado oficialmente foi multiplicado por 10 na primeira metade do século XVIII, chegando a quase três toneladas por ano no início da década de 1750, antes de cair para pouco mais de um terço desse nível até o final do século. A produção não oficial pode ter sido quase desse tamanho: os garimpeiros, mineiros autônomos, fazem parte da vida brasileira – e da degradação ambiental do país – desde então. Ainda assim, a Coroa auferiu enormes receitas do "quinto real" (da produção), dos contratos de monopólio dos suprimentos e de impostos e taxas diversas. Foi essa receita que não só construiu o Mafra como arcou com a reconstrução de Lisboa após o catastrófico terremoto e tsunami de 1755. Contudo, a corrida do ouro também mudou a face do Brasil.[54]

Finalmente os portugueses começaram a ir, em grande número, estabelecer-se no interior – e não apenas nos próprios núcleos de mineração, mas também em função da necessidade de fornecer-lhes víveres e toda sorte de outros suprimentos. A mineração acarretou uma grande expansão da pecuária, tanto no sertão quanto nos campos do Sul. O sertão tornou-se uma vasta pastagem para o gado. Seus habitantes, conhecidos como caboclos ou pardos, eram um misto de sangue indígena, africano e branco. Vestiam trajes de couro para se proteger do matagal de espinhos. Do mesmo modo, as janelas e portas de suas cabanas eram capas de couro, como as dos camponeses escoceses no século XVI. Os tropeiros foram interligando e integrando diferentes regiões do Brasil, ainda que com meticulosa lentidão: a viagem das cidades do ouro, em Minas, até as litorâneas Santos ou Paraty – hoje uma bela cidade turística que tem um festival literário entre suas atrações, mas, na época, um importante porto para o escoamento do ouro – levava cerca de um mês. A travessia de São Paulo a Cuiabá – feita em grande parte de canoa – demorava de cinco a sete meses. As principais cidades começaram a crescer: em meados da década de 1770, a população de Salvador havia ultrapassado os 36 mil habitantes, maior do que todas as cidades na América do Norte britânica, com exceção da Filadélfia (40 mil habitantes), enquanto Recife, a quarta maior cidade do país, pode ter sido maior do que Boston.[55] Em 1763, a Coroa, reconhecendo o deslocamento do centro de gravidade econômico do Brasil para o Sul, transferiu para o Rio de Janeiro a capital da colônia, no lugar de Salvador.

Ao contrário da sociedade patriarcal dos engenhos do Nordeste, as áreas de mineração eram verdadeiros cadinhos social. A maior parte da mineração do ouro era empreendida por negros. A princípio, a técnica mais usada era a faiscação,[*] na qual os homens da Costa da Mina, na África Ocidental, eram qualificados e experientes. Mais tarde, foram adotadas formas mais elaboradas de extração, tais como a dragagem e as lavras.[**] O trabalho implicava permanecer por longas horas de pé nos rios, com a água gelada até o joelho. Os mineradores perceberam os benefícios de libertar muitos de seus escravos, fosse devido ao alto custo de alimentá-los, fosse para motivá-los a trabalhar mais. Além disso, muitos lograram comprar sua liberdade através da garimpagem individual. O governador de Minas Gerais chegou a escrever que:

> (...) pela diferente liberdade que os negros têm neste governo às demais dos da América, sendo certo que não é verdadeira escravidão a forma em que hoje vivem, quando com mais propriedade se lhe pode chamar liberdade licenciosa.[56***]

No primeiro decênio do século XIX, os negros forros já superavam em número os escravos em Minas Gerais, tendo se tornado o maior grupo demográfico da capitania. Muito embora a maioria deles tenha permanecido pobre, emergiu também uma classe média de artesãos e agricultores.

Minas Gerais também experimentou um extraordinário florescimento cultural. A corrida do ouro financiou um surto de construção de igrejas barrocas tanto no Brasil quanto em Portugal – do qual a Igreja de São Francisco em Salvador, com seu cintilante interior coberto de ouro, é apenas o exemplo mais luxuriante. Em Minas e

---

[*] *Nota da Tradutora*: Também chamada garimpagem ou cata, é uma atividade artesanal desenvolvida pelos garimpeiros em aluviões, leitos e margens de rios e grupiaras; consiste na exploração com instrumentos rudimentares, como a bateia.

[**] *Nota da Tradutora*: Procedimento dispendioso, que demandava um alto investimento inicial em equipamentos e mão de obra, mediante o qual levava-se água até aberturas nas encostas e trabalhavam-se as camadas de pedregulhos por pressão hidráulica. A lama restante era escoada em seguida por uma sucessão de caixas de lavagem, onde as partículas de ouro ficavam retidas, até um cocho, onde os escravos bateavam os resíduos.

[***] *Nota da Tradutora*: O trecho foi extraído de uma carta do Conde de Assumar, governador de 1717 a 1721, datada de 21 de novembro de 1719. O governador expressa seu temor de que a referida "liberdade" de que gozavam os negros pusesse em perigo a ordem escravista vigente: "(...) porque já me andava remordendo este cuidado e tenho entendido que sem uma severidade mui reta contra os negros, poderá suceder que um dia seja este governo teatro lastimoso dos seus malefícios e que suceda o mesmo que nos Palmares de Pernambuco, ou muito pior, pela diferente liberdade que os negros têm neste governo às demais dos da América, sendo certo que não é verdadeira escravidão a forma em que hoje vivem quando com mais propriedade se lhe pode chamar liberdade licenciosa".)

em Pernambuco, despontou um estilo arquitetônico distintamente brasileiro. Villa Rica (hoje conhecida como Ouro Preto), Mariana, Congonhas e as outras cidades mineiras são agraciadas por uma impressionante coleção de igrejas, muitas com torres tubulares rococó, e imponentes edifícios públicos, tais como teatros onde tocavam orquestras e eram encenados dramas durante o ciclo do ouro. Xica da Silva, uma mulata que se casou com um comerciante de diamantes e cuja história de bem-sucedida ascensão social já foi várias vezes transformada em novela de televisão, construiu um teatro em sua casa de campo, próxima da cidade de Arraial do Tijuco (atual Diamantina). É sintomático que a figura de destaque do barroco mineiro tenha sido outro mulato, Antônio Francisco Lisboa, mais conhecido como Aleijadinho, cujas estátuas de madeira esculpida decoram o interior de muitas igrejas. Filho de um carpinteiro português e uma escrava africana, Aleijadinho caiu doente quando contava seus 40 anos, perdendo as mãos e os pés (provavelmente em decorrência de siringomielia, ou doença de Lázaro). Não obstante, ele continuou trabalhando, atando ferramentas aos tocos de seus membros, e assim conseguiu supervisionar a conclusão de sua obra máxima, a Via Sacra, em que 12 enormes estátuas dos apóstolos distribuem-se morro acima, rumo à igreja em Congonhas. Por falta de mármore, ele trabalhou em pedra-sabão, abundante no local. Essa emergente identidade cultural brasileira seria acompanhada de agitações incipientes de nacionalismo político, mais uma vez centradas em Minas Gerais.

Com o gradual declínio da produção de ouro a partir da década de 1750, Pombal procurou aumentar outras exportações da colônia mediante o estabelecimento de companhias comerciais detentoras de certos monopólios. Promoveu novas culturas (como o algodão, no Maranhão, e o arroz e o café, no Maranhão e no Pará) e o plantio de açúcar e tabaco no Sul. Com exceção das companhias monopolistas, essas políticas seriam amplamente mantidas por Rodrigo de Sousa Coutinho, discípulo de Adam Smith que foi o mais competente ministro dos governos posteriores. Na virada do século, elas contribuíram para a promoção de um renascimento econômico. Além disso, a indústria do açúcar beneficiou-se da saída de sua principal rival do mercado, uma vez que uma sangrenta rebelião de escravos transformou a mais rica colônia francesa, São Domingos, no independente, mas devastado Haiti – e as exportações brasileiras de açúcar dobraram entre 1790 e 1807.[57]

Antes disso, porém, a tentativa da Coroa de cobrar um suposto atraso no pagamento do quinto real mediante a imposição de uma capitação em Minas Gerais havia deflagrado uma conspiração contra as autoridades portuguesas, entre 1788 e 1789. Na época, a região de mineração já sofria seu declínio econômico: a população de Ouro Preto caiu de cerca de 20 mil habitantes em 1740 para 7 mil, 60 anos depois. Influenciados pelo exemplo dos recém-independentes Estados Unidos, os conspiradores pretendiam proclamar uma república constitucional em Minas Gerais, declarar uma moratória sobre as dívidas junto à metrópole e libertar os escravos, sem indenização para seus senhores. A Inconfidência Mineira, como foi chamada, envolveu uma vintena dos homens mais ricos, cultos e poderosos de Minas Gerais, dentre os quais juízes da Coroa, clérigos, fazendeiros, comerciantes, padres e oficiais do Exército regular. Todavia, a trama foi descoberta. Cinco dos conspiradores foram desterrados para Angola; outro, Joaquim José da Silva Xavier, comandante do destacamento dos Dragões e dentista, conhecido pela alcunha de Tiradentes, foi eleito bode expiatório e enforcado. Em um país com um número notoriamente reduzido de heróis oficiais, ele foi por fim adotado como tal, celebrado em nomes de ruas e homenageado com um feriado em 21 de abril, dia da sua execução. Salvador testemunhou uma conspiração mais radical em 1798, cujo objetivo era uma insurreição armada de mulatos, negros forros e escravos; também essa foi esmagada, porém. No fim das contas, a Independência do Brasil se daria de uma maneira única, sem envolver qualquer rebelião.[58]

Sociedade patriarcal, estado patrimonial

O colonialismo português foi, sob alguns aspectos, mais frouxo e mais empreendedor do que seu homólogo espanhol, embora a Coroa tenha feito o possível para estreitar o controle após a descoberta do ouro e, especialmente, durante o mandato de Pombal. A diferença era simbolizada pela rígida simetria das cidades coloniais planejadas da América espanhola, em geral localizadas em vales, em comparação com a expansão anárquica dos núcleos urbanos lusitanos, situados muitas vezes nos topos das colinas, como as aldeias medievais dos países mediterrânicos. Em vez de grandiosos palácios ou quartéis, as mais importantes construções deixadas pelo período colonial são igrejas e conventos.[59] O Brasil Colonial tinha poucas instituições. O poder político formal ficava nas mãos dos governadores portugueses; em seguida, vinham os conselhos municipais e juízes. O exército raramente ultrapassava a uns poucos regimentos recrutados junto à população local, apoiados por uma milícia. Mais influente era a Igreja Católica. Os negros tinham suas próprias igrejas, instituições leigas e regimentos de milícias. Portugal foi ainda menos eficaz do que a Espanha na imposição de seu monopólio sobre o comércio, tal como proclamado em suas colônias na América, e os comerciantes britânicos, por vias diretas ou indiretas, mantinham muitos negócios com o Brasil.

Pombal determinou que todos os governadores provinciais se reportassem diretamente a Lisboa. Em 1774, integrou o Grão Pará e Maranhão, estado separado no Norte desde 1621, em um estado do Brasil mais amplo, sob um único governador, no Rio (muito embora até meados do século XIX forasteiros com frequência se referissem ao país como "os Brasis", no plural); e reforçou a autoridade dos juízes da Coroa em detrimento dos conselhos municipais. Ainda assim, suas iniciativas ficaram aquém da feroz recentralização do poder imposta na América espanhola pelas reformas empreendidas, nesse mesmo período, pelos Bourbons – que destituíram *criollos* (brancos nascidos na América) de cargos burocráticos nas colônias hispânicas e enviaram uma multidão de administradores profissionais de Madri, encarregados da cobrança de novos impostos. Em contrapartida, no Brasil os cargos coloniais mais graduados continuaram sendo ocupados, em sua maioria, por homens (e eram homens) nascidos na colônia, não em Portugal, afastando assim uma significativa fonte potencial de ressentimento. Como assinala Leslie Bethell, historiador britânico especializado em Brasil, os brasileiros tinham muito menos motivo de insatisfação do que os crioulos das colônias hispano-

-americanas: "Muito mais do que a Espanha, Portugal governava por intermédio da classe dominante local, que era diretamente envolvida, no mínimo, na implementação de políticas, se não em sua formulação."[60]

O Brasil português era mais tolerante do que a América espanhola. Quando Fernando e Isabel optaram por celebrar a queda da Granada muçulmana e a conclusão da reconquista mediante a expulsão de judeus e marranos (judeus que haviam adotado o cristianismo, ou fingido fazê-lo) da Espanha, D. João III ofereceu-lhes asilo. Cerca de 80 mil podem ter atravessado a fronteira para Portugal. No entanto, logo foram obrigados a se converter. Muitos desses "cristãos-novos", como eram chamados, acabaram por se instalar nas colônias portuguesas na Ásia e no Brasil, onde ganharam proeminência entre os comerciantes de Salvador, Recife e Rio de Janeiro (como nos Países Baixos, onde dominavam o comércio do açúcar brasileiro). Sofreram perseguições intermitentes por parte do braço português da Inquisição. Ao contrário da América espanhola, no Brasil a Inquisição nunca chegou a ser formalmente constituída. Mercadores cristãos-novos eram ocasionalmente enviados a Lisboa para enfrentar acusações, em geral como parte de rixas com os proprietários rurais pelo poder local. Ainda assim, as incursões esporádicas da Inquisição no Brasil, que atingiram seu apogeu durante o período de domínio espanhol sobre Portugal, visavam principalmente ao comportamento sexual, abordando casos de sodomia, fornicação e bigamia.[61]

Entretanto, a Coroa portuguesa não queria que os brasileiros cultivassem muitas ideias próprias. A expulsão dos jesuítas deixou um vácuo educacional. Enquanto Santo Domingo, Lima e México já possuíam universidades em 1551, o Brasil colonial não possuía nenhuma, embora alguns brasileiros fossem estudar em Coimbra, em Portugal. As solicitações do estatuto de universidade pelo colégio dos jesuítas em Salvador foram rejeitadas. Uma das pretensões dos inconfidentes de Minas era o estabelecimento de uma universidade em Vila Rica. O país não dispunha sequer de uma prensa para impressão; chegou-se a instalar uma no Rio por um breve período, em 1747, que no entanto não tardou a ser desativada, por determinação régia.

Nos primórdios do século XIX, o Brasil era lar de entre 2 e 3 milhões de pessoas.[62] Um terço ou mais eram escravos; outros 30% eram mulatos ou negros forros. A colônia já era mais rica do que Portugal, cuja população era apenas um pouco maior, com pouco mais de 3 milhões. Suas fronteiras tinham sido fixadas pelo Tratado de Madri, bastante próximas das atuais.[63] O ciclo do ouro e a dinamização da economia interna a ele associada contribuiu para a dispersão dos brasileiros, que até um século antes se amontoavam na costa. O Brasil se tornou lar de um povo distinto, forjado a partir da mistura do sangue e da cultura africanos, indígenas e portugueses. Há quem veja aí a principal conquista do período colonial no Brasil.[64] A miscigenação racial acabaria reconhecida como uma das grandes forças do Brasil. Milhões de imigrantes, mais tarde, se instalariam no país como trabalhadores contratados ou autônomos, ou na tentativa de escapar de perseguições (italianos, alemães, leste-europeus, japoneses, sírios, libaneses e coreanos), conferindo um caráter peculiar a determinadas áreas do Brasil – mas, ao mesmo tempo, integrando-se a um modelo cultural, a uma brasilidade que já se havia consolidado antes de sua chegada aqui. Sob muitos aspectos, o Brasil se tornaria um caldeirão mais rico do que os Estados Unidos. Até muito pouco tempo atrás, não havia "brasileiros com hífen"; contudo, existem atualmente poderosas correntes de opinião nas universidades e no governo empenhadas em ressuscitar as identidades separadas de afro-brasileiros e indígenas, sob o argumento de que a ideologia dominante nacional promoveu um "branqueamento" do Brasil (ver o Capítulo 9). Sem dúvida, o misto racial do país é mais negro e mulato do que a maior parte da América de língua espanhola (com exceção de Cuba).

A escravidão talvez tenha sido a mais poderosa instituição do Brasil colonial, o que afetou toda a sociedade e o caráter dos senhores. Uma das muitas consequências negativas foi o desprezo pelos trabalhos manuais entre os brasileiros portugueses pelo menos até a chegada de outros imigrantes europeus, no século XIX. Nas palavras de Viana Moog, a sociedade brasileira que se constituiu no período colonial caracterizava-se pela busca de uma riqueza extrativista fácil e rápida em vez dos frutos do trabalho paciente, tal como simbolizada pelo bandeirante em oposição ao pioneiro da Nova Inglaterra.[65] Embora não fosse marcado pela segregação racial, o Brasil era altamente estratificado – uma "Rússia Americana", como Freyre certa vez se referiu ao país, onde a escravidão ocuparia um papel equivalente à servidão czarista.[66] A distribuição das terras era extremamente desigual e não havia mercado livre de trabalho, por mais que houvesse um estrato intermediário de comerciantes, financistas, artesãos e fazendeiros com propriedades de pequeno a médio porte. Todos, com exceção de uma pequena minoria dos brasileiros, eram analfabetos e não haviam recebido qualquer educação.

Muito se discute, entre os estudiosos da história brasileira, o poder da elite socioeconômica – os grandes proprietários rurais e os comerciantes, os mineiros, os clérigos e os advogados – em relação ao Estado. Para Sérgio Buarque, influenciado pelas ideias do grande sociólogo alemão Max Weber, o Estado colonial era subvertido de dentro para fora por uma sociedade patriarcal rural, em que predominavam os laços de parentesco, a solidariedade familiar e as lealdades pessoais. Raymundo Faoro, escrevendo na década de 1950, aplicou ao Estado brasileiro o conceito weberiano de dominação patrimonial. Segundo esse ponto de vista, a centralização precoce do poder nas mãos da monarquia e a inexistência de uma aristocracia feudal em Portugal permitiu à Coroa agir como se o Brasil fosse seu patrimônio pessoal. O poder da Coroa era exercido por meio de um aparato burocrático que cooptava comerciantes e proprietários rurais por meio da concessão de cargos, privilégios e monopólios. De um modo ou de outro, os interesses privados superariam o bem público e o Estado de Direito.[67] Não por acaso o desenvolvimento econômico, a democracia política e a justiça social constituiriam questões demoradas e penosas para o Brasil, quando este povo distinto se voltasse para a tarefa de forjar um Estado-Nação.

CAPÍTULO 4

Da monarquia à república do café

A plataforma de desembarque na Praça XV, no centro histórico do Rio de Janeiro, é o terminal das balsas constantes que fazem a ligação com Niterói, do outro lado da Baía de Guanabara. Turistas e transeuntes a caminho do trabalho ou das compras são despejados em uma esplanada de concreto que cobre uma via expressa urbana, aberta em uma área aterrada da baía. Dois séculos atrás, os passageiros teriam saltado na praça, de frente para o então modesto palácio dos governadores do Brasil. Foi aqui, em março de 1808, que a família real portuguesa chegou para instalar-se naquela que era então sua maior propriedade, um deslocamento da metrópole para a colônia que não teve paralelo na história europeia.

Como Cabral, três séculos antes, a família real tinha embarcado no ancoradouro em Belém. Todavia, ao contrário da ousada armada do navegador, sua frota andrajosa estava envolvida em uma fuga ignominiosa. Portugal não tivera como evitar ser arrastado para o conflito mundial desencadeado por Napoleão Bonaparte. Lisboa era o canal usado pelos britânicos em seu comércio com o Brasil e a Ibéria. Era uma fresta crucial no Sistema Continental napoleônico, a resposta do general francês ao bloqueio naval imposto pela Inglaterra à França e a seus vassalos. Napoleão deu um ultimato à Coroa portuguesa: fechar seus portos à Grã-Bretanha e expulsar os comerciantes desse país, ou enfrentar uma invasão. A princípio, o príncipe regente, que seria coroado rei como João VI em 1816, prevaricou. Mas quando o Marechal Junot atravessou a fronteira à frente das tropas francesas, o príncipe cedeu à pressão de seus próprios conselheiros, bem como dos britânicos, e concordou em levar a cabo um velho plano de contingência, idealizado pela primeira vez por Antônio Vieira: a fim de salvar a monarquia, a corte deveria transferir-se para o Brasil. Em três dias caóticos, uma infinidade de baús contendo tesouros reais, papéis do Estado e a biblioteca real foram carregados em Belém. Junto com Dom João VI e sua mãe, a rainha louca Maria, mais de 10 mil cortesãos, nobres, sacerdotes, funcionários e bajuladores lotaram a frota, composta de três dezenas de embarcações de diferentes tamanhos e condições de navegabilidade – que, com a escolta de um esquadrão naval britânico, arrastaram-se para o Atlântico apenas algumas horas antes de os exaustos homens de Junot adentrarem Lisboa. Depois de uma viagem desconfortável, com escassez de água e alimentos e abundância de piolhos e enjôo, os navios que transportavam a comitiva real ancoraram em Salvador em 22 de janeiro de 1808, antes de fazer-se a vela rumo ao Rio de Janeiro.[1]

O Brasil imediatamente se converteu no centro do império lusitano, o que em pouco tempo levaria à independência nacional, ainda que em circunstâncias incomuns. Quando Dom João VI e sua vasta comitiva chegaram ao Rio de Janeiro, aquilo que até então não passava de um movimentado, mas isolado porto colonial com cerca de 60 mil habitantes, rapidamente se transformou em uma capital imperial. Os conselheiros de Dom João, liderados por Rodrigo de Sousa Coutinho, que retomou o papel de principal ministro, trabalharam na fundação de um Estado no Brasil. Como assinala o historiador britânico Kenneth Maxwell, foi a Coroa que estabeleceu todas as instituições fundadoras do país, "o que geralmente é tarefa de um governo pós-colonial". Instauraram-se, assim, uma burocracia centralizada; Tribunais Superiores de Direito; uma Biblioteca Nacional; uma Escola de Medicina e Direito; uma Imprensa Nacional; um Banco e uma Bolsa de Valores Nacionais; e uma Academia Militar. Dom João VI instalou também um Jardim Botânico na cidade (cujas magníficas palmeiras reais encantam ainda hoje os visitantes) e distribuiu novas variedades de açúcar, café e algodão para os proprietários rurais.[2] Depois da derrota de Napoleão, Dom João convidou os franceses a enviar ao Brasil uma missão artística, que estabeleceu a Escola de Belas Artes do Rio de Janeiro e introduziu a arquitetura neoclássica, que tomou o lugar do barroco nos edifícios públicos. Foi o início de uma persistente influência intelectual francesa sobre um segmento da elite política e cultural brasileira. (Mais tarde, no século XIX, cientistas franceses fundariam uma escola de mineração em Ouro Preto, e, na década de 1930, uma missão francesa, que incluiria o historiador Fernand Braudel e o antropólogo Claude Lévi-Strauss, colaboraria na fundação da Universidade de São Paulo.) A monarquia também promoveu visitas de cientistas naturais de outras nações europeias. Decretos reais anteriores que desencorajavam a manufatura no Brasil foram revogados. Dom João VI tomou outras medidas que enfraqueceram os laços com Portugal. A primeira ação que tomou ao chegar em Salvador foi abrir os portos do país ao comércio com outros países – o pagamento exigido pelos britânicos em troca da proteção dada pela Marinha Real. As tarifas sobre as importações britânicas foram reduzidas a um máximo de 15%.

Quando a paz voltou à Europa, em 1815, Dom João optou por permanecer no Brasil, que elevou à categoria de reino de *status* idêntico ao de Portugal. Foi a vez de a metrópole, devastada pela guerra e pela ocupação militar estrangeira, começar a se sentir como a colônia ignorada. Em 1820, um levante liberal no Porto instalou uma assembleia constituinte, supostamente para o império como um todo, e exigiu o retorno do rei. Ele obedeceu, deixando seu filho mais velho, Pedro, no comando do Brasil. Os liberais portugueses, então, tentaram voltar no tempo, ordenando o desmantelamento do governo no Rio de Janeiro e o retorno também de Pedro – o que já seria demais para os comerciantes e proprietários rurais da capital da colônia, como percebeu o principal conselheiro de Pedro, José Bonifácio de Andrada e Silva. Cientista iluminista que havia passado muitos anos a serviço da Coroa em Portugal, José Bonifácio é amplamente considerado o arquiteto da Independência do Brasil. Em 9 de janeiro de 1822, Pedro decidiu: "Diga ao povo que eu fico" – uma declaração desafiadora que ficou conhecida como *Dia do Fico*. Em 7 de setembro, às margens do Rio Ipiranga, perto de São Paulo, ele recebeu uma carta da Corte, reiterando a ordem para que retornasse. Consta que ele a teria esmagado com o calcanhar, sacado a espada e proclamado: "Independência ou morte! Estamos separados de Portugal!" O "Grito do Ipiranga" é celebrado como o Dia da Independência do país. Pedro escreveu ao pai, com ácido realismo: "Portugal é hoje em dia um Estado de quarta ordem e necessitado, por consequência dependente; o Brasil é de primeira e independente." Autoproclamou-se imperador (em vez de meramente rei), em grandiloquente reconhecimento do tamanho e da diversidade do país. Recrutou Thomas Cochrane, almirante britânico que lutou pela independência do Chile e do Peru como mercenário, a fim de organizar um esquadrão naval brasileiro. Cochrane repeliu a limitada resistência oferecida pela frota e guarnições portuguesas no Nordeste e no Norte.[3]

O Brasil foi o único país independente nas Américas, além do Canadá, a adotar a monarquia por algum tempo. Uma consequência parcial dessa opção, no caso brasileiro, foi o fato de que, ainda mais do que na América espanhola, a independência representou a manutenção da ordem social colonial e, portanto, da escravidão. Foi Portugal, não o Brasil, que enfrentou uma revolução na década de 1820. Não houve ruptura violenta com o passado, nenhum equivalente das guerras civis e revoluções republicanas nas colônias hispânicas. Não obstante, pode-se atribuir à monarquia, que se estenderia até 1889, algumas realizações significativas – das quais a mais notória foi a manutenção da unificação do Brasil, ao passo que a América espanhola fragmentou-se em diversas repúblicas separadas. E enquanto grande parte da América espanhola caía sob o domínio, muitas vezes caótico, de caudilhos, o Brasil alcançava a estabilidade política e econômica e estabelecia pelo menos as formas exteriores de um governo constitucional e representativo. Não foram conquistas nem inevitáveis nem fáceis. Quando o país se tornou independente, "não havia grande senso de identidade nacional no Brasil", escreve Bethell. "O Centro-Sul, o Nordeste e o Norte eram, em grande medida, universos distintos, com suas próprias economias integradas e separados por diferenças abissais e comunicações deficientes, ainda que sem maiores barreiras geográficas."[4]

Pedro e José Bonifácio, com o respaldo dos comerciantes e proprietários rurais do Rio, que se beneficiaram da elevação de sua cidade ao *status* de capital imperial e da ascensão do comércio do café, estavam determinados a manter o Brasil unido. Tal unidade, porém, foi resultado de um embate, não de um consenso, como nota o historiador brasileiro Boris Fausto.[5] Sobretudo no Nordeste e no Norte do país, eclodiram rebeliões que reivindicavam a secessão ou a autonomia local, ou em prol da restauração do domínio lusitano. Pernambuco foi palco de uma série de revoltas separatistas, talvez porque sua luta contra os holandeses houvesse consolidado uma forte identidade provincial. Não havia consenso quanto a como a nova nação deveria ser governada. O que emergiu, após duas décadas de confrontos políticos quase permanentes, foi uma monarquia constitucional hereditária centralizada em que o imperador gozava de alguns poderes absolutos.

A Constituição de 1824 foi promulgada por Dom Pedro depois de ele ter convocado e, em seguida, dissolvido a Assembleia Constituinte. Ela instituía um Senado com 50 integrantes escolhidos pelo imperador a partir de listas de três nomes eleitos em cada província, e uma Câmara com 100 deputados apontados indiretamente por um eleitorado restrito aos detentores de uma certa renda. Ao imperador caberia a nomeação dos presidentes das províncias (que só se tornariam estados por ocasião da proclamação da República Federal, em 1889), bem como de ministros e juízes, e o poder de veto da legislação. Além disso, ele indicaria os 10 membros de um Conselho de Estado encarregado de aconselhá-lo no uso de seu "Poder Moderador" de dissolução do Parlamento ou designação de um novo gabinete. A Constituição garantia liberdades políticas e religiosas e, em teoria, igualdade de tratamento perante a lei, embora, naturalmente, nada disso se aplicasse ao um terço da população brasileira composta de escravos. Pessoalmente, Pedro era favorável à abolição da escravatura. O mesmo se pode afirmar de José Bonifácio, para quem essa era "a causa mais nobre e sagrada". Nenhum dos dois, porém, se atreveu a contrariar os proprietários rurais.[6]

Apesar de sua promessa, o próprio Pedro acabaria não permanecendo no Brasil. Diante do recrudescimento dos sentimentos antilusitanos, devido em parte à derrota na guerra pela Banda Oriental do Rio da Prata (atual Uruguai), em 1831 Pedro abdicou em favor de seu filho nascido no Brasil (Pedro II), então com 5 anos, e retornou para Portugal em um navio da Marinha Real britânica. A abdicação marcou a consolidação da independência e o rompimento dos últimos laços com Portugal – embora não com a monarquia.[7]

Um Habsburgo nos trópicos

Após vários anos de disputas entre diferentes facções, em 1840 foi declarada a maioridade de Dom Pedro II, que assim foi entronizado monarca na tenra idade de 15 anos. Seu reinado se estenderia por meio século. "Pela longevidade do governo e pelas transformações efetuadas em seu transcurso, nenhum outro chefe de Estado marcou mais profundamente a história do país", afirma José Murilo de Carvalho, seu mais recente biógrafo.[8] Dom Pedro II foi, sob diversos aspectos, uma figura incongruente – um "Habsburgo perdido nos trópicos", nas palavras de Carvalho. Sua mãe, Leopoldina, era filha do imperador da Áustria. Pedro era alto (1,90 metro), loiro, tinha olhos azuis e uma barba espessa. Cresceu como órfão (sua mãe morreu quando ele contava apenas 1 ano e seu pai ausente, quando ele tinha 9). Era tímido, estudioso, controlado e escrupuloso (o oposto de seu pai, mulherengo e grosseirão). Falava seis idiomas e era fluente a leitura de mais meia dúzia (inclusive o tupi-guarani); sua ideia de diversão consistia em dedicar-se a traduções do sânscrito, devorar revistas científicas ou corresponder-se com intelectuais europeus, como Victor Hugo ou Louis Pasteur. Até a eleição de Fernando Henrique Cardoso, não haveria no Brasil outro governante tão ilustrado. Era aficionado por tecnologia; foi o primeiro chefe de Estado do mundo a tirar fotografias, e era um entusiasta do telefone. Publicamente, Pedro era leal à sua esposa, Teresa Cristina, irmã mais nova do monarca Bourbon das Duas Sicílias, que lhe parecia decepcionantemente rasa, mas a quem ele veio a respeitar. Entretanto, nutria uma paixão secreta pela Condessa de Barral, filha e esposa de proprietários de engenhos de cana, com quem se correspondeu por grande parte da vida e, por um curto período, realizou encontros amorosos em Petrópolis, onde ia se refugiar do calor do verão do Rio de Janeiro e onde a condessa possuía um chalé (embora, por vezes, usassem um hotel). Pedro devorava relatórios do governo: de modo geral, era mais bem informado do que seus ministros – traço que compartilhava com Dilma Rousseff. Empreendia regularmente longas viagens por seu vasto país, e tornou-se um intransigente patriota. Pessoalmente, era austero e abominava o cerimonial, tendo confidenciado em seu diário: "a ocupar posição política, preferiria a de presidente da República ou ministro à de imperador". Embora distribuísse grandiosos títulos de nobreza, não eram hereditários; o império brasileiro não contava com uma aristocracia, nem mesmo com uma corte organizada. Pedro se desesperava com a lentidão burocrática, e se queixava: "Tudo o que não é rotina encontra mil tropeços entre nós", sentimento idêntico ao expresso por Lula ao autor em 2010. Era um defensor inabalável da liberdade de imprensa (embora fosse por ela muito satirizado) e das liberdades políticas, e um militante em prol da educação pública. Grande parte do pouco que se fez em favor da escolarização no Brasil durante o século XIX se deve a ele. Não obstante, o primeiro censo, realizado em 1872, constatou que apenas 15% dos 12 milhões de habitantes do país sabiam ler, sendo menos de 2 mil do 1 milhão de escravos.[9]

O principal debate político durante o período monárquico girava em torno de um tema que o Brasil nunca chegou a solucionar por completo, talvez por não haver resposta definitiva. Trata-se do jogo de forças, em um país tão vasto e diversificado, entre o poder central e os locais. Para os conservadores, apenas um governo central forte seria capaz de manter o Brasil unificado, refrear tendências separatistas e restringir os poderes dos notáveis locais. Já os liberais favoreciam uma maior autonomia para as províncias e municípios, e aspiravam a uma Guarda Nacional organizada sob comandantes locais, como um contrapeso para o (pequeno) Exército imperial. Os liberais, no poder no início da regência, na década de 1830, promulgaram uma lei abolindo o Conselho de Estado e criando poderosas assembleias provinciais. No entanto, essas mudanças desencadearam disputas faccionais pelo poder entre as oligarquias locais, que por sua vez deflagraram conflitos sociais mais amplos. A regência assistiu às mais sangrentas rebeliões regionais da história do Brasil. No Pará, talvez 30 mil tenham morrido, e Belém, a capital, foi praticamente destruída pela explosão da fúria há muito sufocada de índios e caboclos. No outro extremo do país, os rebeldes da Guerra dos Farrapos converteram o Rio Grande do Sul em uma república semi-independente por 10 anos, até 1845. Essa revolução, na qual o revolucionário italiano itinerante Giuseppe Garibaldi acumulou suas primeiras experiências de guerra, só terminou depois de o governo imperial submeter-se a muitas das exigências dos insurgentes, tais como a proteção de sua indústria de charque. Vários visitantes estrangeiros no Brasil neste período previram o iminente esfacelamento do país. Entretanto, as revoltas acarretaram uma reação conservadora, que providenciou a restauração do Conselho de Estado, do "Poder Moderador" do monarca e do controle central sobre o Judiciário e os chefes de polícia. De modo geral, esses arranjos perduraram até o fim do reinado de Dom Pedro II, tendo sido, pelo menos tacitamente, aceitos tanto por conservadores quanto por liberais, que trataram de se organizar como partidos formais.[10]

Era lugar comum na historiografia brasileira a ideia de que o elaborado maquinário do governo constitucional no império não passava de uma encenação política para camuflar o poder de uma pequena oligarquia rural. Sem dúvida, o que separava os dois partidos não era tanto a ideologia, mas um debate acerca de como o poder deveria ser exercido: aqueles que favoreciam as elites locais em detrimento das nacionais tendiam a ser liberais. A maior parte das reformas progressistas sob a monarquia foi levada a cabo por governos conservadores. Outros estudiosos, como Faoro, defendem que o Estado imperial patrimonial foi o responsável pela criação da nação. Segundo esse ponto de vista, os funcionários públicos, muitos deles ex-alunos das faculdades de Direito fundadas em São Paulo, em 1827, e Olinda/Recife, em 1828, constituíam uma casta de mandarins que devia fidelidade ao Estado em si, não aos proprietários rurais. Paulino José Soares de Sousa (mais tarde agraciado com o título nobiliárquico de Visconde do Uruguai), que foi um dos arquitetos conservadores da recentralização do governo, entendia essa iniciativa como um meio de impor a voz da "razão nacional" e do bem público àquelas "mesquinhas vozes das localidades".[11]

A realidade encontrava-se, provavelmente, em algum ponto intermediário. O cientista político brasileiro Bolívar Lamounier argumenta que a concessão de um governo constitucional e representativo foi o preço exigido pelas elites locais para compartilhar o ônus da manutenção da ordem e do controle político.[12] O arranjo daí decorrente envolvia um grau relativamente elevado, para aquela época, de participação política: 10,8% da população total de cerca de 10 milhões de pessoas votaram em 1872, por exemplo, o que significava cerca de metade da população de homens livres adultos. As eleições eram indiretas, para um colégio eleitoral que era então encarregado da indicação dos deputados. Uma lei de 1881 introduziu eleições diretas para o Congresso, mas acrescentou a alfabetização como critério, o que reduziria o sufrágio muito mais do que a exigência de renda mínima, e fez com que só em 1945 o percentual de votantes enfim ultrapassasse seu nível de 1872. A combinação de um Estado de cima a baixo – cujos líderes se consideravam uma força de modernização – com a cuidadosa manutenção das eleições como mecanismos de consulta e consentimento tem sido a vertente dominante na vida política brasileira desde então. Ao contrário de muitos de seus vizinhos na América Latina, o Brasil só conheceu governos pessoais irrestritos por curtos períodos.

Alguns escritores já compararam o Brasil imperial à Inglaterra vitoriana (o próprio Pedro se assemelhava à rainha britânica, em sua dedicação ao dever e disciplina). Contudo, as fraudes eleitorais eram sistemáticas, e o partido da situação sempre vencia; a alternância no poder só se deu pelo exercício periódico do "Poder Moderador" por parte de Dom Pedro II, que demitia um Gabinete e convidava a oposição a compor outro. A espinha dorsal do sistema era o patrocínio – a moeda de troca básica da política brasileira até hoje. Os políticos não eram apenas representantes, mas benfeitores; seu poder dependia de sua capacidade de distribuir favores – o que vinha a refletir e alimentar relações sociais baseadas no paternalismo, clientelismo e deferência, resumidos no dito "quem tem padrinho não morre pagão".[13] Assim, a principal função dos presidentes das províncias era assegurar vitórias eleitorais para o governo, mediante a distribuição de cargos públicos como recompensas e garantias da lealdade passada e futura.[14] Longe das cidades do litoral, em grande parte do Brasil rural o poder se encontrava nas mãos dos potentados locais, que vieram a ser chamados de "coronéis" por ser este o seu posto na Guarda Nacional. Foi essa a maior contradição do Brasil Imperial: a escravidão e o poder dos proprietários rurais limitavam o alcance da Constituição, do liberalismo e de um Estado "oco", cujo poder não ultrapassava as porteiras das fazendas.[15] Conforme questionava José Bonifácio: "Como poderá haver uma Constituição liberal e duradoura em um país continuamente habitado por uma multidão imensa de escravos brutais e inimigos?"[16] A monarquia acabaria vencendo a batalha contra os escravocratas, mas sairia esgotada do processo.

A fragilidade da economia também contribuiu para limitar a força do Estado; em contrapartida, um Estado mais forte talvez pudesse fomentar o desenvolvimento econômico. De acordo com uma estimativa, o crescimento econômico entre 1822 e 1914 limitou-se a acompanhar o rápido crescimento da população do país, de 1,8% ao ano. Em outras palavras, o país não enriqueceu, em contraste com os Estados Unidos, onde a renda *per capita* aumentou 1,5% ao ano ao longo do século XIX. Historiadores e autores da escola da dependência, de esquerda, alegam que a causa dessa estagnação foi o fato de Brasil ter se limitado a substituir a submissão a Portugal pela dependência em relação à Grã-Bretanha. Sem dúvida, o tratado comercial de 1827 que consolidou o corte tarifário para as importações britânicas celebrado com Dom João VI era injusto, como apontou a *The Economist* no artigo central de sua primeira edição, em 1843: a Grã-Bretanha manteve as tarifas de 300% sobre o açúcar brasileiro e 200% sobre o café.[17] A baixa tarifação dos produtos britânicos pode ter dificultado a instalação de um setor manufatureiro, enquanto durou. Entretanto, quando venceu o tratado naquele ano, diante da recusa dos britânicos de oferecer concessões, o Brasil recusou-se a renovar o acordo (e levaria meio século para voltar a fazê-lo), elevando suas tarifas médias para cerca de 25%. Por volta de 1913, os impostos cobrados totalizavam 40% do valor total das importações.[18] Assim, ao contrário do mito, o Brasil raramente desfrutou de qualquer coisa próxima do livre comércio. E de toda forma não há nenhuma evidência de que o comércio tenha empobrecido o país, nem que tenha sido o principal obstáculo à industrialização. A maior parte da força de trabalho estava ocupada na produção de alimentos para o mercado interno.

A estagnação geral da economia brasileira no século XIX esconde variações acentuadas. Na segunda metade do período, houve um surto de crescimento, e o eixo do dinamismo econômico foi transferido para o Sudeste. A indústria da cana estagnou; era demasiado retrógrada para competir com as usinas a vapor de Cuba (embora as tarifas britânicas possam não ter ajudado). Em grande parte como resultado, o Nordeste entrou em longo declínio que só começaria a ser revertido no século XXI. Por outro lado, o cultivo do café crescia em ritmo constante, a princípio no Vale do Paraíba, no interior do Rio de Janeiro, e depois em São Paulo e Minas Gerais. Em 1822, açúcar e algodão compunham 49% do total das exportações e o café, 19%; em 1913, o café foi responsável por 60% delas, ao passo que a porcentagem de açúcar e algodão havia despencado para apenas 3%. Esse deslocamento geográfico da economia ajuda a explicar as recorrentes rebeliões no Nordeste: como argumenta Nathaniel Leff, a região teria se beneficiado de uma moeda própria, mais fraca (em uma situação análoga à do Sul da Europa na zona do euro).

O maior empecilho ao desenvolvimento econômico do Brasil continuava sendo a enorme dificuldade e o custo do transporte de mercadorias por todo o país. Antes da construção de ferrovias, os custos de transporte absorviam um terço do valor das cargas de café, e metade do preço do algodão enviado do vale do São Francisco para Salvador. O custo do transporte também inibia o crescimento do mercado interno, implicando pouco incentivo para que os agricultores aumentassem a produção de alimentos.[19] Embora as ferrovias fossem uma necessidade urgente, o Brasil demorou a construí-las. A primeira linha férrea adequada, a Dom Pedro II, ligando o Rio ao Vale do Paraíba, foi concluída no início de 1860. Em 1875, havia menos de 750 quilômetros de trilhos instalados no Brasil, menos do que em outros países latino-americanos de grande extensão. Em 1914, a malha ferroviária brasileira cobria mais de 26.000 quilômetros – a maior da América Latina, mas uma extensão que os Estados Unidos tinham superado em 1850.

Por que o Brasil demorou tanto para construir estradas de ferro? Muitos brasileiros tinham perfeita consciência de sua necessidade. "Eu comparo o Brasil a uma criança que está engatinhando; só começará a andar quando tiver muitas estradas de ferro", mas isso "não será ainda em 50 anos", diz um personagem de um conto de Machado de Assis,* que satiriza tanto o plágio realizado por políticos quanto a crença quase religiosa, na época, em que somente com ferrovias o Brasil evoluiria.[20] Relatórios do governo atestavam que as ferrovias promoveriam a industrialização e favoreceriam a agricultura e o comércio, além de fomentar a unidade e a grandeza nacionais.[21] Entretanto, a topografia acidentada tornava sua construção um negócio caro e arriscado. A princípio, investidores britânicos entravam com a maior parte do capital. Para serem rentáveis, porém, as ferrovias teriam de cobrar taxas elevadas de frete, e, por mais que o governo oferecesse garantias de lucro, a incerteza daí decorrente com frequência dissuadia os investidores estrangeiros. Empreendedores brasileiros como Irineu Evangelista de Sousa (agraciado com o título nobiliárquico de Visconde de Mauá), queixavam-se de que o governo lhes era hostil. Embora Mauá, que estabeleceu uma fundição de ferro e um estaleiro e investiu em ferrovias, tivesse se beneficiado do apoio governamental antes de ir à falência por extrapolar em muito os próprios limites, a acusação era, em parte, verdadeira. Um código comercial favorável aos negócios, aprovado em 1850, foi revertido em seguida. As empresas só podiam ser constituídas com permissão do governo imperial. Dom Pedro de fato estabeleceu uma escola de mineração em Ouro Preto, convidando professores franceses para integrar seu corpo docente. O Estado entrava em cena para financiar a construção de estradas de ferro em escala limitada – arcou com metade dos custos da linha Dom Pedro II, por exemplo –, mas era estorvado pela falta de verbas. Como observa Steven Topik, era mais fácil para o governo imperial obter empréstimos no exterior do que acumular uma receita fiscal interna. A Independência foi financiada por um empréstimo organizado pelos Rothschild no mercado de Londres. O governo imperial contraiu um volume de empréstimos em Londres superior aos de qualquer outro país da América Latina na época – e, ao contrário de seus vizinhos, quitava suas dívidas, mantinha uma taxa de câmbio estável, e, por isso, dispunha de um crédito superior ao de muitos países europeus.[22] O governo contava com receitas aduaneiras para cerca de 70% de sua renda. Elevar outros impostos custaria caro e seria politicamente difícil em uma economia baseada em vastas concessões de terras públicas e baixos salários.

---

* *Nota da Tradutora*: O conto chama-se "Evolução" e foi publicado originalmente no volume *Relíquias da Casa Velha*, de 1906.

Abolição, imigração e capitalismo

Em abril de 2010, como parte de um ambicioso esquema de embelezamento da degradada área portuária do Rio de Janeiro para os Jogos Olímpicos de 2016, os operários municipais faziam a substituição do sistema de drenagem de uma praça deteriorada quando se depararam com algumas latas velhas. A prefeitura convocou arqueólogos. As escavações na Praça do *Jornal do Commercio* desenterraram os restos do Valongo, o principal mercado de escravos no Brasil do século XIX. Até 1808, os escravos eram desembarcados, junto com todos os outros, no lugar que hoje se chama Praça XV.[23] Contudo, uma vez instalada a monarquia no modesto palácio situado nesse local, o comércio de escravos foi desviado para um novo local de desembarque no Valongo, escondido dos olhos do monarca por uma curva para noroeste. Entre 1811 e 1843, cerca de 500 mil escravos lá foram desembarcados, sendo transportados dos navios negreiros ancorados na Baía de Guanabara em embarcações menores, segundo Tânia Andrade Lima, a arqueóloga encarregada das escavações. O Valongo não era apenas um cais, era um grande complexo comercial. Os escravos eram expostos em lojas na Rua do Comércio, que sai da praça e sobe em direção ao centro da cidade, como fazia quando ainda se chamava Rua do Valongo. Ao lado havia um cemitério. Os arqueólogos recuperaram objetos pessoais perdidos ou escondidos pelos escravos, ou tirados deles – entre eles, delicados anéis e pulseiras tecidos de fibra vegetal; pedaços de ametista e pedras usadas em cultos africanos e búzios, uma moeda comum na África. São registros comoventes de uma história que, até recentemente, o Brasil preferia ignorar. O Valongo deixou de operar em 1843, quando foi encoberto por um grandioso píer construído para receber a noiva de Dom Pedro II, Teresa Cristina. A coluna de pedra que se ergue no centro da praça é uma homenagem à imperatriz, não aos escravos.[24]

Na visão de William Wilberforce, o Brasil era "o próprio filho e paladino do tráfico negreiro, ou melhor, o tráfico negreiro personificado".[25] A Grã-Bretanha condicionou seu reconhecimento da Independência do Brasil à promessa de que o novo Estado aboliria o tráfico até 1830. A lei que o extinguiria chegou a ser promulgada, mas, como ainda não é incomum com as leis brasileiras, "não pegou". O tráfico tornou-se clandestino, mas seguiu acontecendo em larga escala. Muitos políticos brasileiros interpretaram esse fato como uma asserção da soberania nacional em face do assédio moral britânico. A lei era "para inglês ver", na expressão de um de seus autores; uma expressão que foi incorporada ao idioma e que se refere àquilo que se faz apenas como fachada. Em um dos primeiros exemplos de afirmação, por parte de uma superpotência, do que hoje seria chamado de sua responsabilidade de proteger os mais vulneráveis, o parlamento britânico respondeu ao desafio, em 1845, ao aprovar a Lei do Tráfico (Brasileiro) de Escravos (mais conhecida como Lei Aberdeen, em homenagem ao ministro das Relações Exteriores britânico). Lorde Aberdeen autorizou a Marinha Real a tratar os navios negreiros brasileiros como navios piratas, a serem apreendidos e julgados nos tribunais do Almirantado Britânico. A Marinha britânica, em seguida, começou a fazer incursões nos portos brasileiros.[26]

Na época, subira ao poder no Brasil um forte gabinete conservador. Com as intromissões argentinas no Uruguai uma constante fonte de preocupações para o Brasil, Dom Pedro e seu competente ministro das Relações Exteriores, Paulino José Soares de Sousa, quiseram assegurar a neutralidade britânica no caso de algum conflito. O governo pressionou pela criação de uma lei de tribunais marítimos extraordinários para julgar os comerciantes de escravos. Dessa vez, a lei "pegou": o tráfico não tardou a cessar, e o último desembarque ocorreu em 1855. Esse governo aprovaria ainda outras reformas, num determinado – ainda que frustrado – esforço para dinamizar a economia. Além do efêmero código comercial, foi promulgada uma lei determinando que as terras públicas passassem a ser vendidas, em vez de concedidas em sesmarias, e estipulando que os proprietários rurais que pretendessem confirmar seus títulos arcassem com os custos de um levantamento para fixar os limites de suas terras. Embora o governo tivesse abandonado uma proposta de tributação da terra, a lei de terras foi uma das que não pegaram. Até hoje, muitos títulos de propriedade no Brasil são confusos e vagos.[27]

A abolição do tráfico de escravos significava que o fim da escravidão em si era apenas uma questão de tempo. O capital liberado pela extinção do tráfico foi transferido para a fundação de bancos e o investimento em ferrovias e plantações de café. O Brasil foi responsável por três quartos do crescimento da produção mundial de café no século XIX. Como os fazendeiros acreditavam que o café crescia melhor em solos de floresta virgem recém-desmatadas, "a fronteira de café devorou como um incêndio" as encostas do Sudeste, devastando milhares de quilômetros quadrados de Mata Atlântica, segundo Warren Dean. Na Colômbia, o cultivo do café se dava sob a forma de agricultura familiar, dando origem a uma classe média rural. No Brasil, não: a escravidão e a falta de clareza dos títulos favoreceram a concentração da propriedade da terra nas mãos de poucos. Notáveis locais se apropriavam de terras públicas. Em 1920, menos de 3% da população rural eram donos de suas terras, e 10% dessas pessoas controlavam três quartos dessas propriedades.[28] A partir de 1850, desenvolveu-se um tráfico interno de escravos, com a comercialização de entre 100 mil e 200 mil por senhores do Nordeste para os cafeicultores do Sudeste. No entanto, o café e as ferrovias se reforçariam mutuamente em uma triunfante, ainda que tardia, marcha do progresso capitalista centrada em São Paulo. Essas forças desencadearam uma imensa demanda por mão de obra e remodelariam a sociedade brasileira ao longo das décadas seguintes – e suas repercussões se fariam sentir muito tempo depois da queda da monarquia, em 1889, para a qual contribuíram.

Uma companhia britânica finalmente inaugurou uma linha férrea serra acima, ligando Santos a Jundiaí. Suas operações foram iniciadas em 1868, mesmo ano em que investidores locais abriram a Companhia Ferroviária Paulista, uma das várias a instalar linhas a penetrar na região cafeeira do vasto e ondulante planalto de São Paulo e nas colinas do Sudoeste de Minas Gerais. As taxas do transporte ferroviário eram de cerca de apenas um terço dos preços cobrados pelos tropeiros – o que desencadeou uma decolagem econômica em São Paulo. Santos deslocou o Rio de Janeiro como principal porto do café. A produção de café disparou, mas também a de alimentos. Contrariando as alegações da escola da dependência, as estradas de ferro forneceram um poderoso impulso para a economia doméstica: regulamentações governamentais determinaram que as companhias ferroviárias transportassem produtos alimentares por taxas inferiores às do café.[29] A cidade de São Paulo apresentou um crescimento vertiginoso: em apenas 10 anos, entre 1890 e 1900, sua população deu um salto de 64 mil para 239 mil.

Os fazendeiros de café decidiram investir em ferrovias em parte porque as viam como uma forma de superar a ameaça de escassez de mão de obra decorrente da iminente abolição da escravatura. As estradas de ferro não só permitiriam que os tropeiros fossem absorvidos pelo trabalho as culturas de café, mas também eram consideradas necessárias para atrair colonos europeus – e isso, como muitos das elites brasileiras já haviam concluído, era urgente. Em 1866, Dom Pedro manifestou-se publicamente em favor da abolição. Depois de uma longa batalha parlamentar, em 1871 foi aprovada uma lei declarando que os filhos de mulheres escravas nasceriam livres. A isso se seguiu a formação, em São Paulo, de sociedades de promoção da importação de imigrantes europeus. A monarquia já havia incentivado a imigração para o Sul, a fim de preencher o que via como uma região de fronteira vulnerável. Cerca de 39 mil alemães chegaram ao país entre 1846 e 1875, seguidos de italianos e leste-europeus. A maioria se dedicou à agricultura familiar, conferindo um perfil socioeconômico e étnico distinto aos estados de Santa Catarina e Paraná, bem como partes do Rio Grande do Sul.

Após a queda da monarquia, o crescente influxo de imigrantes viraria uma inundação.[30] Entre 1887 e 1914, cerca de 2,7 milhões deles desembarcaram no Brasil. Mais da metade foi para São Paulo, onde o governo do estado pagou sua passagem e acomodação inicial. A maior parte dos demais foi para outros pontos do Sul e do Sudeste. Do total, cerca de um terço era de italianos, dos quais quase todos foram para São Paulo. A maioria era proveniente do Norte da Itália, especialmente do Vêneto e da Lombardia, embora chegadas tardias incluíssem muitos de Nápoles e da Calábria. A princípio, muitos dos trabalhadores italianos nas fazendas de café depararam-se com condições pouco melhores do que aquelas a que os escravos eram submetidos – de modo que, em 1902, o governo italiano proibiu a imigração subsidiada para o Brasil. Ainda assim, muitos conseguiram estabelecer-se como agricultores familiares, ou, por fim, na indústria e no comércio. O segundo maior grupo de imigrantes foi o dos portugueses, mais de 1 milhão dos quais vieram para o Brasil no século que se seguiu à independência. A maioria tinha como destino as cidades, especialmente Rio de Janeiro e São Paulo. Os portugueses tendiam a configurar-se como pequenos comerciantes ou lojistas: a padaria portuguesa (misto de padaria com delicatéssen e café) ainda hoje é o núcleo social e comercial dos bairros de todo o Brasil. Nas duas primeiras décadas do século XX, os espanhóis constituíram o maior grupo de novo imigrantes, estabelecendo-se em São Paulo como agricultores dedicados à produção para o mercado local. O mesmo se deu com os japoneses, que chegaram em números significativos na década de 1920, ao abrigo de um acordo entre o governo de São Paulo e as empresas de emigração japonesas. Sírios e libaneses, fugindo do caos que se difundiu com a dissolução do Império Otomano, após a Primeira Guerra Mundial, vieram instalar-se nas cidades, junto com os judeus. Nas ruas da cidade de São Paulo ressoava "um clamor polifônico" de línguas que ia do hebraico ao alemão, do espanhol ao árabe.[31]

Esta onda de imigrantes europeus veio "embranquecer" a mistura racial brasileira. Era essa, em parte, a sua finalidade. As elites do país eram adeptas do "racismo científico" – na verdade, um preconceito nada científico – propalado por certos autores europeus e norte-americanos de fins do século XIX. Segundo essa tese, a miscigenação levava à "degeneração", uma raça não branca que seria fraca fisicamente e moralmente corrupta.[32] No entanto, a demonstração de que o Brasil seria capaz de atrair imigrantes também veio fortalecer os argumentos em prol da abolição definitiva da escravidão. Na década de 1880, essa se tornaria a primeira campanha popular da história do país, apoiada por uma incipiente classe média urbana. Seu mais eloquente líder foi o escritor pernambucano e legislador liberal Joaquim Nabuco, que defendia que a penetrante influência da escravidão sobre as instituições brasileiras – bem como seu corolário de grandes propriedades rurais – era incompatível com a formação de uma economia moderna e urbana. Como um número crescente de escravos começou a abandonar as plantações em 1888, e estando Dom Pedro fora, em uma viagem à Europa, coube à sua filha e herdeira, a Princesa Isabel, assinar a "Lei Áurea", como ficou conhecida. Foi um dos documentos mais sucintos da história do Brasil, que dizia apenas: "É declarada extinta a escravidão no Brasil. Revogam-se as disposições em contrário."

A guerra e o fim da monarquia

Além da campanha pela abolição, o segundo e maior impacto sofrido pela monarquia foi oriundo de plagas mais remotas. A longínqua fronteira Sul do Brasil era uma fonte de problemas desde os tempos coloniais. O legado da antiga fluidez das fronteiras era que cerca de 40 mil brasileiros viviam no Uruguai, onde compunham em torno de um quinto da população e eram proprietários de um terço do território nacional, além de cerca de 1 milhão de cabeças de gado. Em 1864, um governo uruguaio do partido Blanco baixou um imposto sobre as exportações de gado para o Rio Grande do Sul. O Brasil invadiu o país, derrubando os Blancos e instalando um governo do Partido Colorado, pró-brasileiro. Os Blancos haviam firmado uma aliança com o Paraguai, Estado pobre e sem acesso ao mar, mas militarizado, cujos ditadores haviam organizado um Exército poderoso. Francisco Solano López, presidente paraguaio, respondeu à intervenção brasileira no Uruguai invadindo o Rio Grande do Sul (e atravessando território argentino ao fazê-lo) e o Mato Grosso.

Solano López cometeu um erro de cálculo; agora, teria de enfrentar a oposição de uma Tríplice Aliança composta pela Argentina, Brasil e Uruguai. A guerra que se seguiu foi, de longe, a mais longa e sangrenta de todas as travadas pelo Brasil, que participaria da maior parte dos combates da Aliança. Solano López mobilizou cerca de 100 mil soldados; no começo da guerra, o Brasil contava com 16 mil homens, a Argentina, com 8 mil e o Uruguai, com 2 mil. Cerca de 135 mil brasileiros acabariam lutando na guerra. A Marinha brasileira derrotou a frota de vapores fluviais armados do Paraguai em Riachuelo, no Rio Paraguai. No final de 1865, a Tríplice Aliança tinha empurrado os paraguaios para fora do Rio Grande do Sul e da província argentina de Corrientes. Entretanto, Dom Pedro recusou qualquer sugestão de paz negociada, mesmo depois que a Argentina saiu da guerra. Insistiu na derrubada de Solano López – o que só seria levado a cabo em 1870, pois os paraguaios lutaram tenazmente para defender seu território. O país foi devastado; segundo as disparatadas estimativas dos historiadores, pereceram entre 15% e 60% da população paraguaia. Cerca de 50 mil soldados brasileiros também sucumbiram; do mesmo modo como entre os paraguaios, a maioria das mortes se deu em decorrência do cólera e outras doenças, e da insuficiência de víveres.[33]

O prolongamento da guerra enfraqueceu a monarquia, expondo as fragilidades da nação brasileira e do Estado imperial. Reforçou também o poder do Exército, ao qual conferiu uma identidade corporativa pela primeira vez, em um país até então desprovido de heróis militares. Desafiando seu primeiro-ministro liberal, em 1868 Dom Pedro tinha imposto como comandante militar o Duque de Caxias, um oficial conservador que tinha participado da supressão da rebelião no Pará durante a regência. Segundo Carvalho, foi a primeira vez na história independente do Brasil que os militares triunfaram sobre o poder civil. Seria um presságio. Oficiais de médio escalão começaram a expressar ressentimentos em relação aos políticos civis. A academia militar foi sendo tomada pelos ideais do positivismo, a "religião da humanidade" proposta por Auguste Comte, filósofo e sociólogo francês falecido em 1857. Embora não passe de uma nota de rodapé na história da Europa, o positivismo adquiriu, no final do século XIX, uma extrema influência na América Latina, especialmente no Brasil e no México. Comte acreditava que uma elite secular de cientistas e profissionais seria capaz de promover a transição para uma sociedade industrial moderna sem violência nem luta de classes. O progresso ordenado era seu objetivo. Sua visão da sociedade industrial era gerencial, de acordo com Raymond Aron. Era contrário à tese liberal de que o progresso seria fruto da combinação de liberdade econômica e política. Suas ideias tocaram uma corda sensível de setores da incipiente classe média brasileira, sobretudo entre oficiais do Exército, professores, engenheiros e médicos, aos quais o positivismo reservava o papel de autonomeados apóstolos do desenvolvimento nacional. Embora não fosse uma ideologia militarista, ele impregnou o Exército através dos ensinamentos do Major Benjamin Constant, que lutou na Guerra do Paraguai. Constant e seus colegas positivistas vislumbravam uma república iluminada, ainda que ditatorial, como um estágio evolutivo da civilização superior ao da monarquia.[34] O positivismo seria a primeira de várias ideologias ou correntes de opinião, ao longo do século que se seguiu, cujos proponentes pretendiam transformar o Brasil em um país moderno, por meios republicanos, mas não necessariamente democráticos, usando um Estado forte como instrumento central da modernização.

A guerra também deu um impulso às ideias republicanas mais liberais. Um Clube Republicano foi fundado em 1870. Tal como no caso da campanha pela abolição, o republicanismo criou raízes entre as crescentes classes médias urbanas de profissionais liberais e artesãos, que pela primeira vez desempenhavam um papel influente na vida política. Contudo, seu liberalismo não era destituído de ambivalências: "os brasileiros [avaliavam] o liberalismo da perspectiva da patronagem e a patronagem da perspectiva do liberalismo", nas palavras de Emília Viotti da Costa.[35] O republicanismo apelava também para os cafeicultores de São Paulo, muitos dos quais não possuíam escravos. Sua província estava sub-representada no parlamento imperial. Eles passaram a acreditar que sua prosperidade era prejudicada pelo governo altamente centralizado do império, que limitaria a sua capacidade de controlar a imigração e a política ferroviária, ou de influenciar a política econômica. Ao governo central foram destinados 80% de todas as receitas fiscais em 1868; as províncias receberam apenas 16,7%, e os municípios, pífios 2,5%.[36]

Os rigores da guerra tinha envelhecido Dom Pedro, que caiu enfermo com diabetes. A maioria dos republicanos se contentava em esperar pela sua morte, confiante de que a monarquia expiraria com ele. Todavia, uma facção de jovens oficiais positivistas do Exército era mais impaciente. Eles persuadiram Deodoro da Fonseca, um velho marechal que se considerava amigo de Dom Pedro e não era republicano, a liderar um golpe de Estado em 15 de novembro de 1889. Pedro aceitou-o com resignação. Quando, mais tarde, lhe indagaram por que não havia resistido, ele retorquiu: "Resistir por quê? O Brasil tem de saber governar a si próprio; o país não precisa de um tutor." Sua maior irritação foi ter sido levado até o cais e embarcado para o exílio na calada da noite. Os conspiradores temiam que houvesse manifestações populares em seu favor. Ele morreria de pneumonia, em Paris, em 1891. No Brasil, lojas fecharam, bandeiras foram hasteadas a meio pau e muitos nas cidades usaram braçadeiras negras. O *New York Times* considerou-o "o monarca mais esclarecido do século".[37]

A monarquia tinha assegurado a unidade do país, que em 1870 contava com uma população de quase 10 milhões de habitantes, e estabelecido o princípio do governo representativo e constitucional. Conferiu estabilidade política ao Brasil, e, por fim, um sentimento de nacionalismo, ainda que este tenha sido parcialmente forjado por intermédio de uma guerra em grande parte inútil. Aboliu a escravidão, sem derramamento de sangue e sem indenização aos escravocratas – algo não conseguido nem pelos Estados Unidos nem por Cuba. Dom Pedro foi um governante tolerante, que, pessoalmente, não era racista. Vários dos personagens culturais de maior destaque no final do império eram negros ou mulatos. Aí se incluíam Luís Gama, um ex-escravo mulato que era poeta satírico e ativo abolicionista, tendo sido um dos fundadores do Partido Republicano em São Paulo; Machado de Assis, também mulato, que foi o presidente fundador da Academia Brasileira de Letras e era politicamente discreto, embora lançasse mão, em seus romances e contos, de uma ironia fina que expunha a hipocrisia social com um efeito mortal.

Não obstante todas as mudanças evolutivas que logrou empreender, entretanto, o reinado de Dom Pedro II não foi capaz de desbaratar a sociedade patriarcal que constituía o fundamento de grande parte do Brasil rural, nem transpor as desigualdades abissais que dela decorriam. A abolição havia demorado demais, e duas grandes oportunidades de criar uma sociedade mais igualitária foram desperdiçadas. A primeira foi a não implementação da Lei de Terras, de 18 de setembro de 1850, que poderia ter incentivado uma distribuição mais equiparada da terra e a ampliação da classe média rural. A segunda foi a decisão coletiva de optar pela imigração europeia, que trouxe novos talentos e novas ideias, mas também significou que os salários não aumentaram e implicou menos incentivos para que o Brasil investisse em transformar os escravos libertos em cidadãos através de uma vigorosa oferta de educação pública, como insistia Nabuco.[38] Havia apenas 700 escolas primárias em todo o país[39] – situação em nítido contraste com a Argentina, que, sob a presidência de Domingo Faustino Sarmiento (1868-1874) instaurou um sistema nacional de escolas com subsídios públicos, fundando cerca de 800 escolas primárias só nos seis anos de seu mandato.

Contudo, não foram essas as causas da derrubada de Dom Pedro II. Tampouco foi a abolição, como tantas vezes se defende: no final, os fazendeiros do café do Vale do Paraíba eram os únicos a ainda defenderem a escravidão, e estes já haviam perdido seu peso econômico e influência política.[40] Em vez disso, foram dois outros os fatores que condenaram a monarquia. Um deles foi o problema da sucessão: a Princesa Isabel era vista com desconfiança pelos políticos em virtude de seu intenso catolicismo e seu impopular marido francês. Em segundo lugar, havia se disseminado entre os brasileiros mais abastados o sentimento de que o governo centralizado consubstanciado na monarquia constituía um empecilho ao progresso tanto do país quanto deles mesmos.

Uma república oligárquica

O Brasil se tornou uma república quase que por acidente. Em uma eleição realizada menos de três meses antes do golpe de Estado, apenas dois dos 125 parlamentares eleitos eram republicanos. Não houve grande mobilização popular contra a monarquia, nem em prol da república. A única ocasião em que o imperador enfrentou uma multidão hostil foi em 1880, quando um aumento de 20 réis (conhecido como 1 vintém) na tarifa cobrada pelos bondes do Rio de Janeiro deflagrou três dias de tumultos, até que o exército abriu fogo contra os manifestantes (e o aumento de tarifa foi rapidamente cancelado). Aqueles que haviam apoiado o golpe contra Dom Pedro II dividiam-se em três campos. Primeiro, o grupo de oficiais do Exército em torno de Deodoro da Fonseca, muitos dos quais haviam lutado na Guerra do Paraguai, queria proteger e promover os interesses corporativos do Exército, que a seu ver eram ameaçados pelos políticos civis da monarquia. Um segundo grupo de oficiais positivistas, mais jovens, gravitou para a órbita de outro general, Floriano Peixoto. Os positivistas dominavam também o Partido Republicano do Rio Grande do Sul. Nenhum desses dois grupos acreditava na democracia liberal. Um terceiro grupo era o dos liberais (no sentido britânico da palavra, não no agora em voga nos Estados Unidos), dos quais os mais bem organizados eram o Partido Republicano Paulista e um grupo menor, em Minas Gerais. Seu interesse na autonomia local ia de encontro ao desejo das duas facções anteriores de um Estado mais forte, que assegurasse a coesão nacional.

Não demorou para que essas três facções se vissem presas em um impasse. Deodoro, que se autodenominava "generalíssimo", governou como um ditador militar provisório, por decreto. Enviou tropas para fechar publicações monarquistas. Entretanto, em parte porque a República tinha sido recebida com frieza na Europa e pelos credores do Brasil, Deodoro se sentiu compelido a criar um Congresso Constituinte, e este foi dominado pelos liberais. A Constituição por eles elaborada, ratificada em 1891, sofreu influências tanto dos positivistas quanto da Constituição dos Estados Unidos. Para os padrões latino-americanos, era honrosamente sucinta: apenas 91 artigos, o menor número de todas as constituições brasileiras. O país tornou-se uma República Federal, oficialmente chamado de Estados Unidos do Brasil – nome que só mudaria em 1967. No Brasil, foi, portanto, o centro que criou os estados, e não o inverso, como nos Estados Unidos. No entanto, aos estados foram dados amplos poderes, inclusive de elaborar suas próprias Constituições: os governos estaduais foram autorizados a taxar exportações, a levantar empréstimos no exterior e a criar suas próprias Forças Armadas. Estados e municípios passaram a ser responsáveis pela educação – derrubando, assim, a determinação da Constituição de 1824 de que o governo nacional deveria prever quatro anos de educação primária gratuita. O governo central manteve o poder de criar bancos e imprimir moeda, e de intervir nos estados em determinadas circunstâncias. A Constituição estipulou ainda uma legislatura bicameral e um presidente, eleitos diretamente; não houve exigência de renda para votar, mas os analfabetos foram excluídos. O resultado foi que a participação eleitoral foi menor do que durante a monarquia. Havia poucos mecanismos para assegurar as liberdades pessoais. A influência positivista se refletiu na separação entre Igreja e Estado. E coube a um positivista a tarefa de desenhar a nova bandeira nacional: ao fundo imperial em verde e amarelo foi adicionado um globo azul com as estrelas do Cruzeiro do Sul e o mote positivista "Ordem e Progresso". O Exército e a Marinha foram declarados responsáveis pela manutenção da ordem interna, bem como pela defesa externa – um presságio do que estava por vir. Não obstante a Constituição, Deodoro e seus aliados enviaram tropas para fechar o Congresso e decretaram estado de sítio. Isso já era demais para as elites políticas locais nos estados. Enfermo e idoso, Deodoro entregou o poder a Floriano Peixoto, seu vice-presidente, que passou a governar com autoritarismo semelhante. Sua tentativa de permanecer no poder, entretanto, fracassou. Prudente de Morais, um modesto advogado liberal do interior de São Paulo, que havia presidido o Congresso Constituinte, foi escolhido presidente em 1894.[41]

Como durante a regência, na década de 1830, as disputas de poder no topo contribuíram para a eclosão de conflitos locais. No Rio Grande do Sul, o líder político do estado, o positivista Júlio de Castilhos – "um Robespierre gaúcho", nas palavras de Boris Fausto – sufocou com grande severidade uma rebelião de seus adversários liberais, mas só depois de uma guerra que se estendeu por mais de dois anos e na qual talvez 10 mil tenham perecido (muitos tiveram suas gargantas cortadas depois de se render) e ódios políticos duradouros foram criados.[42] No sertão da Bahia, assolado pela seca, Antônio Conselheiro, um pregador milenarista itinerante que se dedicava a reparar igrejas abandonadas, atraiu milhares de seguidores entre os empobrecidos agricultores arrendatários, meeiros, vaqueiros e escravos fugitivos. Conselheiro era um monarquista que se recusava a reconhecer a autoridade da República. Em 1893, o governador da Bahia enviou policiais para prendê-lo, mas foram expulsos. Então, Conselheiro levou seus seguidores a Canudos, em um árido recesso do sertão, e ali fundaram um povoado que cresceu até chegar a cerca de 5 mil cabanas e uma população de talvez 25 mil moradores – temporariamente, a segunda maior cidade do estado da Bahia. O governo, e especialmente os jacobinos, como os militares radicais do círculo de Floriano se autodenominavam, optaram por encarar a comunidade de Conselheiro como uma ameaça à existência da República. Como colocou a *Gazeta de Notícias*, um jornal do Rio de Janeiro: "O monarquismo revolucionário pretende destruir a República e, com ela, a unidade brasileira."⁴³ As autoridades enviariam quatro expedições militares sucessivas para esmagar Canudos, cada uma maior do que a anterior. As três primeiras sofreram derrotas humilhantes perante os rigores do ambiente ressecado, suas próprias falhas de logística, liderança e táticas, e a tenaz resistência dos sertanejos, que enriqueciam seu arsenal de facas, espadas, porretes e mosquetes, com os fuzis e canhões capturados de seus oponentes. Graças às recém-instaladas linhas telegráficas o conflito de Canudos foi o primeiro a receber cobertura diária nos jornais do Rio de Janeiro e São Paulo, a qual veio se somar à pressão sofrida pelo governo. Por fim, uma força expedicionária de 10 mil soldados, munidos de artilharia pesada, esmagou Canudos em 1897, mas só depois de um cerco de quatro meses e semanas de combates de casa em casa. O Exército montou um acampamento no Monte Favela, uma colina com vista para o assentamento. Como resultado, a palavra "favela" foi incorporada ao idioma para descrever uma comunidade pobre. Estima-se que tenham morrido, em Canudos, 15 mil sertanejos, além de cerca de 5 mil soldados do governo, entre eles 200 oficiais. Muitos, dos dois lados, sucumbiram à disenteria, fome, sede ou ferimentos, mas alguns dos defensores foram executados depois de se terem rendido.⁴⁴

Assim, a República de altaneiros positivistas e liberais começou com o que poderia ser chamado, hoje em dia, de um crime contra a humanidade. A campanha de Canudos foi o tema de um livro épico, *Os Sertões*, de autoria de Euclides da Cunha, ex-oficial desiludido do Exército e positivista que cobriu os estágios mais avançados da luta como repórter de *O Estado de São Paulo*, um jornal liberal. Euclides da Cunha era um mestiço de ascendência parcialmente baiana. Embora às vezes jorrasse o senso comum racista da época, seu próprio relato o desmente. Ao apresentar os sertanejos de Canudos como fanáticos religiosos e degenerados meio ensandecidos, ele ao mesmo tempo admira sua coragem, capacidade de resistência e adaptação ao seu ambiente tão adverso, afirmando que eles são "o cerne da nossa nacionalidade (...), a rocha viva da nossa raça".⁴⁵ Repreende o Brasil das cidades do Sul por negligenciar o interior: "Ascendemos, de chofre, arrebatados na caudal dos ideais modernos, deixando na penumbra secular em que jazem, no âmago do país, um terço da nossa gente."⁴⁶ E conclui:

> Toda aquela campanha seria um crime inútil e bárbaro, se não se aproveitassem os caminhos abertos à artilharia para uma propaganda tenaz, contínua e persistente, visando trazer para o nosso tempo e incorporar à nossa existência aqueles rudes compatriotas retardatários.⁴⁷

No rescaldo da campanha de Canudos, um soldado jacobino tentou assassinar o Presidente Prudente de Morais, matando, em seu lugar, seu Ministro da Guerra. A onda de repulsa resultante levou fatalmente ao descrédito dos jacobinos. Os civis liberais consolidaram seu controle da República. Prudente de Morais foi sucedido na presidência por dois outros estadistas civis paulistas. Entretanto, os liberais se mostraram incapazes de criar um Estado democrático de base ampla e durável. A Primeira República tampouco deu ouvidos aos apelos de Euclides da Cunha acerca da urgente necessidade de educação popular e inclusão social.

Havia duas razões principais para que isso não acontecesse. Em primeiro lugar, o corolário de uma federação descentralizada foi que as elites políticas locais ganharam poder em detrimento do centro. Em cada estado, os mesmos oligarcas que haviam constituído os partidos monárquicos se autointitularam como o Partido Republicano local. São Paulo, o colosso de café, e Minas, onde a criação de gado era importante, forneceram todos os presidentes da Primeira República, com exceção de dois – dentro de um acordo informal de partilha do poder que ficaria conhecido como "café com leite". Minas Gerais dispunha da maior bancada no Congresso, e tendia a dominar os gabinetes federais. O governo do estado de São Paulo explorou ao máximo seus novos poderes. Sua capacidade de cobrar impostos de exportação e tomar empréstimos no exterior tornou-o financeiramente mais forte do que o governo federal. Fundou-se uma milícia estadual de 14 mil homens (equipados com artilharia e aviões e treinados por uma missão militar francesa), uma força policial civil e um Judiciário profissional. Não obstante, os dois estados dominantes ainda precisavam de aliados, como ficou claro quando Ruy Barbosa, advogado que contava com o apoio dos liberais paulistas, foi derrotado nas eleições de 1910 por Hermes de Fonseca, um oficial conservador do Exército. Assim, os presidentes recorriam à "política dos governadores", uma troca de favores dentro da qual o governo central apoiava os grupos políticos dominantes nos estados em troca de apoio recíproco. Nas áreas rurais, o poder dos coronéis se expandiu, especialmente no Nordeste. Eles forneciam apoio eleitoral ao governador do estado em troca da possibilidade de nomear o chefe de polícia, o juiz e o cobrador de impostos de sua região, bem como o professor da escola primária local. Ao longo das duas margens do Rio São Francisco, os coronéis governavam feudos quase independentes. Depois da dissolução da Guarda Nacional, em 1918, alguns arregimentaram exércitos privados de "cangaceiros" (pistoleiros) que se confundiam com o banditismo (infelizmente, raramente um "banditismo social" ao estilo de Robin Hood, do tipo romanceado por Eric Hobsbawm). Os coronéis eram simultaneamente uma causa e uma consequência da pobreza do sertão.[48]

Em segundo lugar, os liberais foram, de certa forma, menos liberais do que pretendiam ser. A República assistiu à continuação do crescimento econômico iniciado nos últimos anos do império. Entretanto, começou com uma bolha especulativa desenfreada, ocasionada pela desregulamentação dos bancos e por um boom de crédito. Quando os preços do café caíram, em grande parte devido à superprodução, a República viu-se à beira da falência. Manoel de Campos Salles, que sucedeu a Prudente de Morais na presidência, negociou um novo empréstimo com a filial londrina dos Rothschild, os banqueiros do Brasil desde a década de 1820, em troca de um compromisso com a deflação, abandonado alguns anos mais tarde. A República deixaria de lado a austeridade de Dom Pedro II, operando em déficit fiscal em 32 de seus 41 anos – déficit, em 13 deles, acima de 25% da receita do governo. A inflação tornou-se a norma.[49]

Obediente aos interesses do café, o governo do estado de São Paulo iniciou um esquema conhecido como "valorização", em que estabeleceu um piso para o preço do café, comprando e armazenando a safra quando o preço mundial caía abaixo desse nível, visando à posterior revenda. Além de ser uma espécie de socialismo para os ricos, a valorização só fez reforçar a dependência da economia em relação ao café. Na década de 1880, na Amazônia, teve início um boom da borracha, que viu mais de 100 mil nordestinos migrarem para lá e perderia o ímpeto durante a Primeira Guerra Mundial, quando foram estabelecidas plantações nas colônias britânicas e holandesas da Ásia. A participação do Brasil no mercado mundial de açúcar e algodão continuava em queda. Segundo Warren Dean, "o comércio ultramarino brasileiro parecia limitar-se a commodities em que a vantagem comparativa esmagadora compensava os elevados custos de produção e comercialização e os altos impostos internos". Tanto o governo quanto o setor privado o consideravam um problema de manutenção dos preços de exportação, "e pouca atenção era dada à competitividade".[50] Essas atitudes revelariam uma notável durabilidade.

Em busca de uma identidade moderna

Em fevereiro de 1922, no Teatro Municipal de São Paulo, um grupo composto principalmente por jovens escritores, artistas e músicos, celebraram o ano do centenário da Independência por meio da realização de uma Semana de Arte Moderna. Eles rejeitaram o arremedo de classicismo europeu que constituía uma ortodoxia cultural sufocante no Brasil da época, sintetizado por aquele mesmo teatro – uma esplêndida mas eclética construção ao estilo da *belle époque*, baseada em casas de ópera da Europa, que fora inaugurada em 1911 e mais parecia um bolo de noiva. Muitos dos participantes da semana (a rigor, foram três noites) se tornariam figuras de destaque no movimento modernista, que dominaria a cultura brasileira no meio século seguinte – entre eles, pintores como Anita Malfati, uma retratista expressionista, e Emiliano Di Cavalcanti, cujos temas eram, sobretudo, nus de mulatas; o escultor Victor Brecheret, apelidado de "o Rodin brasileiro"; o compositor Heitor Villa-Lobos; e poetas como Mário de Andrade e Oswald de Andrade (que não eram parentes). Em uma palestra sobre arte moderna apresentada do palco, o escritor Menotti del Picchia explicou:

> Aos nossos olhos riscados pela velocidade dos bondes elétricos e dos aviões, choca a visão das múmias eternizadas pela arte dos embalsamadores. (...) Queremos luz, ar, ventiladores, aeroplanos, reivindicações operárias, idealismos, motores, chaminé de fábricas, sangue, velocidade, sonho, na nossa arte!

Esse abraço consciente do mundo industrial moderno e a rejeição do academicismo dos "embalsamadores" faziam referência ao futurismo italiano. Ao longo dos anos seguintes, o movimento modernista encabeçou a formação de uma intelectualidade brasileira, que por sua vez viria a consolidar uma nova visão nacionalista da identidade do país e de seus problemas, que, como a dos futuristas, provaria não ser incompatível com o autoritarismo político.[51]

Em seu aspecto cultural, essa visão seria resumida em dois manifestos publicados por Oswald de Andrade. No *Manifesto da Poesia Pau-Brasil*, de 1924, ele instava os artistas a "ver com olhos livres" e a "ser regional e puro em sua época" – temas aprofundados no *Manifesto Antropófago*, de 1928 ("Ano 374 da Deglutição do Bispo Sardinha").[52]

Seu intento era solucionar o dilema de como ser um artista moderno genuinamente brasileiro, uma vez que o próprio modernismo era derivado da vanguarda europeia. A resposta: "Absorção do inimigo sacro. Para transformá-lo em totem." Em outras palavras, os brasileiros se apropriariam livremente da arte universal e a regurgitariam como algo exclusivamente nacional – um nacionalismo livre de xenofobia. O manifesto era ilustrado com um esboço da nova pintura de Tarsila do Amaral, o *Abaporu* ("comedor de gente", em tupi), uma estranha figura distorcida, de pés e mãos volumosos mas minúscula cabeça, contra um fundo com um cacto gigante e o sol, todos pintados em cores fortes e puras. Tarsila, que fora criada em uma fazenda paulista de café, foi, dos pintores modernistas do Brasil, a de mais notável originalidade. Influenciada pelo cubismo (ela estudou em Paris com Fernand Leger) e pelo surrealismo, seu trabalho é repleto de temas brasileiros, das cores e da tradição *naïf*. Em uma carta que enviou de Paris em 1923, ela tinha escrito à sua família: "Sinto-me cada vez mais brasileira: quero ser a pintora da minha terra."[53] (Em 1995, com o Brasil empobrecido por 15 anos de estagnação econômica, o *Abaporu* foi arrebatado em um leilão em Nova York por Eduardo Costantini, financista e colecionador argentino que pagou US$1,25 milhão pelo quadro, a fim de fazer dele a peça central de seu pioneiro Museu de Arte Latino-Americana de Buenos Aires. Muitos plutocratas brasileiros agora gostariam de ter a oportunidade de adquiri-lo de volta.)

O modernismo veio revolucionar também outros segmentos culturais. Seria expresso na arquitetura de Oscar Niemeyer, que adotou as linhas retas do funcionalismo de Le Corbusier e acrescentou curvas, encontradas "nas montanhas do meu país, no curso sinuoso dos seus rios, nas ondas do mar, no corpo da mulher preferida".[54] Outros arquitetos modernistas construiriam blocos de apartamentos de concreto revestidos com frescos mosaicos brancos e venezianas de aço em subúrbios de São Paulo como Higienópolis, ou adotariam o *art-déco* nos bairros praianos de Copacabana e Flamengo, no Rio de Janeiro. Villa-Lobos, o compositor, participou de jam sessions com músicos negros e incorporou a música popular ao seu trabalho. Os escritos de Mário de Andrade deram um novo valor à arte popular, da qual ele era colecionador. O "grupo dos cinco" de São Paulo (os dois Andrades, Tarsila, Malfatti e Menotti del Picchia) viajou até as cidades barrocas de Minas Gerais e "redescobriu" a obra negligenciada de Aleijadinho. Outro grupo regional, articulado em torno de Gilberto Freyre, no Recife, produziu romancistas que começaram a escrever sobre as adversas realidades sociais do Nordeste.

Acima de tudo, a intelectualidade modernista revolucionou o pensamento brasileiro sobre a questão racial. Eles argumentavam que miscigenação racial era um trunfo a favor do Brasil. O romance *Macunaíma*, de Mário de Andrade, era protagonizado por um índio "negro como a noite" que se tornava branco.[55] As obras de Gilberto Freyre e Sérgio Buarque, de maneiras diferentes, exortaram os brasileiros a perder seu complexo de inferioridade em relação à Europa e abraçar sua mistura racial como núcleo de sua identidade nacional. Porém, também o modernismo foi mais um movimento de cima para baixo: o grupo de São Paulo era composto basicamente de filhos de famílias ricas, que percorriam a cidade toda, na década de 1920, no Cadillac verde de Oswald de Andrade. O mais recente cronista da Semana de Arte Moderna, Marcos Augusto

Gonçalves, observa que ela foi patrocinada por um grupo de milionários paulistas, liderados por Paulo Prado, grande cafeicultor e investidor. Foi, em parte, um exercício de superioridade por parte da nascente burguesia paulista, um desafio à predominância cultural carioca, subsidiada pelo governo. A plateia dos eventos, realizados no auge do verão, era composta de homens de terno de três peças e mulheres de salto alto. O modernismo era "aristocrático de espírito", conforme admitiria Mário de Andrade em uma crítica de 1942. Tinha pouco a dizer sobre a democracia. Na forma, porém, mais do que na substância, era muito moderno: os organizadores contrataram uma claque de estudantes para causar um rebuliço e perturbar a noite de abertura. "Conseguimos enfim o que desejávamos: celebridade", escreveria depois Mário de Andrade a Menotti del Picchia.[56]

O modernismo foi, em si, fruto de um país em transformação. Entre 1872 e 1920, a população triplicou, chegando a 30,6 milhões de habitantes. Em 1920, a cidade do Rio de Janeiro contava com uma população de 1,15 milhão de moradores e São Paulo, 570 mil. Os fazendeiros de café construíam luxuriantes mansões *belle époque* ao longo da Avenida Paulista, uma via de 5 quilômetros construída na crista de um morro, debruçada sobre o centro antigo da cidade. A agricultura ainda dominava a economia, mas o café havia criado as condições para o desenvolvimento industrial. Em 1920, a indústria empregava 14% da força de trabalho, grande parte destes em pequenas oficinas, mas também em fábricas de têxteis e de alimentos e bebidas. Os imigrantes foram fundamentais na indústria, tanto como empresários quanto como trabalhadores. Empresas estrangeiras, da Grã-Bretanha e, cada vez mais, dos Estados Unidos, se destacavam nos serviços públicos e bancários, e estava a seu cargo boa parte do comércio exterior do Brasil.

Comparado à Argentina ou ao Chile no mesmo período, o Brasil da Primeira República apresentou menor crescimento econômico e menos progresso social e político. O censo de 1920 constatou que menos de 25% da população eram alfabetizados. A expectativa de vida havia subido um pouco, mas mantinha-se lamentavelmente abreviada, apenas 31,4 anos. Na Argentina, por outro lado, em 1914 a expectativa de vida tinha chegado aos 48 anos, e 65% de seus quase oito milhões de habitantes sabiam ler e escrever.[57] Não havia movimentação no sentido de ampliar o eleitorado ou introduzir o voto secreto. As fraudes eleitorais continuavam sendo rotina, de formas muitas vezes notória. Pelo contrário, a ordem oligárquica começou a se ver desafiada no âmbito social e político por vias extraparlamentares. A inflação engendrou greves, organizadas sobretudo por anarcossindicalistas em meio à mão de obra imigrante, muitos dos quais empregados em fábricas onde as condições de trabalho eram abusivas e perigosas. Tamanha agitação levou ao reconhecimento de alguns direitos mínimos dos trabalhadores, tais como indenizações por acidentes no local de trabalho, duas semanas de férias remuneradas e a restrição do trabalho infantil. Ex-anarquistas foram destaque na formação do pequeno Partido Comunista Brasileiro, em 1922.

Além disso, o Exército ressurgiu como ator político, de maneira mais visível sob a forma de um movimento de tenentes (embora alguns fossem capitães ou majores). Os tenentes protagonizaram uma rebelião inicial no Forte de Copacabana, no Rio de Janeiro, em 1922. Tinham algumas queixas relacionadas com a instituição militar, tais como a dificuldade de promoção e o eclipse do Exército pelas milícias estaduais. Faltava-lhes um programa político claro, mas viam a Primeira República como corrupta e viciada pelas fraudes eleitorais. Acreditavam que apenas um Exército forte e um forte Estado central teriam condições de desenvolver o Brasil e promover a implementação da reforma agrária e outras reformas sociais. Não por acaso, talvez, muitos oficiais do Exército vinham de ramos empobrecidos de famílias outrora abastadas do Nordeste ou do Rio Grande do Sul, que ainda era um reduto positivista. Em 1924, os tenentes realizaram novas rebeliões em São Paulo – que sustentaram por uma quinzena, para somente serem desalojados pelo bombardeio de artilharia empreendido pelo governo, matando dezenas de civis – e no Rio Grande do Sul. Esses dois grupos se reuniram no Paraná, sob a liderança do Capitão Luís Carlos Prestes, que havia crescido em uma família positivista no Rio Grande do Sul, e do Major Miguel Costa, da milícia de São Paulo. Partiram então em uma marcha épica de 24.000 quilômetros que atravessou 13 estados e estendeu-se por quase dois anos, antes de bater em retirada para o Paraguai, tendo em grande parte evitado o combate. A Coluna Prestes, como ficou conhecida, nunca chegou a ultrapassar os 1,5 mil homens e não dispunha de apoio popular, mas nem por isso deixou de ser um poderoso ato simbólico de propaganda armada para a causa tenentista.[58] O surgimento dos tenentes coincidiu com movimentos que reivindicavam a profissionalização o Exército. Em 1919, chegou ao Brasil uma missão militar francesa – que aqui ficaria por duas décadas – a fim de prestar consultoria acerca da organização e treinamento do Exército, que chegou a se considerar a personificação da ideia de Estado – e, depois de Canudos, como o responsável pela integração nacional e pela segurança interna. Um editorial no primeiro número da revista especializada *A Defesa Nacional*, de 1913, afirmou que o Exército "deve estar preparado para corrigir as perturbações internas que tão frequentes são na vida tumultuada dos países em desenvolvimento".

Como observa Boris Fausto, o governo federal não era apenas um clube de cafeicultores. Ele ainda recebia 60% das receitas fiscais totais, e de fato continuava tentando promover a integração nacional, bem como a indústria. Uma companhia siderúrgica, a Belgo-Mineira, foi criada em 1921, tendo entre seus idealizadores um grupo de professores e alunos da Escola de Minas de Ouro Preto.[60] Entretanto, a descentralização sob a Primeira República exacerbou os abismos que separavam o Sudeste, com sua economia em expansão, o Nordeste decadente e o interior, ainda em grande parte isolado. A exigência dos paulistas por auxílio federal na valorização do café ajudou a desencadear a inflação. Outros estados, especialmente o Rio Grande do Sul, começaram a se ressentir da defesa, pelos paulistas, de seus interesses setoriais. Quando, em seguida, a aliança entre São Paulo e Minas Gerais se esfacelou, a Primeira República a acompanhou. A queda foi precipitada pela decisão de Washington Luís Pereira de Sousa, presidente de 1926 a 1930, de violar a regra não escrita do café com leite e escolher um companheiro paulista, Júlio Prestes, para seu candidato à sucessão. Seu objetivo era dar continuidade à sua política de estabilização financeira, num momento em que a economia estava sentindo os efeitos do crash da Bolsa de Nova York, em 1929. Washington Luís assegurou o apoio de 17 estados, mas o Rio Grande do Sul e Minas Gerais objetaram, preferindo apoiar a candidatura do gaúcho Getúlio Vargas, que tinha atuado por um curto período como Ministro da Fazenda de Washington Luís antes de assumir o cargo de governador de seu estado. Sua campanha transcorreu sob a bandeira de uma Aliança Liberal. Seu programa se opunha à valorização do café, defendia a estabilização monetária e, na tentativa de conquistar a adesão da classe média, favorecia algumas reformas sociais, como aposentadoria e férias remuneradas.

Ambos os lados recorreram à fraude (no Rio Grande do Sul, por exemplo, Vargas teria levado quase 300 mil votos, contra apenas 982 para Prestes). Prestes foi declarado vencedor por 1,1 milhão de votos a 737 mil (e, de fato, a vitória provavelmente fora sua). No entanto, os políticos mais jovens no Rio Grande do Sul e Minas Gerais decidiram se rebelar contra o resultado. Chegaram a um acordo com muitos dos tenentes, embora vários dos assessores mais próximos de Vargas, como Osvaldo Aranha e o Tenente-Coronel Pedro Aurélio de Góes Monteiro, tivessem ajudado a esmagar revoltas tenentistas. Em outubro de 1930 – seis meses após as eleições – a rebelião teve início, comandada por Góes Monteiro e apoiada por milícias estaduais do Sul, com apoio em Belo Horizonte e no Nordeste. O alto comando das Forças Armadas interveio e depôs Washington Luís, pretendendo exercer um "Poder Moderador", à maneira de Dom Pedro. Uma tentativa de constituir uma junta militar teve vida curta. Getúlio Vargas, envergando um uniforme militar e ostentando um chapéu de vaqueiro gaúcho, chegou ao Rio de Janeiro com 3 mil de seus soldados. No dia 3 de novembro, tomou posse como chefe de um governo provisório. A Primeira República havia chegado ao fim do mesmo modo como tinha começado: com um golpe militar.

CAPÍTULO 5

Getúlio Vargas e o "nacional desenvolvimentismo"

Getúlio Vargas governou o Brasil por mais de 18 anos (1930-45 e 1951-4), perdendo em tempo de permanência no poder apenas para Dom Pedro II. Por sete anos (1937-1945) foi um ditador civil, desfrutando de inigualável poder pessoal; e, mais do que qualquer outro, pode reivindicar o posto de instaurador do moderno Estado nacional no Brasil. Era uma figura de muitos paradoxos – característica que o divertia. "Gosto mais de ser interpretado do que me explicar", anotou em seu diário. Era, ao mesmo tempo, um autoritário e um conciliador; um conservador que fundou um Partido Trabalhista, cortejou as massas e passou a ser considerado, sob determinados aspectos, um símbolo da esquerda. Fazendeiro de origem, promoveu a industrialização. Pouco fez para reduzir as marcantes desigualdades do país e gostava de fumar charutos, mas seus seguidores o alcunharam de "pai dos pobres". Embora não fosse um democrata por natureza, seria forçado pelas circunstâncias a tentar governar como tal em seu derradeiro mandato. Esmagou todo e qualquer indício de autonomia regional, mas cultivava sua identidade gaúcha: nas visitas ao seu estado natal, envergava suas bombachas (as calças largas usadas pelos vaqueiros) e ostentava seu chimarrão, o mate amargo sorvido por um canudo numa cuia. Foi o fundador do moderno nacionalismo brasileiro, ainda que não fosse hostil ao capital estrangeiro, e preferia o golfe e o uísque ao futebol e à cachaça. Flertou com o fascismo, mas enviou tropas brasileiras para lutar ao lado dos Aliados na Segunda Guerra Mundial. Baixinho, não tinha imponência física nem elegância oratória, e era de personalidade fria e calculista – um líder carismático desprovido de carisma. Apesar de ditador, não manifestava interesse em pompa; vez por outra, ia a pé para seu gabinete no Palácio do Catete, a mansão de um ex- fazendeiro de café, sendo cumprimentado respeitosamente no trajeto pelos transeuntes. Em suma, era um autoritário pragmático, para quem a ideologia sempre esteve subordinada à sua própria continuidade no poder; "um homem que acreditava no poder quase como quem acredita numa divindade", de acordo com Tancredo Neves, Ministro da Justiça no final do governo de Vargas (e escolhido o primeiro presidente no atual período democrático do país). Para seus inimigos, essa crença fazia dele um caudilho gaúcho, um dissimulador em quem não se poderia depositar confiança.[1]

Getúlio nasceu em 1882 na Fazenda Triunfo, estância pertencente a seu pai e distante 30 quilômetros da pequena cidade rural de São Borja. Originalmente sede de uma missão jesuíta, São Borja fica a 600 quilômetros de Porto Alegre, no meio dos pampas infindáveis, mas é vizinha da província argentina de Corrientes, do outro lado do Rio Uruguai. Sua atmosfera pacífica desmente uma história de "guerras, massacres e degolas", segundo um historiador brasileiro.[2] O pai de Getúlio lutou na Guerra do Paraguai, durante a qual foi promovido de cabo a tenente-coronel; como representante político local de Júlio de Castilhos, tornou-se prefeito de São Borja. A família de sua esposa também era de São Borja, mas havia apoiado o lado oposto na guerra civil do Rio Grande do Sul, em 1893. Há quem considere tamanha divisão familiar a responsável pela veia conciliatória de Getúlio. Esta, porém, não era compartilhada por outros membros da família: dois de seus irmãos foram acusados de assassinato. Getúlio passou um breve período no Exército e brincou com a carreira militar antes de optar pelo estudo do Direito e o ingresso na política em seu estado natal.

Talvez não seja coincidência que o autoritário construtor da nação brasileira tenha nascido naquele meio positivista e de fronteira. Mais do que qualquer outra região do Brasil, o Rio Grande do Sul tinha uma tradição marcial, e grande parte do Exército do país tradicionalmente ali permanecia estacionado. Seus habitantes consideravam-se brasileiros por opção; seus políticos consideravam seu estado mais bem governado e menos corrupto do que os demais, e julgavam ser sua missão salvar o Brasil. Pragmático, o autoritarismo gerencial de Vargas foi uma fiel atualização do positivismo gaúcho.[3]

A era Vargas

No poder, o objetivo primordial de Vargas foi estabelecer um Estado forte e centralizado; para tanto, parte do preço seria um exército federal forte. Sua primeira providência como chefe do governo provisório foi abolir por decreto a Constituição de 1889 e seus homólogos estaduais. Dissolveu o Congresso e as assembleias estaduais e municipais e substituiu os presidentes provinciais eleitos pelos chamados "interventores", designados pelo governo federal e muitos deles ex-tenentes. A política do café passou à alçada federal, sendo retirada das mãos dos estados – que foram proibidos de contrair empréstimos externos sem aprovação federal e de investir mais de 10% de sua receita em suas forças policiais militares, bem como de equipá-las com armamentos pesados. Vargas criou dois novos ministérios, um do trabalho, indústria e comércio, e outro da educação e saúde pública.

Se o governo Vargas foi mais intervencionista também na política econômica, a princípio essa característica em grande parte se deveu ao fato de ele ter assumido o poder no momento em que a quebra da Bolsa de Nova York, em outubro de 1929, mergulhava a economia mundial na depressão e a economia brasileira, no caos. (O Brasil foi um dos sete países latino-americanos a sofrer um golpe militar nos dois anos após o crash, marcando o fim do constitucionalismo oligárquico na região.) Os preços do café despencaram, chegando, em 1931, ao valor de pouco mais de um terço do seu nível no final da década de 1920. O comércio exterior entrou em colapso: entre 1928 e 1932, as importações caíram em três quartos e as exportações, em mais de três quintos. O Brasil sofreu o que os economistas de hoje chamariam de "parada súbita" nos fluxos de capitais. Os estoques de moeda estrangeira se esgotaram e os reembolsos do capital em sua dívida externa foram suspensos pela terceira vez desde 1889, sendo levantado um empréstimo de financiamento para cobrir o pagamento dos juros. Em decorrência da quebra, o governo desvalorizou em mais de 60% o mil-réis e introduziu controles cambiais – e, na tentativa desesperada de empurrar para cima o preço do principal produto de exportação do Brasil, entre 1931 e 1944 comprou e destruiu 78 milhões de sacas de café, o equivalente a três anos de consumo mundial, além de subscrever parte das dívidas dos produtores de café. Todas essas medidas combinaram-se para promover uma rápida recuperação econômica. A desvalorização, em especial, constituiu um incentivo para a substituição de importações, sobretudo nas indústrias têxtil e de processamento de alimentos. Tanto por necessidade quanto de maneira deliberada, o governo havia articulado um estímulo econômico financiado pelo déficit. Em 1933, o PIB já estava 7,7% acima de seu pico em 1929. A produção industrial cresceu a uma taxa média anual de 11% pelo restante da década. Já a dívida externa continuava sendo um problema, e o Brasil ficaria outra vez inadimplente em 1937.[4]

A centralização do poder nas mãos de Vargas enfrentou resistências, principalmente em São Paulo. Por fim, ele se preparou para convocar uma Assembleia Constituinte, a fim de legitimar seu governo; em fevereiro de 1932, foi promulgado um novo código eleitoral, mantendo a alfabetização como pré-requisito mas estendendo o direito ao voto às mulheres alfabetizadas. Foram introduzidos o voto secreto e um tribunal eleitoral, medidas que vieram reduzir as fraudes eleitorais; os paulistas, não obstante, viam Vargas com desconfiança (apesar de sua tentativa de apaziguá-los com sua política cafeeira). Em julho de 1932, as forças militares do estado de São Paulo e as unidades do Exército federal lá baseadas insurgiram-se, em nome de constitucionalismo. Somavam, no total, entre 40 mil e 50 mil homens. O levante contava com o apoio popular em São Paulo, mas as forças estaduais de Minas Gerais e do Rio Grande do Sul permaneceram fiéis ao governo federal. São Paulo enfrentaria 60 mil soldados do governo, mais bem armados e equipados pelo General Góes Monteiro. A guerra civil que se seguiu alcançou uma escala maior do que qualquer outra na história do Brasil: estendeu-se por quase três meses e envolveu o uso de artilharia pesada, avanços da infantaria contra trincheiras e bombardeio aéreo. O número de mortos é incerto, mas pelo menos 600 paulistas caíram antes de São Paulo admitir a derrota.[5]

Vargas foi magnânimo na vitória, e deu continuidade à Assembleia Constituinte. Os interventores estabeleceram novos partidos nos estados, leais ao governo. No entanto, a Constituição de 1934 foi surpreendentemente liberal. Promoveu uma restauração parcial do documento de 1891, assegurando liberdades civis e políticas, autonomia dos sindicatos e alguns dos direitos dos estados; introduziu a propriedade nacional dos direitos de mineração, o salário mínimo e o ensino fundamental obrigatório e gratuito. A assembleia elegeu Vargas para um mandato de quatro anos, sem possibilidade de reeleição. Em seu diário, porém, Getúlio descreveu a nova Constituição como "monstruosa" e "um entrave", e não tinha a menor intenção de acatá-la.[6]

No Brasil, como na Europa, a década de 1930 assistiu ao surgimento de movimentos de massa tanto de direita quanto de esquerda. Foram as primeiras organizações políticas nacionais criadas de baixo para cima, em vez de pela elite política dominante, mas ambas rejeitavam a democracia liberal. A Ação Integralista Brasileira (AIB), partido fascista fundado pelo jornalista paulista Plínio Salgado, arrebanhou mais de 100 mil membros, sobretudo da classe média urbana, além de despertar a simpatia do General Góes Monteiro e outros membros do regime. A ela veio se opor a Aliança Nacional Libertadora (ANL), uma ampla frente composta por comunistas, tenentes e outros esquerdistas, que também conquistou o apoio da classe média urbana e não demorou a ultrapassar os 70 mil integrantes. Depois de conclamar um levante nacional com vistas à instalação de um governo revolucionário, a ANL foi declarada ilegal e caiu na clandestinidade. Com base no exemplo dos tenentes, o Partido Comunista erroneamente acreditou na iminência de uma situação revolucionária. Luís Carlos Prestes, o líder do partido, retornou às escondidas de Moscou, acompanhado de agentes da Comintern.* Em novembro de 1935 levantes militares mal coordenados por suboficiais do Exército, alguns organizado pelos comunistas, tiveram lugar em Natal, Recife e Rio de Janeiro. Facilmente esmagados, foram a desculpa de que Vargas precisava para dar início à repressão. Milhares de esquerdistas, entre eles Prestes, foram presos, e muitos torturados. Prestes passaria nove anos na prisão. Sua companheira, Olga Benário, comunista judia alemã que estava grávida de sete meses, foi entregue à Gestapo e morreria num campo de concentração na Alemanha. Todos os tenentes de esquerda que permaneciam no governo foram eliminados. O mesmo se deu com Pedro Ernesto Baptista, cirurgião que costuma ser descrito como o primeiro político populista no Brasil: como prefeito do Rio de Janeiro desde 1931, havia estabelecido uma base política nas favelas, fundando hospitais e escolas e usando transmissões regulares de rádio, técnicas que Vargas em breve copiaria.[7]

Dois anos mais tarde, comandantes do Exército alegaram haver descoberto outro complô comunista para derrubar o governo. O "Plano Cohen" – que não passou, na verdade, de uma farsa escrita pelo Capitão Olímpio Mourão Filho, um oficial de inteligência integralista – serviria de pretexto para um golpe militar para manter Vargas no poder. Em 10 de novembro de 1937, o General Eurico Gaspar Dutra, Ministro da Guerra, mandou a polícia fechar o Congresso. O governo emitiu um decreto cancelando as eleições previstas para 1938, em que Vargas não poderia se candidatar, abolindo a Constituição de 1934 e instaurando, em seu lugar, o desavergonhadamente autoritário Estado Novo. O golpe foi recebido em silêncio, sem resistência; naquela mesma noite, Vargas compareceu a um jantar de despedida do embaixador argentino.[8]

O Estado Novo foi a única ditadura pessoal desenfreada na história brasileira. Inspirou-se nos regimes autoritários de Antonio Salazar, em Portugal (também batizada de "Estado Novo"), Mussolini, na Itália, e do Marechal Pilsudski, na Polônia. Embora descrita como fascista por seus inimigos, não foi bem assim. Vargas não criou um partido de massas; para grande decepção de Plínio Salgado, o governo dissolveu a AIB e prendeu 200 de seus líderes. De seu lado, os tenentes não tinham conseguido estabelecer um partido revolucionário nacional (alguns tinham aderido à AIB ou à ANL).

---

* *Nota da Tradutora*: O termo Comintern ou Komintern (do alemão *Kommunistische Internationale*) designa a Terceira Internacional ou Internacional Comunista (1919-1943), organização internacional fundada por Lênin e pelo PC soviético para congregar os partidos comunistas de diversos países.

Sem dúvida, o Estado Novo foi anticomunista, antiliberal e antidemocrático; embora repressivo, para os padrões latino-americanos não chegou a se destacar.

A fim de justificar sua ditadura, Vargas lançou mão de uma velha obsessão dos líderes conservadores brasileiros: o receio da desintegração nacional. Em uma carta a Osvaldo Aranha, seu embaixador em Washington e o mais liberal de seus aliados originais do Rio Grande do Sul, ele denunciou o constitucionalismo como envolvendo

> a imposição arrogante de interesses regionais sobrepostos aos interesses legítimos da nação. Foi contra tal estado de coisas – sem dúvida, uma ameaça à unidade nacional – que nos insurgimos; isso é que foi esmagado com uma revolução de cima para baixo, sem luta, sem destemperos, e saudada com aceitação geral.[9]

Para reforçar a ideia, no mês seguinte as bandeiras dos estados – incluindo mesmo a farroupilha gaúcha – foram queimadas em uma cerimônia nos jardins do palácio presidencial, no Rio de Janeiro. O governo federal é que criaria Estado e Nação.

O Estado Novo tinha duas características essenciais. Primeiro, nas palavras de Bethell, tratou-se "da ditadura pessoal de um político civil (...) mantido no poder pelos militares". Desde 1930, Vargas e seus líderes militares, sobretudo Góes Monteiro e Dutra, desfrutavam de uma estreita aliança de conveniência mútua. Os generais de muito bom grado sustinham o governo de Vargas, que de muito bom grado lhes permitia forjar um poderoso exército nacional que tanto um quanto os outros consideravam uma ferramenta para a modernização do Brasil. O Exército saltou de 38 mil oficiais e soldados em 1927 para 95 mil em 1940 – o dobro do número total de colaboradores das polícias estaduais. A parcela do orçamento federal destinada às Forças Armadas – que incluíam, além do Exército e da Marinha, a recém-constituída Aeronáutica – chegou a 36,5% em 1942, um pulo em relação aos 20% de 1930.[10] Vargas, contudo, não era um mero peão do Exército. Ao longo da Segunda Guerra Mundial, logrou abafar as simpatias de Góes Monteiro e Dutra pelo Eixo; era anglófobo, mas gostava dos norte-americanos e se dava bem com Franklin Roosevelt. Forjou com os Estados Unidos uma aliança que envolveu a disponibilização de bases militares e minerais (inclusive terras raras) e outras matérias-primas a preços fixos em troca de empréstimos baratos, sobretudo para construir a primeira usina siderúrgica de grande porte do Brasil, em Volta Redonda. Natal, no Nordeste, tornou-se uma base aérea americana de grande escala e considerável importância estratégica, de onde todo o meio do Atlântico era controlado. O Brasil foi o primeiro país latino-americano a declarar guerra às potências do Eixo, e o único a enviar tropas. Uma Força Expedicionária Brasileira de 25 mil homens foi despachada para a Itália, onde entrou em combate nos últimos meses da guerra. Menos bem-sucedida foi a "batalha da borracha" em tempo de guerra, na qual o governo enviou cerca de 60 mil trabalhadores do Nordeste para a Amazônia, dos quais talvez metade teria morrido em decorrência de doenças e das péssimas condições de vida.

O segundo traço definidor do Estado Novo foi o corporativismo. Tal como formulado no final do século XIX por pensadores europeus basicamente católicos, o corporativismo foi, como o positivismo antes dele, uma resposta a uma sociedade industrial emergente e uma reação tanto ao individualismo liberal quanto ao marxismo. Pregava que cabia ao Estado organizar a sociedade como uma comunidade e em linhas funcionais, arbitrando entre os interesses do capital e do trabalho como grupos organizados e transcendendo assim, a luta de classes.[11] O entusiasmo inicial de Vargas com o corporativismo havia se expressado na inclusão, na Assembléia Constituinte de 1933, de 40 membros eleitos indiretamente para representar empresários, trabalhadores e profissionais liberais, e, sobretudo, na legislação trabalhista do governo provisório. Seu primeiro Ministro do Trabalho, o positivista gaúcho Lindolfo Collor, havia decretado a jornada de oito horas, férias remuneradas e igualdade salarial para as mulheres; tornou obrigatórios os contratos de trabalho (sob a forma da carteira de trabalho); e começou a privar os sindicatos trabalhistas de sua autonomia. O corporativismo tornou-se mais explícito sob o Estado Novo. Em 1943, ao mesmo tempo em que se preparava para enviar tropas para combater o fascismo na Itália, o regime decretou uma legislação trabalhista, a Consolidação das Leis do Trabalho (CLT), parcialmente baseada na *Carta del Lavoro* de Mussolini e, em grande medida, em vigor ainda hoje. O governo estabeleceu um salário mínimo. Os sindicatos se tornaram braços do Estado, financiados pela dedução compulsória de um dia de remuneração dos trabalhadores, que eram obrigados a participar. Seus líderes tinham de ser aprovados pelo Ministério do Trabalho. (E, por sua função de amortecimento, ficaram conhecidos como "pelegos", em referência à manta de lã de carneiro estendida sobre a sela das montarias a fim de tornar mais confortáveis as viagens.) As greves foram declaradas ilegais; em seu lugar, o governo instituiu uma Justiça do Trabalho, a fim de resolver eventuais disputas. Um incipiente sistema de seguridade social, fornecendo pensões de aposentadoria e assistência médica, foi estendido a todos os trabalhadores urbanos (ou pelo menos os que possuíam carteira de trabalho).

O Estado Novo promoveu o desenvolvimento econômico por meio do governo tecnocrático. Vargas lançou os rudimentos do serviço público; o Departamento Administrativo do Serviço Público (DASP), criado em 1938, introduziu o recrutamento por concurso e um plano de carreira para os funcionários públicos. Muitos cargos, porém, continuaram sendo preenchidos por indicações pessoais. Foi criada uma série de órgãos estaduais e câmaras técnicas para a política econômica, o desenvolvimento industrial e o comércio exterior, com base no setor privado e nos sindicatos. A maior parte dos empresários, mesmo os paulistas, havia chegado à conclusão de que Vargas não constituía uma ameaça aos seus interesses. Muitos industriais apoiaram as campanhas nacionalistas do regime destinadas à criação de uma indústria de aço e petróleo no Brasil. Foram fundadas várias empresas estatais importantes, entre elas a Vale do Rio Doce (que assumiu, por acordo, uma jazida de minério de ferro e uma linha férrea desenvolvidas por um investidor britânico), a CSN (Companhia Siderúrgica Nacional – operadora das usinas siderúrgicas de Volta Redonda) e a CHESF (Companhia Hidrelétrica do São Francisco), que construiu uma grande hidrelétrica no Rio São Francisco (o primeiro de muitos projetos do gênero no país).[12]

Em um discurso em São Paulo, em 1938, Vargas expôs sua doutrina corporativista:

O Estado Novo não reconhece direitos de indivíduos contra a coletividade. Os indivíduos não têm direitos, têm deveres! Os direitos pertencem à coletividade! O Estado, sobrepondo-se à luta de interesses [velados], garante os direitos da coletividade e faz cumprir os deveres para com ela![13]

Em outras palavras, Vargas empenhou-se em apartar a ideia de progresso daquela de liberdade individual, em uma reformulação do século XX do antigo Estado patrimonial. Embora esse Estado Novo recendesse ao onisciente "Grande Irmão" de Orwell ou ao "ogro filantropo" do escritor liberal mexicano Octavio Paz, ostentava uma medida bem brasileira de flexibilidade. Muniu-se de um departamento de propaganda oficial que não só censurava a imprensa e mesmo músicas de carnaval como criou um culto à personalidade em torno de Vargas, que começou a fazer transmissões de rádio semanal em que eram promovidos os valores do nacionalismo e do trabalho. Em nítido contraste com o fascismo europeu, todavia, a ideologia oficial – pela primeira vez – veio salientar a mistura racial e a mestiçagem como essências da nacionalidade brasileira. A feijoada, o guisado de carne de porco e feijão inventado na senzala, foi proclamada prato nacional. O regime abraçou as escolas de samba e práticas afro-brasileiras como a capoeira, forma de luta mais dançada que o boxe tailandês, e o candomblé, a adoração de divindades africanas. Esse conjunto de fatores, aliado à legislação trabalhista, ajudou a consolidar o vínculo emocional entre Vargas e as massas urbanas. O Estado Novo – e, especialmente, Gustavo Capanema, o Ministro da Educação e da Saúde entre 1934 e 1945 – arregimentou muitos dos expoentes do modernismo mediante cargos ou contratos públicos. O primeiro projeto significativo de Oscar Niemeyer foi para o próprio ministério da Educação; Villa-Lobos, o compositor, foi encarregado de um departamento governamental dedicado à educação musical.[14]

Um experimento democrático

Ao aderir à guerra pela democracia na Europa, Vargas assinou a sentença de morte do Estado Novo. O regime começou a rachar, com a classe média, setores da elite política e alguns chefes militares fazendo pressão pela convocação de eleições (que os Estados Unidos, discretamente, também incentivavam). Vargas decretou que seriam realizadas as eleições presidenciais e para o Congresso em 1945. Reconhecendo que enfim teria de criar um veículo político para seu governo, não deixou de ser um sinal da complexa ambiguidade do getulismo o fato de ele ter optado por fundar dois partidos, em vez de um. O Partido Social Democrático (PSD) reuniu as máquinas políticas oficiais dos interventores e políticos profissionais nos estados, sendo apoiado pelos industriais e alguns grandes proprietários de terras. O Partido Trabalhista Brasileiro (PTB), menor e inspirado, em parte, no Partido Trabalhista Britânico, baseava-se nos sindicatos oficiais e do aparelho político do Ministério do Trabalho. Diante da necessidade de ingressar na disputa eleitoral, Vargas se reinventou como populista.[15] Expressou sua simpatia pessoal pelo PTB e seus propagandistas elaboraram o trabalhismo como nova doutrina política.

Em resposta, a oposição constituiu a União Democrática Nacional (UDN), congregando uma variedade díspar de liberais, conservadores e (a princípio) alguns esquerdistas, unidos tão-somente por sua hostilidade ao ditador. Foi sintomático do papel político adquirido pelas Forças Armadas que os dois principais partidos tenham escolhido oficiais militares como seus candidatos à presidência – o General Dutra pelo PSD e o Brigadeiro Eduardo Gomes, ex-tenente e agora oficial da Aeronáutica, pela UDN. O Partido Comunista (PCB) despertou de sua hibernação, e Prestes realizou vastos comícios. Mas Vargas não estava resignado com a perda do poder: em meio a uma onda de greves deflagrada pelo aumento da inflação durante a guerra, seus partidários trabalhistas lançaram um movimento com vistas a mantê-lo no cargo, ou mediante sua designação como candidato do PTB à presidência (aspiração que ele desmentiu repetidas vezes) ou por meio de um golpe de Estado. A ambiguidade de Vargas com relação às suas intenções e sua postura cada vez mais populista levaram o Exército a exigir – e conseguir – sua derrubada da presidência em outubro de 1945. O longo conluio de Vargas com as ambições dos generais havia dado origem a um poder sobre o qual, no fim das contas, ele já não exercia controle. O General Dutra saiu vitorioso das eleições, com 55% dos votos.[16]

Assim, teve início no Brasil o que o historiador norte-americano Thomas Skidmore batizou de "experimento democrático". Era uma democracia limitada, ainda que muito menos do que na Primeira República. Os analfabetos – e, portanto, a maioria dos pobres – ainda tinham negado o direito ao voto. Uma nova Constituição manteve as disposições eleitorais da Carta de 1934, e a urbanização e o concomitante aumento na alfabetização, embora modesto, propiciaram uma expansão no número de eleitores registrados – que saltou de 7,5 milhões em 1945, ou menos de um terço da população adulta,* para 18,5 milhões, ou mais de metade da população adulta, em 1962.[17] O Partido Comunista foi legalizado por um breve período, angariando quase 10% dos votos em 1945. Contudo, o experimento democrático foi acossado por um sem-número de dificuldades, que acabariam por condená-lo ao fracasso. A mais fundamental foi o fato de que as instituições políticas, ainda dominadas por partidários da ordem conservadora no campo, mostraram-se incapazes de se adaptar de forma rápida o bastante ao rápido crescimento econômico e às aceleradas transformações sociais. Em segundo lugar, as tensões políticas foram exacerbadas pelo contexto de confronto ideológico engendrado pela Guerra Fria (que provocou um novo banimento dos comunistas em 1948). E, em terceiro lugar, o Exército havia arrogado para si o "poder moderador" de regulação da vida política, exercido por Dom Pedro durante a monarquia.[18]

Vargas voltaria a cair vítima desse poder. Tendo acabado por manifestar um apoio morno a Dutra, ele se recolhera à sua estância em São Borja – mas nem por isso estava fora do jogo político: inscrito como candidato a senador ou deputado pelo PTB em sete estados diferentes, Vargas amealhou 1,3 milhão de votos (quase 40% do total de Dutra). Atendo-se ao seu recém-descoberto discurso populista, ele atribuiu sua queda a "agen-

---

* Ou 13,4% da população total, de cerca de 46 milhões de habitantes, em 1945, finalmente superando o percentual de 1872.

tes da finança internacional, que pretende manter o nosso país na situação de simples colônia, exportadora de matérias-primas e compradora de mercadorias industrializadas no exterior". Em 1949, declarou a um jornalista: "vou voltar, não como líder político, mas como líder de massas". No ano seguinte, ele realizou sua campanha e conquistou a presidência com uma plataforma de nacionalismo e reforma social, numa coalizão com Ademar de Barros, proprietário de terras e industrial que, como interventor designado por Vargas para São Paulo e, depois, como seu governador eleito, erigiu uma máquina política populista baseada no apelo à classe média com obras públicas. Ademar não tinha escrúpulos em aceitar o epíteto "rouba mas faz". Como presidente, Vargas voltou a promover a industrialização encabeçada pelo Estado. Fundou duas instituições que até hoje desempenham um papel central na economia brasileira: primeiro, um banco nacional de desenvolvimento – o Banco Nacional de Desenvolvimento Econômico ou BNDE, a cujo nome posteriormente se acrescentaria um "S", de "Social". Respondendo a uma ampla campanha nacional apoiada pelas Forças Armadas, o Congresso também subscreveu a criação de uma companhia petrolífera nacional, a Petrobras, à qual foi concedido o monopólio da exploração e desenvolvimento.

Vargas nomeou para seu Ministério do Trabalho João Goulart, de apelido "Jango", que contava então 35 anos e era filho de um amigo da família, além de também estancieiro em São Borja, e se tornara protegido de Getúlio durante seu autoimposto exílio. Goulart fizera fortuna no negócio de gado (ainda jovem, havia comprado um avião leve Cessna e uma frota de carros), mas era dotado de consciência social e, por insistência de Vargas, havia se filiado ao PTB. Como ministro, propôs que se dobrasse o salário mínimo, o que alarmou a oposição e parte das Forças Armadas, preocupadas tanto com a inflação quanto com a irresponsabilidade fiscal – mas também temerosas de que Vargas tencionasse imitar Juan Perón, na Argentina, que havia instalado um regime populista autoritário. Eram temores exagerados, mas o próprio Vargas os acalentava. Em 1º de maio de 1954, em seu discurso aos trabalhadores, ele declarou: "Constituí a maioria. Hoje estais com o governo. Amanhã sereis o governo." Como em 1945, ao dobrar-se tanto aos sindicatos, Vargas havia incomodado o Exército e os industriais, as outras duas pernas do tripé que o tinha sustentado no poder por tanto tempo.[19]

O desfecho veio com uma tentativa malograda de assassinato contra Carlos Lacerda, jornalista e político da UDN que era o mais virulento inimigo de Vargas. Lacerda escapou com um pequeno ferimento no pé, mas um major da Aeronáutica – um foco de sentimentos antivarguistas e golpistas – que lhe servia de guarda-costas foi morto. Descobriu-se que o agressor agira a mando de Gregório Fortunato, chefe da guarda pessoal do presidente. É quase certo que o próprio Vargas não tivesse conhecimento da trama, mas o Exército voltou a pressionar por sua renúncia, como em 1945. Diante da perspectiva de uma derrota política humilhante, Vargas tomou uma decisão bem mais radical. Depois de uma noite sem dormir, às 8h30 de 24 de agosto ele se retirou para seu quarto, no último andar do Palácio do Catete, pegou seu revólver e deu um tiro no coração. Sua nota de suicídio foi um testamento político do mais puro nacionalismo populista. Ele havia retornado ao poder "nos braços do povo", declarou, apenas para ser derrubado por uma campanha de poderosos interesses estrangeiros e nacionais devido à sua defesa dos trabalhadores. "Se as aves de rapina querem o sangue de alguém, querem continuar sugando o povo brasileiro, eu ofereço em holocausto a minha vida", escreveu. Ele concluiu: "Eu vos dei a minha vida. Agora vos ofereço a minha morte. Nada receio. Serenamente dou o primeiro passo no caminho da eternidade e saio da vida para entrar na História."[20]

O suicídio de Vargas foi recebido com um maciço extravasamento de luto popular. Centenas de milhares de brasileiros tomaram as ruas de todo o país. Uma gigantesca multidão acompanhou seu caixão até o Aeroporto Santos Dumont, no Rio de Janeiro, sendo trasladado para São Borja, onde seria enterrado. A concessão de alguns benefícios básicos para as massas urbanas, tais como as pensões de aposentadoria, assegurou-lhe a duradoura lealdade destas: um estudo realizado em 2001 junto aos mais antigos residentes de favelas do Rio de Janeiro constatou que a resposta mais frequente para a pergunta "que político mais ajudou pessoas como você?" foi "Vargas".[21] O Palácio do Catete, hoje, é um museu: o quarto presidencial foi recriado fielmente tal como se encontrava por ocasião do suicídio de Getúlio, um memorial ao mais influente governante do Brasil no século XX.

Enquanto a modernização, em alguns países da América Latina, se deu por meio da revolução popular – como no México (1910-1917) ou na Bolívia (1952) – ou da social-democracia (como no Uruguai e, até certo ponto, no Chile), o Brasil teve Getúlio. Vargas conferiu ao Estado um papel central e duradouro no desenvolvimento econômico. Também instaurou a concepção de que a cidadania, os benefícios e a inclusão social fluíam de cima para baixo, concedidos por um Estado beneficente, em vez de serem conquistados por meio da democracia e da mobilização cívica. A democracia liberal, ele havia pregado, não passava de uma fachada para o domínio de reacionárias oligarquias regionais. Não obstante, ele tinha deixado o poder político dos proprietários rurais praticamente intacto, e esquivara-se da reforma agrária. Tudo isso ajuda a explicar por que o Brasil continuou sendo um país marcado por profundas desigualdades e por que, ao mesmo tempo, um autêntico partido social-democrata demorou tanto tempo a surgir. Mesmo morto, Vargas continuaria sendo uma figura dominante e polarizadora da política brasileira por mais uma década – polarização que culminou com a derrubada da democracia por uma ditadura militar dedicada a expurgar seu legado político, ainda que tenha acabado por incorporar boa parte dele.

O efeito imediato do suicídio de Vargas foi uma reviravolta sobre os seus adversários. As eleições presidenciais de 1955 foram vencidas por Juscelino Kubitschek, do PSD – embora ele tivesse recebido apenas 35,7% dos votos – com Goulart, do PTB, como seu vice-presidente.[22] De maneiras bem distintas, ambos eram herdeiros de Vargas. No Exército, os constitucionalistas, liderados pelo General Henrique Lott, o Ministro da Guerra, encontravam-se agora em vantagem. Lott repeliu diversas tentativas de golpe que pretendiam evitar a posse de Juscelino, das quais a mais quixotesca viu Lacerda e seus amigos militares embarcar no *Tamandaré*, um cruzador da Marinha, no Rio de Janeiro, e descer o litoral na pretensão de iniciar um levante em Santos.

Juscelino e a construção de Brasília

Juscelino Kubitschek era uma figura arrojada e atraente. Nasceu em Diamantina, antiga cidade de mineração de diamantes nos rincões de Minas Gerais, que, após a breve refulgência no século XVIII havia há muito tempo voltado a imergir na pobreza sonolenta. Como muitas cidades do interior na virada do século passado, faltava-lhe sistema de esgoto, água potável e eletricidade. O pai de Juscelino, tropeiro, morreu quando ele tinha dois anos. Sua mãe, professora, tinha por avô um imigrante tcheco cujo sobrenome foi o escolhido por Juscelino em sua vida profissional. Depois de se formar médico, foi trabalhar como tal na Polícia Militar de Minas, para iniciar em seguida sua ascensão através da hierarquia política mineira, atuando como deputado federal e prefeito de Belo Horizonte, antes de ser eleito governador do estado, em 1950. Em todas essas atividades ele injetava um turbilhão de energia e a ousadia de um empreendedor político. Como prefeito, construiu a Pampulha, um subúrbio de classe média em Belo Horizonte, contratando Niemeyer para projetá-la e Cândido Portinari, pintor modernista, e Roberto Burle Marx, paisagista de extraordinária originalidade, para adorná-la. Como governador, concentrou-se na construção de estradas e hidrelétricas, como se determinado a banir do estado o isolamento sem luz da Diamantina de sua infância.

Juscelino conseguia dar a impressão de que o experimento democrático brasileiro podia dar certo. Seu mandato presidencial representou "um momento mágico de crescimento econômico, democracia política e florescimento cultural", nas palavras de seu mais recente biógrafo, Cláudio Bojunga.[23] Apesar de sua formação getulista, o novo presidente era um democrata por convicção. Conciliador natural, era possuidor de um grande encanto, e adepto do angariamento de apoio político através da distribuição de pequenos favores burocráticos, tais como obras públicas ou nomeações para cargos públicos – um tipo de política que era a marca do PSD. Como Tancredo Neves mais tarde diria, "entre a Bíblia e o *Das Kapital*, o PSD preferia o Diário Oficial".[24] Juscelino lançou mão de suas habilidades políticas para reforçar seu mandato inicialmente fraco, cooptar a ala mais progressista da UDN e conquistar estabilidade política.

O presidente também exalava o mais precioso dos bens políticos: o mais irrestrito otimismo. Ao assumir o cargo, em janeiro de 1956, ele anunciou um Plano de Metas, basicamente um programa intensivo de industrialização. Além das obsessões de Juscelino em seu mandato como governador de Minas – estradas e geração de eletricidade –, o plano pretendia ir além da fabricação ligeira, criando uma indústria automobilística e promovendo a expansão da siderurgia e da construção naval. A maior parte dos investimentos em infraestrutura ficaria a cargo do Estado. O governo convidou fabricantes estrangeiros de carros e caminhões para montarem fábricas no Brasil, mas com a condição de que os veículos acabassem por ser inteiramente produzidos no país, dando origem, assim, a uma indústria local de autopeças.

As políticas econômicas de Juscelino ficaram conhecidas como "nacional desenvolvimentismo", expressão que até hoje encontra eco no Brasil. O lema do governo era de "50 anos [de progresso] em 5", e a propaganda oficial dava ênfase à grandeza nacional como destino do país. Contudo, o nacionalismo e o estatismo do presidente eram pragmáticos. "O importante, para Juscelino, era a fábrica, não onde o acionista vivia", recordava Roberto Campos, economista que o aconselhava. Lucas Lopes, que dirigia o BNDE e foi encarregado da implementação do Plano de Metas, via a posição do Estado como "a de um manipulador de incentivos e não a de um controlador de decisões" e "a de um investidor pioneiro e supletivo, em vez de ser a de um Leviathan absorvente". Para as firmas estrangeiras foram concedidos incentivos para a importação de máquinas, desde que se associassem a empresas brasileiras em joint-ventures. Assim, o Brasil rapidamente construiu uma indústria automobilística a partir do zero, com uma produção de 100 mil veículos por ano até 1961 – embora, para contrariedade dos nacionalistas, não tenha surgido nenhuma montadora duradoura de propriedade brasileira.[25]

A mais ousada iniciativa de Juscelino foi a construção de uma nova capital, Brasília, em pleno Planalto Central, a mais de 1.100 quilômetros do Rio de Janeiro, no que então não passava de cerrado virgem. A ideia de criar uma capital no interior datava dos tempos do Marquês de Pombal, tendo sido adotada por José Bonifácio, que, em suas instruções aos deputados paulistas nas cortes de Lisboa de 1821, sugeriu que fosse chamada de Brasília ou Petrópolis. A Constituição de 1891 exigia que o governo reservasse uma área de terra no Planalto para a nova capital, e Deodoro da Fonseca instaurou uma comissão que escolheu mais ou menos o mesmo local onde a cidade se ergue agora. Entretanto, nada mais havia acontecido. Juscelino tinha uma consciência mineira da importância do desenvolvimento do interior (e muitos mineiros, embora não o próprio presidente, fizeram fortunas com a construção da nova cidade). Argumentava que Brasília daria um novo ímpeto à integração nacional, à maneira dos bandeirantes, pondo fim ao hábito brasileiro de se apegar ao litoral; que daria aos políticos "uma visão mais ampla do Brasil como um todo"; e que faria as vezes de encruzilhada, com rodovias que se estenderiam da nova capital até Belém e o Acre. Acima de tudo, ele a via como um atestado da ambição nacional. No lançamento das obras da nova capital, em outubro de 1956, ele enunciou as palavras que hoje se encontram gravadas em um bloco oblongo de mármore maciço erguido na Praça dos Três Poderes, o vasto espaço aberto que constitui o coração cerimonial da cidade:

> Deste Planalto Central, desta solidão em que breve se transformará em cérebro das mais altas decisões nacionais, lanço os olhos mais uma vez sobre o amanhã do meu país e antevejo esta alvorada, com uma fé inquebrantável e uma confiança sem limites no seu grande destino.[26]

Juscelino criou uma agência especial do governo para construir a cidade, contornando a burocracia. Convenceu o Congresso a aprovar um calendário de uma ambição insana, prevendo a conclusão das obras em menos de quatro anos. Um júri internacional escolheu um plano modernista elaborado por Lúcio Costa, cheio de estradas panorâmicas, distritos funcionais segregados e blocos habitacionais uniformes de aspecto um tanto ou quanto orwelliano, a que os palácios e catedrais minimalistas de Oscar Niemeyer vieram dar um toque de elegância. Juscelino conseguiu inaugurar Brasília em abril de 1960. Desde o princípio, a cidade recebeu críticas mistas. Ela "representa o triunfo do homem moderno sobre a natureza", para o historiador britânico Arnold Toynbee. "A cidade do futuro tornou-se de ficção científica de ontem", escreveria Robert Hughes na revista *Time* em 1976. Levaria ainda um par de gerações antes que Brasília criasse ares de cidade grande, com as inevitáveis favelas no entorno imediato do Distrito Federal. É lamentável que a paixão modernista de Lúcio Costa pelo automóvel, acompanhada do consequente abandono dos sistemas de transporte de massa, logo parecesse datada.[27] Meio século depois, a ousadia de Juscelino de certa forma vingou: sem Brasília, é difícil imaginar que o desenvolvimento do Centro-Oeste e o milagre agrícola do cerrado tivesse se dado tão rapidamente. Entretanto, não poucos brasileiros acreditam que o encurralamento dos políticos do país em uma cidade onde a única indústria é o governo ajudou a instaurar uma mentalidade segundo a qual a mais descarada pilhagem do erário público passou a ser tida como algo aceitável e mesmo normal. De maneira consciente ou não, Brasília foi um projeto positivista para remover as pessoas da sede do poder, segundo Raymundo Faoro.[28]

No curto prazo, a construção de Brasília teve um custo gigantesco. Não foi devidamente orçada, e a oposição insistia em que o projeto estava maculado por um nível monumental de corrupção. Lopes, que se tornou Ministro da Fazenda em 1958, alegava que a cidade deveria ser construída pouco a pouco, ao longo de 15 anos, mas não lhe deram ouvidos. Juscelino governou em pleno boom econômico, mas deu ainda menos atenção à estabilidade econômica que seus antecessores. A inflação disparou e o déficit do balanço de pagamentos inchou. O governo entabulou negociações para contrair um empréstimo junto ao FMI. O Fundo pressionava por um reforço das políticas para estabilizar a economia. Em 1959, Juscelino rompeu as negociações, desfraldando a bandeira do nacionalismo. Seu objetivo central era preparar o terreno para um retorno à presidência em 1965. Ele presidiu um surto de crescimento, que assistiu a um aumento médio anual do PIB de 8,1% durante seu mandato. No entanto, seus críticos diziam, jocosamente, que a inflação sofrida pelo país também foi de "50 anos em 5". Brasília foi apenas uma das muitas razões pelas quais o governo recorreu ao financiamento do déficit em escala maciça. A taxa de inflação, de cerca de 40% em 1959, era "provavelmente um recorde desde o início da década de 1890", segundo o historiador econômico Marcelo Paiva de Abreu.[29]

O colapso da democracia

Juscelino certamente gerou uma sensação de bem-estar – no que foi ajudado pela primeira conquista da Copa do Mundo, em 1958, pela seleção brasileira de futebol: Edson Arantes do Nascimento, conhecido pelo apelido de Pelé, um negro de 17 anos em uma equipe outrora dominada por brancos, e Mané Garrincha, um ala de pernas tortas nascido na pobreza, tornaram-se heróis nacionais. A explosão de criatividade e frescor cultural incluiu o advento da Bossa Nova, uma fusão sussurrante e descontraída de jazz e samba. Nas palavras de Caetano Veloso, um dos mais talentosos músicos populares do Brasil do último meio século, a Bossa Nova foi "uma modalidade de elevada arte modernista, que de alguma forma veio a se constituir em um dos mais populares gêneros musicais do planeta (...), apropriando-se do samba e acrescentando sofisticação harmônica, acordes estendidos e assim por diante, além de certo grau de complexidade lírica".[30] O Cinema Novo de Glauber Rocha, entre outros, adaptou as técnicas do neorrealismo italiano para lançar uma luz crua sobre o atraso sociopolítico do Brasil. O concretismo, um movimento frouxo de poetas conceituais e artistas visuais, veio compor uma vanguarda mais original que a de seus antecessores da década de 1920. Intercedia por esses novos movimentos, o suplemento cultural de domingo do diário carioca *Jornal do Brasil* (muito embora, quando o custo do papel deu um salto, seus administradores tenham chegado à conclusão de que já não podiam mais se dar ao luxo de publicar poesia concreta, com suas manchas de espaço em branco).[31] Os concretistas engendraram uma vanguarda distintamente brasileira, que na década de 1960 faria uso de técnicas de abstração, semântica visual, participação do público e arte performática, personificadas nas obras de Lygia Clark, Hélio Oiticica e Mira Schendel.[32]

Entretanto, Juscelino deixou também um grave legado de crescentes problemas econômicos e conflitos sociais não resolvidos para sucessores desprovidos de suas habilidades políticas. A eleição presidencial de 1960 foi vencida por uma margem estreita por Jânio Quadros, um lobo solitário populista de temperamento instável. Ex-professor que tivera uma ascensão meteórica, passando de vereador a governador de São Paulo, Jânio Quadros fora adotado pela UDN, desesperada para encontrar um vencedor. O símbolo de sua campanha foi uma vassoura, com a qual ele prometia varrer a corrupção e a imoralidade. Ao passar a faixa presidencial para Jânio, Juscelino afirmou: "Está consolidada entre nós a democracia, e estabelecida a paz que todos esperamos duradoura." Triste engano.[33]

Jânio chegou a Brasília sem nenhuma experiência política anterior em âmbito nacional, sem um programa de governo claro e sem a maioria no Congresso. Até seu vice-presidente era um adversário – João Goulart, o populista Ministro do Trabalho de Vargas, do PTB; segundo a Constituição de 1946, os eleitores escolhiam presidente e vice-presidente em separado. Entretanto, Jânio conseguiu piorar uma situação que já era difícil com seus modos arrogantes e sua recusa a negociar com os líderes do Congresso. Tomou algumas medidas para estabilizar a economia, mas irritou seus partidários da UDN ao adotar uma política externa de esquerda, abraçando a Revolução Cubana e condecorando Ernesto Che Guevara quando o revolucionário argentino veio em visita ao Brasil. Jânio começou a resmungar que o Brasil, como uma democracia, era ingovernável. Em agosto de 1961, após menos de sete meses no cargo, o presidente subitamente apresentou sua renúncia. Ao que tudo indica, ele esperava que tal gesto histriônico provocasse uma onda de apoio popular que lhe permitiria assumir poderes ditatoriais. Em vez disso, foi recebido com descrença. "E o povo, onde está o povo?"* ele murmurava ao desembarcar no Aeroporto de Guarulhos, em São Paulo, ao não avistar as multidões para saudá-lo.[34] O Congresso aceitou prontamente sua renúncia, por unanimidade.

---

* *Nota da Tradutora*: A frase completa que Jânio repetia sem cessar era "E o povo, onde está o povo que não se levanta?".

Sua saída provocou uma crise política que levou o Brasil à beira de uma guerra civil. A posição constitucional era clara: Jango, que estava fora do país, tendo acabado de visitar a China comunista, deveria assumir a presidência. Todavia, ele era um anátema para os conservadores nas Forças Armadas e na ala lacerdista da UDN, que viam nele o renascimento do trabalhismo nacionalista de Vargas que haviam derrubado em 1954. Os ministros militares emitiram uma declaração advertindo Goulart de que seria preso se retornasse. Leonel Brizola, governador petebista do Rio Grande do Sul, que era também cunhado de Jango, lançou uma "campanha da legalidade". Com um rifle automático nas mãos, ele discursou à multidão em Porto Alegre. O comandante do III Exército, baseado no Sul, apoiou as reivindicações de Goulart e preparou-se para marchar com suas tropas rumo ao Norte. Com o Exército dividido, chegou-se a um meio-termo, ainda que inconstitucional: Jango teria permissão para tomar posse, mas teria de aceitar um sistema parlamentar, com um primeiro-ministro à frente do governo.[35]

O Brasil encontrava-se cada vez mais polarizado. Novos grupos surgiram na esquerda, em parte inspirados pela Revolução Cubana de 1959. A agitação se espalhou para o campo. Em Pernambuco, o advogado Francisco Julião organizou ligas camponesas para resistir aos despejos de pequenos agricultores. "Reforma agrária na lei ou na marra, com flores ou com sangue", era o seu mote. Julião visitou Cuba e recebeu ajuda e treinamento militar de Fidel Castro para iniciar um movimento de guerrilha rural no Nordeste, embora seus planos logo fossem frustrados pelas forças de segurança. Foram formados centenas de sindicatos de trabalhadores rurais, tendo como sustentáculos o PCB, o Ministério do Trabalho e a Igreja, e neles os esquerdistas angariaram muitos cargos de liderança, com o apoio do Ministério do Trabalho. Organizou-se uma confederação nacional, a CGT – iniciativa ilegal, mas aceita por Jango. Emergiu também um movimento de sargentos e outros suboficiais; quando suas justificadas queixas iniciais relativas às condições de trabalho foram liquidadas, eles assumiram bandeiras políticas de esquerda. Depois que o Supremo Tribunal decidiu que suboficiais da ativa eram inelegíveis para cargos do Congresso, várias centenas de sargentos realizaram um levante em Brasília, tomando edifícios públicos e mantendo reféns, por várias horas, um juiz e o presidente da Câmara dos Deputados. Os estudantes e alguns católicos também deram uma guinada à esquerda. O mais proeminente líder da esquerda radical era Brizola, que construiu muitas escolas no Rio Grande do Sul e expropriou uma empresa de telefonia de propriedade norte-americana que operava em seu estado, bem como duas fazendas.[36]

Jango não era o radical de esquerda, e muito menos o comunista, que alegavam alguns de seus adversários no Brasil e em Washington. Ao contrário, era um moderado de pretensões reformistas. Contudo, era um político fraco e indeciso, cujas oscilações acabaram por privá-lo de apoio no centro e o deixaram à mercê de uma esquerda extraparlamentar cada vez mais extremista. Jango passou seus primeiros 18 meses na presidência digladiando-se pela restauração de seus plenos poderes, meta que atingiu graças a um plebiscito em janeiro de 1963, no qual amealhou 9,5 milhões dos 12,3 milhões de votos. Assim fortalecido, ele nomeou uma equipe econômica da esquerda moderada (ou "positiva"). San Tiago Dantas, Ministro da Fazenda, e Celso Furtado, Ministro do Planejamento, elaboraram um plano de três anos para estabilizar a economia, pré-requisito para o asseguramento da estabilidade política. O plano previa um misto de cortes de gastos, contenção salarial, aumento de impostos sobre os mais ricos e um compromisso de aprovar as "reformas de base", que Jango e a esquerda desejavam. Aí se incluíam a concessão de direitos trabalhistas para os trabalhadores rurais, a extensão do direito ao voto para analfabetos e membros das Forças Armadas, a legalização do Partido Comunista e a reforma agrária mediante a redistribuição de terras "improdutivas" e indenização em títulos do governo em vez de dinheiro, como determinava a Constituição. A maioria destas medidas era bastante modesta. Não obstante, a direita era implacavelmente contrária a algumas delas. As três tentativas de aprovação de uma emenda constitucional para promoção de uma reforma agrária moderada em 1963 falharam. Ainda assim, o governo logrou promulgar a legislação que estendia as leis trabalhistas aos trabalhadores rurais.[37]

Brizola e a extrema esquerda atacaram de modo irresponsável o plano de três anos. Jango, chegando à conclusão de que a estabilização teria um preço político demasiado elevado, retirou seu apoio a Dantas. A economia saiu de controle. A inflação disparou, passando de 55% em 1962 para 81% em 1963. O crescimento econômico chegou a um impasse, pela primeira vez em duas décadas. A aliança entre o PSD, de centro, e o PTB, de centro-esquerda, que dava sustentação à democracia brasileira desde 1945, estava se desgastando. Com sua base no PTB ameaçada pelos extremistas, Jango se inclinou para a esquerda. Brizola, cujos laços familiares com Jango o impediam de se candidatar à presidência em 1965, pôs-se a propalar que a incapacidade do Congresso de aprovar as reformas que o haviam tornado ilegítimo; começou a formar células de ativistas armados,[38] e a instar Jango a assumir poderes ditatoriais. No início de 1964, Jango deu início a uma série de comícios, aparentemente convencido de que poderia despertar o que esperava ser o apoio esmagador das massas, ainda que latente, às reformas. Em 13 de março, na praça em frente da Estação Ferroviária Central do Rio de Janeiro, ele falou para uma multidão de cerca de 150 mil pessoas, muitas vindas de ônibus, em um verdadeiro mar de bandeiras vermelhas. Ali mesmo, ele assinou dois decretos, um deles declarando sujeitas a expropriação as fazendas "subutilizadas" de mais de 500 hectares a menos de 10 quilômetros de rodovias, ferrovias e represas federais, e o outro nacionalizando as refinarias de petróleo privadas de capital brasileiro. Em um discurso improvisado de mais de uma hora, ele pediu mudanças constitucionais e uma longa lista de outras reformas.[39]

O problema foi que a oposição da direita e o extremismo da esquerda significavam que as reformas haviam se tornado uma demanda revolucionária – e as forças da contrarrevolução eram mais fortes. O comício teve o efeito de jogar o centro nos braços da direita. O PSD, a UDN e os governadores dos estados mais importantes acreditavam agora que Jango tentaria suprimir as restrições constitucionais ao seu poder – e, a rigor, as evidências indicam que, de fato, era esse o caso.[40] Como resultado, um pequeno punhado de conspiradores de direita transformou-se em uma ampla coalizão em favor da intervenção militar para derrubar o governo. Cerca de 400 mil pessoas, muitas delas mulheres de classe média, participaram em São Paulo de uma marcha "pela família, com Deus e pela liberdade". O derradeiro e fatal passo em falso de Jango foi flertar com a subversão da disciplina militar, ao apoiar o movimento pela sindicalização dos escalões inferiores. Em 25 de março, ele fez vista grossa a um motim de marinheiros no Rio, boicotando sua repressão pelo Ministro da Marinha. Os marinheiros amotinados se reuniram em uma sede sindical, invocando o espectro de uma aliança entre soldados e operários nos moldes soviéticos, uma espécie de Instituto Smolny** na Guanabara, trazendo Petrogrado para o Rio de Janeiro. Cinco dias depois, Jango encontrou-se com os suboficiais rebeldes – jogada que levou muitos oficiais militares que ainda tinham reservas quanto a apoiar o golpe contra o governo.[41]

Este teve início em 1º de abril, quando o General Olímpio Mourão Filho, que como capitão, em 1937, havia forjado o Plano Cohen, que serviria de pretexto para o Estado Novo, ordenou que suas tropas marchassem de Juiz de Fora para o Rio de Janeiro. Seu deslocamento extemporâneo desencadeou planos mais organizados por parte de um grupo de oficiais em torno do Marechal Humberto Castelo Branco, chefe do Estado-Maior das Forças Armadas que fora comandante da Força Expedicionária Brasileira em 1944-5. Apesar da hesitação de alguns no Exército, em 24 horas o golpe havia logrado êxito. "O Exército foi dormir janguista no dia 31 e acordou revolucionário no dia 1º", nas palavras do General Oswaldo Cordeiro Farias, um dos conspiradores. Jango voou para Porto Alegre, onde Brizola e o comandante local do Exército lhe pediram que resistisse. O presidente preferiu buscar exílio no Uruguai.[42]

Assim como em 1889, 1930, 1937 e 1945, o golpe militar encontrou pouca resistência pública e não envolveu praticamente nenhum derramamento de sangue. A convocação de uma greve geral pela CGT foi ignorada. A esquerda havia forçado a mão e superestimara em muito o apoio público. O golpe foi apoiado pelos governadores dos três principais estados: Ademar de Barros, de São Paulo, Carlos Lacerda, da Guanabara (ou seja, a cidade do Rio de Janeiro), e José de Magalhães Pinto, de Minas Gerais. E contou com o amplo apoio da classe média, que estava farta da inflação e das greves. Foi apoiado ainda pela maior parte da imprensa, da Ordem dos Advogados, dos bispos católicos, quase todos da UDN e cerca de metade do PSD. A alegação dos golpistas era que eram eles, e não Jango, que defendiam a legitimidade constitucional; o que eles encabeçavam era uma revolução popular, não um golpe de Estado contrarrevolucionário. A população, em sua maioria católica, respondeu positivamente à bandeira do anticomunismo acenada pelas Forças Armadas.[43]

O golpe também contou com o apoio dos Estados Unidos. A administração Kennedy estava determinada a evitar qualquer repetição da Revolução Cubana na América Latina; via Jango como antiamericano e à frente de um governo infiltrado por comunistas. Ficou irritada com a expropriação de uma subsidiária da IT&T por Brizola e pelo apoio de Jango a uma lei que limitaria as remessas de lucro, bem como por sua recusa a romper os laços com Cuba. Os Estados Unidos canalizaram ajuda aos governadores de estados de oposição, enquanto a CIA também encaminhava fundos

---

* *Nota da Tradutora*: Edifício escolhido por Lênin para sediar o Partido Bolchevique na capital russa à época da Revolução de Outubro, Petrogrado – cidade que, na época dos fatos narrados, já tivera o nome trocado para Leningrado e, desde 1991, retomou seu nome original, São Petersburgo.

para a oposição. O governo americano despachou o Coronel Vernon Walters como adido militar para Brasília. Ele havia servido como oficial de ligação e intérprete entre o V Exército americano e a FEB na Itália. Era amigo de Castelo Branco e de Golbery do Couto e Silva, general aposentado que fundou o IPES (Instituto de Pesquisas e Estudos Sociais), uma instituição oposicionista ligada ao setor privado. Assim, os Estados Unidos estavam a par da conspiração de Castelo Branco. Em meados de 1963, o embaixador americano, Lincoln Gordon, estava convencido, como disse em um telegrama enviado pouco antes do golpe de Estado, que "Goulart definitivamente está envolvido em campanha para tomar o poder ditatorial" e que, se bem-sucedido, o Brasil ou cairia sob o controle comunista, ou nas mãos de um governo populista eleito totalitário, nos moldes daquele de Perón, na Argentina, entre 1945 e 1955. Em 20 de março, Lyndon Johnson, substituto de Kennedy, que fora assassinado, aprovou um plano de contingência para enviar um porta-aviões, com embarcações de apoio e abastecimento de combustível (mas não tropas) para o Brasil, a fim de apoiar as forças de oposição caso irrompesse a guerra civil que alguns altos funcionários americanos julgavam possível. Entretanto, o golpe se deu antes que a frota americana deixasse o Caribe. Em uma mensagem para o secretário de Estado Dean Rusk, em 2 de abril, Gordon referiu-se à queda de Goulart como uma "grande vitória para o mundo livre", acrescentando que "o Ocidente poderia ter perdido todas as repúblicas da América do Sul". As evidências revelam que os Estados Unidos de fato viam o golpe com bons olhos e haviam se prontificado a fornecer armas aos rebeldes. Ainda assim, não armaram o golpe nem tomaram parte dele, ao contrário do mito alimentado pela esquerda brasileira desde então.[44]

Estaria o "experimento democrático" fadado ao fracasso? Um presidente mais forte e mais habilidoso do que Jango poderia ter conseguido angariar o apoio do Congresso para pelo menos algumas reformas. Ao ser escolhido como candidato do PSD à presidência para 1965, poucos dias antes do golpe, Juscelino disse que a reforma agrária era "inevitável", mas que ele iria fazê-la por consenso. "Um governo reformista" não precisava ser "um governo ameaçador e subversivo", argumentou. A maioria do eleitorado era de centro. Entretanto, nenhum governo democrático desde 1945 havia se mostrado disposto a tomar medidas impopulares para estabilizar a economia. O problema subjacente era que muitos líderes políticos de direita e esquerda tinham abandonado seu compromisso com a democracia. A UDN se sentiu ludibriada ao perder o poder com a renúncia de Jânio Quadros. Homens como Lacerda havia muito batiam às portas dos quartéis, em busca do poder por meios não democráticos. Nas palavras de Afonso Arinos, um dos mais sábios líderes da UDN, a respeito da traição do liberalismo por seu partido e subsequente adesão ao conservadorismo: "Fomos contra a ditadura quando ela significou progresso social e fomos a favor da ditadura quando ela significou retrocesso social."[45] Muitos na esquerda, por sua vez, achavam que Cuba ou o peronismo constituíam rotas mais atraentes para a mudança social radical do que o reformismo democrático. Assim como Lacerda, Brizola era um demagogo sectário que não tinha o menor interesse na formação de consensos. De Getúlio a Jango, passando por Jânio, vinha se expandindo a crença de que o Brasil, como democracia, era ingovernável.

CAPÍTULO 6

A longa ditadura

Na noite de 7 de abril de 1964, Francisco Campos, um advogado conservador que, em 1937, como Ministro da Justiça de Getúlio, tinha redigido o decreto que impôs o Estado Novo, sentou-se para escrever outro atestado de óbito para a democracia brasileira. Seu Ato Institucional nº 1 (AI-1), elaborado a pedido dos generais rebeldes, afirmava que "a Revolução vitoriosa investe em si o exercício do poder constituinte".[1] Os políticos civis que apoiaram o golpe não hesitaram em abençoar tal contradição; muitos deles acreditavam que o Exército mais uma vez exerceria seu "poder moderador", que instalaria um governo provisório até as eleições de 1965 e, em seguida, não demoraria a retornar para seus quartéis. Era essa, de fato, a intenção de Castelo Branco, escolhido por seus pares para exercer o restante do mandato de Jango como presidente. Os civis, porém, teriam muito mais tempo do que o esperado para se arrepender do seu erro: as Forças Armadas governariam o Brasil por 21 anos.

Os comandantes militares optaram por tomar o poder nas próprias mãos por estarem convencidos de que era uma medida imprescindível para expurgar o país – e as próprias Forças Armadas – do comunismo e o sistema político da corrupção, por um lado, e para tomar as impopulares medidas necessárias para sustentar o desenvolvimento econômico, de outro. Muitos dos generais vitoriosos, embora não todos, tinham, como jovens tenentes, apoiado a revolução getulista em 1930; da mesma forma, referiam-se ao golpe de 1964 como a "Revolução". De acordo com Alain Rouquié, estudioso dos exércitos latino-americanos, "o sonho dos tenentes de uma modernização conservadora, levada a cabo por um 'estado despolitizado', finalmente se realizou a partir de 1964". Desde o putsch de 1935 e muito antes da Guerra Fria, o Exército via o comunismo como a maior ameaça à segurança interna.[2]

A tão prolongada permanência das Forças Armadas no poder deveu-se, em parte, a suas próprias divisões: os anos de governo militar foram marcados pelo constante partidarismo, calúnias e desconfianças de parte a parte. Após 1964, a feroz divisão entre militares conservadores e nacionalistas iniciada na década de 1950 se aprofundou. O grupo em torno de Castelo Branco ficou conhecido como os "moderados". Muitos haviam servido na FEB na Itália, onde entraram em contato com o Exército americano. Fundaram a Escola Superior de Guerra (apelidada de "Sorbonne") em 1949, onde desenvolveram uma doutrina de segurança nacional. Eram anticomunistas, mas acreditavam na ordem constitucional, pelo menos em teoria, e pretendiam depurar a democracia, não aboli-la. Na esfera econômica, alguns eram relativamente liberais. Um segundo grupo, os "linhas-duras", a princípio gravitavam em torno do General Artur da Costa e Silva, Ministro da Guerra do governo Castelo Branco. Defendiam uma repressão maior e aspiravam à permanência no poder por um tempo indeterminado. Muitos eram também mais nacionalistas em questões econômicas. Com efeito, a doutrina dominante da ditadura de 1964 a 1985, que muitos moderados acabariam por subscrever, não era nem o fascismo nem o liberalismo, mas um "estatismo nacionalista", nas palavras de Fernando Henrique Cardoso. Naturalmente, muitos oficiais agiam de maneira oportunista, emprestando seu apoio a toda e qualquer corrente que parecesse encontrar-se em ascensão.[3]

Sob diversos aspectos, a ditadura militar brasileira difere das muitas outras da América Latina nos anos 1960 e 1970. Durante suas duas décadas de duração, manteve uma fachada de constitucionalidade. Manipulava as eleições, mas não as suprimiu, buscando uma subscrição popular, por mais que esta muitas vezes se mostrasse ilusória. Por todo esse tempo, com exceção de um período de quase dois anos entre 1969 e 1970, o Congresso permaneceu aberto, ainda que sob intenso expurgo. Assim, as Forças Armadas se empenharam em manter o consentimento das elites regionais e partilhar o fardo do governo – mesma estratégia adotada pela monarquia. Os generais contavam com o apoio de alguns políticos e tecnocratas civis, especialmente os advogados e economistas da UDN, embora estes tenham sido mantidos num lugar de subordinação. Embora mais repressora do que o Estado Novo, a ditadura foi menos dura do que suas congêneres na Argentina e no Chile, além de também se institucionalizar. O Exército brasileiro há muito desdenhava os caudilhos militares da América espanhola. No Brasil, não haveria um Pinochet.

Castelo Branco, que sempre fora um legalista e era próximo da UDN, nutria particular horror aos caudilhos. No entanto, foi pressionado pelos linhas-duras, tanto militares quanto civis, a cancelar as eleições de 1965 e estender seu mandato por 14 meses, até 1967. Foi sucedido por Costa e Silva, que sofreu um grave derrame dois anos depois. Os três presidentes seguintes foram generais graduados que cumpriram um único mandato de cinco ou seis anos cada e cuja posse recebeu a aprovação formal do Congresso purgado. Em 1968, Costa e Silva inaugurou a fase mais sombria da ditadura. A ascensão dos linhas-duras teria continuidade ao longo do governo de seu sucessor, Emílio Garrastazu Médici, até 1974, período que os brasileiros chamam de "anos de chumbo". Os moderados retomaram o poder com Ernesto Geisel, terceiro presidente gaúcho consecutivo e, como luterano, primeiro chefe de Estado não católico do Brasil. Geisel seria, em termos pessoais, o mais poderoso e respeitado dos presidentes militares. Anunciou uma abertura política gradual, que seria concluída sob o último presidente militar, João Baptista Figueiredo.

A ditadura consolidou seu controle do país por meio de uma série de decretos, ou Atos Institucionais, que modificaram a Constituição e a legislação. O AI-1 de Campos conferiu ao presidente poderes mais amplos, entre eles o de expurgar o Congresso. Milhares de ativistas de esquerda foram presos. O regime cassou os mandatos de 55 congressistas e 6 governadores estaduais. Jango e Juscelino, então senador, tiveram seus direitos políticos cassados por 10 anos. Quando protegidos de Juscelino derrotaram a UDN na disputa dos governos da Guanabara e de Minas Gerais, em 1965, Castelo Branco promulgou o AI-2, que aboliu os partidos políticos existentes e criou dois novos: a governista ARENA (Aliança Renovadora Nacional), formada por legisladores da UDN e do PSD, e o MDB (Movimento Democrático Brasileiro), de oposição, derivado do PSD e do PTB. O AI-2 também tornou indiretas as eleições para presidente, vice--presidente e governadores; conferiu ao presidente controle sobre o Supremo Tribunal Federal; e permitiu-lhe realizar uma nova rodada de expurgos políticos. Um novo ato decretou a nomeação, em vez de eleição, de prefeitos em cidades importantes. Tudo isso foi codificado em uma nova Constituição em 1967, que também conferiu ao Executivo um controle mais rígido sobre os gastos públicos e poderes de segurança abrangentes. Um novo Serviço Nacional de Informações (SNI), comandado pelo General Golbery, tornou-se um Estado dentro do Estado, instalando-se dentro de cada ministério.[4]

Castelo Branco confiou a política econômica a dois tecnocratas civis, concedendo--lhes amplos poderes. Otávio Bulhões, o Ministro da Fazenda, era um liberal do setor privado; Roberto Campos, que havia aconselhado Juscelino e fora apelidado pelos críticos "Bobby Fields" em virtude de sua anglofilia, seria o Ministro do Planejamento. Os dois trataram de estabilizar a economia, reduzindo o déficit fiscal, contendo os salários, desvalorizando o cruzeiro e procedendo ao reescalonamento de grande parte da dívida externa. Estavam lançadas, assim, as bases para um novo surto de crescimento: a economia cresceu 5,1% em 1966, ao passo que a inflação caiu para 25% no ano seguinte. Bulhões e Campos também promoveram algumas reformas institucionais: criaram um Banco Central, que inexistia no país, e proibiram os estados de emitir títulos sem a aprovação federal (do mesmo modo como Getúlio havia feito em 1931). Ao mesmo tempo em que aboliram a estabilidade de emprego automática, criaram um sistema de seguro-desemprego, o Fundo de Garantia por Tempo de Serviço (FGTS), financiado por um imposto sobre os salários.

Os anos de chumbo

Em 1968, o governo enfrentou um recrudescimento da oposição. Eclodiram greves em Belo Horizonte e São Paulo, enquanto os estudantes, como os de muitas outras partes do mundo naquele ano, realizavam protestos. Márcio Moreira Alves, jornalista e deputado da oposição, usou o Congresso para denunciar a brutalidade e a tortura policial. O governo quis cassá-lo, mas o Congresso votou contra – incluídos aí 94 deputados da ARENA que desafiaram o regime. Tal sucessão de acontecimentos acarretou uma reação violenta. O regime emitiu o Ato Institucional nº 5 (AI-5), que fechou o Congresso por tempo indeterminado, bem como muitas assembleias legislativas estaduais; impôs a censura dos meios de comunicação e da música popular; e colocou o Exército no comando das forças policiais estaduais. O governo voltou a valer-se do Supremo Tribunal Federal para cassar mais 88 deputados. Dois jovens músicos populares, Caetano Veloso e Gilberto Gil, foram presos e exilados; eram figuras centrais do movimento tropicalista, a expressão brasileira da corrente mundial de contracultura jovem.[5] Ao todo, entre 1964 e 1973, 4.841 brasileiros foram privados de seus direitos políticos, dos quais 513 foram destituídos de cargos eletivos; 536 sindicatos foram dominados e tiveram seus líderes expulsos; 133 professores ou pesquisadores universitários foram despojados de seus cargos; e 1.313 policiais militares, entre eles 43 generais, foram expulsos das Forças Armadas.[6]

O silenciamento da oposição legal deu impulso a vários pequenos grupos de guerrilha urbana, constituídos por dissidentes comunistas, trotskistas e católicos radicais. Seus recrutas eram, em sua maioria, estudantes de classe média, bem como uns poucos oficiais de esquerda do Exército. Roubavam bancos para levantar fundos, e alguns receberam treinamento em Cuba e na Coreia do Norte. Em 1969, guerrilheiros sequestraram o embaixador americano, libertando-o depois que o governo atendeu suas exigências de transmitir um manifesto e libertar 15 prisioneiros, que embarcaram para o exílio. Seguiram-se novos sequestros de diplomatas, assim como atentados isolados à bomba em instalações militares e atos de terrorismo como o assassinato de um capitão do Exército americano que estudava português em São Paulo. Em cada uma dessas ocasiões, os serviços de segurança prenderam centenas de pessoas, submetendo-as à tortura sistemática. Os torturadores extraíram informações que lhes permitiram emboscar e matar Carlos Marighella, ex-líder do PCB, que era a mais substancial figura política entre os guerrilheiros.

No início de 1973, as guerrilhas urbanas tinham sido esmagadas; a maioria de seus integrantes estava morta e os demais, na prisão ou no exílio. A única tentativa de implementar uma guerrilha na frente rural, no Araguaia, no Sul do Pará, também fracassou depois de ser descoberta e dizimada pelo Exército. Qual a razão do insucesso dos guerrilheiros, se lograriam êxito alguns anos depois, em determinadas regiões da América Central? Com 93 milhões de habitantes em 1970, o Brasil era muito maior, o Estado era mais sofisticado, e faltava aos guerrilheiros um conhecimento mais profundo da sociedade brasileira. Além disso, porém, o país estava desfrutando de um novo surto de rápido crescimento econômico, com uma média de 11% ao ano entre 1968 e 1974 (enquanto a inflação média ficava em 17%). Centenas de milhares de nordestinos encontraram emprego nas fábricas (e cozinhas) de São Paulo. A ditadura deu prosseguimento à política de concessão de benefícios sociais da Era Vargas: em 1971, estendeu o direito à aposentadoria, pensões e assistência médica aos trabalhadores rurais, o que ajudou a assegurar-lhe o duradouro apoio eleitoral do campo. O governo Médici (1969-1974) criou uma sofisticada operação de propaganda para capitalizar o "milagre econômico", como foi apelidado, assim como a vitória do Brasil na Copa do Mundo de futebol em 1970. O presidente, fanático por futebol, interveio na escalação do time e indicou Mário Zagallo para técnico. Médici recebeu os jogadores vitoriosos no Palácio do Planalto para uma foto. O governo licenciou muitas novas estações repetidoras de televisão, facilitando a expansão da Rede Globo, que se tornou a emissora privada dominante – e, em termos gerais, leal. Uma eleição manipulada para o Congresso deu para a ARENA uma vitória retumbante. A ditadura vivia um clima triunfalista. João Paulo dos Reis Velloso, Ministro do Planejamento, chegou a afirmar que o Brasil ingressaria no mundo desenvolvido até o início do século XXI. Slogans do governo proclamavam "Ninguém segura este país" e "Brasil, ame-o ou deixe-o".

Sob Médici, o anticomunismo do regime chegou ao seu momento mais abrangente e obsessivo. O chefe do Estado-Maior, General Breno Borges Forte, declarou que o "inimigo interno" era

> indefinido, serve-se do mimetismo e adapta-se a qualquer ambiente, utilizando todos os meios, lícitos ou ilícitos, para atingir seus objetivos. Mascara-se de padre ou professor, de aluno ou camponês, de vigilante defensor da democracia ou de intelectual avançado.[7]

Mas mesmo durante os anos de chumbo, porém, houve um ou dois raiozinhos de esperança. O sistema de justiça militar, ao qual eram referidos os casos políticos, oferecia um vestígio do devido processo legal e um registro de pelo menos alguns atos de repressão: um estudo descobriu que, de 6.196 réus julgados sob as leis de segurança entre 1965 e 1977, 68% foram absolvidos. Alguns jornais chamavam a atenção de seus leitores para a censura publicando textos que evidentemente pretendiam preencher os espaços vazios, como poemas ou receitas de pratos impossíveis de comer. Segundo Skidmore, esses lapsos dos ditadores "pareciam indicar uma falta de total confiança na sua ideologia e uma falta de total compromisso em sua aplicação".[8]

Retirada controlada do regime

No momento de indicar o sucessor de Médici, os militares moderados conseguiram superar os linhas-duras e asseguraram a presidência para Ernesto Geisel, ex-presidente da Petrobras, que anunciou uma política de descompressão e abertura, a fim de empreender um retorno gradual e controlado à democracia. O que motivou esse movimento? Os moderados nunca tiveram a pretensão de manter as Forças Armadas no poder por muito tempo. A iniciativa da OPEP que levou os preços mundiais do petróleo a quadruplicarem, em 1974, foi um duro golpe para a economia, que era altamente dependente do petróleo importado. Os moderados estavam conscientes, também, das crescentes críticas nos Estados Unidos aos abusos dos direitos humanos no Brasil. Mas talvez o fator mais substancial nos cálculos de Geisel e do General Golbery, seu assessor mais próximo e arquiteto da abertura, foi o desejo de reafirmar a disciplina e a hierarquia militares, que se encontravam ameaçadas tanto pela complexidade do império burocrático dos militares – que tinham milhares de oficiais, da ativa e aposentados, ocupando cargos bem remunerados em empresas estatais e governamentais – e, sobretudo, pela crescente autonomia das redes repressivas que o regime havia engendrado e que não cessavam de se expandir. Além do SNI, esses serviços de inteligência incluíam unidades de inteligência à parte em cada ramo das Forças Armadas, bem como unidades contrassubversivas conjuntas do Exército e da polícia, o chamado DOI-CODI,[9] que contava com centenas de agentes e onde se praticava a tortura de modo rotineiro. Além disso, o setor privado financiava ações antissubversivas do Exército em São Paulo. Era inevitável que o DOI-CODI atraísse um número de psicopatas, que deram prosseguimento às operações mesmo após a extinção da ameaça da guerrilha. Em 1975, Vladimir Herzog, jornalista, foi assassinado (por estrangulamento) 24 horas após seu comparecimento voluntário ao

DOI-CODI em São Paulo, caso que alcançou particular notoriedade. Quando um líder sindical foi assassinado em circunstâncias semelhantes alguns meses depois, Geisel interveio, demitindo o comandante do Exército de São Paulo, um proeminente linha-dura.

Geisel despojou de poder os comandantes das Forças Armadas, quando, em uma operação cuidadosamente planejada em 1977, demitiu seu ministro linha-dura do Exército, o General Sylvio Frota, que tinha ambições de sucedê-lo e reverter a abertura.[10] Em seguida, revogou o AI-5, restaurou o *habeas corpus* e levantou a censura prévia das transmissões de rádio e televisão. Seu sucessor, o General Figueiredo, emitiu uma lei de anistia em 1979, permitindo o retorno dos exilados restantes, restabelecendo os direitos políticos e concedendo imunidade para os acusados tanto de "crimes políticos" quanto de "crimes conexos" da repressão. Em resposta, alguns bandidos do DOI-CODI recorreram ao terrorismo: uma carta-bomba enviada à sede da Ordem dos Advogados do Brasil (OAB) matou uma secretária; a tentativa de explodir um show de esquerda no Riocentro, no Rio de Janeiro, fracassou quando a bomba explodiu no estacionamento, matando um sargento e ferindo um capitão que a transportava em seu carro.

A linha-dura não tinha como inviabilizar a abertura porque Geisel havia convencido os generais de que a retirada controlada do governo era do interesse do Exército. A economia encontrava-se em acelerada deterioração. Quando o preço do petróleo disparou, na década de 1970, o governo Geisel tinha contraído empréstimos no exterior a fim de financiar o déficit do balanço de pagamentos. Tentou também reduzir a dependência do Brasil em relação ao petróleo importado: a Petrobras intensificou a exploração offshore; o governo construiu Itaipu, hidrelétrica gigantesca no Rio Paraná; injetou subsídios no Proálcool, programa de produção de etanol como combustível automotivo; e investiu em usinas nucleares. Nada disso foi suficiente quando a Revolução Iraniana ocasionou um novo salto do preço do petróleo: o custo das importações de petróleo brasileiras mais do que duplicou entre 1978 e 1980. O Ministro da Fazenda de Geisel, Mário Henrique Simonsen, foi deposto quando defendeu que o país pisasse no freio. Figueiredo trouxe de volta Delfim Netto, que tinha comandado a economia sob Costa e Silva e Médici, e que recorreu a soluções rápidas cada vez mais desesperadas. Mesmo assim, em 1981 a economia apresentou uma contração de 4,5%, a primeira recessão desde 1930.

Foi nesse contexto que, em novembro de 1982, 45 milhões de brasileiros compareceram às eleições para o Congresso e, pela primeira vez em 20 anos, para governador. Com o objetivo de dividir a oposição, Golbery tinha elaborado uma nova lei partidária, dissolvendo a ARENA e o MDB, que, reformados, materializaram-se no Partido Democrático Social (PDS) e no Partido do Movimento Democrático Brasileiro (PMDB), respectivamente, e permitindo o cadastramento também de novos partidos. Estes incluíram o Partido dos Trabalhadores (PT), ligado a um novo grupo de líderes sindicais, e o PTB, embora essa sigla tenha sido negada a Brizola, que fundou então o Partido Democrático Trabalhista (PDT). A estratégia de Golbery de dividir para conquistar ajudou o PDS a manter uma estreita maioria no Congresso e no colégio eleitoral que escolheria o presidente seguinte (onde o PDS contava com 356 lugares, enquanto a oposição, em sua totalidade, dispunha de 330). Não obstante, a oposição conquistou nove governos estaduais, entre eles São Paulo, Minas Gerais (onde Tancredo Neves foi eleito pelo PMDB) e Rio de Janeiro, onde Brizola venceu.[11]

Os problemas do regime se agravavam em ritmo constante. O aumento vertiginoso das taxas de juros nos Estados Unidos fez disparar o custo do serviço da dívida brasileira. A moratória da dívida mexicana em 1982, seguida da de outros países latino-americanos, provocou um súbito bloqueio de novos empréstimos. A economia mergulhou em uma espiral descendente de estagnação, inflação e desvalorização. A duas semanas da eleição, Delfim recorreu ao FMI, iniciativa considerada humilhante no Brasil desde o rompimento de Juscelino com o Fundo. Dias depois, o governo pediu a seus banqueiros para remarcar sua dívida externa de US$80 bilhões; em julho de 1983, declarou moratória do pagamento dos juros.

A abertura e as dificuldades econômicas puseram a sociedade civil em movimento – de que a manifestação mais dramática era a agitação trabalhista. Em 1978, cerca de 500 mil trabalhadores das zonas industriais da Grande São Paulo, muitos deles operários da indústria automobilística, entraram em greve por melhores salários. Seguiram-se novas greves em 1979, com mais de 3 milhões participantes, e em 1980. As greves foram organizadas por uma nova geração de dirigentes sindicais de base, que exigiam autonomia sindical, direito de greve e livre negociação coletiva. As greves converteram seu líder de maior proeminência, Luiz Inácio Lula da Silva, em celebridade nacional. A Igreja Católica também se transferiu para a oposição, em parte devido ao choque dos bispos com a gravidade da repressão nos anos 1960 e 1970, em parte por influência das dezenas de milhares de Comunidades Eclesiais de Base (CEBs), muitas delas influenciadas pela Teologia da Libertação. Sob a liderança de Raymundo Faoro, que, além de escritor, era advogado, a Ordem dos Advogados do Brasil também se uniu ao coro de críticas ao regime, fazendo campanha pela restauração do *habeas corpus*. As empresas privadas começaram a irritar-se com o labirinto de controles promovido por Delfim Netto e pela incessante expansão das estatais; um grupo de destacados empresários paulistas lançou um apelo público pelo retorno à democracia.

O regime, ainda mais enfraquecido quando Figueiredo se viu debilitado por um ataque cardíaco, agarrou-se soturnamente à sua estratégia de transição controlada para o governo civil. Entretanto, a oposição pressionou por eleições presidenciais diretas em 1985. A campanha das Diretas Já, lançada por Franco Montoro, recém-eleito governador de São Paulo pelo PMDB, mobilizou milhões de brasileiros. Foi notável a participação de músicos populares, como Chico Buarque (que passara os anos de chumbo em exílio voluntário na Itália). Sócrates, astro do futebol, prometeu recusar uma transferência do Corinthians de São Paulo para a Itália caso as eleições diretas fossem aprovadas. A princípio, a Rede Globo ignorou a campanha; Roberto Marinho, seu proprietário, temia perder suas licenças. Contudo, depois que centenas de milhares de pessoas se reuniram para um comício na Praça da Sé, no Centro de São Paulo, Marinho persuadiu-se de que a falta de cobertura da campanha pela Globo já estava prejudicando sua credibilidade – e transmitiu parte do comício seguinte, no Rio de Janeiro, apesar de um helicóptero militar que roncava nas janelas da emissora.[12]

Na época, uma emenda constitucional que permitiria eleições diretas ficou a apenas 22 votos da maioria de dois terços (de 320 votos) necessária, com 55 deputados do PDS desafiando a linha do partido e votando a favor. Ainda assim, a ditadura estava ferida de morte, e perdera o controle dos acontecimentos. Apresentou como candidato à presidência Paulo Maluf, empresário paulista de ascendência síria e amigo de equitação de Costa e Silva, que fora designado prefeito de São Paulo e, em seguida, governador do estado. No entanto, Maluf, um sujeito corrupto e autoritário, foi rejeitado por um segmento significativo do PDS, que se separou para formar o Partido da Frente Liberal (PFL). A oposição uniu-se em torno da candidatura de Tancredo Neves, uma figura conciliadora que escolheu, para seu candidato a vice-presidente, José Sarney, do PFL. Tancredo angariou o discreto apoio de Geisel e da Globo. Uma pesquisa de opinião revelou que ele derrotaria Maluf em uma eleição direta por 70% a 19%. Em janeiro de 1985, o colégio eleitoral escolheu Neves por 480 votos a 180. Finalmente, o Brasil voltava a ter um presidente civil. E tinha também uma crise econômica.

A ditadura marcou uma geração inteira. Segundo as estimativas mais confiáveis, 379 pessoas foram mortas ou "desapareceram", como resultado de operações repressivas do governo durante a ditadura; grupos armados de extrema esquerda foram responsáveis por 73 mortes em assaltos, tiroteios ou "execuções"[13] – números muito inferiores às baixas sob as ditaduras na Argentina (onde houve mais de 9 mil mortos ou "desaparecidos") ou Chile (mais de 3 mil), para não falar na América Central. Não obstante, a tortura foi generalizada: a Igreja Católica publicou um relatório, elaborado exclusivamente com base em registros da justiça militar, que não só documentou em detalhes angustiantes as brutalidades como também nomeou 444 oficiais militares e policiais que as perpetraram. Muitas foram as vidas interrompidas, atrofiadas pelo medo, ou pior; outros se beneficiaram, embarcando em carreiras políticas que prosseguiriam após a restauração da democracia. Entre os prejudicados estavam os três indivíduos que governariam o país a partir de 1994, cada um dos quais fez oposição à ditadura de maneira diferente. Fernando Henrique Cardoso, um acadêmico de esquerda em ascensão em 1964 (e filho de um general aposentado que apoiava Jango), partiu imediatamente para o exílio. Retornou em 1968, mas logo em seguida foi demitido de seu cargo de professor na Universidade de São Paulo. Diante disso, uniu-se a outros acadêmicos expulsos na criação do CEBRAP (Centro Brasileiro de Análise e Planejamento), um instituto de pesquisa que visava à oposição política pacífica à ditadura e que logrou sobreviver apesar do certo grau de assédio que sofreu. Lula organizou greves, desafiando as leis trabalhistas do regime. Foi por duas vezes afastado do cargo no sindicato e detido por um mês. Uma das torturadas foi Dilma Rousseff, que era estudante quando ingressou em um pequeno grupo de guerrilha urbana. Presa em São Paulo, foi repetidamente submetida a choques elétricos em várias partes de seu corpo e pendurada no pau-de-arara, instrumento em que a vítima, nua, é suspensa de cabeça para baixo em uma vara, de punhos e tornozelos atados. Permaneceu três anos presa.[14] Os governos democráticos não tentaram revogar a anistia de 1979, como na Argentina, em parte porque a repressão foi mais limitada, mas também em virtude da natureza consensual – tipicamente brasileira – da transição.

Não obstante, o governo de Fernando Henrique Cardoso concedeu uma indenização às vítimas da repressão, e o de Lula lançou a ideia de uma Comissão da Verdade, que seria por fim instaurada em 2012, sob Dilma Rousseff. Recentemente, os tribunais começaram a aceitar ações civis contra torturadores.

Milagres e miragens econômicos

Ao longo do meio século de turbulência política que separou 1930 de 1980, a economia do Brasil apresentou forte crescimento, expandindo-se a uma taxa média anual de 6,5% (ver Gráfico 1). Embora houvesse um ou dois momentos de desaceleração – no final da década de 1930 e, sobretudo, no início e em meados dos anos 1960 – também houve surtos: um crescimento médio de 7,5% ao ano entre 1942 e 1962 e de 10,7% entre 1968 e 1974. De modo geral, segundo o econometrista Angus Maddison, a taxa de crescimento econômico do Brasil nas cinco décadas anteriores a 1980 foi, provavelmente, a mais acentuada do mundo – semelhante às registradas por diversas economias asiáticas em anos mais recentes. O Brasil teve, pois, seu "período de China".[15]

O rápido crescimento resultou, em parte, da rápida expansão da população e, portanto, da oferta de mão de obra. A população cresceu 2,8% ao ano entre 1930 e 1980 (quando chegou aos 119 milhões de habitantes), embora a taxa de expansão tenha sofrido uma queda vertiginosa a partir da década de 1960. Ainda assim, a renda *per capita* também cresceu rapidamente. Mensurada em dólares de 2003, saltou de cerca de US$1.050 em 1929 para US$6 mil em 1980, quando já correspondia a cerca de 85% do valor equivalente na Argentina, em comparação com entre um quarto e um terço em 1929. De país desesperadamente pobre, o Brasil chegou a uma renda média. Acima de tudo, o crescimento econômico foi fruto da industrialização. Os empreendimentos industriais começaram a surgir no final do século XIX e se multiplicaram com rapidez nas três primeiras décadas do século XX, promovendo a substituição dos produtos importados por outros de fabricação local. A partir dos anos 1930, a indústria tomou o lugar do café como motor do crescimento econômico, embora não de divisas.

A industrialização e o crescimento econômico foram adotados como objetivos prioritários da política econômica do governo; em contrapartida, o Estado tornou-se o organizador e protetor da atividade econômica. O compromisso com o liberalismo *laissez-faire* e, sobretudo, com a baixa tarifação alfandegária, era "praticamente inexistente" no Brasil, segundo um relato. Os fazendeiros de café, que por tanto tempo se haviam beneficiado das intervenções governamentais, eram "liberais não críveis".[16] A lembrança da baixa tarifação de inspiração britânica no período anterior a 1845 pode ter prejudicado a causa liberal. As classes trabalhadora e média urbana teriam, como consumidores, tirado proveito de uma economia aberta e da estabilidade de preços, mas não necessariamente em sua condição de trabalhadores industriais ou burocratas do governo, e o mesmo se pode dizer das empresas no Nordeste – que, porém, deram mais valor à opção de Getúlio e seus sucessores por deixar intacta a ordem social rural.

A tradição dirigista no Brasil talvez deva algo à influência intelectual francesa, embora também viesse a encontrar justificação no "desenvolvimento introspectivo" proposto pela Comissão Econômica das Nações Unidas para a América Latina e Caribe. É o que os brasileiros chamaram de nacional-desenvolvimentismo, composto de três elementos principais: a criação de um capitalismo nacional; a industrialização baseada na substituição de importações; e um papel ativo do Estado na promoção do desenvolvimento econômico.[17] O dirigismo deveu tanto ao fracasso do mercado quanto à ideologia: faltavam aos empreendedores brasileiros os recursos e, em muitos casos, a ambição necessária para criar, por iniciativa própria, suas indústrias de capital intensivo, tais como a siderúrgica, a automobilística e a petroquímica. O Brasil era estorvado pela falta de poupança interna. Até os anos 1970, era difícil para as empresas privadas explorar fontes externas de financiamento. Assim, o Estado interveio. Geisel resumiu a atitude preponderante:

> O sujeito não é estatizante porque gosta, é estatizante porque é a única maneira de fazer as coisas (...). Como é que nós vamos desenvolver um país pobre, sem um sistema adequado de transporte, sem uma energia barata, sem produção de matéria-prima como o aço?

Ele defendia a tese de que "a nação não se desenvolve espontaneamente". Pode ter sido assim, mas era igualmente possível que o Estado tivesse sufocado a iniciativa privada.[18]

Somente sob Bulhões e Campos, entre 1964 e 1967, políticas econômicas mais liberais foram aplicadas. Os dois promoveram a desvalorização, cortaram tarifas de importação, introduziram incentivos para as exportações e promulgaram leis para estimular o mercado de capitais. Implementaram também um sistema fiscal moderno, introduzindo o IVA e o imposto de renda. Deram uma rara importância à redução da inflação. Porém, em 1967, o regime militar mergulhou no nacional-desenvolvimentismo sob Delfim Netto, que permaneceria à frente do Ministério da Fazenda até 1974. Instituiu-se um número crescente de empresas estatais, especialmente na indústria pesada. Em 1969, o Estado era responsável por 60% do investimento total. Nas três décadas anteriores a 1980, o número total de empresas estatais saltou de 35 para 646, quando empregavam mais de 1 milhão de trabalhadores.

Ao contrário da doutrina econômica conservadora, o dirigismo não impediu nem o crescimento rápido nem um razoável grau de eficiência: a produtividade total dos fatores, uma medida padrão da eficiência com que capital e trabalho são empregados, subiu 2,2% ao ano entre 1950 e 1980, embora sua taxa de crescimento tenha caído nas décadas de 1960 e 1970. Isso se deu principalmente porque – não obstante sua retórica nacionalista – os governos eram, na prática, bastante pragmáticos na implementação de suas políticas. Getúlio, Juscelino e os governos militares estavam todos ansiosos para atrair investimentos estrangeiros, embora não em todos os setores, uma vez que os consideravam a única maneira de obter a tecnologia e o capital que faltavam ao país. (Assim que instalavam suas fábricas no Brasil, as multinacionais tendiam a tornar-se grandes entusiastas da proteção.)

O dirigismo brasileiro conseguiu criar, até 1980, a maior e mais sofisticada base industrial no mundo em desenvolvimento. Algumas das sementes plantadas pelos governos militares – e, em especial, o de Geisel – germinariam mais tarde: a Petrobras e a exploração petrolífera offshore; a indústria petroquímica; a Embraer (fabricante de aeronaves); enormes hidrelétricas; e o etanol. Por fim, a agricultura entrou em rápida expansão, graças à abertura do interior por novas estradas e à criação da Embrapa, instituição estatal de pesquisa agrícola criada pelo governo Geisel. As terras cultivadas saltaram de 19,1 milhões de hectares em 1950 para 49,2 milhões de hectares em 1980. Delfim tentou ajudar os exportadores com minidesvalorizações periódicas. As exportações cresceram (embora menos do que as importações). O Brasil foi deixando de ser dependente do café à medida que uma série de exportações não tradicionais, tais como carros, aviões, armas e soja, se consolidaram.

Entretanto, o dirigismo do Estado passou a se autoalimentar e ajudou a gerar distorções que acabaram escapando de qualquer controle. Três séries de distorções foram particularmente nocivas. A primeira foi a inflação (ver Gráfico 2), fruto, sobretudo, da persistente negligência da necessidade de equilíbrio macroeconômico e uma alergia política à austeridade fiscal. Os economistas "desenvolvimentistas" tendiam a encarar a inflação como resultado de uma escassez de bens, não de excessos monetários e fiscais. O impacto dos déficits era agravado pela dificuldade de financiá-los sem recorrer à mera emissão de moeda. A inflação se tornou um meio insidiosamente fácil para o governo financiar a si mesmo. A fim de reduzir a dependência de financiamento do déficit, Campos e Bulhões começaram a emitir títulos do Tesouro indexados à inflação – o que se revelaria uma decisão fatal, que precipitou uma indexação generalizada dos preços, consolidando a inflação como uma característica permanente da economia, estimulando os investimentos em títulos do governo em vez de em empreendimentos produtivos, e prejudicando os pobres, cujas rendas, em geral, não eram indexadas.

A segunda grande série de distorções dizia respeito à moeda e ao persistente problema do balanço de pagamentos brasileiro. Os países asiáticos que se industrializaram recentemente tendem a manter a moeda desvalorizada e outros incentivos às exportações. O Brasil seguiu por outro caminho. Do final da década de 1940 ao início da de 1980, promoveu-se uma contínua supervalorização do cruzeiro, por vezes enorme. Isso se deu, em parte, em decorrência do medo de que a desvalorização engendrasse uma inflação ainda maior. Entretanto, as origens da supervalorização estavam no poder dos produtores de café (muitos dos quais também se tornaram industriais). Como o país dominou o mercado mundial de café até os anos 1960, o custo de sua produção no Brasil tendia a determinar o preço mundial. Como aponta o historiador econômico Marcelo Paiva de Abreu, como o café era cotado em dólar, a desvalorização aumentaria os ganhos dos cafeicultores por saco no curto prazo mas, por sua vez, incentivaria a liberação dos estoques mantidos no Brasil, levando à redução do preço mundial. Assim, a taxa de câmbio supervalorizada interessava aos cafeicultores.

Gerou-se, assim, um contínuo déficit comercial e escassez de dólares. O governo respondeu de duas maneiras. A primeira foi a adoção de controles cambiais, que se mantiveram em vigor de maneira quase ininterrupta, sob os mais variados disfarces, de 1930 até os anos 1990. O câmbio era subdividido e vendido a preços diferenciados de acordo com o uso: o governo subsidiava a importação de trigo e petróleo, considerados essenciais, e outros usos preferenciais, tais como a importação de bens de capital para a indústria, que o Brasil não produzia por conta própria. Os subsídios ao trigo e ao petróleo foram uma das causas de déficits fiscais persistentes. A segunda resposta foi a adoção de elevado e crescentes tarifas protecionistas, a fim de desencorajar a importação de bens de consumo. Estas deram um novo impulso à industrialização, mas implicaram um custo crescente em mimar ineficiências; por exemplo, uma lei aplicada com agressividade a partir da década de 1950 permitia que qualquer empresa brasileira solicitasse a proteção de seus bens manufaturados de produtos importados "similares".[19] O protecionismo atingiu seu apogeu com a Lei da Informática, de 1984, que tentou em vão estimular a indústria brasileira de TI mediante a instalação de uma barreira à importação de computadores, em um extraordinário gol contra a produtividade.

Uma terceira série de distorções estava relacionada com as intervenções do Estado na economia. Além de impor controles cambiais, de preços e de salários, o Estado distribuía subsídios gigantescos, sob os mais variados disfarces. Por exemplo, as exportações industriais eram subsidiadas a taxas de em média 20,8% de seu valor em 1980, segundo estimativa do Banco Mundial. Os empréstimos do BNDES eram só parcialmente indexados; um estudo constatou que, entre 1974 e 1987, os empréstimos do Banco de Desenvolvimento representavam um subsídio de US$3,2 bilhões, já que os afortunados destinatários só precisavam pagar 26% de seus valor real.[20] Os fazendeiros usufruíam de subsídios sobretudo por meio do Banco do Brasil (BB), que era ao mesmo tempo um banco comercial, responsável pelo crédito rural, e agente financeiro do governo. Quando algumas de suas funções foram transferidas para o recém-criado Banco Central, em 1964, os proprietários rurais conseguiram uma emenda no Congresso que criou o Conselho Monetário Nacional, encarregado de fornecer ao BB todos os recursos necessários através de uma "conta movimento", financiada por dívida pública. O crédito para os fazendeiros não era indexado à inflação (sendo, portanto, quase um presente). O Conselho Monetário Nacional, com seu "orçamento monetário", constituiu-se, assim, em uma fonte rival de geração de dinheiro para o Banco Central, operando um orçamento paralelo, livre da supervisão do Congresso.[21]

Décadas de desenvolvimento conduzido pelo Estado fomentou entre as autoridades a mentalidade de que o governo era capaz de promover o crescimento através de mecanismos cada vez mais complicados para manipular a economia. Por seu lado, as empresas privadas aprenderam que seu lucro seria decorrente de lobbies em Brasília, a fim de obter vantagens. Como escreve a jornalista econômica Miriam Leitão, às empresas familiares foram destinadas fatias do mercado nacional da mesma maneira como se concediam, no século XVI, capitanias aos seus donatários. "Não há capitalistas modernos no Brasil", defende Raymundo Faoro. "Há capitalistas ligados ao Estado", que executam "projetos ditados de cima para baixo".[22] Era um sistema inflacionário, altamente injusto, que arraigava desigualdades e privilégios e que viria assombrar o país quando o "milagre" econômico provasse não passar de uma miragem.

Do campo à cidade

Em 1952, Dona Lindu vendeu seu pequeno pedaço de terra próximo a Caetés, uma cidadezinha no interior de Pernambuco, a 250 quilômetros de Recife. Vendeu seu relógio, seu burro, suas imagens de santos, as fotos de família, tudo o que tinha, e foi para a loja da aldeia para esperar o caminhão caindo aos pedaços que iria levá-la e a sete de seus filhos até Santos. A viagem levou 13 dias. Foram "chacoalhando o esqueleto" junto com mais ou menos 30 outros, amontoados na traseira de um daqueles caminhões abertos conhecidos pelo nome (o mesmo do instrumento de tortura) de "pau-de-arara" porque o único assento era uma tábua encaixada na grade da carroceria. À noite, eles tentavam dormir sob o caminhão ou, quando chovia, sob a sua lona. O filho caçula de Dona Lindu, então com 7 anos, era Lula. Ao chegar, eles descobriram que o marido de Dona Lindu, que havia trocado Caetés por Santos logo depois de Lula nascer, estava morando com outra mulher, com quem teve dois filhos. (No total, seu pai teve 23 filhos com as duas mulheres.) Depois de muitas vicissitudes, entre elas o trabalho vendendo laranjas na rua ainda na infância, e com apenas cinco anos de escolaridade formal – foi o único de seus irmãos a concluir o ensino fundamental –, Lula conseguiu ganhar um curso técnico de torneiro mecânico, que o levaria a trabalhar em uma fábrica metalúrgica na Grande São Paulo. Se tivesse ficado em Caetés, ele diria mais tarde, teria virado "um bom cachaceiro", como se chama a aguardente brasileira, ou "já teria morrido de cirrose". Ou talvez fosse analfabeto, como sua mãe.[23] Lula foi apenas um dos dezenas de milhões de brasileiros que se mudaram do campo para as cidades a partir de 1940. A população urbana teve um crescimento meteórico, saltando de 12,8 milhões em 1940 para 111 milhões em 1991, ao passo que a população rural subiu de apenas 28,3 milhões para 35,8 milhões no mesmo período. A população urbana ultrapassa, hoje, 85% do total, de acordo com as estatísticas oficiais. Na verdade, esses dados exageram ligeiramente a realidade: se os citadinos forem definidos como aqueles que vivem em núcleos urbanos de mais de 50 mil habitantes, essa proporção cai para 63%.[24] Os migrantes foram atraídos pelos empregos nas indústrias em expansão ou serviços associados. Contudo, estavam também fugindo do atraso rural e da pobreza. Diante da secular incapacidade dos políticos de levar o progresso, oportunidades ou uma distribuição fundiária mais justa para o campo, os membros mais empreendedores da população rural trataram de votar com os pés. A mudança para a cidade em si, em geral representava uma subida da escala social, mas não necessariamente de maneira imediata. Para a maioria, seu novo lar seria nas favelas, em franco processo de inchaço, e enfrentariam anos de pobreza urbana. Entre 1940 e 1970, a população da Grande São Paulo cresceu a uma taxa anual de mais de 5%, em 1970, mais de metade dos seus 7,8 milhões de habitantes eram migrantes. Os serviços públicos não conseguiram acompanhar o crescimento; de acordo com um estudo realizado pelo CEBRAP, em 1968 apenas uma habitação em cada duas da conurbação mais rica do Brasil dispunha de água encanada. Os trabalhadores se amontoavam em trens incrivelmente lotados para chegar ao trabalho; alguns viajavam pendurados do lado de fora das portas.[25] O mesmo valia para outras cidades em rápida expansão por todo o país, e sobretudo no Sudeste.

Em 1980, os indicadores de bem-estar social do Brasil eram ainda extraordinariamente pobres, tanto em relação ao seu nível de renda *per capita* quanto em comparação com o resto da América Latina. Tinha havido alguns avanços, em especial na década de 1970, graças ao crescimento econômico, à urbanização, à queda da pobreza e a uma lenta melhoria da saúde pública e dos níveis de escolaridade. A expectativa de vida chegou a 62 anos em 1980, e três quartos dos brasileiros já contavam com uma alfabetização formal. Mas a média ocultava profundas desigualdades. Um terço das crianças brasileiras não estava matriculado na escola em 1980. Como o governo gastava rios de dinheiro público subsidiando a produção, não por acaso o sucesso econômico do Brasil caminhava de mãos dadas com a continuidade do atraso social.

A desigualdade de renda, que já era extrema, aprofundou-se durante a ditadura: entre 1960 e 1980 a participação na renda nacional dos 20% mais pobres caiu de 3,9% para 2,8%, ao passo que a dos 20% mais ricos subiu de 39,6% para 50,9%.[26] Havia quem culpasse a contenção salarial imposta pelo regime; todavia, o fator decisivo foi o rápido crescimento econômico em meio a um sistema educacional lamentável, que empurrou para cima os salários ao alcance da minoria de trabalhadores qualificados – como demonstrou, em artigo publicado em 1973, Carlos Langoni, economista da Fundação Getulio Vargas. Estigmatizado na época como um pretexto para a ditadura, o argumento de Langoni hoje goza de ampla aceitação. Em 1980, o trabalhador médio contava apenas 3,9 anos de escolaridade, embora esse número já representasse um ganho em relação ao 1,8 ano de 1950. Tal deficiência foi em parte mitigada por um excelente sistema de formação técnica, do qual Lula foi um dos beneficiados.[27] À medida que a indústria se concentrava no Sudeste – sobretudo em São Paulo –, as desigualdades regionais também se ampliaram, chegando a ser as maiores de todos os países do mundo: a variação da renda *per capita* entre os estados brasileiros era de 8,6 para 1 em 1980, em comparação com 6,3 para 1 no México e 2 para 1 nos Estados Unidos. O Nordeste foi ficando cada vez mais para trás.

Nenhum governo, desde 1930, fora capaz de combinar crescimento, estabilidade de preços, maior equidade e democracia. Em um termo cunhado pelo economista Edmar Bacha, o Brasil tornou-se a Belíndia – uma pequena e rica Bélgica, coexistindo com uma massa empobrecida, como na Índia.[28] O Brasil "não [era] mais um país subdesenvolvido; [era] um país injusto", como mais tarde diria Fernando Henrique Cardoso.[29] Havia, pois, muito a ser feito pelas lideranças civis do país, que mais uma vez se preparavam para assumir o comando.

A LONGA DITADURA

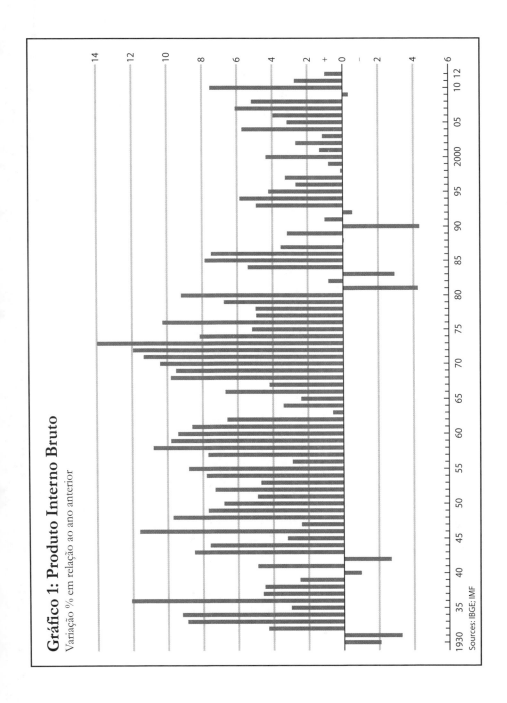

Gráfico 1: Produto Interno Bruto
Variação % em relação ao ano anterior

Sources: IBGE; IMF

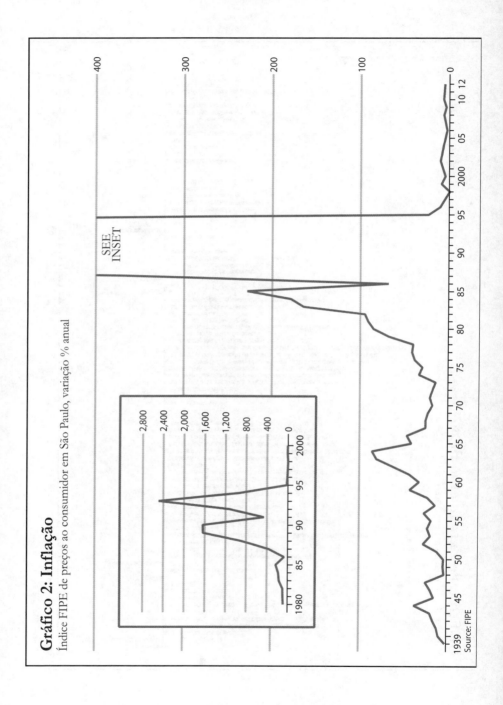

Gráfico 2: Inflação
Índice FIPE de preços ao consumidor em São Paulo, variação % anual

Source: FIPE

PARTE II
A construção do Brasil democrático

CAPÍTULO 7

Da desordem ao progresso sob Fernando Henrique Cardoso

Os brasileiros costumam se ver e serem vistos como um povo feliz e otimista. E, normalmente, é assim que são. Mas, em 1991, era o povo mais pessimista do mundo, segundo uma pesquisa do Gallup. Quando Ayrton Senna, um piloto brasileiro tricampeão de Fórmula Um, morreu em um acidente em Ímola, em 1º de maio de 1994, o país foi tomado por uma onda de dor que parecia expressar uma tristeza mais profunda do que até mesmo a perda de seu grande campeão do automobilismo. "O povo brasileiro está precisando de comida, educação e saúde, e um pouco de alegria – a alegria desapareceu", disse uma mulher entre as centenas de milhares de pessoas que se aglomeraram nas ruas, debaixo de chuva, entre o Aeroporto de Guarulhos e a Assembleia Legislativa de São Paulo, no Parque do Ibirapuera, para acompanhar a passagem do carro fúnebre.[1] "O Brasil está passando por um momento muito ruim. Ninguém mais tem vontade de ajudar ninguém. As pessoas simplesmente vivem para si mesmas", comentou Viviane Senna, irmã de Ayrton, em sua oração fúnebre, explicando que, nessas circunstâncias, foram a dedicação e o sucesso de seu irmão que fizeram dele alguém tão adorado. Os observadores do Brasil também se desesperaram. "Gigante Desajeitado" ["*Clumsy Giant*"] fora o título de um relatório especial da *The Economist* sobre o país, em 1987; "Bêbado, não doente" (descrição do país pelo economista Rudiger Dornbusch) foi o veredito do relatório seguinte, em 1991. Nos anos que se seguiram, estudos acadêmicos da nova democracia do Brasil a julgavam um fracasso, influenciados pelo trabalho de campo realizado no período caótico de 1985 a 1993. Em um sombrio diário de viagem intitulado *A Death in Brazil*, Peter Robb pinta o retrato de um país condenado pelo crime, pela corrupção e pela desigualdade. Na verdade, no exato momento em que alguns desses epitáfios eram escritos, o país estava encontrando uma maneira de conquistar a inflação, finalmente, e com isso trazer ordem e estabilidade para o governo, abrindo a porta a duas décadas de progresso socioeconômico.[2]

A Nova República, como os políticos batizaram a democracia restaurada, tinha três tarefas principais a enfrentar: desmantelar os resquícios da ditadura, consolidar liberdades e instaurar um governo democrático eficaz; conquistar a inflação e assegurar o retorno ao crescimento econômico; e encarar os profundos problemas sociais do país. Nas três frentes, o país parecia enfrentar dificuldades. Iniciada em meio a tanta esperança, a Nova República foi uma sucessão de decepções. Seu primeiro presidente morreu antes de conseguir ser empossado, e o segundo foi cassado; vice-presidentes governaram por sete dos nove primeiros anos. Durante todo esse tempo, a inflação só fez crescer, chegando a 2.708% em 1993, e a economia naufragou. O caos trouxe à tona problemas arraigados – alguns dos quais permanecem até hoje –, mas também encobriu certas realizações. Quando a ampla coalizão de oposição que havia dado respaldo à campanha das Diretas Já rachou, perdeu-se, para o bem ou para o mal, a potencial oportunidade de uma ruptura radical com os padrões socioeconômicos legados pela ditadura. Como tantas vezes, o Brasil avançou com cautela, de forma gradual, recuando um passo para trás a cada passo e meio dado para a frente.

O primeiro grande revés sobreveio enquanto Figueiredo ainda estava no Planalto. Na noite de 14 de março, menos de 12 horas antes de receber a faixa presidencial, Tancredo Neves foi internado às pressas em um hospital de Brasília, tomado de dores abdominais. Morreria 38 dias e sete operações depois, em 21 de abril, Dia de Tiradentes – e seria chorado, em escala semelhante à de Senna, como um mártir da democracia. Sua morte deixou órfão o novo governo. José Sarney, que assumiu a presidência em seu lugar, era visto, de modo geral, como um oportunista, destituído de qualquer legitimidade democrática. Líder da ala progressista da UDN na década de 1960, ele se tornara um fiel correligionário da ditadura. Apenas alguns meses antes de juntar-se a Tancredo, como presidente do PSD havia desempenhado um importante papel na derrota da emenda das Diretas. A despeito de sua oportuna transferência para o PMDB, apenas episodicamente Sarney superou sua fraqueza política original. Por muitos anos, os políticos seguiram preocupados com a possibilidade de uma nova intervenção militar (daí a tentativa de Tancredo de esconder sua doença), pois, ao contrário da Argentina, as Forças Armadas brasileiras não haviam caído em total descrédito em consequência de seu período no poder.

Sarney enfrentou restrições na escolha de seus ministros: em um primeiro momento, herdou o gabinete montado por Tancredo. Roberto Marinho, da Rede Globo, costumava se gabar de haver escolhido os Ministros do Exército e das Comunicações, cuja função era regulamentar a televisão. O presidente disse a Maílson da Nóbrega, que se tornou Ministro da Fazenda em 1988, que ele (Sarney) primeiro teria de conversar com Roberto Marinho, antes de anunciar a nomeação (e que seria, de fato, noticiada no telejornal noturno da Globo, o Jornal Nacional). Sarney também teria de aceitar as indicações de ministros impostas por Ulysses Guimarães, líder do PMDB no Congresso que se considerava o verdadeiro poder na Terra. As tentativas de Sarney de conquistar popularidade pessoal o levariam a lançar quatro planos anti-inflacionários, todos fracassados, e, em 1987, declarar uma moratória unilateral da dívida externa. Quando deixou o cargo, em março de 1990, a inflação foi, só naquele mês, de 84%.[3]

"Uma Constituição que nunca caberia no PIB"

A maior façanha de Sarney foi assegurar a plena democratização e a promulgação de uma nova Constituição. O Congresso aprovou às pressas uma emenda à Constituição de 1967 estendendo o voto aos analfabetos (que compunham até um quarto da população) e legalizando todos os partidos políticos, incluindo os comunistas. As eleições de 1986 para o Congresso e o governo dos estados foram, assim, pela primeira vez na história do Brasil, baseadas no sufrágio universal. Graças ao efêmero sucesso do Plano Cruzado, um dos planos de combate à inflação de Sarney, o PMDB conquistou a maioria absoluta nas duas casas do Congresso e todos, com exceção de um, os governos estaduais. No entanto, alguns de seus legisladores eram oportunistas recém-convertidos: David Fleischer, cientista político da Universidade de Brasília, calculou que o Congresso continha um número ligeiramente maior de antigos integrantes da ARENA do que membros oriundos dos quadros do antigo MDB, que congregava a oposição até 1982.

Tancredo tinha acordado com os comandantes militares que a nova Constituição seria elaborada pelo Congresso, reunido em sessões separadas, não por uma Assembleia Constituinte eleita especialmente para esse fim – para desagrado de Ulysses Guimarães e a esquerda do PMDB. Estes foram os principais autores de um anteprojeto jocosamente descrito pelo proeminente tributarista Ives Gandra Martins como "uma Constituição que nunca caberia no PIB". Embora o projeto tenha sofrido profundas alterações nas mãos do bloco de centro-direita (encabeçado por Delfim e Roberto Campos), a Constituição de 1988, em sua forma definitiva, seria um documento progressista e, sob vários aspectos, populista. Confunde princípios constitucionais com escolhas políticas, e por vezes envolve um nível absurdo de detalhamento. Com 250 artigos e 70 medidas transitórias, é uma Constituição longa se comparada à americana (apenas 7 artigos) ou alemã (146 artigos), embora mais enxuta do que outras latino-americanas mais recentes.[4]

Por um lado, a Constituição assegura direitos e liberdades individuais, e contém certos dispositivos avançados. Aboliu a alfabetização como pré-requisito para votar (embora não para se candidatar) e reduziu a idade de voto para 16 anos. Expandiu o Estado de Bem-Estar Social e, com o passar do tempo, se entenderia que ela preparou o terreno para a redução da desigualdade, mediante, por exemplo, a instituição de uma aposentadoria mínima equiparada ao salário mínimo, estendida aos deficientes e a todos acima dos 65 anos, inclusive trabalhadores rurais, independente da realização de contribuições. Reconheceu os direitos dos índios (como ela os denomina) às terras que tradicionalmente ocupam e conferiu ao governo federal o poder de demarcá-las como reservas protegidas. Concedeu também maior poder e autonomia ao Ministério Público, e alguns promotores se mostrariam enérgicos na investigação de casos de corrupção e malversação de recursos.

Por outro lado, a Constituição é falha e retrógrada sob diversos outros aspectos. Em reação aos grilhões impostos pela ditadura aos partidos políticos, seus redatores repudiaram toda e qualquer regra que pudesse impor disciplina partidária aos legisladores. Com relação ao sistema eleitoral, manteve o sistema de representação proporcional da Constituição de 1946 (o que, como cada estado é uma ampla unidade política, gera um reduzido senso de responsabilidade por parte dos legisladores perante seus eleitores), além de dar continuidade às distorções do sistema, com cada estado tendo um mínimo de oito deputados na Câmara, independente do tamanho da população. A questão que mais absorveu as atenções de Sarney foi a duração do mandato presidencial. O PMDB queria quatro anos. Ele garantiu para si um mandato de cinco anos, mas apenas graças à distribuição generalizada de cargos, licenças de radiodifusão e promessas de gastos em troca de apoio político. A Constituição reflete a fraqueza do governo federal de

Sarney. Governadores e prefeitos conquistaram um grau de descentralização do poder e recursos financeiros superior a qualquer outro momento desde 1930. O Congresso obteve o poder de refazer o orçamento (embora isso tenha se mostrado, em parte, apenas teórico). Todavia, o executivo foi munido do poder de emitir decretos (chamados de Medidas Provisórias) para posterior ratificação pelo Congresso.

A maior falha da Constituição foi ter consolidado o decadente modelo econômico do nacional-desenvolvimentismo e do privilégio corporativista justamente quando o protecionismo estatal estava saindo de moda em todo o mundo; chegou ao cúmulo de fixar um teto de 12% para as taxas de juros – um retrocesso em direção às leis antiusura do período colonial que acabaria, como era de se esperar, sendo não cumprido, até sua abolição por emenda, enfim, em 2003. O artigo 219 define o mercado interno como parte do "patrimônio nacional" e, por conseguinte, objeto de proteção. A todos os três níveis de governo foi concedido o poder de criar novos impostos.

A Carta também carregava a marca de lobbies poderosos. As leis trabalhistas do Estado Novo foram preservadas. Os juízes conseguiram salários mais altos e resistiram a controles externos; a lentidão do sistema judiciário cristalizou-se mediante uma disposição, inspirada pela Itália, determinando que ninguém pode ser condenado enquanto todos os recursos não estiverem esgotados. Os pensionistas, relativamente favorecidos no Brasil, foram particularmente beneficiados: todas as pensões foram ligadas ao salário mínimo; funcionários públicos aposentados receberiam os mesmos aumentos salariais concedidos àqueles em atividade. A idade de aposentadoria dos trabalhadores rurais foi reduzida de 65 anos para 60, no caso dos homens, e de 60 para 55, no das mulheres. Os professores conquistaram o direito de se aposentar mais cedo; os acima de 65, direito ao transporte público gratuito. Todos os que trabalhassem no setor público por cinco anos teriam assegurada estabilidade absoluta no emprego e direito à aposentadoria plena, mesmo sem serem submetidos a exames competitivos. O resultado disso tudo foi que os gastos do governo federal com pessoal saltaram de 2,5% do PIB em 1986 para 4,5% em 1989.[5] Quando o véu da inflação fosse levantado e revelasse o estado real das finanças públicas, ficaria evidente que a Constituição impunha um aumento maciço da carga tributária.

Poucos ficaram satisfeitos com o documento final. À esquerda, o PT a chamou de "conservadora, antidemocrática e antipopular". Sarney queixou-se de que ela tornava o Brasil "ingovernável". Como se seus autores tivessem consciência da impermanência de seu trabalho, ao Congresso foi dado o poder de rever a Carta cinco anos após sua entrada em vigor, por maioria simples, em vez dos 60% de votos normas. Quando, porém, apresentou-se essa oportunidade, em 1993, a ocasião não foi aproveitada, dado que o Congresso estava naquele momento se recuperando de um escândalo em que se descobriu que membros da comissão de orçamento haviam recebido propina de empreiteiras. Das 30 mil emendas propostas, apenas cinco foram aprovadas.[6] Uma delas enfraqueceu ainda mais o Executivo, reduzindo o mandato presidencial de cinco para quatro anos. Por insistência do PMDB, uma medida transitória determinou a realização de um referendo acerca da adoção de um sistema parlamentar, apoiado por muitos de seus líderes. Por ocasião de sua realização, em 1993 (tendo a restauração da monarquia como terceira opção na cédula), uma esmagadora maioria optou pelo presidencialismo (como havia acontecido em 1963). Todavia, o Brasil não tardaria a descobrir que, para sanar a economia, seria necessário travar acirradas batalhas para emendar a Constituição. Até 2011, ela teria recebido 67 emendas (comparadas a apenas 27 desde 1787 nos Estados Unidos, das quais 10 incorporaram a Declaração de Direitos, em 1791).

Collor: a República de Alagoas

Encravado entre Pernambuco e a foz do Rio São Francisco, o pequeno estado nordestino de Alagoas é assolado pelo longo declínio de sua indústria açucareira e uma tradição de clientelismo, negligência social e violência política. É quase um sinônimo do Brasil ainda atrasado. Em 1986, 42% dos alagoanos estavam desempregados, 65% eram analfabetos e a taxa de mortalidade infantil era de aproximadamente o dobro da média nacional, de 125 por 100 mil nascidos vivos. O estado era governado há décadas pelo clã dos Góes Monteiro (ao qual pertencia o general preferido de Getúlio Vargas). Em 1950, Arnon de Mello, jornalista e homem de negócios que ascendeu, em grande parte, por seus próprios meios, venceu, pela UDN, as eleições para governador do estado, superando Silvestre Péricles de Góes Monteiro. Em seu magistral relato da ascensão e queda de Fernando Collor (e do papel dos meios de comunicação nesses dois momentos), o jornalista Mario Sérgio Conti relata que o último ato do governador derrotado foi visitar a prisão e oferecer a liberdade a todos os presos que conseguissem evacuar um quilo de fezes, e ordenou que estas fossem jogadas nas paredes, piso e mobiliário do palácio do governo, à guisa de saudação ao adversário vitorioso. Apesar de suas promessas de campanha, o banditismo político prosseguiu sob Arnon de Mello. Em 1963, sua rivalidade com Silvestre chegou ao Senado do país, para o qual ambos foram eleitos. Enquanto Arnon fazia seu primeiro discurso, Silvestre, de mão na pistola, o insultou; Arnon disparou sua própria arma na direção de Silvestre, acertando um senador do Acre, que morreu em decorrência do ferimento. Os dois parlamentares bandidos foram absolvidos pelo júri. Arnon retomou a carreira política como senador da ARENA e construiu um império televisivo em Alagoas.[7]

Fernando Collor de Mello, segundo filho de Arnon, foi eleito governador de Alagoas em 1986 com a promessa de combater os privilégios dos funcionários públicos, a quem apelidou de marajás (termo que ouviu em uma reunião pública e do qual se apoderou) – ainda que seu último ato como prefeito nomeado para Maceió, capital de Alagoas, pela ARENA houvesse sido a contratação de 5 mil novos servidores. Collor usava o império midiático da família para transmitir sua mensagem populista. Neto, por parte de mãe, de Lindolfo Collor, primeiro ministro do Trabalho de Getúlio Vargas, era dotado de um agudo "senso da política como espetáculo", como observa Conti, e mostrou-se mestre em fazer uso dos meios de comunicação para tornar-se conhecido em âmbito nacional. Enviava gravatas Hermès e caixas de camarão alagoanos para jornalistas da imprensa nacional com os quais pretendia cultivar relações.

Em 1989, os brasileiros enfim tiveram a chance de escolher seu presidente, o que não faziam desde o distante dia de 1960 em que Jânio Quadros foi eleito. Do eleitorado de 82 milhões (comparado com 15 milhões em 1960), 70% votariam para presidente pela primeira vez. Embora Ulysses Guimarães esperasse ganhar, os brasileiros não se impressionaram com o péssimo desempenho do PMDB no poder (ele amealhou apenas 4,7% dos votos). Dois anos antes, um grupo de intelectuais paulistas e políticos progressistas do PMDB, entre eles Fernando Henrique Cardoso, Franco Montoro, Mário Covas e José Serra, separou-se para formar o Partido da Social Democracia Brasileira (PSDB), defendendo um Estado moderno e eficiente, a democracia, a reforma social e uma visão atualizada de desenvolvimento, segundo Fernando Henrique.[8] Covas, candidato à presidência pelo novo partido, fez uma crítica incisiva do Estado corporativo em um discurso no Senado:

> Basta de gastar sem ter dinheiro. Basta de tanto subsídio, de tantos incentivos, de tantos privilégios sem justificativas ou utilidade comprovadas. Basta de empreguismo. Basta de cartórios. (...) Mas o Brasil não precisa apenas de um choque fiscal. Precisa, também, de um choque de capitalismo, um choque de livre iniciativa, sujeita a riscos e não apenas a prêmios.[9]

Contudo, a campanha do Covas demorou a decolar. O empresariado brasileiro e o establishment político estavam preocupados com a perspectiva de um "Brizula" – a possibilidade de a vitória ir para Brizola, o velho cavalo de batalha da esquerda populista, ou para Lula, que assumira uma plataforma socialista puro-sangue.

Collor farejou sua oportunidade. Assumiu um pequeno partido e aliou-se a outros dois, o que lhe deu direito a três transmissões político-partidárias de uma hora. Com 40 anos em 1989, sua figura tinha bom apelo na televisão: alto, aparência de astro de cinema, ternos italianos trespassado e uma mulher jovem e loira. Em suas aparições públicas e entrevistas e comerciais de televisão, vituperava contra o governo Sarney (embora tivesse sido eleito governador pelo PMDB) e contra os privilégios e a corrupção, prometendo defender os descamisados (termo copiado do argentino Juan Perón). Não tardou para Collor tornar-se objeto de adoração histérica nos comícios de campanha. Conquistou o apoio da influente Rede Globo de Roberto Marinho. Muito nos moldes de Jânio, em 1960 (mas com muito mais dinheiro), projetou-se como um salvador nacional, clamando por um "Brasil novo". Conquistou 30,5% dos votos válidos, o que o levou ao segundo turno contra Lula (17%), que havia destronado Brizola (16,5%). O segundo turno foi uma guerra polarizada e suja entre a direita e a esquerda: a campanha de Collor subornou uma ex-namorada de Lula, com quem este tivera uma filha, para afirmar que ele havia tentado forçá-la a fazer um aborto. Collor afirmou que Lula iria confiscar os bens da classe média e até as poupanças, que haviam sido honradas por todos os governos desde sua introdução por Pedro II. Collor venceu, por 35 milhões de votos a 31 milhões.[10]

Na primeira eleição presidencial direta em 40 anos, os brasileiros, pois, rejeitaram não só os políticos que tinham lutado para restaurar a democracia como todos os principais partidos que dominaram a vida política na década anterior. Confiaram o país a uma figura pouco conhecida e repleta de paradoxos: um descendente da oligarquia nordestina posando de reformador progressista, o epítome do populismo conservador que prometia modernizar o Brasil e inclusive dar início ao desmantelamento do Estado corporativo. No poder, Collor revelou-se um cínico: o inimigo da corrupção mostrou ser corrupto, e o candidato que acusou seu rival de conspirar para confiscar as poupanças faria exatamente isso. Como Jânio, demonstrou um arrogante desdém pelo Congresso – o que seria a sua ruína. Obsessivo praticante de caratê, Collor prometeu eliminar a inflação com um *ippon* – de um golpe só. O que o *ippon* por ele administrado eliminou foi o bem-estar de muitos brasileiros, mas não a inflação.

Como parte de seu plano para enxugar o governo federal, Collor reduziu seu gabinete a apenas 15 ministros, 12 deles tecnocratas sem partido. O Ministério da Fazenda foi confiado a Zélia Cardoso de Mello, uma pouco conhecida economista de São Paulo** cujo primeiro ato foi congelar por 18 meses a poupança dos brasileiros, bem como salários e preços. O congelamento das poupanças – na realidade, um confisco parcial, uma vez que a inflação havia corroído em 30% seu valor quando elas foram devolvidas – acarretou "ataques cardíacos, suicídios, depressões", além de casamentos cancelados e pessoas que foram pegas entre a venda e a compra de apartamentos, segundo relato de Miriam Leitão. Nas primeiras semanas, o plano foi testemunha de "um Estado policial que perpetrou um sem-número de arbitrariedades". O gerente de um hipermercado em São Paulo foi preso porque a polícia encontrou um desodorante no estoque com duas etiquetas de preço.[11] A polícia invadiu a *Folha de S.Paulo*, diário que havia publicado vários artigos críticos a Collor. A princípio, o plano alcançou popularidade porque os brasileiros estavam cansados da inflação e a maioria não tinha poupança. Contudo, a opinião pública mudou quando a economia entrou em recessão (o PIB despencou 4% em 1991), e a inflação voltou com força total. Quando a imprensa revelou que Zélia Cardoso estava tendo um caso com o Ministro da Justiça (que era casado), a vida pública do Brasil pareceu ter se transformado em uma telenovela.

A bem da verdade, o governo de Collor tomou duas importantes medidas para reformar a economia. A primeira foi uma decisiva abertura ao comércio exterior: foram abolidas todas as licenças e proibições de importação, incluindo as de informática, e definiu-se um calendário para reduzir as tarifas de importação a um máximo de 20% e uma média de 12% em quatro anos. Quando Collor se queixou de que "o carro brasileiro é uma carroça", sua afirmação "valeu por incontáveis seminários" acerca dos males do protecionismo, nas palavras de Maílson da Nóbrega. A segunda foi a tentativa de reduzir o déficit fiscal (de 8% do PIB) e começar a emagrecer o obeso Estado nacional-desenvolvimentista, por meio de privatizações. Collor venderia 34 estatais e 32 participações minoritárias, incluindo parte da indústria siderúrgica.

Collor pouco se empenhou em forjar uma coalizão estável no Congresso, e sua abordagem da mídia foi no sentido de tentar comprar alguns proprietários e ameaçar os outros – o que não o favoreceu quando emergiram relatos sobre as atividades de Paulo César Farias, seu tesoureiro de campanha. PC Farias tinha levantado US$160 milhões de bancos, empreiteiras e outros doadores para a campanha presidencial, dos

---

* Nenhum parentesco nem com Fernando Collor nem com Fernando Henrique Cardoso.

quais cerca de US$60 milhões haviam sobrado. O que transpirou foi que ele havia usado esse excedente para cobrir despesas pessoais de Collor, tais como a compra de um apartamento US$3 milhões em Paris e uma reforma de US$2,5 milhões dos jardins da mansão particular do presidente em Brasília, que envolveu a instalação de oito cachoeiras eletrônicas, um lago artificial abastecido com 100 carpas japonesas e a ampliação da piscina, toda iluminada com 200 lâmpadas e 50 holofotes. Além disso, PC investiu em negócios próprios, pressionou autoridades para obter favores e continuou extorquindo "doações" em troca de promessas de contratos públicos. Em mais uma reviravolta digna de uma novela, Pedro Collor, irmão mais novo rompido com Fernando e que dirigia os negócios familiares de telecomunicações em Alagoas, denunciou as atividades de PC e suas ligações com o presidente. Quando os meios de comunicação começaram a investigar a história, os políticos abandonaram Collor. Um inquérito parlamentar chegou à conclusão de que o presidente havia lucrado com os crimes de PC Farias e havia facilitado o tráfico de influência. A Câmara aprovou (por 441 votos a 38) o impeachment do presidente. Em 29 de dezembro de 1992, após apenas 33 meses no cargo, Collor renunciou. No dia seguinte, o Senado o condenou por 76 votos a 3, impedindo-o de ocupar cargos públicos até o ano 2000.

PC Farias fugiu para a Tailândia, mas foi preso, e passados dois anos, posto em liberdade condicional. Em 1996, o corpo de PC, crivado de balas, foi encontrado em uma cama de sua opulenta casa de praia nos arredores de Maceió, juntamente com o de Suzana Marcolini, sua amante de 28 anos. Embora os teóricos da conspiração se refestelassem no caso, os indícios esmagadores são de que ela o matou e, em seguida, tirou a própria vida depois de ele lhe dizer durante o jantar, bêbado, que pretendia terminar o caso dos dois.** A novela teve um final mais feliz para o próprio Collor. Em 1994, o Supremo Tribunal absolveu-o do crime de corrupção, citando falhas na acusação. Em 2006, foi eleito senador por Alagoas e assumiu a presidência da comissão de infraestrutura do Senado. Seria aliado do governo, tanto sob Lula quanto sob Dilma Rousseff.[12]

O Brasil pôde derivar algum consolo da saga Collor. A mídia desempenhou um papel importante ao expor seus erros – e o Congresso, ao puni-los. As instituições funcionaram. Pela primeira vez na história brasileira, um presidente foi afastado do cargo por meios constitucionais, legais, sem o envolvimento do Exército.[13] Quando Collor conclamou a população a manifestações de apoio público, recebeu em resposta manifestações de jovens com os rostos pintados de preto, que pediam seu impeachment, em parte inspiradas pela minissérie *Anos Rebeldes*, drama da Globo sobre o movimento estudantil da década de 1960. Foi a maior mobilização popular desde a campanha pelas *Diretas Já*. No entanto, de certo modo foi típico dos problemas brasileiros que o homem que alardeava sua missão de modernizar o país (o que, em parte, ele fez) tivesse se entregado ao tradicional vício patrimonial de misturar o interesse público com os privados.

O vice-presidente, Itamar Franco, senador aparentemente trapalhão cuja experiência administrativa limitava-se a dois mandatos como prefeito da cidade mineira de

---

* Os promotores mais tarde reabririam o caso, acusando de duplo assassinato quatro policiais alagoanos destacados para proteger a casa. Foram absolvidos em maio de 2013.

Juiz de Fora, assumiu a presidência. Como Sarney, dificilmente teria sido a primeira escolha da maioria dos eleitores. Não obstante, saiu-se bem melhor do que Sarney. Formou um governo de coalizão de base ampla, cuja figura mais poderosa seria Fernando Henrique Cardoso, inicialmente Ministro das Relações Exteriores e, a partir de maio de 1993, Ministro da Fazenda.

O Plano Real vence a inflação

A inflação foi uma doença endêmica na América Latina, estando muitas vezes associada ao populismo. Era uma maneira de amenizar conflitos em torno da distribuição de riqueza e renda: os governos prometiam tudo a todos e a conta era magicamente paga sem que ninguém se desse conta, já que o valor real dessas promessas de gasto despencava rapidamente. Depois que a região entrou em falência, em 1982, vários países – Bolívia, Argentina e Peru, por exemplo – sofreram com a hiperinflação (definida, de modo geral, como a inflação acima de 50% ao mês) e seus habitantes abandonaram as respectivas moedas, confiando apenas no dólar. Esses episódios causavam prejuízos tão grandes à vida econômica que raramente duravam muito tempo. Em 1993, a maior parte da América Latina havia superado a inflação por meio de reformas econômicas liberais: reduziram o déficit fiscal mediante o emagrecimento do Estado inchado e abriram-se às importações e ao investimento estrangeiro – receita que ficaria conhecida como "Consenso de Washington".

    Por que, no Brasil, a reforma demorou tanto a acontecer? As raízes da inflação brasileira eram singularmente profundas e emaranhadas. A indexação havia se convertido em uma forma de tornar a inflação tolerável para muitos setores da sociedade. Significava também que o país nunca perdeu o controle de sua moeda; nunca houve dolarização no Brasil. Todavia, a indexação também exerceu sobre a inflação um efeito catraca: qualquer aumento temporário dos preços em uma parte da economia (em virtude de uma safra ruim, por exemplo, ou de uma desvalorização) resultava automaticamente em um aumento permanente de todos os preços. E a inflação constituía um imposto sobre os pobres, que eram obrigados a guardar dinheiro vivo. A obstinação da inflação brasileira provocou um debate entre os economistas. Muitos chegaram à conclusão de que o remédio ortodoxo, de corte da demanda, não funcionaria no Brasil: o aperto administrado por Delfim no âmbito do programa do FMI, em 1981, provocou uma profunda recessão, mas a inflação anual caiu apenas de 110% para 95%. Para a escola dos chamados "neoestruturalistas", o problema residia no fato de a economia brasileira ser monopolizada ao extremo; assim, sempre que a demanda caía, as empresas podiam aumentar os preços e preservar suas margens de lucro. Daí eles defenderem os controles de preços e salários. Outro grupo de economistas, que se reuniam na Pontifícia Universidade Católica do Rio de Janeiro (PUC-Rio), salientava o papel crucial da inércia – ou seja, a expectativa autorrealizável de que a inflação continuasse.[14]

    Primeira tentativa da Nova República de combater a inflação, o Plano Cruzado (batizado com o nome da nova moeda adotada), de fevereiro de 1986, foi, em certa medida, reflexo dessas novas ideias. Girava em torno de um congelamento de preços, mas, graças à ânsia de Sarney por popularidade, também promoveu aumentos salariais acima do proposto pela equipe econômica do governo. No início, pareceu alcançar um sucesso estrondoso. A inflação caiu rapidamente a zero. O consumo cresceu. Em seguida, veio a escassez. A polícia chegou a ser mandada para prender o gado, que os pecuaristas, rebelando-se contra o congelamento de preços, supostamente estariam deixando de mandar para o abate. O plano se desfez e, em janeiro de 1987, o índice mensal de inflação estava de volta aos 16%. Outros cinco planos anti-inflacionários se seguiriam nos seis anos seguintes, todos contendo variantes do controle de preços e salários. Todos falharam. Após o Plano Cruzado, a inflação brasileira, até então, alta, mas relativamente estável, degenerou em hiperinflação, ainda que ocasionalmente sofresse uma restrição temporária por um congelamento de preços.

Não foi à toa que Fernando Henrique Cardoso sentiu que havia aceitado um cálice envenenado: Itamar Franco tinha queimado três Ministros da Fazenda em menos de oito meses. Mas FHC vislumbrou também uma oportunidade. Os brasileiros estavam no limite com a inflação. O Congresso e as lideranças políticas tradicionais haviam sido enfraquecidos pelo impeachment de Collor e o escândalo da comissão de orçamento. Fernando Henrique dispunha da confiança do presidente. E, com efeito, várias das pre-condições necessárias para o controle da inflação vinham sendo postas silenciosamente em prática ao longo dos últimos oito anos. As finanças públicas ainda eram uma bagunça, mas um pouco menos. Durante a administração Sarney, a "conta movimento" que permitia ao Banco do Brasil criar dinheiro fora extinta, e se havia instaurado uma Secretaria do Tesouro Nacional. A Constituição de 1988 impôs um orçamento único e unificado, embora o governo ainda o ultrapassasse de maneira descontrolada. Em segundo lugar, os cortes de tarifas e a abertura do comércio por Collor obrigaram os oligopólios locais a competir com as importações, impedindo-os de simplesmente aumentar seus preços a seu bel-prazer. O acesso às importações também reduziu o risco de escassez em caso de aumento da demanda. E, em terceiro lugar, após longas negociações, iniciadas no final da década de 1980, o Brasil estava perto de um acordo com seus credores estrangeiros, o que culminaria em uma anulação parcial da dívida, no âmbito do Plano Brady – o que permitiria ao país voltar a participar do sistema financeiro internacional.[**]

Fernando Henrique recrutou uma equipe de brilhantes economistas da PUC-Rio e pediu-lhes que produzissem um plano politicamente coerente, que teria três elementos principais. O primeiro era uma nova moeda, o chamado "real", palavra que se refere tanto a "realidade" quanto a "realeza" e que daria nome ao plano. Seria a oitava nova moeda desde 1942; "por isso, sabíamos que teria de ser excepcionalmente forte" para ganhar credibilidade, como diria mais tarde o próprio FHC. O segundo elemento foi o corte do déficit fiscal, que àquela altura era de cerca de 8% do PIB. Edmar Bacha, um dos assessores de FH, propôs um plano por meio do qual o Congresso concordaria em

---

[*] Batizado com o nome de Nicholas Brady, secretário do Tesouro dos Estados Unidos. O último obstáculo a um acordo era de que o Tesouro dos Estados Unidos disse que não poderia emitir os títulos utilizados como garantia nas ofertas Brady, que já havia sido atingido com vários outros países latino-americanos, a menos que o Brasil tivesse um acordo com o FMI. Mas o FMI hesitou, porque não gostava do Plano Real. No final, o Brasil comprou os títulos do Tesouro dos Estados Unidos necessários.

liberar 15% do orçamento e daria ao governo federal total liberdade de decisão com relação a como gastá-lo (ou não gastá-lo), sistema em vigor ainda hoje. FHC já tinha feito cortes emergenciais no valor de 9% dos gastos federais (ou 2,5% das despesas públicas totais). Como contrapartida a uma ampliação das garantias dos empréstimos, os governos estaduais seriam obrigados a quitar US$2 bilhões devidos ao governo federal e destinar 9% de suas receitas ao pagamento da dívida. O terceiro, e mais inovador, aspecto do plano foi a adoção de uma ideia concebida por Pérsio Arida e André Lara Resende, dois jovens economistas da PUC-Rio, envolvendo uma moeda virtual chamada de Unidade Real de Valor, ou URV – o que permitiria uma gradual desindexação da economia sem contaminar o real. No jargão dos economistas, a URV seria uma unidade contábil, mas não um meio de pagamento. A ideia era permitir aos brasileiros converter os preços de cruzeiros reais, a moeda em circulação, em URVs, a uma taxa que seria ajustada à inflação dia a dia (tendo começado, em 1º de março de 1994, no valor de CR$647,50 – cruzeiros reais). A URV, por sua vez fixada em paridade com o dólar, acabaria sendo transformada no real.[15]

As eleições presidenciais de 1994 foram mais um problema que Fernando Henrique Cardoso transformou em oportunidade. Ele já declarou que decidiu concorrer à presidência por não ter conseguido convencer Lula, líder nas pesquisas de opinião, a apoiar o Plano Real. Também percebeu claramente que, caso o plano – a princípio batizado pelos meios de comunicação de Plano FHC, com suas iniciais – lograsse êxito, seria um trampolim para a presidência. Para concorrer, porém, ele teria de renunciar ao cargo de ministro em março, antes da implementação do real. Ele decidiu correr o risco. O real foi lançado em 1º de julho, antes do que desejavam os economistas. Na época, a nova moeda valia CR$2.750, implicando uma conversão complicadíssima. Felizmente, os brasileiros já eram experientes especialistas em matéria de moeda e aritmética mental, e a maioria compreendeu os meandros da URV. O importante era que o próprio real era visto como uma moeda forte; flutuaria em relação ao dólar dentro de uma faixa estreita, e começou de imediato a se valorizar. A URV havia sugado a indexação da economia, por fim. A inflação acumulada no ano de 1994 até junho foi de cerca de 5.000%; em setembro, a taxa mensal foi de 1,4%. Em 1995, a inflação foi de apenas de 14,8%, a menor taxa anual desde 1958 (e, em 1998, seria de 1,7%) – tudo sem a necessidade de novo congelamento de preços e salários.[16]

A importância da superação da inflação pelo Plano Real não poderia ser maior. Para os brasileiros, a vida cotidiana tinha se transformado em uma exaustiva e angustiante busca de defesas contra a destruição de todo o valor monetário. Eram defesas mais fáceis para os ricos; a classe média e os trabalhadores, no dia do pagamento, se precipitavam para os supermercados a fim de comprar tudo o que pudessem. A inflação incentivava as empresas a procurar lucrar a partir de malabarismos financeiros, em vez de investir em produtos decentes e de fabricação barata. Os varejistas tinham de ajustar os preços e remarcar constantemente seus estoques, às vezes duas vezes por dia – e tudo isso sem computadores de ponta, até a Lei de Informática ser revogada. Qualquer planejamento financeiro ou familiar de longo prazo era impossível. As hipotecas e outros tipos de crédito secaram.

A inflação também corria o risco de provocar uma quebra de confiança na democracia restaurada. Entre 1985 e 1994, a moeda mudou de nome cinco vezes e perdeu nove zeros, antes de por fim ser dividida por 2.750. Como observa Miriam Leitão, entre 1980 e julho de 1994 a inflação totalizou mais de 13,3 trilhões por cento, o Brasil teve 13 diferentes Ministros da Fazenda – quase um por ano – e três moratórias. Nos 19 anos passados desde julho de 1994, a inflação acumulada foi de pouco mais de 200%, e houve apenas três Ministros da Fazenda no Brasil.[17] Sem inflação que corroesse a renda, cerca de 13 milhões de brasileiros saíram da pobreza entre 1993 e 1995. As importações baratas, juntamente com o ímpeto dado ao poder de compra pela baixa inflação, acarretaram uma explosão de consumo. Entre 1994 e 1998, o preço de venda de uma televisão em cores nas lojas brasileiras caiu de US$700 para US$400, e o de uma bicicleta, de R$300 para R$90. Nesse período, as vendas de produtos tão diversos como iogurte, xampu, carros e televisões em cores mais que dobraram.[18]

Fernando Henrique sentiu o impacto imediato do êxito do Plano Real na campanha eleitoral. Em 11 de julho, menos de duas semanas após o lançamento do real, chegando a Santa Maria da Vitória, uma cidadezinha no sertão da Bahia, "percebi que ia ganhar a eleição", escreveu ele em suas memórias. O povo da cidade segurava notas de R$1 e lhe pedia para autografá-las. Lula era, por si mesmo, um símbolo; para vencê-lo, FH precisou do real como símbolo. Sua vitória foi expressiva, amealhando 34 milhões de votos (54% do total) contra 27% de Lula. A lenta e acidentada transição democrática brasileira enfim parecia concluída. Enquanto em vários outros países latino-americanos as reformas econômicas liberais foram obra de regimes autoritários, no Brasil a inflação foi derrotada pela democracia.

A batalha de FHC para reformar o Brasil

Além de político, Fernando Henrique Cardoso era um intelectual sofisticado, um dos principais sociólogos da América Latina. Em vários encontros que tivemos ao longo dos anos, vi nele um homem educado e encantador, extraordinariamente articulado e agudo analista dos problemas de seu país, sua região e do mundo. Como presidente, o sociólogo acadêmico tinha consciência da autoridade de seu cargo e da maneira como esta devia ou não ser usada. Para muitos brasileiros, foi um alívio que finalmente seu país fosse representado por alguém de quem podiam se orgulhar, alguém capaz de discutir com os líderes mundiais fluentemente em inglês, francês e espanhol. O mesmo valia para sua esposa, Ruth Corrêa Leite Cardoso, antropóloga social e feminista que muito havia escrito sobre os movimentos sociais e contava com o respeito de muitos na esquerda. Seus críticos viam FHC como um homem vaidoso e distante dos indivíduos comuns – um representante da elite, não do povo.

Fernando Henrique Cardoso nasceu em uma família de militares políticos. Seu avô paterno foi um dos oficiais republicanos do Exército que depuseram Dom Pedro II; seu tio-avô foi Ministro da Guerra de Vargas durante a revolta de São Paulo; seu pai participou do movimento tenentista e chegou a general, tornando-se depois parlamentar pelo PTB. Fernando Henrique tornou-se um acadêmico marxista. Foi um dos autores de uma influente obra sobre a teoria da dependência.⁎ Após o golpe de 1964, exilou-se no Chile e depois na França, e seus pontos de vista evoluíram. De volta ao Brasil, ele se dedicou à política, apoiando o MDB, a oposição democrática. Em 1978, concorreu ao Senado por São Paulo, ficando em segundo lugar. Quando Franco Montoro, o primeiro colocado, foi eleito governador do estado, em 1982, Fernando Henrique assumiu sua cadeira no Senado.

Ao tomar posse como presidente, FHC tinha como missão consolidar o sucesso inicial do real, modernizar a economia e restaurar o crescimento rápido, e tornar o Brasil um país mais justo. "A justiça social", disse ele em seu discurso de posse, "será o objetivo número um do meu governo". Tudo isso demandava uma reforma radical do Estado brasileiro, a fim de transformar seu perfil nacional-desenvolvimentista em regulador. "O clientelismo, o corporativismo e a corrupção sugam o dinheiro do contribuinte antes que chegue aos que deveriam ser os beneficiários legítimos das ações do governo, principalmente na área social", acrescentou.[19]

O problema era que FHC tinha de lidar com um Congresso em que tais práticas eram arraigadas. Seu PSDB, de centro, havia forjado uma aliança eleitoral com dois outros partidos. O conservador Partido da Frente Liberal (PFL) representava a elite política nordestina tradicional. Seu líder mais proeminente era Antônio Carlos Magalhães, um duro líder político da Bahia. O PTB era um pequeno partido conservador (que não guardava a menor semelhança com o partido de Vargas e Jango). Um setor do PMDB mais tarde se juntaria à coalizão governamental. Em teoria, o governo contava com o apoio de 70% do Congresso, o que seria mais que suficiente para conquistar mudanças constitucionais. Na prática, porém, era preciso conquistar pelo menos 60% do total dos membros de cada casa não só para as votações formais de projetos constitucionais, em duas sessões consecutivas do Congresso, mas também para derrubar legiões de emendas minuciosamente sabotadoras dos adversários. Fernando Henrique admite, em suas memórias, que teve que ceder às pressões dos partidos – com relação à distribuição de cargos e à prática do fisiologismo – mais do que gostaria.[20]

Em termos legislativos, o maior êxito de FHC foi lograr reverter a dominação da economia pelo Estado. Ele começou por conseguir que o Congresso aprovasse emendas constitucionais pondo fim aos monopólios estatais sobre o petróleo, a distribuição de gás, as telecomunicações e a Marinha Mercante e dispensando às empresas estrangeiras com operações no Brasil o mesmo tratamento dado às empresas locais, e levou a privatização adiante. Ao todo, entre 1991 e 2002, o Brasil leiloou o controle de 119 empresas (e participações minoritárias em outras), levantando cerca de US$75 bilhões, mais US$10 bilhões da venda de novos contratos para a provisão privada de serviços públicos de vários tipos. Entre muitas outras empresas, FHC vendeu a gigante da mineração Companhia Vale do Rio Doce (CVRD) e a Telebras, de telecomunicações, cujas partes constituintes foram vendidas por US$30 bilhões em 1998 (na época,

---

⁎ Adotada pela esquerda latino-americana, a teoria da dependência defendia que o lugar de "subordinação" da região na economia mundial, como exportadora de matérias-primas, impediu-a de alcançar o desenvolvimento e condenou-a ao autoritarismo político (embora, na versão de Fernando Henrique, a industrialização oferecesse a esperança de um desenvolvimento mais autônomo).

a maior privatização do mundo). Sob gestão privada, muitas dessas empresas foram transformadas, tornando-se muito mais eficientes. A indústria do aço precisava de 115 mil trabalhadores para produzir 22,6 milhões de toneladas de aço em 1990; seis anos depois, sua produção foi de 25,2 milhões de toneladas, com apenas 65 mil trabalhadores. A Vale (novo nome da CVRD) deixou de ser um conglomerado nacional descontrolado para alçar-se à posição de segunda maior multinacional de mineração do mundo. Outro grande sucesso foi a Petrobras – que não foi privatizada, mas perdeu seu monopólio, e a venda de 40% de suas ações na bolsa obrigou-a a comportar-se cada vez mais como uma empresa privada. Como resultado, sua produção mais do que dobrou, saltando de 700 mil barris por dia em 1995 para 1,5 milhão de barris por dia em 2002. A transformação das telecomunicações foi particularmente notória. Nas mãos do Estado, o Brasil contava com apenas 20 milhões de linhas telefônicas. Quando cheguei a São Paulo, em 1996, para montar o escritório da *The Economist* no Brasil, as únicas maneiras de se obter uma linha telefônica eram esperar três anos ou pagar R$4 mil em um próspero mercado "cinza". Quatro anos após a privatização, o número de linhas fixas havia dobrado, ao passo que o de celulares multiplicou-se mais de seis vezes. Ao contrário do México, onde a privatização do monopólio estatal de telecomunicações fez de Carlos Slim o homem mais rico do mundo, o Brasil conseguiu injetar uma dose de competitividade pelo menos no setor de telefonia móvel.[21] Em 2010, havia 200 milhões de linhas móveis, mas acumulavam-se também as reclamações dos clientes com relação à má qualidade dos serviços prestados pelo que, no entender de alguns, havia se convertido em um oligopólio.

As privatizações no Brasil não foram tão abrangentes quanto em alguns outros países da América Latina: FHC manteve os três grandes bancos federais, assim como a Petrobras, em mãos públicas. No entanto, a prática tornou-se impopular no Brasil (embora menos do que em muitos outros países latino-americanos). Geraldo Alckmin, o infeliz candidato presidencial do PSDB em 2006, recusou-se a defendê-la. É verdade que houve alguns fracassos, o mais notável dos quais foi o do sistema de energia elétrica: as empresas de distribuição foram vendidas, mas quatro quintos da geração permaneceram nas mãos do Estado. Ademais, a falta de um sistema de regulamentação eficaz contribuiu para cortes de energia generalizados quando a seca reduziu a produção hidrelétrica em 2001. A Vale, vendida a um consórcio brasileiro, quase certamente foi subavaliada. Prática comum a muitas privatizações brasileiras, os fundos de pensão do setor público desempenharam um papel fundamental nesse consórcio, mantendo a influência ou mesmo controle do governo sobre a empresa. Muitas vezes, a primeira providência tomada pelos novos donos foi demitir milhares de trabalhadores. Não obstante, com o passar do tempo a oferta de empregos voltou a crescer em muitas das empresas privatizadas. As tarifas dos serviços públicos sofreram aumentos acentuados após a privatização, algo inevitável em vista dos subsídios anteriores, que eram não só desiguais, mas também ineficientes.[22] Significativamente, nem Lula nem Dilma fizeram qualquer tentativa direta de reverter as privatizações.

O governo não se dispôs ou foi capaz de demonstrar a mesma energia para pôr sob controle as contas públicas – o que lhe custaria caro. Quando o entrevistei no Planalto, em março de 1999, Fernando Henrique Cardoso admitiu que, olhando em retrospecto, ele deveria ter sido "muito mais rigoroso no controle dos gastos federais e no incentivo a que os governos estaduais fizessem o mesmo". Outros concordavam: Tasso Jereissati, figura de destaque do PSDB, disse que "um dos erros que cometemos foi não realizar todas as reformas de uma vez", logo no início do mandato, quando a autoridade e a popularidade presidenciais em geral se encontram no auge.

Contudo, a dificuldade política era grande. As emendas constitucionais – para reformar o sistema previdenciário, o serviço público e o sistema tributário – definharam no Congresso. Em suas memórias, FHC afirma que, fora da equipe econômica, não havia consciência da premente necessidade de aperto fiscal, e que havia uma legítima demanda por gastos sociais.[23]

Em vez de austeridade fiscal, o governo continuou se valendo do câmbio para conter a inflação. Mas, para manter o real forte, era preciso, por sua vez, manter elevadas – e, às vezes, astronômicas – taxas de juros. A combinação de políticas de frouxidão fiscal, valorização do real e altas taxas de juros não só era onerosa como se revelaria insustentável. Para muitas empresas, a adaptação à economia de mercado aberto acabou sendo mais difícil do que o necessário. A despeito de todos os seus inquestionáveis benefícios para o país em geral, o Plano Real levou ao desemprego dezenas de milhares de operários relativamente bem pagos de São Paulo. Mesmo assim, Fernando Henrique manteve a popularidade. Como me explicou Eduardo Giannetti, economista e filósofo então na Universidade de São Paulo (USP), em abril de 1996, pouco depois de minha chegada como correspondente da *The Economist*: O Brasil passou por um enorme processo de aprendizagem. Sem uma moeda estável, não há futuro para este país, não há autoestima. As pessoas comuns têm aprendido que o combate à inflação é uma questão de vida ou morte, e tem de ser vencido. FHC foi eleito com essa plataforma, e tem o dever de cumprir sua missão.[24]

O primeiro mandato de Fernando Henrique Cardoso acabou se transformando em uma acirrada batalha pela preservação da estabilidade econômica em face de repetidos episódios de turbulência financeira. O primeiro teste se deu em 1995, quando, no rescaldo da caótica desvalorização mexicana, o capital fugiu da América Latina. O governo respondeu com uma ligeira desvalorização e a introdução de minidesvalorizações cambiais (que promoveria a depreciação da moeda dentro de uma estreita banda de flutuação) e elevou as taxas de juros – o que lhe valeu dois anos de tranquilidade na frente externa. O teste seguinte seria interno. O fim da inflação lançou uma luz implacável sobre o sistema bancário. Os bancos mais fracos sobreviviam à custa de empréstimos de sua flutuação de caixa no overnight. Em 1995-6, 3 dos 10 maiores bancos do país, e mais de 50 dos menores, faliram. A resposta do governo foi exemplar (muito mais hábil do que a do Banco da Inglaterra ao lidar com a insolvência do Northern Rock em 2007, por exemplo). O Banco Central assumiu os bancos em dificuldades, vendeu as partes viáveis e acabou com o restante. Fernando Henrique resistiu à intensa pressão política pelo resgate dos banqueiros, em vez dos bancos. Instaurou-se um novo sistema de seguro dos depósitos, financiado pelos próprios bancos. O programa de saneamento dos bancos, conhecido como PROER, custou cerca de 3% do PIB. Apesar de impopular, foi um dinheiro bem gasto: hoje os bancos brasileiros são sólidos e bem capitalizados. Ao mesmo tempo, como parte de um programa de reestruturação mais ampla e amortização parcial de suas dívidas, os governadores dos estados foram obrigados a encerrar ou privatizar seus bancos – exercício que custou ao governo federal cerca de R$100 bilhões, metade dos quais só para São Paulo (legado de oito anos de governo populista no estado, sob a égide de Orestes Quércia, do PMDB). Também o Banco do Brasil precisou de um pacote de resgate de R$8 bilhões.

A limpeza desses "esqueletos fiscais" deixados para trás pela inflação, como foram chamados, exigiu anos de obstinada negociação por parte de Pedro Malan, o Ministro da Fazenda – um sujeito discreto e tenaz, cujo hábito de fumar cachimbos intensificou-se nesse período. Os esqueletos fiscais, aliados ao aumento dos salários e gastos previdenciários no início do governo, contribuíram para uma deterioração das finanças públicas – que, de um pequeno excedente em 1994, saltaram para um déficit de 4,9% do PIB em 1995. Malan insistia em que o governo estava paulatinamente assumindo o controle das finanças públicas. Com efeito, o déficit apresentou uma ligeira queda em 1996. A receita oriunda das privatizações comprou algum tempo para o governo. Contudo, a partir de 1997 as altas taxas de juros necessárias para sustentar o real empurraram para cima tanto os custos do serviço da dívida pública quanto o déficit, que chegou a 8,4% do PIB em 1998.[25]

Além do déficit fiscal, o Brasil começou a registrar um déficit cada vez maior em conta-corrente, do qual apenas cerca de 40% eram cobertos por investimento estrangeiro direto (do tipo de longo prazo, em fábricas e similares). O resto era coberto por investimentos financeiros de curto prazo (*hot money*), que – ao contrário dos empréstimos sindicalizados comuns na década de 1970 – podiam desaparecer tão rápido quanto surgiam. O Brasil viu-se em uma montanha-russa nos mercados financeiros.

Fernando Henrique Cardoso muitas vezes advertiu sobre os perigos inerentes à extrema volatilidade dos mercados internacionais de capitais não regulados. Em um discurso de 1995, ele observou que as instituições criadas em Bretton Woods em 1944 – o FMI e o Banco Mundial – não eram mais suficientes para lidar com os desafios do sistema financeiro contemporâneo:

> Essas instituições datam de antes do computador. Tudo mudou agora. Hoje, é possível certo tipo de especulação maciça, porque há muito mais dinheiro que não obedece a nenhuma autoridade, seja de um país ou de um Banco Central (...) e temos de enfrentar esse problema.[26]

A globalização e os computadores facilitaram a "virtualização" do dinheiro, alertou ele em outra ocasião. O capitalismo financeiro tradicional era "benigno" quando comparado à versão "perversa" de hoje:

Isso talvez explicite, de forma mais elaborada, o fato de que o sistema capitalista contém um elemento de acaso, de jogo, de pura especulação. E o mais grave (...) é que o virtual passou a comandar o real.

Como presidente, FHC escreveu repetidas cartas para os líderes do que era então o G7 dos países ricos, alertando-os para o risco de que os bancos centrais perdessem o controle do sistema financeiro. Seus alertas foram ignorados, mas eram premonitórios: quase uma década mais tarde, essas forças desencadeariam o crash financeiro mundial de 2007-8.[27]

A equipe econômica dividiu-se acerca de como lidar com o duplo déficit brasileiro. Pérsio Arida havia renunciado da presidência do Banco Central em 1995 por crer que o Brasil deveria ter respondido à turbulência do México flutuando o real. José Serra, Ministro do Planejamento, concordava com ele, e deixou o governo no ano seguinte; a seu ver, a "estabilidade" não deveria ser promovida à custa do "desenvolvimento". No início de 1997, vários outros economistas próximos ao governo pressionavam Fernando Henrique para que desvalorizasse o real. Contudo, Malan e Gustavo Franco, diretor internacional do Banco Central (e seu presidente a partir de 1997) insistiam em que a inflação tinha de ser eliminada primeiro. Franco defendia o real forte como um instrumento de modernização da economia, forçando as empresas a se tornarem mais eficientes e baixando o custo das máquinas e insumos importados.[28]

Para piorar a situação, enquanto esse debate se acirrava FHC teve sua atenção desviada por uma emenda constitucional que permitisse a reeleição de presidentes, governadores e prefeitos por dois mandatos consecutivos, e que ele conseguiu aprovar em junho de 1997. Era uma iniciativa a que ele se opusera anteriormente e controversa, sobretudo por beneficiar o presidente em exercício. FHC argumentou que um único mandato de quatro anos é muito pouco tempo.

O governo perdeu, assim, a chance de desvalorizar a moeda quando os mercados financeiros estavam calmos. Quando a tormenta monetária se abateu sobre vários países asiáticos, o duplo déficit brasileiro deixou o país vulnerável. Para evitar uma corrida contra o real, em outubro de 1997 o governo dobrou a taxa de juros de curto prazo do Banco Central para 43%, anunciou cortes de gastos e aumentos de impostos no valor de 2,5% do PIB, e renovou seus esforços para conseguir que o Congresso aprovasse as reformas administrativa e previdenciária. Em uma cruel reviravolta do destino, todavia, Fernando Henrique perdeu seus dois mais importantes operadores políticos num intervalo de três dias, em abril de 1998: Sergio Motta, um dos esteios do PSDB e Ministro da Comunicação, morreu em decorrência de uma pneumonia, ao passo que um ataque cardíaco derrubou, aos 43 anos, o filho de Antônio Carlos Magalhães, Luís Eduardo Magalhães, então presidente da Câmara e com quem FHC havia desenvolvido um relacionamento próximo. Ademais, a turbulência voltou a assolar os mercados financeiros mundiais em agosto de 1998, quando a Rússia desvalorizou sua moeda e decretou moratória de sua dívida. Mais uma vez, os investidores abandonaram os ativos brasileiros e o real ficou sob pressão. Mais uma vez, o governo respondeu elevando a taxa de juros, que chegou a quase 50%. A 10 dias das eleições de outubro de 1998, nas quais Fernando Henrique concorria por seu segundo mandato, ele adotou duras medidas fiscais e anunciou que o Brasil ia procurar a ajuda do FMI. "Vou fazer tudo, absolutamente tudo, para garantir a estabilidade do real", declarou. Venceu as eleições com facilidade, amealhando 36 milhões de votos (53,1%); Lula, em sua terceira derrota consecutiva, chegou a 31,7%.

Lançando as bases

Em janeiro de 1999, com menos de 15 dias de seu segundo mandato, FHC foi forçado a desvalorizar o real, medida que ele tanto se empenhara em evitar. Nos cinco meses anteriores, cerca de US$50 bilhões tinham deixado o país, à medida que os investidores foram se convencendo de que, apesar das garantias do governo, a desvalorização era inevitável. O aperto de crédito tinha estrangulado o crescimento econômico. O Congresso rejeitou a reforma previdenciária. A gota d'água se deu quando Itamar Franco, que fora eleito governador de Minas Gerais, anunciou a moratória da dívida de seu estado – em um aparente acesso de inveja do sucesso de Fernando Henrique. No Banco Central, o presidente substituiu Gustavo Franco, maior paladino intelectual do real forte, por Francisco Lopes, cuja tentativa de desvalorização controlada logo foi por água abaixo. FHC, então, cedeu à pressão do mercado e deixou o real flutuar: no início de março, a moeda brasileira havia afundado para 2,25 em relação ao dólar (de 1,1 no início de janeiro), antes de se estabilizar em torno de 1,7 em abril.

A desvalorização foi uma derrota política para Fernando Henrique Cardoso, que nunca mais recuperaria a popularidade de seu primeiro mandato. Mas provou ser uma vitória econômica para o Brasil. Para comandar o Banco Central, o presidente recorreu a Armínio Fraga, outro economista da PUC-Rio, que trabalhava então em Nova York, como gestor de fundos de George Soros. Incentivado por Fraga, o governo adotou metas para a inflação (que não deveria ficar abaixo de 2,5% nem acima de 6,5% ao ano) e para o superávit fiscal primário (isto é, antes do pagamento de juros), de 3,1% do PIB. Fraga e Malan convenceram Larry Summers, secretário do Tesouro dos Estados Unidos, da inteligência dessas políticas; Summers, por sua vez, ajudou a convencer o FMI de que os US$18,1 bilhões que o Fundo havia cedido ao Brasil em novembro para evitar a desvalorização, como parte de um pacote de resgate mais amplo de US$41,6 bilhões, deveriam ser reempregados no apoio à flutuação da moeda. O FMI queria que o Brasil adotasse um regime de fundo de estabilização cambial ao estilo argentino, exatamente quando esse esquema se encontrava à beira do colapso na Argentina – o mais recente dos muitos erros de julgamento cometidos em que o FMI incorreu em relação ao Brasil. A turbulência financeira chocou o Congresso e o levou a por fim aprovar as reformas administrativa e previdenciária, ainda que de forma diluída. O governo codificou suas reformas das finanças públicas em uma Lei de Responsabilidade Fiscal, fixando limites de gastos para os três níveis de governo, vedando empréstimos federais para estados e municípios e restringindo os gastos com folha de pagamento a 60% das receitas, além de ameaçar os membros do governo que transgredissem tais estipulações com acusações criminais e prisão (ainda que essa disposição nunca tenha sido aplicada).[29]

No primeiro par de meses de 1999 houve muita discussão, no Brasil e no exterior, quanto a se o país teria recaído na instabilidade do passado recente. Foi graças à profundidade das mudanças implementadas por Fernando Henrique que isso não aconteceu. "Disseram que o governo estava prestes a ruir, mas não é verdade. Conseguimos reagir", disse-me o presidente em março de 1999.[30] A inflação foi rapidamente controlada. A economia sofreu um segundo ano de estagnação em 1999, mas não a profunda recessão que muitos previam. A paciente dedicação de Malan à limpeza dos esqueletos fiscais e ao enxugamento do Estado corporativo finalmente mostrou valer a pena, permitindo ao governo alcançar um superávit fiscal primário. O Banco Central ganhou independência operacional para definir a política monetária de modo a cumprir as metas de inflação.

O novo tripé do câmbio flutuante, metas de inflação e superávit fiscal primário permitiu ao Brasil alcançar a delicada combinação de estabilidade econômica e, por fim, crescimento mais acelerado. À medida que ficava mais difícil financiar o déficit em conta-corrente, o governo tomava medidas para estimular as exportações, que haviam definhado no primeiro mandato. Mas seria Lula, não Fernando Henrique Cardoso e o PSDB, que colheria os frutos dessas políticas. Depois de uma recuperação promissora, com um crescimento de 4,4% em 2000, a economia sofreu novo golpe, primeiro com os cortes de energia elétrica em 2001 e, em seguida, com os efeitos da bolha das pontocom em Wall Street e, sobretudo, o colapso econômico da Argentina, no final daquele mesmo ano.

Embora os dramas econômicos ocupassem a maior parte das manchetes, Fernando Henrique Cardoso também fez muito para reformar e melhorar a política social. Presidentes anteriores haviam tratado os ministérios da Saúde e da Educação como prêmios políticos; houve nove diferentes ministros da Educação entre 1985 e 1994. Fernando Henrique Cardoso nomeou para o cargo Paulo Renato Souza, um competente reitor de universidade e reformador educacional, e o manteve por oito anos. O governo conseguiu uma emenda constitucional para criar um fundo, conhecido como Fundef, para financiar melhores salários para os professores nos estados mais pobres (onde chegavam a níveis tão baixos quanto US$20 ou US$30 por mês). Entre 1995 e 2002, o comparecimento ao ensino fundamental aumentou de 88% (75% entre crianças negras) a 97% (94% entre os negros). O número de alunos do ensino médio aumentou 70% no mesmo período.[31] José Serra, Ministro da Saúde no segundo mandato de Fernando Henrique Cardoso, implementou um projeto constitucional de unificação dos serviços federais, estaduais e municipais de saúde, ampliando a oferta e enxugando desperdícios. Serra me disse que estava "obcecado pelo corte dos custos na saúde" e citou exemplos simples, como a centralização dos pedidos de vacinas, que economizou R$60 milhões por ano.[32] No total, os governos FHC aumentaram os gastos reais com saúde em 34%.

A administração colocou em prática uma rede de proteção social – "esburacada, mas bem melhor do que nada", como diria em 1999 Vilmar Faria, assessor de Fernando Henrique.[33] Aí se incluiu uma lei de 1995 que assegurou a doentes e deficientes o direito a um auxílio no valor de um salário mínimo. Grande parte dos esforços do governo se voltou para a tentativa de aprimorar a gestão dos programas sociais e concentrá-los nas pessoas e áreas mais pobres. Nesse campo, parte do trabalho foi levada a cabo por Ruth Cardoso, que montou um esquema chamado Comunidade Solidária, a fim de mobilizar e coordenar as atividades do "terceiro setor" (isto é, ONGs e atividades filantrópicas) – um movimento muito distante do tradicional trabalho de caridade a que as primeiras-damas costumavam até então se dedicar. A rede de segurança foi reforçada no segundo mandato de FHC. Um esquema de renda mínima, de que governos locais do PT tinham sido pioneiros, foi convertido, em 2001, em um programa do governo federal batizado de Bolsa Escola – que, junto com esquemas similares de ministérios federais, veio proporcionar uma renda mínima a cerca de 5 milhões de famílias.[34] O governo também lançou um gigantesco programa de reforma agrária.

Em seus oito anos no Planalto, Fernando Henrique Cardoso podia afirmar ter lançado as bases de um país mais democrático e mais justo, além de ter dado passos decisivos no sentido de transformar o Brasil em uma economia mais moderna e competitiva. Antes dele, apenas dois presidentes eleitos, Dutra e Juscelino, haviam concluído seus mandatos, desde os longínquos tempos da Primeira República. Enfim, a democracia brasileira parecia segura. Fernando Henrique Cardoso muitas vezes repetiu em entrevistas que o que lhe dava mais orgulho era ter dado um "rumo" ao Brasil.[35] Para os críticos, ele fez concessões demais aos ruralistas em sua coalizão no Congresso. Lamentavelmente, o Congresso levou sete anos para aprovar uma reforma limitada da administração pública. As prometidas reformas tributária e política não deram em nada. Em 2001, o governo havia perdido o controle de sua coalizão, que acabou dilacerada por disputas internas, sobretudo entre o PFL de Antônio Carlos Magalhães e o PMDB. No entanto, os governos de Fernando Henrique Cardoso garantiram a aprovação de 35 emendas constitucionais, a maioria delas reduzindo o Estado corporativo.

Em termos econômicos, a era FHC foi agridoce. A baixa inflação e a estabilidade econômica foram conquistas históricas. Contudo, o crescimento econômico do país foi prejudicado pelo excesso de dependência do governo em relação ao real forte e à relativa frouxidão fiscal do primeiro mandato. Entre 1995 e 2002, o crescimento econômico foi de apenas 2,3% ao ano em média, embora esse desempenho decepcionante se devesse, em parte, a um contexto externo difícil, com episódios de turbulência financeira internacional e baixos preços mundiais das commodities exportadas pelo Brasil. A depreciação do real impediu o governo de alcançar suas metas inflacionárias em 2001 e 2002. Após a alta ocorrida no primeiro mandato de Fernando Henrique, os rendimentos médios reais caíram 13% entre 1998 e 2003. A carga tributária aumentou de maneira constante durante os anos FHC, e a dívida pública duplicou. O desemprego também disparou: em março de 1999, havia chegado a 7,8% de acordo com o IBGE, a agência de estatísticas do país – o valor mais alto desde 1982. Já para o DIEESE, centro de pesquisas ligado aos sindicatos, que adotava outra metodologia, o desemprego na Grande São Paulo ficou em 19,9% no mesmo mês, quase o dobro em 10 anos. Parte dos empregos perdidos foi o inevitável efeito colateral da transição de uma economia industrial voltada para dentro para outra integrada à economia globalizada. Em contrapartida, verificou-se um aumento de produtividade, graças ao investimento empresarial em novas tecnologias e na formação de pessoal; a produção por trabalhador na indústria de transformação no Brasil cresceu a uma taxa média anual de 8,4% na década de 1990, quase tão rápido quanto na Coreia do Sul e duas vezes mais rápido que nos Estados Unidos, segundo um estudo realizado pela Fundação Getulio Vargas, uma universidade privada e *think tank*.[36]

A passagem do tempo faz o governo Fernando Henrique Cardoso parecer cada vez mais excepcional, tanto pelo volume de reformas realizadas quanto por sua perspectiva liberal. Seus críticos, encabeçados por Lula e pelo PT, acusam as políticas "neoliberais" de FHC de constituírem uma "herança maldita" que destruiu a base industrial do país. O próprio Fernando Henrique empenhou-se muito em refutar o rótulo de "neoliberal": "Se houve uma coisa que fizemos nos 10 anos em que fui ministro ou presidente, foi reerguer a máquina administrativa, conferir maior consistência às políticas públicas; em suma, refazer o Estado."[37] Embora a turbulência do mercado e as postergações do Congresso impedissem muitos observadores de reconhecer na época, Fernando Henrique de fato conseguiu dar um rumo ao Brasil. Talvez o maior elogio que ele recebeu tenha sido arrevesado: os brasileiros acreditavam que poderiam agora eleger Lula com segurança para a presidência. E isso porque o próprio Lula deixou claro que iria dar continuidade e complementar, não desmantelar, as políticas de FHC.

CAPÍTULO 8

O lulismo e o sonho brasileiro

Em 10 de fevereiro de 1980, cerca de 1.200 pessoas se reuniram no Colégio Sion, uma escola católica em Higienópolis – bairro rico de São Paulo de avenidas arborizadas e arejados blocos de apartamentos –, para fundar um novo partido político e aprovar seu manifesto. O Partido dos Trabalhadores (PT) surgiu a partir da fermentação política desencadeada pela decadência do regime militar e as grandes greves de 1978-79 nas fábricas de automóveis das zonas industriais da Grande São Paulo. O novo partido foi fruto de um longo debate, que se deu sobretudo na Região Metropolitana de São Paulo e no qual Fernando Henrique Cardoso figurou entre os defensores da estratégia de que a esquerda atuasse dentro do MDB, a fim de transformá-lo no partido de um amplo movimento progressista, composto de múltiplas classes sociais. Lula fez campanha para Fernando Henrique Cardoso em sua corrida para o Senado em 1978 e, naquela época, os dois eram amigos. Outros, porém, especialmente os líderes do "novo sindicalismo" (e, por fim, o próprio Lula), defendiam um novo partido socialista, baseado na classe trabalhadora organizada, que romperia os padrões brasileiros de conciliação política elitista. Juntamente com os líderes sindicais, outros três grupos se uniram para formar o PT. O maior deles, o dos católicos, compreendia grupos oriundos das bases cristãs; influenciados pela teologia da libertação, muitos tinham participação ativa em movimentos sociais de sem-tetos urbanos, trabalhadores rurais sem terra e assim por diante. Em seguida, havia os remanescentes dos movimentos de guerrilha dos anos 1960 e 1970, além de outras pequenas correntes de extrema esquerda, especialmente os trotskistas. O terceiro grupo era o dos intelectuais de esquerda e estudantes. Em outros países latino-americanos, essas amplas coalizões de esquerda em geral se desfizeram em meio a disputas sectárias. O PT logrou evitar tal destino, em parte, por haver admitido a organização de facções internas, ainda que submetidas a regras definidas, mas isso lhe acarretaria outros problemas.[1]

O PT tornou-se o maior, mais original e mais bem-sucedido partido de esquerda da América Latina. Em seus primeiros anos, mostrou-se ambivalente em relação à democracia representativa, preferindo dedicar-se à construção de uma organização de massas – com cerca de 230 mil membros ativos até o final da década de 1990 – e à ação extraparlamentar, por meio de movimentos sociais. Apesar de candidatos do PT terem sido eleitos prefeitos em Porto Alegre (que se tornou um bastião do PT) e São Paulo, em 1988, a política eleitoral era mais difícil para o partido – até a campanha presidencial de 1989 estabelecer Lula como indiscutível líder da esquerda. O PT conseguiu crescer, ainda que lentamente, apesar do colapso do comunismo na Europa. Embora contivesse as facções marxistas, estas nunca foram a maioria. O partido não se inspirou em Moscou, Pequim ou mesmo Havana (embora alguns de seus líderes houvessem procurado refúgio em Cuba durante a ditadura e muitos de seus ativistas simpatizassem com o regime de Fidel Castro). Ao contrário, muitos de seus intelectuais viam o PT como expressão de uma democracia radical e igualitária, podendo se gabar de ser praticamente o único partido político na história brasileira organizado de baixo para cima, e não de dentro do Estado. Seu único rival nesse sentido foi o Partido Comunista, que em seu auge, na década de 1940, contava com cerca de 300 mil membros, mas cujas políticas eram em parte ditadas do exterior. O compromisso original do PT com a luta de classes amadureceu até converter-se em uma cruzada mais moderna e relevante pela extensão da "cidadania" a todos os brasileiros. Raymundo Faoro, um intelectual simpático ao partido, acertadamente previu, em 1990, que o PT sobreviveria à queda do Muro de Berlim porque, a seu ver, era "o repositório da demanda por justiça social" em um país onde a elite "carece de todo e qualquer senso de responsabilidade social".[2] No entanto, havia uma tensão não resolvida nas atitudes do PT: sua política econômica era completamente estatista, e uma de suas principais bases eleitorais – servidores públicos aposentados e na ativa – era um dos pilares do Estado corporativo. Nas palavras do antropólogo Roberto DaMatta, "parte do PT, como Vargas, não enxerga o indivíduo", e, ao contrário, só valoriza as categorias coletivas e formas corporativistas de organização.[3]

Muitos dos líderes do partido derivaram a conclusão errada da derrota de Lula por uma estreita margem de votos em 1989, numa eleição polarizada ocorrida no contexto de sofrimento econômica e aparente fiasco da Nova República. A seu ver, ela indicava que o PT tinha condições de conquistar o poder a partir de uma plataforma de extrema esquerda. Ainda que Lula, que nunca fora marxista, se tornasse mais moderado nos anos 1990, o obsoleto socialismo de Estado a que seu partido se agarrou condenou-o à derrota contra Fernando Henrique Cardoso em 1994 e 1998. No Congresso, a bancada petista opôs-se a todas as emendas constitucionais de FHC, mesmo aquelas claramente progressistas, como a reforma previdenciária e o Fundef, o fundo para tornar mais justos os gastos com educação. Como Lula era muito mais popular do que o PT, e por ser seu líder indispensável, cada derrota só fazia fortalecer seu domínio do partido. Caso único entre os partidos políticos brasileiros, entretanto, os membros do PT elegiam a liderança nacional, que continha representantes das facções internas rivais. Lula e seu braço-direito José Dirceu, que seria eleito presidente do partido em 1995, tiveram de negociar cada passo dado pelo PT em direção ao centro, a fim de se tornar competitivo nas eleições nacionais.

"Eu mudei, o Brasil mudou"

Em 2002, colheram-se os frutos de tamanho empenho. Por um lado, a desvalorização da moeda em 1999 e as oscilações econômicas daí decorrentes destituíram o governo FHC de parte de sua popularidade. As pesquisas mostravam que o desemprego tinha substituído a inflação como preocupação maior dos brasileiros. Por outro lado, Lula deu passos mais decisivos em direção ao centro. Sua equipe de campanha contratou Duda Mendonça, então maior guru do marketing político do país, que suavizou a imagem do candidato com o slogan "Lulinha Paz e Amor". Lula passou a destacar sua infância de imigrante nordestino, em vez de seu tempo como líder sindical, e a se autorretratar tanto como negociador consensual quanto como a encarnação do sonho brasileiro de ascensão social e saída da pobreza por meio de seus próprios esforços. Forçou o PT a aceitar como aliados de campanha não só o usual pacote de pequenos partidos de esquerda, mas também o Partido Liberal, uma corrente conservadora com fortes laços com as igrejas evangélicas e que lhe forneceu seu companheiro de chapa, o fabricante têxtil José Alencar.

Na sua assembleia nacional em fins de 2001, o PT aprovou um documento que conclamava uma "ruptura necessária" com "o modelo neoliberal" e o FMI e a nacionalização dos bancos.[4] Não obstante, a plataforma de campanha de Lula foi muito mais moderada: ele não só omitiu qualquer referência ao socialismo ou a reversões da privatização como endossou o agronegócio, tanto quanto a reforma agrária. "Eu mudei. O Brasil mudou", repetia ele durante a campanha. Desapareceram, também, as menções anteriores à possibilidade de renegociação da dívida pública (que, contrariando a retórica da esquerda, não era, em essência, "estrangeira", mas de propriedade de investidores e fundos de pensões brasileiros). O passo final na marcha para o centro foi dado em junho de 2002, quando Lula lançou uma "Carta ao Povo Brasileiro", na qual se reconciliou com o Plano Real e as reformas promovidas por Fernando Henrique Cardoso. "A estabilidade, o controle das contas públicas e da inflação são hoje um patrimônio de todos os brasileiros", lia-se no documento. Ele mais tarde revelaria que hesitou por 10 dias antes de assinar a carta, "porque tive de mudar parte da minha história".[5] Significativamente, a carta foi assinada pelo próprio Lula, não publicada em nome do PT.

Apesar da Carta, à medida que Lula subia nas pesquisas de opinião, os investidores do mercado financeiro caíram presas do pânico autorrealizável. O real despencou para menos de três por dólar, apesar de o Banco Central ter novamente aumentado as taxas de juros – provocando temores de que a dívida pública, que havia chegado a cerca de US$350 bilhões, ou 62% do PIB, em julho de 2002 (e que, em sua maior parte, estava ligada ao dólar ou a taxas de juros), se tornasse impagável. Isso por sua vez acarretou o que os economistas chamam de "parada súbita" nos fluxos de capitais: os nervosos bancos estrangeiros cortaram suas linhas de crédito e os investidores se desfizeram dos ativos brasileiros. Alguns renomados economistas de Washington previam que o país seria obrigado a decretar uma nova moratória.[6] Os mercados se acalmaram, mas apenas temporariamente, quando o governo negociou um novo empréstimo junto ao FMI, no valor de US$30 bilhões, a fim de a repelir novos ataques especulativos ao real e financiar o profundo déficit em conta-corrente do Brasil.[7] O montante só poderia ser desembolsado após as eleições. Fernando Henrique Cardoso conseguiu que Lula declarasse seu apoio público ao programa econômico em que o empréstimo foi baseado, que envolvia a elevação do superávit primário para 3,75% do PIB. No entanto, os mercados financeiros mais uma vez despencaram quando ficou claro que Lula ganharia a eleição. Ele arrebanhou 46,4% dos votos, bem à frente de José Serra (23,2%), do PSDB. Anthony Garotinho, corrupto e populista ex-governador do Rio de Janeiro e cristão evangélico, levou 17,9% dos votos e Ciro Gomes, o independente ex-Ministro da Fazenda e governador do Ceará, obteve 12%. No segundo turno, em 27 de outubro de 2002, Lula derrotou Serra por 53 milhões (61,3%) a 33 milhões (38,7%) dos votos.

"Podemos fazer muito mais"

A vitória de Lula foi a mais significativa conquista da esquerda democrática na América Latina desde a eleição de Salvador Allende no Chile, em 1970 – e, apesar da turbulência do mercado, deu-se em circunstâncias subjacentes muito mais propícias. Em minha opinião, como escrevi em uma matéria de capa da *The Economist* às vésperas do primeiro turno de votações, a vitória iminente de Lula constituía um triunfo para a democracia brasileira. Em uma região há muito governada por generais ou aristocratas, seria algo impensável há não muito tempo (...) Faria muito para demolir a ideia, mais mito do que verdade, de que a democracia latino-americana até hoje não passa de um jogo manipulado em benefício dos privilegiados.[8]

Na noite de sua vitória, Lula declarou aos milhares de correligionários em êxtase que se amontoaram na larga Avenida Paulista, em São Paulo, que o Brasil tinha "rejeitado o atual modelo econômico, baseado na dependência, e favorecido um novo modelo de desenvolvimento". Durante seu mandato, Lula manteria essa retórica, ainda que muitas de suas ações a desmentissem.

Lula possui instintos políticos extraordinariamente aguçados e uma profunda empatia pelos brasileiros comuns, que ele sabia não serem revolucionários, nem mesmo de esquerda. Sua própria vida o impregnara de um ódio duradouro às injustiças e humilhações sofridas pelos pobres. Graças à sua experiência sindical, no entanto, ele era "um homem que sabe o valor de 3%", como disse José Sarney em um comentário muito citado. Costumava dizer que, como primeiro operário a se tornar presidente, ele "não podia dar ao luxo de falhar".

Dois meses depois, o discurso de posse de Lula, em Brasília, foi marcado tanto por esse cuidado quanto por sua consciência da enorme carga simbólica de sua eleição para a democracia brasileira:

> Quando olho a minha própria vida de retirante nordestino, de menino que vendia amendoim e laranja no cais de Santos, que se tornou torneiro mecânico e líder sindical, que um dia fundou o Partido dos Trabalhadores e acreditou no que estava fazendo, que agora assume o posto de Supremo Mandatário da Nação, vejo e sei, com toda a clareza e com toda a convicção, que nós podemos muito mais.[9]

Ao mesmo tempo em que declarava que a "mudança" era a enfática mensagem daquelas eleições, ele sublinhou que seria um "processo gradual e contínuo", a se realizar através de "diálogo e negociação". E acrescentou: "teremos que manter sob controle as nossas muitas e legítimas ansiedades sociais", pois estas seriam atendidas "no ritmo adequado e no momento justo".

Foi esse malabarismo da mudança social gradual dentro da ordem estabelecida que Lula se propôs a empreender – e que lhe renderia desafetos tanto na esquerda quanto na direita. Mas foi também o que lhe angariou enorme popularidade tanto no Brasil quanto no exterior. Ele se autorretratava como um homem capaz de colmatar dois mundos, o dos privilegiados e o dos destituídos, simbolizados respectivamente pelos figurões do Fórum Econômico Mundial, em Davos, e os movimentos sociais de esquerda que se reuniram em Porto Alegre, em 2003, para lançar um Fórum Social Mundial (FSM) rival. Lula compareceu a ambos naquele ano; desde então, trouxe um pouco mais de decepções aos utopistas do FSM que ao grupo de Davos.

Uma vez instalado no Planalto, Lula demandou seis reformas – previdenciária, tributária, trabalhista, política, fundiária e financeira – e criou várias instâncias para sua discussão. A maioria dessas medidas dispuseram de um amplo consenso, em teoria se não em detalhes, ainda que em sua maioria não fossem vistas com bons olhos por muitos petistas. Contudo, a primeira tarefa de Lula era tranquilizar os investidores. Dias após a eleição, Antonio Palocci, um petista moderado que fora coordenador de campanha de Lula e seria nomeado Ministro da Fazenda, anunciara que o novo governo imporia um maior rigor fiscal a fim de estabilizar a dívida, elevando a meta do superávit primário para 4,25% do PIB. Para comandar o Banco Central, Lula recorreu a Henrique Meirelles, ex-presidente-executivo do BankBoston, um banco americano, que fora eleito para o Congresso pelo PSDB, não pelo PT. Meirelles tratou de elevar os juros a fim de resguardar a moeda e tentar atingir as metas de inflação. No decorrer dos oito anos seguintes, sempre que as obstinadamente altas taxas de juros brasileiras geravam protestos, Lula sempre apoiou seu presidente do Banco Central, que gozava de autonomia operacional (assim como seus antecessores sob FHC). O presidente incluiu também alguns empresários de destaque em seu gabinete, nas pastas da agricultura e da indústria.

Palocci era médico, um ex-trotskista que se tornara pragmático. Como prefeito de Ribeirão Preto, próspera cidade agrícola do interior de São Paulo, havia estabelecido boas relações com os barões do açúcar locais e privatizara alguns serviços municipais. Como Fernando Henrique Cardoso, acreditava que a globalização era inexorável, não algo que o Brasil poderia optar por aceitar ou repudiar.[10] Entendia que a prioridade era consolidar a estabilidade econômica e financeira, a fim de assegurar o retorno ao crescimento. Sua primeira tarefa como Ministro da Fazenda foi montar uma equipe com a qual governar. O PT contava com muitos ativistas e intelectuais, mas poucos tecnocratas, exceto no campo da saúde pública, e pouca experiência de governo além do âmbito municipal (dos grandes estados, havia governado apenas o Rio Grande do Sul). Durante a campanha, Armínio Fraga havia colocado Palocci a par da situação econômica. Forneceu-lhe um documento elaborado por uma equipe de cientistas sociais, liberais em sua maioria, contendo sugestões de políticas para restaurar o crescimento, reduzir a pobreza e a desigualdade e controlar a criminalidade violenta. Intitulado *A agenda perdida*, fora originalmente encomendado por Ciro Gomes.[11] Palocci gostou. Marcos Lisboa, principal autor do relatório, juntou-se à equipe econômica, com Joaquim Levy, ex-funcionário do FMI. Ao longo dos dois anos seguintes, o governo cuidou de implementar várias das recomendações do relatório, entre elas algumas consideráveis reformas microeconômicas, tais como a nova lei de falências, uma medida para permitir que provedores de crédito deduzissem as amortizações de empréstimos automaticamente dos salários mensais, e outras para estimular o moribundo mercado de hipotecas. Uma lei de inovação permitiu às universidades reter parte dos lucros de suas joint-ventures com empresas.

Além disso, o governo conseguiu realizar uma limitada reforma previdenciária, estendendo os anos de serviço necessários para a aposentaria e restringindo o valor das pensões para os funcionários públicos – ainda que apenas para os novos servidores – ao teto máximo dos trabalhadores do setor privado – mesmas medidas pelas quais o PT tanto havia criticado FHC.[*] Isso foi demais para alguns da ala esquerda do partido: três de seus deputados e um senador abandonaram o PT para fundar um partido de extrema-esquerda, o Partido Socialismo e Liberdade (PSOL). "Lula caiu na armadilha de buscar o poder pelo poder. Talvez o PT tenha caído nessa armadilha", acusou Luciana Genro, uma das dissidentes.[12] Por mais que o PSOL angariasse a simpatia de alguns intelectuais proeminentes, não representou uma ameaça séria para Lula.

Uma vez que a corrida contra o real e outros ativos brasileiros fora, em grande parte, deflagrada pelo ceticismo com relação à conversão de última hora de Lula à economia de mercado (e, no caso do PT, à sua incompletude), do mesmo modo ela não demorou a ceder assim que ficou claro o compromisso do governo com a estabilidade econômica e as reformas. A política monetária restritiva de Meirelles fortaleceu o real – o que, juntamente com o aperto fiscal promovido por Palocci, estabilizou a dívida pública. A equipe econômica enfrentou forte pressão por parte do próprio PT, dos governadores e dos funcionários públicos no sentido de abrir a mão e abandonar a Lei de Responsabilidade Fiscal. Palocci resistiu. "É infantilidade culpar o FMI por essas medidas. Elas estão sendo tomadas por serem do interesse do país", disse ele em uma reunião repleta de financistas do Banco da Inglaterra, durante uma visita a Londres em 2003.[13] A rápida recuperação da economia veio justificar sua posição. Em 2004, o crescimento foi de 5%; no final de 2006, o real havia voltado a 2,15 por dólar e o prêmio de risco – o spread sobre a taxa de juros dos títulos do Tesouro americano – exigido pelos investidores para reter títulos brasileiros caiu de cerca de 25 pontos percentuais em 2002 para apenas dois. A bomba da dívida foi desativada: o governo retirou a maior parte da dívida em dólar e a substituiu por papéis em reais, grande parte dos quais a taxas de juros fixas. Em 2005, o governo tinha logrado antecipar a quitação de seus empréstimos junto ao FMI, e o Banco Central começou a cortar as taxas de juros. As reformas financeiras do governo desencadearam um boom de crédito. A economia mundial também estava se movimentando de forma decisiva a favor do Brasil. À medida que China e outros países asiáticos se industrializavam em ritmo vertiginoso e suas populações enriqueciam, a demanda por commodities como o minério de ferro e a soja produzidos no Brasil aumentaram, fazendo os preços dispararem. O termo de troca do Brasil – a relação entre

---

[*] Essa reforma não foi implementada por Lula, mas Dilma Rousseff a colocaria em vigor em 2012, quando o teto era de R$3.912,00 por mês.

o preço de suas exportações e o das importações – melhorou em mais de um terço entre 2005 e 2011. Os preços mais altos, por sua vez, estimularam os produtores rurais e de commodities do país a aumentar a produção. Tudo isso preparou o terreno para um surto de crescimento econômico.[14]

Estranhamente, o governo Lula a princípio tropeçou nas políticas sociais – área em que o PT fizera repetidas críticas a Fernando Henrique por não fazer o bastante. Em seu discurso de posse, Lula havia prometido transformar "o fim da fome em uma grande causa nacional" e disse que um programa de segurança alimentar chamado "Fome Zero" seria sua prioridade número 1. O sistema, porém, revelou-se antiquado e ineficiente; elaborado por José Graziano da Silva, agrônomo da Universidade de Campinas, e baseado em vales-refeição, chegou a apenas 800 mil famílias em seu primeiro ano. Por incentivo de Palocci, Graziano da Silva foi afastado (tendo chegado a diretor da Organização para Agricultura e Alimentação das Nações Unidas em 2011). O mesmo destino teve Benedita da Silva, uma petista negra, ex-empregada doméstica, a quem Lula nomeou Ministra da Assistência Social, que mostrou mais força como símbolo do que como gestora. O governo adotou então as ideias de Ricardo Paes de Barros, economista liberal do IPEA (um *think tank* ligado ao governo) e autor do capítulo sobre política social de *A agenda perdida*, no sentido de unificar o Bolsa Escola, do governo FHC, dois outros programas de assistência social e o Fome Zero em um esquema único, batizado de "Bolsa Família".[15] Como o Bolsa Escola e o programa Oportunidades, do México, o Bolsa Família seria um sistema de transferência condicionada de renda, que teria por objetivo mitigar a pobreza na atual geração e, ao mesmo tempo, proporcionar à geração seguinte meios para evitá-la. A proposta era pagar às mães um pequeno estipêndio mensal, com a condição de que mantivessem seus filhos na escola (tal como exigia o Bolsa Escola) e os levassem para exames de saúde periódicos. Em 2006, 11 milhões de famílias receberam o Bolsa Família (e 13,8 milhões em 2013).

Democracia jeffersoniana à brasileira

Foi na política e em suas relações com o Congresso, não nas políticas econômica ou social, que Lula foi mais constrangido por seu partido – o que levou sua presidência à beira do desastre. O PT tinha sido muito menos bem-sucedido nas eleições do que Lula: havia conquistado apenas 91 mandatos na Câmara dos Deputados, muito aquém dos 257 necessários para a maioria (no Senado, tinha 14 dos 81 assentos). No total, os 10 partidos da aliança que elegera Lula contavam com 250 deputados. À medida que se multiplicavam as legendas políticas, o Brasil desenvolveu o que o cientista político Sérgio Abranches alcunhou de "presidencialismo de coalizão", em que os presidentes têm de forjar alianças multipartidárias para governar – processo facilitado, de modo geral, pela promiscuidade dos parlamentares brasileiros: entre 1995 e 1998, por exemplo, nada menos que 230 dos 513 deputados haviam trocado de partido, alguns até quatro vezes. Muitos ingressaram nos partidos governistas a fim de ganhar cargos no governo e assegurar verba orçamentária para seus estados (em 1995-8, só o PSDB ganhou 47 novos integrantes, ampliando sua bancada quase pela metade). O PT, contudo, tinha uma disciplina monacal, exigindo um maior nível de compromisso de seus congressistas – e nem atraía nem queria vira-casacas (apenas dois se juntaram à legenda na legislatura 2003-6).[16] O partido tinha também um voraz apetite por poder, estimulado pela crença de Lula de que devia distribuir altos cargos no governo por todas as facções petistas (seu setor mais à esquerda compunha cerca de um terço da direção nacional do partido, e mais de um quarto de sua bancada parlamentar). Dirceu tinha feito um acordo a fim de assegurar os votos do PMDB no Congresso em troca de dois ministérios de sua escolha (Transporte e Desenvolvimento Regional, ambos com suculentos contratos públicos para distribuir), mas nesse ponto Lula decidiu dar prioridade ao seu próprio partido. "Resolvemos não aceitar a chantagem [do PMDB]", nas palavras de outro dos principais assessores de Lula.[17]

Assim, o PT acabou tendo uma vasta participação no primeiro gabinete de Lula, ocupando 11 dos 23 principais ministérios. Ao oportunista PTB, que após absorver vários nomes que se bandearam para sua legenda contribuiu com 41 deputados para a coalizão, coube um único ministério. A fim de saciar o apetite por cargos no governo, Lula promoveu uma ampla expansão da máquina federal, criando uma série de secretarias de nível ministerial – que, quando contabilizadas, deixaram o PT com 60% do primeiro escalão do primeiro ministério (proporção que apresentaria apenas ligeiras variações nos gabinetes subsequentes). No total, Lula acrescentou 2,7 mil novas nomeações às 20 mil com que o presidente tradicionalmente premiava seus aliados. Um levantamento dos mais graduados desses indicados constatou que dois quintos deles eram membros do PT, que ganharam cargos independentemente de seu mérito ou experiência. Após anos de ativismo, de intermináveis reuniões partidárias e de desvio de parte da sua renda à causa petista, muitos acreditavam que um bem remunerado cargo governamental não seria mais do que uma merecida recompensa.[18]

O ressentimento latente dos aliados do PT no Congresso explodiu de súbito em meados de 2005, sacudindo o governo Lula em suas bases. Quando veio a público um vídeo mostrando um gerente do serviço federal dos Correios aceitando suborno em nome de seu chefe político, Roberto Jefferson, presidente do PTB, este retaliou soltando uma bomba em uma entrevista ao jornal *Folha de S.Paulo*: revelou que Delúbio Soares, tesoureiro do PT, vinha fazendo pagamentos em dinheiro no valor de R$30 mil reais para dezenas de congressistas em troca de seus votos nos projetos do governo, além de destinar somas muito mais vultosas para seus partidos. Referiu-se aos pagamentos como o "Mensalão" – nome que acabaria atrelado ao escândalo desencadeado por suas revelações. Jefferson ex- apresentador de um programa diurno de televisão e cantor amador de árias italianas, fora um importante aliado de Collor e saíra em sua defesa por ocasião do impeachment. Para uma das três comissões parlamentares de inquérito criadas para analisar as ramificações do Mensalão, queixou-se que, dos R$20 milhões de reais prometidos a seu partido pelo PT, havia recebido apenas R$4 milhões, em duas malas de dinheiro. Então, em mais um exemplo da recorrente tendência da política brasileira a assumir contornos de uma telenovela, um assessor do irmão do presidente do PT, José Genoíno, foi detido em um aeroporto de São Paulo quando a polícia descobriu que ele estava carregando US$100 mil em notas enfiadas na cueca. O dinheiro, pago a políticos e partidos, era canalizado através de Marcos Valério, um publicitário careca de Belo Horizonte que logo se tornaria um nome familiar aos brasileiros, graças à cobertura exaustiva dada pela imprensa a um escândalo que não demorou a adquirir dimensões barrocas. Os investigadores descobriram que Valério tinha 18 empresas e 150 contas bancárias. Seu dinheiro tinha origem em transferências efetuadas a partir de dois bancos pequenos, o Banco Rural e o BMG; em propinas pagas para desviar depósitos de fundos de pensão estaduais para esses bancos; e em contratos de publicidade superfaturados junto a órgãos federais. As contas de Valério sugeriam que ele tinha feito pagamentos em dinheiro no valor de R$55 milhões. Sua ex-secretária, Karina Somaggio, declarou que seu chefe despachava as malas de dinheiro em aviões particulares de Belo Horizonte para Brasília, além de ter quitado parte de um empréstimo bancário contraído pelo PT para a campanha de 2002. Como já se tornou costume nas telenovelas políticas brasileiras, a jovem, ao se ver na ribalta, propôs-se a posar para a edição brasileira da revista *Playboy*. Entretanto, o preço pedido pela Srta. Somaggio, R$2 milhões, "para começar uma carreira política" foi alto demais.[19]

Dois dias após ser implicado no Mensalão pelo depoimento de Jefferson no Congresso, Dirceu renunciou ao cargo de Ministro da Casa Civil de Lula – no que foi acompanhado por uma dúzia de outros altos funcionários e todo o escalão superior da cúpula do PT. O próprio Dirceu era uma figura contraditória: podia ser encantador quando lhe convinha, e havia trabalhado incansavelmente para tornar o PT elegível. Por outro lado, era também frio, autoritário e impiedoso. Como líder estudantil no final dos anos 1960, tinha integrado o grupo guerrilheiro comunista de Marighela e foi um dos levados a Cuba em troca da libertação do embaixador americano sequestrado. Em 1974, voltou ao Brasil clandestinamente, submeteu-se a uma cirurgia plástica para se disfarçar e instalou-se em uma pequena cidade no Paraná, onde abriu uma loja de roupas. Casou-se com uma mulher de lá, a quem não revelou sua verdadeira identidade. Quando veio a anistia, teve seu rosto original restaurado, separou-se da esposa e se mudou para São Paulo, a fim de ajudar a fundar o PT.[20] Dirceu, Genoíno, Delúbio Soares, Marcos Valério, Duda Mendonça e 33 outros acabariam sendo acusados no caso do Mensalão. Como o PT permanecia no governo, muitos presumiram que o caso ia "acabar em pizza", expressão brasileira para se referir a festas e que, aplicada ao contexto político, relacionava-se com a tradicional impunidade de que os políticos desfrutavam. Contudo, o Mensalão se tornou uma causa célebre para a oposição e a mídia. Em 2012, depois de um julgamento que se estendeu por meses e foi acompanhado por muitos brasileiros ao vivo pela televisão, o Supremo Tribunal Federal julgou culpados todos os principais réus e condenou-os a penas de até 11 anos de prisão. Os veredictos, quase unânimes – muito embora a maioria dos juízes houvesse sido nomeada por Lula ou Dilma – se deveram muito à obstinada determinação de Joaquim Barbosa, principal juiz do caso e primeiro negro a integrar o Supremo Tribunal Federal.[*]

---

[*] Em novembro de 2013, Dirceu, Genoíno e os demais foram presos, embora o STF tivesse aceitado sua apelação das sentenças.

O Mensalão mostrou que, por trás do aparente purismo petista, corriam as cínicas concepções leninistas de que o fim – o poder – justificava qualquer meio e de que os interesses do partido estavam acima daqueles do Estado brasileiro. As investigações revelaram também o que muitos já suspeitavam: enquanto publicamente o PT repudiava doações do setor privado, levantava recursos não declarados para as despesas de campanha – prática tão comum na política brasileira que tinha até um nome: "caixa dois". Com efeito, Dirceu e outros alegaram em sua defesa que o PT nada mais fizera do que o bom e velho caixa dois. Na verdade, porém, a versão petista do caixa dois envolvia um grau de corrupção e ilegalidade muito além da mera falta de transparência e violação da lei eleitoral: o partido se autofinanciava sub-repticiamente por meio da cobrança de propinas em contratos com empresas de ônibus, de coleta de lixo e outros prestadores de serviços nos municípios que administrava, além de angariar recursos junto a operadores de bingo e loterias ilegais. As lideranças do partido se empenhavam em acobertar suas práticas: quando Celso Daniel, prefeito de Santo André (na Grande São Paulo), foi sequestrado e assassinado, em janeiro de 2002, o PT tratou o caso como um crime comum. Segundo a família de Daniel, que teria sido o coordenador da campanha de Lula, seu assassinato se deveu a uma disputa em torno dessas atividades.[21]

Por mais sinistro que fosse toda a história, o Mensalão foi mais que um mero esquema ilegal de financiamento partidário. Parecia ser uma tentativa sistemática de compra de apoio por meio de legendas de aluguel. O deputado petista Paulo Delgado admitiu que o governo incentivou mais de 100 deputados a deixar os partidos de oposição e ingressar em pequenas siglas aliadas do governo. O Mensalão manchou a imagem imaculada do PT, cultivada com base em suas administrações municipais e disciplina parlamentar, como detentor do monopólio do comportamento ético na política brasileira. Alguns de seus membros originais mais idealistas abandonaram o partido. Os defensores do PT apontaram, com razão, que o partido estava igualmente longe de possuir o monopólio do vício político, como sugeria parte da imprensa. E, ao contrário de muitos outros no Congresso, seus líderes não foram acusados de encher os próprios bolsos (embora possa ser o caso de alguns deles). Os simpatizantes do PT apontam ainda as alegações de que o governo de Fernando Henrique Cardoso teria comprado votos no Congresso para aprovar a emenda da reeleição, em 1997.* Nesse caso, porém, isolado, não houve nenhuma prova de envolvimento do governo federal. Muitos na oposição viram o Mensalão como parte de um plano de Dirceu para transformar o PT em um partido permanente no governo, nos moldes do mexicano Partido Revolucionário Institucional. Todavia, o esquema parecia inadequado para tanto, com a sua desajeitada mistura de

---

* Em maio de 1997, a *Folha de S.Paulo* publicou alegações, contidas em gravações feitas por uma fonte anônima, de que cinco deputados do Acre haviam recebido até R$200 mil cada um do governador do estado do Amazonas. Segundo a *Folha*, o dinheiro teria vindo de Sérgio Motta, ministro das Comunicações e principal articulador político de Fernando Henrique Cardoso. Em suas memórias, FHC admitiu a possibilidade de que tivesse havido compra de votos mas, em caso afirmativo, teria sido organizada por governadores e prefeitos (que também se beneficiariam da emenda da reeleição). As gravações não continham nenhuma acusação concreta de que Motta houvesse prometido ou pedido a alguém que efetuasse os pagamentos, apenas vagas alusões a ele. Dois dos deputados renunciaram. Nem o Ministério Público Federal nem a Polícia Federal intervieram na questão. (*Folha de S.Paulo*, 31 de dezembro de 1998; Cardoso [2006b], p. 299-300).

cinismo e ingenuidade; parecia, pelo contrário, uma resposta arrogante e improvisada às exigências do presidencialismo de coalizão.

Lula substituiu Dirceu como Ministro da Casa Civil por Dilma Rousseff, sua Ministra das Minas e Energia, que não fazia parte do grupo de lideranças que havia fundado o PT. A queda de Dirceu deu uma injeção de ânimo no poder de Palocci dentro do governo. Mais popular de seus ministros, ele se converteu no primeiro-ministro *de facto* (*status* até então compartilhado com Dirceu) e começou a falar em um "acordo social" para reduzir os gastos públicos e melhorar sua qualidade, além de eliminar o déficit fiscal. Palocci intuía, com razão, que o boom das commodities constituía o melhor momento para uma reforma fundamental e muito necessária do Estado brasileiro; contudo, seu plano foi contestado como "rudimentar" por Dilma. A oportunidade crucial para reformar o Estado, durante um período de vacas gordas, estava perdida.

Em março de 2006, também Palocci foi derrubado por denúncias. Promotores de Ribeirão Preto estavam investigando alegações de que o PT havia extorquido propinas de contratos municipais na época de Palocci como prefeito. Então, o zelador de uma casa em Brasília usada por amigos políticos do petista de Ribeirão Preto para distribuir dinheiro e desfrutar dos serviços de "recepcionistas" contou ao jornal *O Estado de São Paulo* que o ministro havia visitado a casa "10 ou 20 vezes" – desmentindo as declarações de Palocci de que nunca tinha posto os pés no lugar. Quando vazaram detalhes da movimentação da conta-corrente do caseiro em um banco do governo, em uma aparente tentativa de desacreditá-lo como testemunha, Palocci foi obrigado a renunciar.[22]

As repercussões do Mensalão ameaçaram afundar o próprio Lula quando Duda Mendonça, o guru das relações públicas, decidiu comparecer perante uma das comissões parlamentares de inquérito. Ele revelou ter recebido, por seu trabalho na campanha de Lula, R$15,5 milhões não declarados – dos quais R$10,5 milhões de contas no exterior. Como o caixa dois é ilegal e as contas no exterior implicavam evasão de divisas, caracterizou-se que a campanha incorrera em crimes previstos na legislação eleitoral. No dia seguinte, Lula se pronunciou na televisão, afirmando estar se sentindo "traído por práticas inaceitáveis das quais não tenho conhecimento".* Em um clima que começava a lembrar os últimos meses da presidência de Collor, Lula rejeitou com irritação as sugestões dos assessores de que renunciasse ou desistisse de voltar a disputar as eleições em 2006. Membros da oposição pediam o impeachment de Lula. O PSDB, entretanto, sob influência de Fernando Henrique Cardoso, afastou-se dessa alternativa. Faltavam à oposição votos suficientes no Congresso, que estava, por sua vez, desacreditado pelo escândalo. Tampouco dispunha de força política para derrubar um presidente que teria descrito tal tentativa como um complô das elites tradicionais. E o PSDB estava confiante de que conseguiria derrotar Lula nas eleições.[23]

Não foi o que aconteceu. Lula aprendeu lições pragmáticas com o caso do Mensalão. Incorporou o PMDB à coligação, cedendo-lhe três ministérios importantes. Lula, por

---

* Depois de Valério, um homem condenado, afirmar em 2013 que Lula sabia do Mensalão, o Ministério Público iniciou uma investigação sobre Lula. Mas parecia improvável que eles iriam encontrar qualquer evidência convincente contra ele.

natureza, tendia a delegar; tomava as grandes decisões, mas detestava os pormenores da política e da burocracia. Passou a se concentrar ainda mais na promoção de seu governo, em viagens incessantes por todo o Brasil e pelo exterior. Felizmente para ele, a economia estava clareando, graças às reformas de Palocci e ao boom das commodities. O governo decretou um aumento significativo do salário mínimo, que teria um aumento real de 23% naquele primeiro mandato de Lula – o que, aliado ao Bolsa Família, veio reforçar a popularidade de Lula entre os brasileiros mais pobres. Nas eleições de 8 de outubro de 2006, Lula recebeu pouco menos da maioria absoluta dos votos válidos. Em um segundo turno, três semanas depois, amealhou 61% dos votos, derrotando com facilidade o ex-governador de São Paulo, Geraldo Alckmin, do PSDB – mesma margem do segundo turno de 2002. Tal semelhança esconde uma mudança radical da fonte de apoio de Lula. Em virtude do Mensalão, ele perdeu votos entre a classe média do Sul e Sudeste; graças ao Bolsa Família e à redução da pobreza, contudo, sua popularidade no Nordeste deu um salto. Pela primeira vez, Lula foi tão votado por mulheres quanto por homens, e os votos dos mais pobres e menos escolarizados refletiram o peso desse grupo na população como um todo. Lula pôs abaixo o padrão da política elitista brasileira, finalmente desmentindo o dito popular de que "pobre não vota em pobre". Já o PT não se saiu tão bem, perdendo 8 de seus 91 assentos na Câmara dos Deputados. Mais uma vez, a capacidade de Lula de arrebanhar eleitores aumentou seu poder no partido.[24]

O desvio para o capitalismo de Estado

Vários elementos permitiram e incentivaram Lula a adotar uma política econômica um pouco mais estatista em seu segundo mandato. A economia crescia, a conta-corrente estava com superávit, o real apresentava valorização constante e os investidores começavam a sorrir para o Brasil de Lula. Os salários e o emprego aumentaram e, com as reformas do mercado de crédito de Palocci, desencadeou-se um boom do consumo. Embora Meirelles permanecesse no Banco Central, após a saída de Palocci a política econômica caiu sob o domínio de um grupo de economistas simpatizantes do pensamento neodesenvolvimentista, que defendiam um papel mais ativo do Estado (mentalidade que remontava a Juscelino e a Geisel). Entre eles figuravam Guido Mantega – antigo assessor econômico pessoal de Lula em seus tempos de oposição que assumira, com a saída de Palocci, o Ministério da Fazenda – e Luciano Coutinho, que substituiu Mantega na presidência do Banco Nacional de Desenvolvimento Econômico e Social, o BNDES. Discretamente, Mantega engavetou os planos de Palocci de reforma das finanças públicas. Lula abandonou sua pregação anterior das reformas tributária e na legislação trabalhista de Vargas. Em vez disso, o governo relaxou e tratou de aproveitar o boom das commodities.[25]

O presidente lançou um programa de obras públicas, batizado de Programa de Aceleração do Crescimento (PAC), e pôs Dilma em seu comando. O PAC, com um orçamento nominal de R$500 bilhões em quatro anos, deu cara nova a uma série de programas já existentes (FHC havia lançado um programa semelhante, em menor escala, em seu segundo mandato). Alguns de seus projetos eram válidos, tais como a instalação de iluminação pública, a realização de obras de saneamento e outras iniciativas visando à urbanização das favelas no Rio de Janeiro. Outros mostraram-se controversos, tais como um vasto esquema para irrigar o sertão com as águas do Rio São Francisco, que incorreu em atrasos e excedeu o orçamento (ver o Capítulo 10). O governo também incrementou o Luz para Todos, programa de eletrificação rural de que Lula falou tão expansivamente na conferência de Londres em 2009, e lançou o Minha Casa, Minha Vida, projeto para construção de conjuntos habitacionais de baixo custo. A maré de boa sorte de Lula prosseguiu quando a Petrobras anunciou, no final de 2007, a descoberta de novos e enormes recursos de petróleo profundo, abaixo do piso do Atlântico Sul. Lula confiou a Dilma Rousseff, presidente do Conselho da Petrobras, a elaboração de um novo enquadramento jurídico dos novos campos, conhecidos como "pré-sal" por estarem localizados abaixo de uma espessa e instável camada de sal. Em sua forma final, este declarou o novo óleo propriedade do Estado e concedeu à Petrobras o monopólio de sua exploração, ao mesmo tempo respeitando os contratos existentes e mantendo o regime jurídico anterior para áreas fora do pré-sal. A nova e estrita regulamentação determinou que até 70% dos insumos e materiais para o desenvolvimento do pré-sal fossem produzidos no Brasil.*

As descobertas de petróleo vieram somar-se a uma euforia crescente, que se estendia de Lula a muitos empresários e brasileiros comuns. Ao apresentar os projetos das novas leis do petróleo, em 2009, Lula chamou o pré-sal de "presente de Deus" e um "bilhete [de loteria] premiado". "Nunca antes na história do Brasil..." Lula repetia ao proclamar cada nova conquista social ou econômica, e às vezes era verdade. Em janeiro de 2008, o Brasil se tornou credor externo líquido – uma reviravolta e tanto em relação ao endividamento da década de 1980. Poucos meses depois, as agências internacionais de classificação de crédito elevaram a classificação de crédito do país para grau de investimento, isto é, consideraram a dívida brasileira segura o suficiente para ser comprada por fundos de pensões estrangeiros – medida que normalmente acarreta um aprofundamento do mercado de capitais no país em questão.

A euforia seria brevemente eclipsada pelo colapso do Lehman Brothers, em setembro de 2008, e pela crise financeira mundial que se seguiu. A princípio, Lula mostrou-se confiante de que o Brasil sairia ileso. "Bush, meu filho, resolva sua crise", pediu ele ao presidente americano, em março de 2008. Seis meses depois, declarou: "Lá [nos Estados Unidos e na Europa], [a crise] é um tsunami. Aqui, se ela chegar, vai chegar uma marolinha, que não dá nem para esquiar." Porém, a "marolinha" virou onda. Os bancos brasileiros de repente descobriram que as linhas de crédito de suas contrapartes no exterior, que financiavam importações e exportações, haviam sido canceladas. Essas linhas comerciais costumam ser roladas automaticamente, e constituem o lubrificante que, despercebidamente, mantém a economia mundial em funcionamento. Todavia, nos meses que se seguiram ao colapso do Lehman Brothers, a taxa de rolagem das linhas comerciais do Brasil caiu de 130% (ou seja, vinham se expandindo) para apenas 23%, com o recuo dos bancos internacionais daquela que era

---

* Ver o Capítulo 10 para mais detalhes.

tradicionalmente considerada uma das formas mais seguras de empréstimo – o que, por sua vez, obrigou as empresas brasileiras a pedir emprestado em reais para pagar seus empréstimos em dólares, causando uma desvalorizando do real, que passou de 1,55 para 2,40 o dólar. A súbita depreciação expôs várias das maiores empresas do Brasil, que descobriram que seus departamentos financeiros tinham feito grandes apostas nos mercados de derivativos. Como esperavam que o real continuasse se fortalecendo, como vinha acontecendo desde a eleição de 2002, tomaram créditos em dólar para pré-financiar exportações, aplicando-os em investimentos de curto prazo em reais. A Sadia (uma grande empresa de alimentos), a Aracruz (papel e celulose) e a Votorantim (um conglomerado industrial) perderam dessa maneira mais de US$1 bilhão cada uma. A Sadia e a Aracruz só evitaram a falência porque, sem outra alternativa, recorreram a fusões com rivais, ao passo que o banco da Votorantim, um grande fornecedor de empréstimos para compra de automóveis, foi resgatado pelo estatal Banco do Brasil. Diante dos tremores que sacudiam o sistema financeiro, o Unibanco, terceiro maior banco comercial privado brasileiro, concordou em ser adquirido pelo Itaú, que se tornou, assim, o maior banco do país.[26]

Apesar desses acontecimentos, a crise financeira mundial ajudou a comprovar a recém-conquistada força econômica do Brasil. O Banco Central vendeu dólares de suas amplas reservas (num total de US$220 bilhões), e afrouxou os requisitos de reserva bancária, injetando cerca de R$200 bilhões na economia. O sistema financeiro tinha vacilado, mas não caiu, e a inflação seguiu sob controle. Depois de uma recessão curta e leve, a economia voltou à vida em 2009, quando o governo implementou um vasto pacote de estímulo fiscal. O BNDES ampliou seus empréstimos em mais da metade (chegando a 4,5% do PIB) graças a três aumentos de capital por parte do governo; a maioria de seus empréstimos saía a menos de metade da taxa de juros de referência do Banco Central. Vastas parcelas dos gastos do governo passaram a ser excluídas das metas fiscais, e as contas públicas foram ficando cada vez mais opacas.

Lula concluiu que "a crise foi causada por comportamentos irracionais de gente branca de olhos azuis, que antes pareciam saber de tudo, e, agora, demonstram não saber de nada". A conclusão que sua equipe econômica parecia derivar daquele episódio era que o capitalismo liberal havia naufragado e o futuro estava no capitalismo de Estado, tal como praticado em diferentes graus pelos companheiros do Brasil no BRIC – China, Índia e Rússia.* Lula em pessoa me disse que a lição da crise era que "o Estado deve estar preparado, deve ter a capacidade de intervir quando necessário". E acrescentou:

> Não quero um Estado proprietário nem intervencionista, mas quero que o Estado tenha a capacidade de regular e que as pessoas saibam que ele tem condições de fazer isso... É assim que eu concebo o Estado: ele mobiliza, supervisiona, regula. Não se envolve como dono, mas está pronto para entrar em ação.[27]

---

* Ver o Capítulo 11.

"O problema é que a crise foi vista como uma licença para gastar", comentou Raúl Velloso, ex-autoridade financeira e maior especialista do Brasil em contas públicas. Algumas das medidas de estímulo envolveram um aumento permanente nos gastos públicos, acelerando uma tendência de longa data. Além disso, Lula continuou empurrando o salário mínimo para cima, muito mais rápido do que a inflação, o que teve um efeito dominó nos gastos com pensões e alguns benefícios sociais. Os gastos não chegaram a sair por completo do controle, como aconteceu na Venezuela de Hugo Chávez ou na Argentina de Cristina Kirchner. Se o governo demorou a retirar o estímulo fiscal, foi basicamente porque Lula tinha uma eleição para ganhar.

O triunfo do lulismo

Há que se reconhecer o mérito de Lula por ter resistido às sugestões de alguns de seus próprios correligionários no sentido de que tentasse mudar a Constituição para poder concorrer a um terceiro mandato. "Com a democracia não se brinca", ele disse.[28] Contudo, ele tinha um problema a resolver: por sua má conduta, seus dois sucessores óbvios, Dirceu e Palocci, estavam inelegíveis. Além disso, o Mensalão tinha maculado a liderança do PT na opinião pública. Lula escolheu então Dilma Rousseff como sua candidata à eleição de 2010. Era uma jogada arriscada; ela nunca havia ocupado um cargo eletivo e era uma recém-chegada ao PT. Nenhuma mulher jamais fora eleita presidente do Brasil. Entretanto, Lula, ajudado pelo novo guru do marketing do PT, João Santana, logrou tirar proveito desses pontos fracos. Dilma passou a ser associada às realizações de Lula – estratégia posta em marcha em março de 2008, por ocasião de uma cerimônia no Complexo do Alemão, uma enorme e violenta favela que se espalha sobre os morros da Zona Norte do Rio de Janeiro, onde alguns moradores tinham de galgar até 1,2 mil degraus para chegar às suas casas. Como parte do PAC, Lula anunciou que os governos federal e estadual, em parceria, construiriam um teleférico – sistema copiado de Medellín, na Colômbia. Com Dilma ao seu lado, ele a chamou de "uma espécie de mãe do PAC".[29]

Os dois se tornaram onipresentes em eventos do governo. Quando, em 2009, Dilma revelou que tinha um câncer linfático, que exigiria meses de doloroso tratamento, isso teve o efeito de reforçar sua imagem de lutadora. Alcançou a recuperação completa a tempo da campanha. Quando os brasileiros entenderam que Dilma fora ungida sucessora de Lula, sua colocação nas pesquisas de opinião começou a subir de maneira inexorável. Os gastos de estímulo do governo ajudaram: a economia cresceu a uma taxa anualizada de 8% nos 15 meses que antecederam meados de 2010, enquanto os gastos do governo subiam a velocidade similar.

Como era de se esperar, Dilma arrebatou 46,9% dos votos, à frente de José Serra, que concorreu pelo PSDB (32,6%). A surpresa das eleições ficou por conta da forte presença de Marina Silva (19,3%), do Partido Verde. Uma das fundadoras do PT, como Ministra do Meio Ambiente de Lula ela tinha abrandado o desmatamento na Amazônia, mas renunciou face ao que viu como um crescente oportunismo e falta de princípios éticos por parte do governo. Dilma ganhou o segundo turno contra Serra por 56,1% a 44%.

Ao conseguir eleger uma assessora desconhecida como sua sucessora, Lula consolidou um triunfo político quase maior do que se tivesse sido ele mesmo candidato.

Lula havia presidido um crescimento econômico mais rápido associado a redistribuição de renda e inclusão social, uma combinação sem precedentes no Brasil. As desigualdades regionais do país também caíram. Entre 2003 e 2010, o salário mínimo teve um aumento real de 50% (o equivalente a U$286 por mês em 2010); foram criados cerca de 14 milhões de empregos no setor formal; e aproximadamente 20 milhões de brasileiros saíram da pobreza. Quando Lula deixou o cargo, o desemprego encontrava-se em apenas 5,3% e cerca de 12 milhões de famílias pobres recebiam entre R$22 e R$306 por mês através do Bolsa Família, conforme sua renda e número de filhos. Nos dois mandatos de Lula, foram fundadas 14 novas universidades federais e 214 escolas técnicas e criou-se o Prouni, programa de bolsas para estudantes pobres em universidades privadas, que teve 700 mil inscritos até 2010.[30]

Não admira que Lula tenha deixado o cargo ainda mais popular do que quando entrou, com cerca de 75% de aprovação. Para o filósofo marxista britânico e eterno otimista da extrema-esquerda Perry Anderson, isso reflete "não um apaziguamento ou moderação, mas uma radicalização do governo".[31] Nem tanto: exceto pelo grande aumento do salário mínimo, o maior ativismo do Estado na política econômica no segundo mandato não teve efeito tangível sobre a popularidade de Lula. Pelo contrário, foi fruto do crescimento econômico mais acelerado (em decorrência da moderação do primeiro mandato e de fatores externos como o boom das commodities), de políticas sociais mais ambiciosas e da imagem de Lula como defensor dos pobres. André Singer, cientista político da Universidade de São Paulo, chegou mais perto da verdade quando sugeriu que Lula aderiu a um reformismo moderado com foco na redução da pobreza extrema sem confrontar a ordem econômica estabelecida. No entender de Singer, que atuou no governo como porta-voz de Lula no primeiro mandato, isso promoveu um realinhamento político que se refletiu nas eleições presidenciais de 2006 e 2010. Os brasileiros mais pobres identificavam-se com o "lulismo" (não especificamente com o PT), ao passo que o Mensalão empurrou a classe média tradicional mais para os braços do PSDB e da oposição.[32]

Esse quadro está de acordo com o que vi em minhas visitas ao Brasil durante o segundo mandato de Lula. Muitos da classe média tradicional de São Paulo e do Rio eram sarcásticos em relação a Lula. De fato, em termos relativos, essa parcela da população não se beneficiou muito da era Lula. "Havia uma percepção de que 'todo mundo melhorou de vida, menos eu'", explicou Claudio Couto, cientista político de São Paulo.[33] Tinham de pagar mais às empregadas domésticas, enquanto os espaços sociais, dos shopping centers às estradas, estavam mais cheios. Sua aparente preocupação com a sustentabilidade dos gastos, o inchaço e o peso do governo federal e a falta de reforma tributária tinham sua razão de ser. Na verdade, a história julgará Lula mais duramente não tanto pelo que ele fez, mas pelo que não fez – pelo fato de ter abandonado as reformas estruturais de que o Brasil tanto necessitava. Como disse o cientista político norte-americano Timothy Power, enquanto o governo FHC foi um governo de reformas, o de Lula foi um governo de programas, importando em menor dispêndio de capital político e, portanto, maior popularidade.³⁴ Por outro lado, por trás das queixas dos relativamente privilegiados no Brasil não era difícil perceber a raiva e o medo diante de sua perda de controle do governo – no que se notava talvez alguma semelhança com a oposição da UDN a Jango e a Vargas em seu último mandato, de caráter mais populista.

Essa visão entra em radical contraste com o modo como Lula era visto pelos brasileiros vivendo em áreas mais pobres, onde o primeiro grupo raramente se aventurava. Era como se morassem em países diferentes. "Na periferia [urbana], todo mundo ama o Lula", me disse Afonso Gonçalves, ex-camelô e eletricista industrial dono de um mercadinho no Montanhão, uma enorme favela em São Bernardo do Campo. "Ele se preocupou com os pobres. É o presidente do povo. Os pobres não entendem de política nem de socialismo. Só querem que seus filhos tenham uma vida melhor do que a deles." Encontrei o mesmo sentimento em 2010 no Jardim Iguatemi, um complexo de favelas que se espalha pelos morros íngremes do extremo leste de São Paulo, a uma hora e meia de carro do centro da cidade, depois de Itaquera, o bairro pobre que era lar do Corinthians, o time de futebol cuja torcida é a segunda maior do Brasil (e do qual Lula é torcedor). O fato de o Jardim Iguatemi ter parte do nome igual ao do mais elegante shopping de São Paulo parece até uma ironia consciente. Conversando com um grupo de mães de lá, todas me declararam seu apoio a Lula. "A gente tem que votar em alguém que vai fazer alguma coisa por nós, porque vivemos neste lugar longe do mundo", explicou Quitéria de Souza, migrante de Alagoas que morava com os três filhos em uma casinha de alvenaria no alto do morro. Segundo Milene Ribeiro, uma mulata forte de cabelo puxado para trás num rabo de cavalo, também mãe separada, com três filhos, Lula tem feito um grande esforço e "pensa muito nos problemas concretos". Ela citou o Bolsa Família e a nova escola técnica de Itaquera. Hoje com 33 anos, seu pai era pintor e sua mãe, empregada doméstica. Ela queria ser professora, mas abandonou a universidade depois de quatro meses "porque não tinha como pagar".

Ao contrário de Chávez, Lula nunca incentivou a polarização socioeconômica nem acompanhou sua "opção pelos pobres" de uma radicalização política do mesmo tipo ocorrido sob Jango;³⁵ deu à América Latina um poderoso exemplo de reformismo – comprovando ser possível promover mudança social, ampliação da cidadania ativa e redução da desigualdade dentro das regras da democracia e da estabilidade econômica e financeira. Alguns dos ricos brasileiros entenderam isso. "Podem dizer o que quiserem sobre o Lula, mas ele está conseguindo equilibrar como ninguém os banqueiros e o MST", declarou Álvaro Coelho da Fonseca, proprietário de uma agência imobiliária de luxo em São Paulo, à *Piauí*, revista brasileira que segue os padrões da *New Yorker*.**³⁶

Poucas semanas antes das eleições de 2010, indaguei a Lula o que ele julgava ser a prioridade do próximo governo. Ele respondeu com um resumo de seu próprio sonho para o Brasil:

---

* O "Movimento Sem Terra", ou "Movimento dos Sem Terra", é um movimento social radical que se especializou em invadir fazendas e prédios públicos (ver o Capítulo 10).

Estamos começando a tomar medidas para que os mais pobres comecem a subir para a classe média baixa, depois para a classe média média. Este é o país que eu sonho que o próximo presidente vai construir: um país em que a grande maioria seja de classe média, com poder de compra e acesso a bens materiais, educação e saúde melhores do que temos hoje. O Brasil está pronto para isso, a autoestima do povo tem aumentado. (...) Acho que conseguimos avançar e que o Brasil se enxerga de uma forma diferente agora. Começamos a gostar de nós mesmos, não temos mais complexo de inferioridade.[37]

As decepções de Dilma

Dilma Rousseff veio de uma confortável família de classe média, filha de um imigrante búlgaro que prosperou como empreiteiro em Belo Horizonte e se casou com uma professora de escola primária bem mais jovem. Seu pai morreu de ataque cardíaco quando ela tinha 15 anos. Quando ainda era estudante, Dilma começou a participar nas reuniões da POLOP,** pequeno grupo marxista composto basicamente de estudantes e acadêmicos inspirados pelas ideias de Leon Trotsky e Rosa Luxemburgo. Após o golpe de 1964, o grupo seria tomado por um entusiasmo crescente pela resistência armada e pela ação de guerrilha ao estilo cubano. Em 1968, Dilma trancou a faculdade de economia para passar um ano como militante clandestina da VAR-Palmares (Vanguarda Armada Revolucionária-Palmares), breve fusão de elementos da POLOP com um grupo liderado pelo ex-capitão do Exército Carlos Lamarca. A principal ação do novo grupo foi o roubo de um cofre com US$2,5 milhões da casa da amante do ex-governador de São Paulo Adhemar de Barros, então recém-falecido, que se gabava de que roubava, mas fazia.*** Dilma não participou da ação, mas ajudou a trocar parte dos valores em cruzeiros. Em um debate interno que levaria a VAR-Palmares ao cisma, ela fazia parte de uma facção que dava preferência ao trabalho político de organização da classe trabalhadora, contra aqueles, liderados por Lamarca, que prefeririam a ação de guerrilha. Embora tivesse aprendido a montar e desmontar um fuzil, ela disse que nunca disparou, devido à sua miopia. Presa em janeiro de 1970, Dilma foi torturada por 21 dias no DOI-CODI, em São Paulo, sem revelar seu endereço, uma casa em uma região de classe trabalhadora que ela dividia com outro militante e onde haviam escondido seis rifles de Lamarca e outras munições. Permaneceu presa por quase três anos, a maior parte desse tempo na prisão Tiradentes, antigo armazém de escravos no centro de São Paulo. Condenada por tribunais militares por seu pertencimento a uma organização subversiva (mas não por participar de ações armadas), foi libertada após o Supremo Tribunal Militar reduzir sua sentença. Mais tarde, ela contaria que, ao deixar a prisão, sentiu "uma grande solidão. Quem eu conhecia ou estava na cadeia, ou tinha saído do Brasil ou estava morto".[38]

Dilma foi morar em Porto Alegre, cidade de seu companheiro preso, Carlos Araújo, onde se graduou em Economia. Por duas vezes matriculou-se (sem concluir) no curso de pós-graduação em Economia da Universidade Estadual de Campinas (UNICAMP),

---

* *Nota da Tradutora*: Organização Revolucionária Marxista Política Operária.
** Ver o Capítulo 5.

principal núcleo do pensamento neodesenvolvimentista, onde Luciano Coutinho foi um de seus professores. Ela e Araújo ingressaram no PDT de Brizola, que forjaria uma aliança local com o PT no Rio Grande do Sul. Dilma foi Secretária Municipal da Fazenda de Porto Alegre e, depois, Secretária Estadual de Energia, transferindo-se para o PT quando Brizola rompeu a aliança local. Foi nesse cargo que ela chamou a atenção de Lula, munida de seu laptop e do ar de autoridade que adquirira negociando contratos para o fornecimento de gás natural às empresas locais que pouparam o Rio Grande do Sul dos apagões nacionais de eletricidade de 2001.

Dilma era, pois, uma sobrevivente, uma mulher forte e poderosa de convicções feministas, respeitada por sua capacidade administrativa, atenção aos detalhes, honestidade e apetite pelo trabalho, mas temida por sua dureza e temperamento irascível. Era uma oradora de eventos pequenos, sem experiência política e dotes políticos convencionais. Como presidente, não se mostraria nada condescendente, passando com frequência por cima dos ministros para lidar diretamente com aqueles dentre seus subordinados que considerasse mais competentes, prática que daria margem a muito ressentimento na Esplanada dos Ministérios, em Brasília. Era mais ideológica do que Lula, descrevendo-se como uma "socialista democrata brasileira" em vez de social--democrata (uma caracterização mais moderada).[39] Expressava convicções democráticas arraigadas, tendo muitas vezes repetido que "prefiro o barulho da imprensa livre ao silêncio das ditaduras", no que se distinguia de outros líderes latino-americanos de esquerda, como Chávez e Rafael Correa, do Equador, que restringiram as liberdades de imprensa. Defendeu em diversas ocasiões o direito dos brasileiros de se manifestarem plenamente e em paz, justificando seus valores com o argumento de que eles seriam naturais para alguém que havia lutado contra uma ditadura (ainda que pela ditadura do proletariado).

Seu pragmatismo era de um tipo diferente de Lula; destituída da destreza política e instinto de consenso deste, ela só mudava de ideia quando a realidade lhe provava que estava errada. Ela me disse que "não se pode ser fundamentalista com relação a nada".[40] Empresários que lidaram com ela como ministra ou como Ministra-Chefe da Casa Civil de Lula expressavam sua admiração por ela como uma negociadora difícil, mas justa, embora mais tarde se mostrassem bem mais críticos. Em uma conferência da *The Economist* realizada em Brasília, em 2007, vi com meus próprios olhos algumas dessas qualidades ao presidir um encontro em um café da manhã, na qual encarou com maestria as perguntas de uma vintena de empresários. Era uma "gerente-presidente", segundo Luciano Coutinho.[41] Contudo, muitas vezes essa sua faceta parecia assumir a forma de intromissão e microgerenciamento. Sua falta de experiência política a colocaria em apuros.

Ao tornar-se presidente, Dilma tinha por missão consolidar as conquistas de Lula e, ao mesmo tempo, sair da sombra de seu mentor. No início tudo parecia ir bem. Em seu discurso de posse, ela proclamou como sua meta que o Brasil se tornasse "uma das nações mais desenvolvidas e menos desiguais do mundo – um país de classe média sólida e empreendedora, uma democracia vibrante e moderna, plena de compromisso social, liberdade política e criatividade institucional"; comprometeu-se a erradicar a pobreza extrema e manter a estabilidade econômica "como valor absoluto". Destacou, ainda, a importância das reformas tributária e política e da melhoria da qualidade dos serviços e gastos públicos, e prometeu tolerância zero com a corrupção e o desperdício.

Não demorou para que ela tivesse de cumprir sua palavra. Com a ajuda de Lula, ela havia costurado a coalizão mais ampla e heterogênea já montada por um presidente. O PMDB chegou ao coração do governo: um de seus principais líderes, Michel Temer, foi seu vice-presidente. Dilma manteve muitos dos ministros de Lula, embora tenha acrescentado mais mulheres. Em seu primeiro ano como presidente, demitiu sete ministros – em todos os casos, exceto um, por enfrentarem acusações de malversação de recursos. A mais notável dessas primeiras baixas foi Palocci, que voltara ao governo como Chefe do Estado-Maior de Dilma, mas foi forçado a renunciar com menos de seis meses de governo, depois de revelações de que havia enriquecido como consultor político durante seu exercício do cargo de deputado federal, entre 2006 e 2010. Palocci havia imposto cortes orçamentários após a farra de gastos de 2010, sua saída privou o governo de um poderoso contrapeso aos instintos econômicos intervencionistas de Dilma, Mantega e da esquerda do PT.

Dilma teve um início cauteloso. Após o violento superaquecimento de 2010, o governo tratou de esfriar a economia. No entanto, o real continuou a se valorizar em relação ao dólar, atingindo uma alta de quase 1,55. Mantega pôs a culpa na frouxa política monetária do Federal Reserve dos Estados Unidos, declarando que o Brasil estava sendo vítima de uma "guerra cambial", impôs tarifas e controles aos fluxos de capital de curto prazo. Outros defendiam que a valorização do real devia igualmente à falta de poupança no país e às altas taxas de juros, bem como a seu êxito na atração de investimentos estrangeiros diretos de longo prazo.

Na verdade, porém, o ciclo de crescimento econômico mais acelerado iniciado com o Plano Real tinha esgotado seu curso. O crédito já não crescia tão rápido, os consumidores destinavam uma grande parte de seus contracheques à quitação dos empréstimos que haviam contraído para comprar carros e televisores de tela plana. Como a economia da China desacelerou, os preços das commodities pararam de subir. O boom das commodities havia impulsionado as receitas fiscais e mascarado problemas econômicos subjacentes relacionados com a falta de competitividade brasileira – que se viram, agora, expostos: salários, impostos e juros altos, mais uma infraestrutura deficiente, elevavam os custos das empresas. Era mais barato importar aço feito na Coreia do Sul a partir de minério de ferro brasileiro do que comprá-lo localmente, queixou-se Carlos Ghosn, CEO brasileiro da Renault-Nissan. Os fabricantes, expostos à concorrência estrangeira, viram suas margens de lucro espremidas e cortaram investimentos.

Em discursos, Dilma e outras autoridades reconheceram alguns desses problemas. Admitiram que o crescimento devesse ser mais consequência de investimentos do que do consumo. Todavia, quando não conseguiram alcançar a prometida recuperação econômica em 2012, pareceram entrar em pânico e dedicaram-se a constantes e contraproducentes intromissões. O Banco Central iniciou uma série de agressivos cortes das taxas de juros, ao que parece por insistência da presidente, prejudicando a própria credibilidade. O governo anunciou uma desconcertante onda de incentivos fiscais, aumentos seletivos de tarifas e outras medidas. A confusão foi resumida por Roberto Setúbal, presidente do Banco Itaú:

> O governo muda isso, muda aquilo, e o resultado é muita incerteza. Eles têm de comunicar melhor o papel do governo em relação ao setor privado. Não estão oferecendo os incentivos certos, os retornos certos para os riscos que estão sendo encontrados.[42]

Quando a inflação subiu para cerca de 6,5% ao ano, teto da meta do Banco Central, o governo segurou o preço da gasolina (enfraquecendo o balanço da Petrobras) e as passagens de ônibus. Mesmo assim, com a inflação teimosamente próxima dos 6% e o rápido enfraquecimento do real, o Banco Central teve de reverter o curso em 2013, aumentando as taxas de juros. "Lula provavelmente disse a ela que as taxas de juros não a fariam perder as eleições [de 2014], mas a inflação, sim", especulou um economista da oposição. Para compensar as reduções de impostos, o Ministério da Fazenda tratou de flexibilizar sua meta fiscal. Sua política fiscal expansionista implicava que, para manter a inflação sob controle, a política monetária tinha de ser mais pressionada. Com alguma razão, as autoridades puseram a culpa nas turbulências da economia mundial, mas o Brasil não se saiu tão bem quanto a média latino-americana. Nos três primeiros anos da presidência de Dilma, projetou-se um crescimento médio de apenas cerca de 2% ao ano. Ao minar o tripé que estava no cerne do êxito brasileiro desde 1999 – a taxa de câmbio flutuante, o Banco Central independente, encarregado de cumprir sua meta de inflação, e uma política fiscal responsável, visando à redução da dívida pública – o governo Dilma desperdiçou uma herança preciosa e perdeu a confiança dos mercados financeiros. A normalmente diplomática OCDE, organização de pesquisa, sobretudo de países ricos, foi discretamente devastadora nas críticas publicadas em outubro de 2013 em uma pesquisa sobre o Brasil – na qual a organização lamentava que a credibilidade da política monetária estivesse em risco de ser prejudicada por declarações políticas acerca da futura trajetória das taxas de juros (...) o domínio fiscal também havia sido prejudicado (...) [por] medidas legais, mas heterodoxas". O texto prosseguia expressando o receio de que o desenvolvimento dos mercados de crédito de longo prazo tivesse sido prejudicado por "uma situação de desigualdade", dominada pelo BNDES.[43] Em termos futebolísticos, esses erros de política foram verdadeiros gols contra, que não proporcionaram aos brasileiros nenhum benefício duradouro.

Em termos políticos, o desempenho do governo não estava sendo muito melhor. Apesar da grande maioria, enfrentou dificuldades para aprovar legislações importantes, como o novo código florestal.** A reforma tributária, que visava à simplificação do IVA (recolhido pelos estados), soçobrou. O governo não conseguiu obter os 257 votos na

---

* Apesar do nome, esse código trata da gestão de terras de maneira geral, estabelecendo regras para a parcela de suas terras que os proprietários rurais devem manter com a cobertura florestal original.

Câmara dos Deputados necessários para a aprovação de uma medida para reduzir a tarifação da energia elétrica. Henrique Alves, presidente do PMDB da Câmara, comentou, a respeito de Dilma, que ela era "exemplar (...) em seu rigor, ética e análise", mas que precisava melhorar suas relações com o Congresso: "Ela precisa exercer a arte de escutar mais, da persuasão e do diálogo político, com D maiúsculo."[44]

As pesquisas de opinião atribuíam consistentemente a Dilma índices de aprovação de 70% ou mais em seus primeiros 30 meses no cargo. Sua fama de não tolerar a corrupção – não fez qualquer tentativa de impedir o julgamento do Mensalão – granjeou-lhe o apoio da classe média. Sua popularidade baseava-se, sobretudo, no nível recorde de emprego no Brasil, aliado ao aumento contínuo dos salários reais em seus dois primeiros anos de mandato. A expectativa geral era que conquistasse com facilidade seu segundo mandato. Porém, os sinais de problemas estavam se acumulando. Como me disse um experiente político brasileiro no final de 2012: Fernando Henrique Cardoso foi reeleito porque derrubou a inflação; Lula foi reeleito porque tirou milhões de pessoas da pobreza. E Dilma? "Dilma abriu muitas frentes, mas não fechou negócio em nenhuma delas." Foi então que o país foi pego de surpresa pela maior onda de manifestações desde a campanha das Diretas Já, quase 30 anos antes (ver o Capítulo 13).

CAPÍTULO 9

A longa jornada rumo a uma sociedade de classe média

Em meados dos anos 1960, a jovem norte-americana Nancy Scheper-Hughes foi enviada pelo Corpo da Paz para atuar como agente comunitária de saúde no Alto do Cruzeiro, uma favela de 5 mil trabalhadores rurais que se instalara em torno da cruz de mesmo nome no alto de uma colina com vista para a cidade de Timbaúba, na Zona da Mata de Pernambuco, área originalmente coberta de floresta que constitui seu cinturão de açúcar. Lá, ela descobriu o que chamou de "coração brasileiro das trevas". Naquele tempo, um terço dos moradores do Alto do Cruzeiro vivia em cabanas de palha e o restante, em casinhas de pau a pique. Sua única fonte de água corrente era uma fonte pública, ao pé da colina. Os homens e meninos trabalhavam como cortadores de cana, ganhando entre US$0,40 e US$0,50 por dia, de setembro a fevereiro, e passavam o resto do ano desempregados; as mulheres trabalhavam como empregadas domésticas ou lavadeiras. Em 1965, ano de seca e pós-golpe, mais de 300 bebês morreram no Alto do Cruzeiro, ou quase um em cada dois dos nascidos. Todas as mortes foram marcadas pelo dobrar dos sinos da Igreja de Nossa Senhora das Dores, mas foram, de resto, recebidas com resignação. "O horror era o sofrimento humano tornado rotineiro em grande parte da empobrecida Região Nordeste do Brasil, e a violência 'normal' do dia a dia", escreveria Scheper-Hughes mais tarde.[1]

Na década de 1980, Scheper-Hughes voltaria a Timbaúba como antropóloga e descobriria que, enquanto a cidade dispunha de "todos os confortos da modernidade", no Alto do Cruzeiro não muito havia mudado. Ela calculou que a taxa de mortalidade infantil na favela ainda era o equivalente a cerca de 200 por 1 mil nascidos vivos no final da década de 1980 (enquanto a do Brasil como um todo foi de 48 em 1990). Com a expansão da cana-de-açúcar, os cortadores de cana perderam os roçados onde cultivavam legumes para complementar sua dieta. A desnutrição e a baixa estatura eram comuns, e contribuía para o analfabetismo generalizado. Como Scheper-Hughes escreveria em seu relato, publicado em 1992:

> A fome, na Zona da Mata, é constante e crônica, e não houve grandes mudanças nesses 25 anos em que conheço a região. É a fome daqueles que comem todos os dias, mas o alimento é em quantidade insuficiente, ou de qualidade inferior, ou com pouca variedade, o que os deixa insatisfeitos e com fome. Por outro lado, a fome do sertão atormentado pela seca, do semiárido de Pernambuco, é cíclica, aguda e explosiva, e se abate sem piedade sobre uma gente que é em geral enérgica, autossuficiente e bem nutrida.[2]

Em 2012, vestígios desse mundo cruel sobreviviam no Alto do Cruzeiro, mas um quarto de século trouxera mudanças consideráveis. As casas ainda eram pequenas, de um só andar e amontoadas, mas já eram de alvenaria e caiadas, com antenas parabólicas espetadas na cobertura de telhas vermelhas. Havia um posto de saúde bem equipado, parte do serviço nacional de saúde do país. Segundo Severina da Silva, que trabalhava como empregada doméstica e tinha, em sua sala de estar no Alto do Cruzeiro, uma lojinha onde vendia doces, itens de primeira necessidade e sorvetes guardados em um freezer no canto, ainda havia gente que passava fome. Ela tinha 48 anos, mas parecia 20 anos mais velha, e faltavam-lhe vários dentes. Seu marido, um ex-alcoólico, ocasionalmente conseguia trabalho no corte da cana, mas sofria com dores nas costas. A vida já era menos dura para "Bill" da Silva (nenhuma relação), um cortador de cana de 31 anos, pai de seis filhos que se apresentou pelo apelido. De agosto a fevereiro trabalhava para uma usina de açúcar, recebendo um salário mensal de R$642 (cerca de US$350, na época). Tinha contrato de trabalho, gozando de todos os direitos trabalhistas. Na baixa temporada, recebia do governo do estado uma bolsa e um terreninho para um roçado. Sua esposa ganhava R$234 por mês do Bolsa Família. Ele desfiou suas ambições para os filhos: diretor de escola, advogado, engenheiro ou enfermeira. Quando lhe entreguei meu cartão, depois da nossa conversa, ele disse que o guardaria com todo o cuidado: os pobres do Nordeste agora têm direitos, mas seus reflexos têm origem em uma cultura na qual o apadrinhamento era de suma importância – e, de certa forma, ainda é.[3]

Depois de Timbaúba, seguindo para o interior, fica o sertão, o semiárido no coração do Nordeste que é lar de cerca de 21 milhões de pessoas, dos quais quase metade é composta por famílias que vivem da agricultura de subsistência. O sertão sofre com graves secas periódicas, que ocorrem em intervalos de poucos anos. No passado, essas secas, relacionadas com o padrão meteorológico do *El Niño*, deram origem ao banditismo, a rebeliões (como em Canudos), ao milenarismo ou apenas a êxodos em massa para as cidades, motivados pela fome. Por ocasião de uma seca particularmente grave, em 1958, Juscelino escreveu em seu diário: "Chegaram notícias preocupantes. Em Pentecostes, no Ceará, as lojas fecharam as portas, com medo de saques. Pelas ruas da cidade, vagueiam 10 mil refugiados da seca, implorando por água e pão."[4] Esse episódio levou Juscelino a criar a Sudene, órgão voltado para o desenvolvimento do Nordeste, que tentou promover a rápida industrialização da região através de incentivos fiscais – estratégia questionável, que alcançou êxito apenas irregular.

No sertão, o clima é implacável. Em agosto de 1998, durante outra seca, parti certa manhã de Petrolina, um centro de cultivo de frutas na margem irrigada do São Francisco, a fim de cruzar o interior de Pernambuco até Juazeiro do Norte, no Ceará. No meio da manhã, o sol tinha afugentado as nuvens incipientes e enganosas e torrava a caatinga, o matagal espinhoso que se estende aparentemente sem fim por todo o sertão. Nos vilarejos ao redor de Ouricuri, uma cidadezinha a 620 quilômetros de Recife, os agricultores contavam normalmente com 500 milímetros de chuva por ano, distribuídos entre o final de dezembro e março. Naquele ano, tinha chovido 250 milímetros em janeiro – metade dos quais, inutilmente, em um só dia – e, depois, mais nada. Sob os pés, a caatinga acinzentada estalava, ressequida. O milho e o feijão tinham secado, e o gado estava em risco de ficar sem alimento. À medida que o sol caía e a noite se aproximava, mulheres e crianças voltavam para casa ao longo das estradas, equilibrando nas cabeças latas d'água extraídas de lagoas enlameadas, que desapareciam rapidamente. Naquele ano, tinha havido incidentes isolados de saques a mercados e caminhões de alimentos, alguns pelos famintos e alguns pelo MST, o movimento dos trabalhadores sem-terra, de extrema esquerda. Porém, uma vasta operação de socorro foi posta em movimento. O governo Fernando Henrique Cardoso distribuiu cestas básicas mensais para 2,6 milhões de famílias, alistou 1 milhão de adultos em frentes de trabalho e distribuiu R$450 milhões (US$ 385 milhões, em valores da época) em crédito barato para poços, pequenas barragens e forragem. Para evitar que os prefeitos embolsassem ou abusassem dos recursos, por instigação de Ruth Cardoso o governo insistiu em que cada prefeito criasse uma comissão cívica para sua distribuição. Nem sempre dava certo. Em Pau Ferro, uma vila próxima a Ouricuri, conheci Joaquim Carvalho de Souza, que estava furioso por não ter recebido o crédito de emergência que solicitara para alimentar suas seis vacas. Sua família era uma das 60 que dependiam de uma pequena lagoa, que estava desaparecendo pouco a pouco. Segundo ele, apenas uma dúzia das famílias havia recebido ajuda oficial. Contudo, sua esposa, Maria, recebia a previdência rural (a aposentadoria rural não contributiva, no valor de um salário mínimo); ela explicou que eles esperariam para ver se choveria em dezembro, na tentativa de não interromper a educação escolar dos três filhos mais novos.[5]

O Nordeste rural brasileiro há muito tempo continha a maior concentração isolada de pobreza na América Latina, em consequência da desigualdade fundiária, das secas frequentes, do atraso e da corrupção política, das deficiências da infraestrutura de transporte e da educação falha. Em meados da década de 1990, o nordestino típico ficava apenas 3,3 anos na escola, metade da média nacional – que já era, em si, baixa em relação aos padrões internacionais. Na época, os nove estados do Nordeste tinham um PIB *per capita* de cerca de US$2 mil, metade da média nacional, e continham metade da população pobre do país. Aplicando o Índice de Desenvolvimento Humano das Nações Unidas, enquanto o Sul do país se aproximava dos países mais pobres da Europa, o Nordeste rivalizava com a África.[6]

Foi talvez no Nordeste que a democracia fez a maior diferença. Em termos econômicos, a região começou a se recuperar: na década de 2010, o PIB da região cresceu 4,2% ao ano (em comparação com 3,6% para o país como um todo); a renda familiar cresceu 72,8%, em comparação com 45,8% no Sudeste. Em sua taxa de crescimento, "o Nordeste é como a Índia", disse-me em 2010 Marcelo Neri, então pesquisador da Fundação Getulio Vargas. O Bolsa Família ajudou: em Timbaúba, por exemplo, cerca de 6 mil dos 51 mil habitantes do município se beneficiaram do programa. Contudo, foi o aumento do salário mínimo – 60% em termos reais – que exerceu o maior impacto na década encerrada em 2011.

"A seca é um problema de renda", explicou-me Sérgio Moreira, diretor da Sudene, em 1998, fazendo eco a um argumento de Amartya Sen, economista indiano que estudou a fome em seu país. "Se as pessoas tivessem renda, teriam acesso a alimentos e água, porque valeria a pena para alguém trazê-los."[7] Durante as secas nordestinas –

houve outra, grave, em 2012 – muitos animais ainda morrem (e, com eles, o capital do fazendeiro); mas por já disporem de renda, hoje em dia as pessoas já não morrem mais.

Essa injeção de recursos no Nordeste atraiu investimentos no comércio e na produção de bens de consumo. Timbaúba ostentava novas fábricas de alimentos, têxteis e calçados, além de concessionárias de carros e motos e novas lojas. O mercado consumidor em expansão na região ajudou Eduardo Campos, governador de Pernambuco, a atrair a Fiat, que construiu uma fábrica de automóveis em seu estado. Sob Lula, o governo federal deu início a vários grandes projetos de investimento na região. O interior de Suape, porto ainda novo ao Sul de Recife, tornou-se um complexo industrial em expansão; por ocasião de minha visita, em 2012, cerca de 40 mil trabalhadores estavam construindo uma vasta refinaria de petróleo e usinas petroquímicas para a Petrobras. Um novo estaleiro e fábricas de turbinas eólicas erguiam-se acima dos manguezais. No outro extremo da escala empresarial, o CrediAmigo, bem-sucedido programa de microcrédito operado pelo Banco do Nordeste, público, concedeu empréstimos para 300 mil microempresas.[8] Esse padrão de industrialização baseado no crescimento do potencialmente enorme mercado doméstico brasileiro – por tanto tempo frustrado pela pobreza – era o sonho de Celso Furtado, um dos principais economistas "desenvolvimentistas", que foi o primeiro presidente da Sudene e, por um breve período, ministro do governo de Jango. Furtado morreu em 2004, no momento em que o processo ganhava ímpeto. Ainda assim, o PIB por pessoa no Nordeste ainda ficava bem menor que a média nacional.

Fechando as brechas

Essa discreta redução das diferenças regionais foi reflexo do quadro nacional mais amplo de queda vertiginosa da pobreza e ainda da desigualdade de renda na primeira década do século XXI. O país não dispõe de uma linha oficial de pobreza, ou pelo menos não até 2013 – nada é simples no Brasil. Mas, considerando-se uma renda mensal por pessoa de R$140 em 2010 (cerca de US$76) – mais ou menos o ponto de corte acima do qual o sujeito se torna inelegível para o Bolsa Família –, o número de pessoas vivendo na pobreza caiu de 49,5 milhões (ou 28,5% do total) em 2003 para 29 milhões em 2008 (16% do total) e 24,6 milhões em meados de 2011, de acordo com Neri. Da mesma forma, aqueles em situação de pobreza absoluta, com renda insuficiente para se alimentar, caíram de 17% em 2003 para 8,4% (ou 16,2 milhões de pessoas) em 2010.[9]

Ainda mais notável, a desigualdade de renda caiu pela primeira vez desde 1960. A queda teve início durante o segundo mandato de Fernando Henrique Cardoso e foi ganhando velocidade a partir daí. O coeficiente de Gini** caiu para 0,527 em 2011, contra 0,594 em 2001, segundo o IPEA. Entre 2001 e 2011, a renda dos 10% mais pobres da população cresceu 91%, ao passo que a dos 10% mais ricos, apenas 16,6%. Nas palavras de Ricardo Paes de Barros, o arquiteto intelectual do Bolsa Família, "a renda dos 10% mais pobres está crescendo como na China, e a dos 10% mais ricos, como na Alemanha".[10] Esses números excluem rendimentos derivados do capital: no topo, os ricos pareciam

---

* Medida estatística padrão de desigualdade; quando aplicada à distribuição de renda, zero significa que todos têm a mesma renda, ao passo que 1,0 significa que uma pessoa recebe toda a renda.

prosperar, com um crescente número de milionários e bilionários (46 bilionários em 2013, segundo a revista *Forbes*, contra 5 em 2003). O Brasil produziu 22 milionários por dia em 2010, de acordo com um registro.[11] No entanto, o declínio no coeficiente de Gini foi sem precedentes, indicando que a democracia finalmente estava cumprindo sua missão de corrigir as injustiças profundamente enraizadas na sociedade brasileira. A grande questão era se o ritmo de redução da desigualdade poderia ser mantido – ou, mais precisamente, o que seria preciso mudar para que isso se desse.

Para começar a responder essa pergunta, consideremos primeiro o que estava por trás da queda da pobreza e da desigualdade. O fator mais importante foi o crescimento mais rápido e a geração de empregos, associados ao salto do salário mínimo. O aumento dos salários foi responsável por cerca de 60% da queda do coeficiente de Gini. Essa tendência também deve muito ao fato de que, desde o retorno da democracia, o Brasil tinha finalmente começado a remediar seu gigantesco déficit na educação: em 2010, o trabalhador médio tinha 8,3 anos de escolaridade, contra 6,1 em 1995, de acordo com Paes de Barros. Assim, o prêmio salarial desproporcionalmente alto obtido pelos trabalhadores qualificados, identificado por Langoni na década de 1970, começou a cair. Em terceiro lugar, as transferências do governo, sob a forma de programas sociais (em especial o Bolsa Família), foram responsáveis por cerca de 40% da queda da desigualdade de renda.[12]

Seus críticos alegavam que o Bolsa Família não passava do bom e velho clientelismo político, agora em larga escala. "O Bolsa Família é o maior programa oficial de compra de votos do mundo", disse o ex-governador de Pernambuco Jarbas Vasconcelos, um peemedebista sem papas na língua.[13] Sem dúvida, o programa assegurou a Lula imensa popularidade entre os pobres. Mas, sob importantes aspectos, era diferente das medidas clientelistas tradicionais. Era canalizado através dos governos municipais, não de chefes políticos locais nem do PT. Os depósitos em dinheiro eram feitos em um cartão eletrônico administrado pela Caixa Econômica Federal, um banco estatal. O dinheiro era destinado a mães. O programa era ao mesmo tempo relativamente barato – custando apenas 0,4% do PIB – e muito mais bem direcionado do que a maioria dos gastos sociais no Brasil. Alcançava quase todos os brasileiros mais pobres (que constituíam um quarto da população). O valor era demasiado pequeno para constituir um sério entrave ao trabalho – exceto, talvez, nas regiões mais pobres do Nordeste, onde pode ter tido o efeito de forçar os salários do mercado a subir, aproximando-se do nível do salário mínimo. (Houve queixas entre as mulheres de melhores condições financeiras que ele havia tornado mais difícil encontrar uma empregada doméstica, por exemplo.) Embora seu impacto direto na redução da pobreza global tenha sido pequeno, foi responsável por cerca de 15% da redução da pobreza absoluta e teve o efeito de pressionar para cima os rendimentos dos mais pobres, aproximando-os da linha de pobreza, segundo Paes de Barros. Ao assegurar que mais nenhum brasileiro morresse de fome, o Bolsa Família estabeleceu um piso sem o qual a noção de cidadania democrática seria uma farsa.

Dilma Rousseff prometeu que a pobreza absoluta – definida em seu governo como uma renda mensal de menos de R$70 por pessoa – seria erradicada até o final de seu mandato, no âmbito de um programa intitulado de Brasil sem Miséria. Para tanto, em primeiro lugar, aumentou-se o valor dos pagamentos em dinheiro às famílias mais pobres incluídas no Bolsa Família, de modo a assegurar uma renda mínima de R$70 por membro da família. Em segundo lugar, sob a inspiração de um programa chileno, assistentes sociais e agentes comunitários de saúde foram encarregados de buscar ativamente identificar aqueles entre os mais pobres que porventura houvessem escapado à rede de segurança social. Esses seriam incluídos no Cadastro Único de beneficiários da previdência social, iniciado no segundo governo de Fernando Henrique Cardoso e ampliado para tornar-se uma ferramenta crucial de política social. Os pagamentos foram vinculados, pelo menos em tese, à educação de apoio e a programas de formação técnica e de microfinanciamento, visando a garantir que as pessoas ingressassem no mercado de trabalho e não se limitassem a permanecer viciadas em benefícios. Era um esquema louvável, ainda que alguns especialistas apontassem que R$70 por mês não seriam suficientes para alguém se alimentar.[14] Seria preciso esperar para averiguar a eficácia do programa. O núcleo duro dos desamparados estava longe de ser homogêneo em sua situação e seus problemas: cerca de três quartos deles encontravam-se no Nordeste e no Norte e, desses, aproximadamente metade estava no meio rural; a minoria dos extremamente pobres vivendo no Sudeste seria, em sua quase totalidade, encontrada na periferia das grandes cidades.[15]

Nova classe média – ou novos pobres?

A queda da pobreza inchou o que no Brasil se conhece como a classe C, expressão originalmente derivada de pesquisas de mercado definida por Neri como aquelas pessoas com renda familiar (não individual) de entre R$1.200 e R$5.174 mensais em 2011 – ou US$690-2.970, à taxa de câmbio de mercado. Segundo Neri, entre 2003 e 2011 cerca de 40 milhões de brasileiros ascenderam para a classe C. Em 2011, esse grupo chegou a pouco mais de 100 milhões de pessoas, compondo 55% da população e cerca de 47% do poder de compra total. O processo tinha começado sob os governos Fernando Henrique Cardoso, quando 20 milhões ingressaram na classe C. Neri, que conseguiu ser ao mesmo tempo um economista rigoroso, com um duradouro compromisso com a pesquisa social, e um tietê do progresso social, apelidou a classe C de "nova classe média" – ressaltando que se tratava de "um estrato econômico", não uma classe social, no sentido dado pelos sociólogos ao termo. Suas conclusões deram margem a muito triunfalismo, oficial ou não, e muita controvérsia.[16]

Sem dúvida a classe C dispunha de uma renda excedente, que começou a usar com entusiasmo. Seus símbolos de *status* eram, sobretudo, casa e carro, aos quais alguns acrescentavam computador, crédito e carteira de trabalho. A expansão dos números da classe C deu origem, pela primeira vez, a um mercado de consumo de massa no Brasil, e despertou o interesse de empresas tanto locais quanto multinacionais. José Roberto Mendonça de Barros, economista que trabalhara no governo Fernando Henrique Cardoso, destacou que o poder de compra aumentou ainda mais com o declínio dos preços dos alimentos – que, medidos na cidade de São Paulo, caíram a uma média de 5% ao ano em termos reais ao longo de três décadas, graças ao aumento da produtividade agrícola, às melhorias na distribuição e à abertura às importações.

Alimentadas por incentivos fiscais e empréstimos ao consumidor, as vendas de automóveis estouraram: a produção de veículos no Brasil quase dobrou nos 10 anos que antecederam 2012, saltando para 3,4 milhões. Em 2012 o Brasil tinha ultrapassado a Alemanha e se tornara o quarto maior mercado de carros do mundo (perdendo apenas para China, Estados Unidos e Japão). A classe C também se elevou aos céus: o número de passageiros aéreos duplicou entre 1993 e 2000, chegando a 31,3 milhões, e, em seguida, quase triplicou de novo, batendo os 87,7 milhões em 2011.[17] A Azul, companhia aérea de baixo custo em rápida expansão, informou que 85% dos seus passageiros estavam voando pela primeira vez. Antes, teriam viajado de ônibus. O número de contas bancárias no Brasil pulou de 77 milhões em 2002 para 134 milhões em 2010. O Santander, um banco espanhol que tinha adquirido uma grande operação no Brasil, abriu em 2010 uma filial no Complexo do Alemão, favela do Rio, então sob controle de quadrilhas de tráfico de drogas. "Foi um gesto simbólico", admitiu o principal executivo Fabio Barbosa. "Queremos mostrar para essas comunidades que banco é cidadania." Shoppings e supermercados multiplicaram-se por todo o país, despontando em cidades do interior e na "periferia" das grandes cidades do Sudeste.[18]

O maior segmento da classe C estava nessa "periferia" urbana, como é chamada pelos brasileiros, em lugares como o Montanhão – cujo nome se deve ao que era o local até não muito tempo atrás: um depósito de lixo, localizado no extremo sul de São Bernardo do Campo. Suas casas de tijolos e blocos de concreto se espraiavam pelas encostas íngremes, compondo uma das paisagens mais pobres da Grande São Paulo, ainda que nem de longe tão pobre quanto no início dos anos 1990. Quando visitei a favela, em 2007, sua sinuosa rua principal fervilhava de depósitos de materiais de construção, lojas de roupas e presentes, restaurantes e um sem-número de mercadinhos. Um deles era o Mercado Gonçalves. "Este era o meu sonho", disse seu proprietário, Afonso Gonçalves. Tendo chegado a São Paulo, vindo do interior do Ceará, aos 18 anos, ele havia começado com uma barraca de frutas no centro da cidade. Em seguida, trabalhou por 17 anos como eletricista em uma fábrica. Economizou o suficiente para abrir uma lojinha, cujo tamanho multiplicou por quatro e converteu em um mercado, com cerca de 12 mil itens diferentes em estoque, de café solúvel e creme dental, a carne e pão frescos e, trancado em uma vitrine de vidro, uísque escocês. Segundo Gonçalves, "um monte de gente aqui está virando classe média. Muitos têm comprado carros novos. Mas muitos são muito pobres também. É meio a meio. Muitos recebem Bolsa Família". Novos edifícios de apartamentos, do tipo onipresente nas áreas mais elegantes de todos os municípios brasileiros, erguiam-se por entre as casas do que ainda parecia ser uma favela. Os serviços públicos estavam melhorando rapidamente: quase todos dispunham de eletricidade, água encanada e saneamento básico. Novos ônibus escolares administrados pelo governo municipal subiam e desciam as ladeiras. O clima de otimismo era palpável. "Cada ano tem sido melhor que o anterior", declarou Dora Jozina de Arruda, uma jovem que comandava um pequeno quiosque na rua principal, onde vendia doces e prestava serviços de chaveiro. Com o lucro do quiosque e o salário do marido como segurança de um banco, o casal tirava cerca de R$2 mil mensais.[19]

A vida em lugares como o Montanhão continuava sendo difícil. O esgoto *in natura* corria por uma vala não muito distante das lojas. No alto das encostas, em meio a uma pilha de igrejas evangélicas, ainda havia barracos de madeira. Em todo o Brasil, muitos integrantes da classe C ainda seriam considerados, segundo qualquer definição razoável, pobres. Uma dessas pessoas era Angela Cavalcanti, uma assistente administrativa e faxineira, negra, de São Paulo, que tinha 52 anos em 2010. Embora ela mesma só houvesse concluído o ensino fundamental, tinha trabalhado como professora perto de Canudos, na Bahia, antes de se mudar para São Paulo, em 1986, a fim de fugir de um marido violento e bêbado, com quem tinha cinco filhos. Ao lado de um novo parceiro, em 1991, ela comprou um terreno para construção em Interlagos, um bairro pobre no Sul da cidade, perto do autódromo onde Senna corria. Com seu trabalho duro e incansável e reunindo os recursos da família, ela construiu uma casinha e adquiriu uma lavadora e uma secadora, além de um carro de segunda mão que usa para levar o neto à praia. Ela conta com um plano de saúde básico e usa uma prótese dentária para substituir os dentes que faltam. Dos três filhos que moram com ela, dois estão estudando para ser contadores e o outro trabalha como motorista. "Minha vida melhorou muito", conta ela. Entretanto, ninguém na família ganha muito acima do salário mínimo. "Ainda sou pobre", constata ela. "Se eu fosse de classe média, (...) mudaria para uma casa maior, em um bairro melhor." Seu sonho era abrir uma loja de roupas. Preocupava-se com o crime, o abuso de drogas e a prostituição em seu bairro, e se sentia desprotegida pela polícia. "Sentimos medo dos traficantes e da polícia. Vivo assustada e não tenho paz." Mas só poderia se mudar "se ganhar na loteria".[20]

Uma percepção similar da acentuada diferença socioeconômica entre a classe C e a classe média me foi expressa por Francisco Pinheiro, um inteligente líder comunitário de Brasília Teimosa, em Recife. Amontoada sobre uma faixa de terra que se projeta sobre o Atlântico azul, Brasília Teimosa era, até duas décadas, uma favela de cabanas de madeira de pescadores. Agora, as ruas são ladeadas de casas de alvenaria, algumas de três andares e revestidas de azulejos decorativos, outras de construção improvisada. Há restaurantes de frutos do mar, lojas e um par de agências bancárias, mas também pilhas de lixo não recolhido. "Economicamente, é muito melhor do que era", constatou Pinheiro. Contudo, a maioria das pessoas ganha menos de dois salários mínimos (cerca de US$600 por mês), muitas vezes divididos pelos quatro ou mais membros da família. Ele prosseguiu: "Classe média é quem vive em Boa Viagem" – um elegante bairro residencial próximo, com seus edifícios à beira-mar – "com carro, apartamento e renda de R$3 mil (US$1,5 mil) mensais".[21]

Coincidentemente, essa caracterização correspondia à definição econômica mais realista da classe média na América Latina adotada pelo Banco Mundial em um relatório publicado em 2012. Com o argumento de que certo grau de segurança econômica é inerente ao ser classe média, o Banco adotou como critério uma renda diária por pessoa de US$10 a US$50 (a taxas de câmbio de paridade do poder de compra). Seguindo a mesma definição, Nancy Birdsall, do Centre for Global Development, *think-tank* de Washington, calculou que 31,6% dos brasileiros eram de classe média em 2009, em comparação com 22% em 1999 e apenas 14,7% em 1992.[22] Esses dados estavam ligeiramente acima da média latino-americana de 30%, de acordo com o Banco Mundial; representaram um progresso impressionante, mas mostraram também o quanto o Brasil ainda está longe de ser uma sociedade de classe média.

Em todo caso, quando sociólogos e cientistas políticos consideram a questão da classe social, examinam, além da renda, dados como educação, *status* ocupacional, ativos, capital social e assim por diante. Por esses critérios, muitos na classe C claramente ficam para trás. André Singer defende que, durante os governos Lula, o que aconteceu não foi a criação de uma nova classe média, mas a incorporação de um subproletariado, uma vasta massa de destituídos, a uma nova classe trabalhadora, por meio de empregos formais.[23] Sua descrição não captura a magnitude dos avanços, mas contém um forte elemento de verdade.

A queda da pobreza e da desigualdade foi fruto de uma notável continuidade, em linhas gerais, das políticas econômicas e sociais sob FHC e Lula. Nas palavras de Neri, "se Lula é o pai da nova classe média, Fernando Henrique Cardoso é o avô".[24] O problema foi que esse esforço deveria prosseguir por muito mais tempo – e o processo provavelmente ficaria cada vez mais acidentado. O Ipea observou que, em 2012, o Brasil ainda era o décimo segundo país mais desigual do mundo. De fato, para coincidir com a distribuição de renda dos Estados Unidos – que dificilmente poderia ser considerado um modelo de igualitarismo –, o coeficiente de Gini teria de continuar caindo por mais duas décadas na mesma velocidade do período 2001-11.

Em 2013, a estratégia *à la* Celso Furtado de crescimento através do consumo doméstico parecia ter se esgotado – e, ao que parecia, o mesmo se podia dizer da política de elevar o salário mínimo acima da inflação, como admitiu Neri, nomeado ministro de Assuntos Estratégicos nesse mesmo ano. Isso se deu não só porque os custos salariais subiram muito mais rápido do que a produtividade, mas também porque boa parte das pensões e dos gastos com previdência estava vinculada ao salário mínimo. E no geral os gastos sociais no Brasil contribuíram mais para o reforço que para a superação da desigualdade (ver o Capítulo 13) – o que atesta a sobrevivência do corporativismo do Estado sob os governos do PT, durante os quais, na verdade, ele prosperou.

O novo *status* econômico dos membros da classe C parecia frágil. Como assinalaram os cientistas políticos brasileiros Amaury de Souza e Bolívar Lamounier, era provável que sua renda sofresse oscilações, em função da instabilidade dos empregos ou da precariedade dos pequenos negócios, e por sua tendência a assumir um endividamento excessivo.[25] Com a sanha da classe C para contrair empréstimos que lhe permitissem adquirir carros, produtos da linha branca e televisores de tela plana, os empréstimos ao consumidor saltaram para 13% do PIB em 2009 (tendo ficado em 6% do PIB em 2001) – quase o dobro da média das seis principais economias latino-americanas. No caso das hipotecas, verificava-se o contrário, já que correspondiam a meros 3% do PIB em 2009 e a cerca da metade da média da região, de acordo com o Banco Mundial. Como concluiu o Banco sombriamente, "as famílias de classe média brasileira, assim, talvez tenham se endividado em excesso e investido muito pouco na acumulação de ativos".[26]

Rumo a serviços públicos para todos

Os governos FHC e Lula começaram a cumprir a determinação constitucional de que fossem oferecidos serviços públicos universais – o que valia também para a saúde. A constituição decreta que se constitua um serviço nacional de saúde unificado, conhecido como Sistema Único de Saúde (SUS). Os recursos viriam dos três níveis de governo, e a gestão do sistema seria descentralizada, cabendo aos secretários municipais de saúde. O problema do financiamento foi parcialmente resolvido por um imposto sobre transações financeiras cuja arrecadação lhe seria destinada (mas cuja renovação foi derrubada em votação no Congresso em 2007). Além disso, José Serra, Ministro da Saúde entre 1999 e 2002 que conduziu reformas com eficácia, conseguiu fazer com que fosse aprovada uma emenda constitucional destinando para o SUS parcelas mínimas de receita de cada nível governamental. Expandiu os programas de médicos de família, inspirado no serviço nacional de saúde britânico, e de agente comunitário de saúde; e criou um programa pioneiro de medicamentos antirretrovirais gratuitos para pacientes portadores de HIV, vencendo uma batalha na Organização Mundial do Comércio a fim de permitir o licenciamento de baixo custo de medicamentos genéricos para a malária, a tuberculose e o HIV/AIDS.[27]

Houve alguns avanços importantes na área da saúde. A expectativa de vida subiu em mais de 10 anos desde 1980, chegando a 72,8 anos em 2010. Em todo o Brasil, as taxas de mortalidade infantil caíram vertiginosamente nos últimos 30 anos – e, finalmente, o Nordeste chegou perto de alcançar o restante do país. O censo de 2010 revelou que, em nível nacional, 15,6 de cada mil crianças nascidas não completaram seu primeiro ano de vida, uma queda em relação aos 29,7 em 2000 e 48,3 em 1990. No Nordeste, esse número caiu de 44,7 em 2000 para 18,5 em 2010. Como no caso de muitos outros avanços sociais recente no Brasil, este se deveu à combinação de um Estado mais ágil e uma sociedade mais ativa. Um papel importante foi desempenhado pela Pastoral da Criança, programa da Igreja Católica instituído pela médica ativista Zilda Arns, que treinou centenas de milhares de mulheres em saúde básica.[28*]

Mas, como observou Albert Fishlow, "não existe um sistema público nacional totalmente inclusivo de cuidados de saúde". Embora o montante total dos gastos do Brasil com saúde, cerca de 8% do PIB, estivessem em consonância com os padrões internacionais, mais da metade desse valor era destinado a serviços privados de saúde, que atendiam apenas cerca de 25% da população (entre os quais se incluíam os beneficiários de planos de saúde oferecidos por seus empregadores).[29] Os estados e municípios no Nordeste e no Norte gastavam muito menos do que os do Sudeste e do Sul, e não havia na saúde nenhum equivalente ao Fundef, o fundo que visa a equalizar os gastos educacionais. A corrupção desviava parte do orçamento da saúde, especialmente em âmbito municipal. Em 2007, investigações sugeriram que até 90 congressistas estavam

---

* Zilda Arns, médica pediatra e sanitarista brasileira, era irmã do Cardeal Dom Paulo Evaristo Arns, arcebispo de São Paulo durante a ditadura, que militava contra a tortura; morreu no terremoto de janeiro de 2010 em Porto Príncipe, capital do Haiti, onde estava prestando consultoria para o braço local da Pastoral da Criança, da qual era fundadora e coordenadora internacional.

envolvidos em um esquema de superfaturamento sistemático na compra de ambulâncias. Dois quintos dos brasileiros não são alcançados pelo sistema de cuidados primários, e têm de recorrer aos caóticos serviços emergenciais hospitalares. Mesmo nas grandes cidades, os hospitais do SUS eram muitas vezes incapazes de prestar, em tempo útil, um atendimento de qualidade aceitável. Os leitos hospitalares para pacientes internados tornaram-se relativamente mais escassos, de 3,3 por 100 mil habitantes em 1993 para 1,9 em 2009 (número inferior a todos os países da OCDE, com exceção do México). Os longos períodos de espera eram comuns, por vezes com consequências fatais. Em 2013, o estado precário da saúde pública era a maior preocupação da população, segundo pesquisas de opinião.[30]

O governo de Dilma Rousseff atribuiu a situação à falta de médicos, e adotou como objetivo o aumento do número atual de 1,95 médico para cada 1 mil habitantes (semelhante à Coreia do Sul, mas abaixo da proporção na maioria dos países europeus, Estados Unidos e México) para 2,5 em 2020, mediante o treinamento de mais profissionais – e, até lá, por meio da importação de médicos estrangeiros. A proposta foi contestada pela federação de medicina, que defendeu ferrenhamente seus privilégios corporativos. Sem dúvida, havia uma relativa carência de profissionais nas áreas mais remotas e pobres do país.[31] Em resposta às manifestações de junho de 2013, Dilma seguiu em frente e lançou um programa emergencial de recrutamento de milhares de médicos para atuar nessas áreas, além de firmar um acordo com Cuba para importar 4 mil médicos. Ademais, uma lei aprovada pelo Congresso destinou 25% dos royalties do petróleo do pré-sal para a área de saúde.

A curva de aprendizagem

Uma das chaves da sustentação de uma sociedade mais igualitária era melhorar a qualidade da educação pública – talvez a questão específica mais importante enfrentada pelo Brasil. A Nova República herdou um déficit educacional espantoso, cujas origens datam do Império. A centralização da burocracia educacional deixava-a sujeita a interferências políticas, alta rotatividade de funcionários e corrupção. Isso começou a mudar com um pacote de reformas promovidas, em meados da década de 1990, pelo governo FHC – que incluíam uma lei de educação que descentralizou e reorganizou o sistema escolar, de modo a promover a gradual eliminação de sobreposições. A nova legislação confiou às prefeituras a não só maior parte da responsabilidade pelo que os brasileiros chamam de ensino fundamental (entre 5 e 14 anos), mas também as tornou as únicas responsáveis pelas atividades pré-escolares. Os governos estaduais ficaram encarregados de priorizar o ensino médio. O papel do governo federal foi restrito especialmente ao ensino superior e à regulamentação e avaliação das escolas. Os governos municipais ficaram obrigados a destinar pelo menos 15% das suas receitas às escolas primárias. Uma emenda constitucional estabeleceu o Fundef, um fundo nacional para o ensino fundamental, instituindo um piso nacional para os gastos por aluno e para os salários dos professores e determinando que se efetuassem transferências para os municípios mais pobres.

Para muitas escolas primárias rurais no Nordeste, algumas das quais não passavam de casebres de chão de terra e cujos professores, sem formação nem assistência, recebiam uma ninharia, isso significou uma multiplicação das verbas por seis, segundo Paulo Renato Souza, Ministro da Educação de FHC.[32] Paulo Renato também renovou o primitivo sistema de avaliação escolar, revelando a enorme brecha regional no desempenho escolar – mostrando, por exemplo, que os alunos da 8ª série no Maranhão se encontravam, em termos de aprendizagem, apenas no nível dos alunos de 4ª série de Brasília, sublinhando a necessidade do Fundef. Paulo Renato tratou de encaminhar o dinheiro e os recursos do Fundef para merenda escolar e livros didáticos diretamente às escolas, em vez de fazê-lo passar pela burocracia educacional. "Antigamente, os livros e a merenda não chegavam às escolas por causa da ineficiência e da corrupção. Agora, estão chegando", disse-me Paulo Renato em 1999. "Dentro de uma década, teremos números sobre a quantidade e a qualidade [da educação] que não nos farão passar vergonha, como acontece hoje", ele acrescentou.[33]

A educação é outra área em que vem se mantendo uma ampla continuidade política desde 1994. Fernando Haddad, ministro da Educação entre 2005 e 2012, assegurou a aprovação de uma lei renovando o Fundef, expandindo-o de modo a cobrir a pré-escola e o ensino médio (e mudando seu nome para Fundeb). Reforçou o sistema de avaliação com um exame nacional a fim de monitorar os padrões e a publicação dos resultados de cada escola. Introduziu também incentivos financeiros tanto para as escolas com o melhor desempenho quanto para aquelas de piores resultados, bem como um salário mínimo nacional para os professores.

Paulo Renato acertou com relação à quantidade. As reformas promoveram uma imensa expansão da cobertura educacional. Entre 1992 e 2009, o número de matriculados aumentou em 19 milhões (chegando a 57,3 milhões). O alcance do ensino fundamental já é quase universal. O maior salto se deu no ensino médio (com idade entre 15 e 19 anos). A taxa de escolarização líquida – ou seja, a porcentagem de crianças que frequentam a série correspondente à sua idade – subiu de apenas 15% em 1990 para 51% em 2009. O número total de jovens de 15 a 19 anos na escola chegou a 76%; muitos se atrasaram um ano ou mais, devido à prática brasileira de exigir que os alunos reprovados nas provas repitam o ano. Outra lacuna era na educação pré-escolar, com apenas metade dos menores de 5 anos matriculados.

Em decorrência desse esforço, o flagrante despreparo da força de trabalho foi pouco a pouco sendo mitigado: em média, os brasileiros de 25 anos tinham quase 10 anos de escolaridade. O analfabetismo de adultos foi sendo paulatinamente reduzido, caindo para 9,6% da população (embora fosse de 23,2% nas zonas rurais), segundo o censo de 2010. Contudo, outra estimativa sugeriu que 30% da população eram compostos de analfabetos funcionais.[34] O problema é que, durante sua escolarização, os alunos não aprenderam o suficiente. Aumentar a qualidade da educação brasileira provou ser uma tarefa muito mais demorada do que Paulo Renato esperava. Na tentativa de sacudir os brasileiros e abalar sua complacência, Fernando Henrique Cardoso optou por introduzir o país no Programa Internacional de Avaliação de Estudantes (PISA), uma iniciativa da

Organização para a Cooperação Econômica e Desenvolvimento (OCDE) – grupo de países majoritariamente ricos (do qual o Brasil não é membro). No primeiro exame do PISA, em 2000, o Brasil ficou em último lugar, como era de se esperar. Nas avaliações subsequentes, vem apresentando um progresso constante: em 2009, ficou em 53º lugar (entre 65 países) em leitura e ciências. A OCDE destacou que as reformas promovidas por FHC no financiamento da educação, na década de 1990, fizeram uma enorme diferença nas áreas mais pobres. Paulo Renato assinalou que pelo menos a qualidade não caiu, apesar da considerável expansão do sistema. De modo geral, porém, o desempenho da educação permaneceu muito pobre. Dois terços dos jovens de 15 anos não iam além da aritmética básica; metade deles não consegue fazer nenhuma inferência daquilo que lê, nem dar qualquer explicação científica para fenômenos cotidianos.[35]

Basta visitar uma escola brasileira para encontrar explicações para o mau desempenho. Examinemos o caso do Colégio Recanto Verde Sol, escola de ensino fundamental e médio no Jardim Iguatemi, em São Paulo. Construída em 2005, a instituição era limpa e razoavelmente bem equipada, com uma pequena biblioteca, sala de vídeo e uma lanchonete para a merenda escolar. Não obstante, apresentava maus resultados. Em parte, isso se devia ao fato de seus 1,8 mil alunos se dividirem em três turnos: os de 11 a 15 anos estudavam pela manhã; os menores, à tarde; e os de mais de 15 anos, à noite, às vezes até as 23h. Não admira que muitos dos alunos mais velhos desistissem. "No ensino médio, começamos cada ano com sete turmas e terminamos com três ou quatro", contabilizou Angela Regina Rodrigues, a diretora. Angela era carismática e comprometida, mas mostrou-se um pouco na defensiva. Seu principal problema era conseguir professores em quantidade suficiente, e, depois, conseguir que aparecessem com regularidade para dar aula, já que a maioria morava a 15 ou 20 quilômetros de distância. As turmas reuniam uma média de 40 alunos. As aulas pareciam consistir basicamente em professores escrevendo na lousa, enquanto boa parte dos alunos conversava entre si.[36]

Pelo menos há muito mais consciência hoje de que as escolas brasileiras precisam melhorar. Nas pesquisas de opinião, a educação tem subido a lista dos maiores problemas do país. O governo federal e os grupos de pressão ligados à área estão promovendo uma campanha que visa a elevar o desempenho escolar para o nível dos países desenvolvidos até 2021, às vésperas do bicentenário da Independência do Brasil. Para atingir essa meta será necessária uma nova rodada de reformas, agora com foco nas escolas e nos próprios professores.

A repetência é uma dor de cabeça: 15% dos que concluem o ensino médio têm mais de 25 anos. Os diretores recebem pouco apoio institucional para lidar com problemas da conduta desordeira e violenta por parte dos alunos, do vandalismo ou da presença de drogas nas escolas, explica Norman Gall, do Instituto Fernand Braudel, um *think-tank* de São Paulo, que escreveu exaustivamente sobre os problemas das escolas. Os sindicatos de professores no Brasil organizam-se por estados, e se recusam a tratar as escolas como uma indústria extrativista, como por tanto tempo fez o sindicato de professores no México. Todavia, com frequência bloqueiam as tentativas de aumentar a eficácia e a prestação de contas por parte dos profissionais docentes. O absenteísmo dos professores é um problema tão crônico no Brasil em parte porque, em muitos estados, são autorizados a faltar em 40 dos 200 dias do ano escolar, sem terem seu salário descontado. Os cursos de formação de professores tendem a ser acadêmicos, em vez de ensiná-los a ensinar. "O foco dos professores é a sociologia da educação, em vez de como ensinar crianças de 10 anos", diagnosticou Claudia Costin, secretária municipal de educação do Rio de Janeiro. Segundo Neuza Pontes, diretora de escola em Recife, "os professores acham que sua responsabilidade se restringe a dar a aula, não a garantir que os alunos de fato aprendam".[37] Esses comentários fazem um estranho eco com as observações de Richard Feynman, físico americano que ensinou em uma universidade do Rio de Janeiro em 1951. Sua conclusão:

> depois de muito investigar, descobri por fim que os alunos tinham memorizado tudo, mas não sabiam o significado de nada. (...) Eu não conseguia entender como alguém podia ser educado por este sistema de autoperpetuação, em que as pessoas passam nas provas e ensinam os outros a passar nas provas, mas ninguém sabe nada.[38]

A principal resposta de Brasília aos problemas da educação era prometer mais dinheiro – muito. O Plano Nacional de Educação, discutido de maneira despreocupada no Congresso, propôs um aumento dos gastos com educação para 10% do PIB. Três quartos dos royalties do petróleo do pré-sal devem ser destinados à educação. Na verdade, os gastos com educação já são bastante elevados em relação aos padrões internacionais – 5,8% do PIB, depois de um crescimento constante desde 2005. Há, porém, um problema de má distribuição. Em primeiro lugar, uma parcela desproporcional dos gastos públicos com a educação é direcionada às universidades, em vez de para as escolas. Em segundo lugar, até metade do orçamento destinado às escolas é gasto com pensões, já que a Constituição permite que os professores se aposentem com salário integral após 25 anos de trabalho para as mulheres e 30 para os homens.[39]

Há duas razões para hesitar antes de despejar mais dinheiro na educação antes de reformar a forma de gastá-lo. O primeiro é que o Brasil está passando por uma rápida transição demográfica e o número de jovens em breve começará a cair (ver o Capítulo 13). A segunda é a corrupção. Antes das reformas de Fernando Henrique Cardoso, entre um e dois quintos dos gastos com educação foram desviados, afirma o cientista político Marcus André Melo. Reformas e controles mais rígidos, por meio de auditorias, reduziram esse número; mesmo assim, uma auditoria em cada cinco encontra casos graves de corrupção na área.

Em todo o Brasil, são muitos os exemplos de inovação e projetos-piloto que promovem reformas na escola, partindo tanto de cima quanto de baixo. O pioneiro foi o estado de Minas Gerais, que em 1991 aprovou uma lei conferindo às escolas uma autonomia muito maior para se autogerirem, por meio de conselhos escolares autorizados a recrutar diretores (até então, indicados por lideranças políticas) e definir as prioridades de investimento.[40] O governo do estado de São Paulo adotou seu próprio programa escolar padronizado e criou um plano de carreira para os professores, que incluía remuneração por desempenho – desfeito, porém, em 2011, em virtude de pressões do sindicato. No tocante à reforma escolar, a cidade do Rio de Janeiro ultrapassou São Paulo. Claudia Costin, secretária municipal de Educação, não só implementou a remuneração por desempenho, um novo programa e avaliações periódicas dos alunos, como também direcionou mais recursos a 151 escolas de áreas mais pobres e violentas.[41]

O sistema nacional de avaliação escolar indica que o padrão nas primeiras séries do ensino fundamental vem melhorando ao longo da última década, mas não para as faixas etárias mais altas. Um esquema pioneiro em Pernambuco veio oferecer alguma esperança de melhora das escolas de ensino médio, tendo começado no Ginásio Pernambucano, a segunda escola pública mais antiga do Brasil. Fundado em 1825, o Ginásio formou muitos dos políticos e escritores do Nordeste antes de afundar na mediocridade. Em 1999, sua bela sede neoclássica vermelha de dois andares, erguida às margens do rio Capibaribe, no centro histórico do Recife, encontrava-se dilapidada e abandonada. Foi quando seu renascimento foi promovido pelo Instituto de Corresponsabilidade na Educação (ICE), ONG criada por Marco Magalhães, ex-aluno da escola e, na época, presidente da divisão latino-americana da fabricante holandesa de eletrônicos Philips, juntamente com um grupo de empresários. O ICE restaurou o prédio e, em parceria com o governo do estado de Pernambuco, implementou um novo tipo de escola de ensino médio, a pioneira escola integral** – na qual os alunos passam o dia todo na escola, das 7h30 às 17h, em vez de um turno de apenas quatro horas. No início do ensino médio, o estudante brasileiro médio já apresenta um déficit de aprendizagem de três anos, segundo Magalhães. Quando os alunos chegam ao ensino médio (antigo ginásio), aos 15 anos, são submetidos a avaliações de português e matemática; apenas 10% passam, revela Neuza Pontes, a diretora. "Temos três anos para tentar fazer com que aprendam tudo o que não aprenderam antes." Turmas menores permitem aos professores acompanhar o desempenho individual de cada aluno. Cerca de 70% dos alunos do ensino médio passam no vestibular, uma porcentagem superior à da maioria das escolas particulares. Em parceria com o ICE, o governador de Pernambuco, Eduardo Campos, vem estendendo o modelo a todas as 700 instituições de ensino médio do estado. Em 2012, 260 fizeram a transição. O ICE está também envolvido em 90 das escolas cearenses, e começou a trabalhar em três outros estados. Porém, ainda não se sabe se o tipo de melhoria introduzida no ensino médio pode ser replicado em larga escala.

O Brasil tem testemunhado também uma intensa expansão do ensino superior. O número de alunos triplicou entre 2000 e 2010, ultrapassando os seis milhões. Embora Lula tenha criado novas universidades federais, a maior parte do aumento da demanda desencadeado pelo crescimento da classe C foi atendida por universidades e faculdades particulares, que hoje correspondem a cerca de 90% das 2,4 mil instituições de ensino superior no país. Aí se incluem duas grandes empresas com fins lucrativos, cotadas na bolsa de valores, a Kroton e a Anhanguera, que optaram por uma fusão em 2013. Se o acordo for aprovado pelo órgão regulador antitruste do Brasil, a empresa combinada terá 800 *campi* e se tornará o maior prestador privado do mundo de serviços de educação

---

* Causa confusão o fato de que a escola que foi transferida quando o prédio teve de ser fechado, na década de 1990, continuou usando o nome do Ginásio, embora agora opere em outro endereço e enfrente dificuldades.

superior.[42] As anuidades têm conseguido manter-se reduzidas em relação às universidades privadas de outros lugares da América Latina. Reconhecendo a necessidade de ajuda do setor privado, o governo proporcionou incentivos fiscais às universidades privadas em troca da concessão de bolsas parciais ou integrais para aproximadamente um décimo de suas vagas, destinadas a alunos de origem pobre. Cerca de 300 mil alunos de instituições privadas obtêm do governo empréstimos a juros baixos. Ainda assim, mais da metade dos estudantes do ensino superior desiste antes de concluir seus cursos, devido a dificuldades financeiras, a deficiências em seus conhecimentos de base e à dificuldade de conciliar trabalho e estudos.

As universidades brasileiras são as melhores da América Latina, embora sejam fracas em relação aos padrões do restante do mundo. A produção em termos de pesquisa é inexpressiva; as técnicas de ensino são antiquadas; e a rigidez das regras de contratação, promoção e remuneração constitui um desestímulo ao talento. Há algumas exceções. A Universidade de São Paulo (USP) foi a única da América Latina a figurar entre as 200 melhores do mundo (ficou em 158º lugar em 2012) na lista compilada pela Times Higher Education, um semanário especializado britânico.* Fundada e apoiada pelo governo do estado de São Paulo, a USP tem se beneficiado de um grande aumento do financiamento privado e de colaborações com instituições estrangeiras. O Brasil também possui duas escolas de negócios entre as 50 melhores do mundo, segundo a classificação do *Financial Times* de educação executiva.[43] Na tentativa de incrementar a base de conhecimentos do país e suas universidades, Dilma lançou um programa intitulado Ciência sem Fronteiras, por meio do qual 100 mil estudantes de ciências receberiam uma bolsa para passar um ano nas melhores universidades do mundo todo. Um quarto do custo total de R$3 bilhões seria financiado por empresas, e o restante viria do orçamento federal. A esperança oficial era que os alunos voltassem cheios de ideias para incrementar suas próprias universidades.

O sistema universitário brasileiro personifica uma injustiça. Os brasileiros com curso superior ganham 3,6 vezes mais do que os que concluíram apenas o ensino médio, uma diferença sem igual no contexto da OCDE.[44] As universidades federais e estaduais, em geral de melhor qualidade do que a maioria das privadas, são gratuitas. Os gastos públicos anuais com cada universitário é cinco vezes maior do que o que se investe por ano com cada criança no ensino fundamental. Todavia, a vasta maioria dos alunos de universidades públicas vem das famílias mais abastadas, em condições de arcar com escolas particulares, e, portanto, é mais bem preparada para o disputado vestibular. Esses alunos são, primordialmente, brancos – o que gerou um apaixonado debate acerca da discriminação racial e da falta de igualdade de oportunidades.

Afirmando um abismo racial

No censo de 2010, cerca de 51% dos brasileiros se definiram como pretos ou mulatos.[45] Em média, seu rendimento ficava um pouco abaixo da metade daquele dos brancos, conforme um estudo realizado pelo IPEA.[46] Constatou-se que os negros sofriam uma

---
* A USP já não figurou entre as 200 melhores em 2013.

desvantagem relativa em seu nível da educação e no acesso à saúde e outros serviços. Por exemplo, mais de metade dos moradores de favelas do Rio de Janeiro é negra; nos bairros mais ricos da cidade, os negros são apenas 7%. Desde os dias de Gilberto Freyre, o senso comum era que os negros eram pobres só por estarem na base da pirâmide social; em outras palavras, a sociedade era estratificada por classe, não por raça. Contudo, um número crescente de brasileiros discorda. As diferenças "clamorosas" só poderiam ser explicadas pelo racismo, defende Mario Theodoro, alto funcionário da Secretaria Especial da Promoção da Igualdade Racial do governo federal. Os ativistas do movimento negro brasileiro insistem em que o legado de injustiça e desigualdade dos tempos da escravidão só podem ser revertidos por políticas de ação afirmativa, do tipo adotado nos Estados Unidos.

Seus opositores neste que se tornou um debate acirrado argumentam que, como a história das relações raciais no Brasil é diferente, essas políticas incorrem no risco de criar novos problemas raciais. A mistura racial e a falta de segregação fazem com que a cor da pele no Brasil seja um espectro, não uma dicotomia. Poucos ainda chamam o Brasil de "democracia racial". Como reconhece o sociólogo baiano Antonio Risério: "É claro que existe racismo nos Estados Unidos. É claro que existe racismo no Brasil. Mas são tipos de racismo diferentes."[47] Importar o estilo norte-americano de ação afirmativa implicaria o risco de forçar os brasileiros a se classificarem em categorias raciais rígidas, argumenta Peter Fry, antropólogo britânico de nascimento e naturalizado brasileiro. Tendo trabalhado no Sul da África, a seu ver a evitação, no Brasil, da "cristalização da raça como marcador de identidade" constitui uma grande vantagem para a criação de uma sociedade democrática.

Para os defensores da ação afirmativa, a qualidade velada do racismo brasileiro explica por que a estratificação racial é ignorada há tanto tempo. "No Brasil, o inimigo é invisível. Ninguém é racista. Mas, quando sua filha sai com um negro, tudo muda", diz Ivanir dos Santos, ativista negro do Rio de Janeiro. Se um jovem negro e outro branco, com qualificações idênticas, se candidatam a uma vaga de vendedor em uma loja de shopping no Rio, é o branco que fica com o emprego, acrescenta ele.

O debate a respeito das ações afirmativas divide a esquerda e a direita. Os governos de Dilma Rousseff, Lula e FHC manifestaram seu apoio a tais políticas – mas se movimentaram com cautela. O principal campo de batalha foram as universidades. Desde 2001, mais de 70 universidades públicas adotaram a política de cotas raciais na admissão de alunos. Nas universidades estaduais do Rio de Janeiro, 20% das vagas foram reservadas a estudantes negros aprovados no vestibular. Outros 25% foram reservados para uma "cota social" de alunos de escolas públicas, cujos pais têm renda inferior ao dobro do salário mínimo – que são, em geral, negros. O Prouni, o grande programa federal de crédito e bolsas de estudo, consubstanciou cotas semelhantes para alunos de universidades particulares. Essas medidas começaram a fazer diferença. Apesar de apenas 6,3% dos jovens negros entre 18 e 24 anos estivessem no ensino superior em 2006, esse número ainda foi o dobro da mesma proporção em 2001, segundo o IPEA. (A parcela de brancos foi de 19,2% em 2006, e de 14,1% em 2001.) "Estamos muito felizes, porque nos últimos cinco anos conseguimos levar mais negros às universidades do que nos 500 anos anteriores", disse Frei David Raimundo dos Santos, um frade franciscano à frente da Educafro, uma instituição de caridade que organizava cursos pré-vestibulares em áreas pobres. "Hoje, está acontecendo uma revolução no Brasil."

Uma de suas beneficiárias foi Carolina Brás da Silva, jovem negra filha de faxineira. Na adolescência, viveu durante algum tempo nas ruas de São Paulo. Quando a conheci, em 2011, ela estava cursando o primeiro ano de Ciências Sociais na Pontifícia Universidade Católica do Rio de Janeiro, com bolsa integral. "Alguns dos outros alunos questionam o que eu estou fazendo aqui, mas está melhorando", relatou ela, que quer estudar Direito e tornar-se promotora pública.

Acadêmicos de algumas das melhores universidades encabeçaram uma campanha contra as cotas. Seu argumento, em primeiro lugar, era que as ações afirmativas partem de um ato de racismo: a divisão de uma nação com um arco-íris de cores em categorias arbitrárias. A classificação em raças, no Brasil, nem sempre foi tão fácil quanto alegam os ativistas. Em 2007, um de dois gêmeos idênticos que se candidataram à Universidade de Brasília foi classificado pelos examinadores como negro; o outro, como branco (com base em fotos). Nessas circunstâncias, o risco era gerar ressentimentos raciais. Em segundo lugar, para seus opositores as ações afirmativas viriam solapar a igualdade de oportunidades e a meritocracia – conceitos frágeis no Brasil, onde os privilégios, o nepotismo e a rede de contatos são, tradicionalmente, os segredos do sucesso.

Os defensores das ações afirmativas respondem que esses argumentos consagram um *status quo* injusto. O vestibular, aparentemente meritocrático, não garante a igualdade de oportunidades. Um estudo realizado por Carlos Antonio Costa Ribeiro, sociólogo da Universidade do Estado do Rio de Janeiro, constatou que os fatores mais estreitamente correlacionados com o ingresso em uma universidade eram ter pais ricos e ter frequentado uma escola particular. Essa conclusão foi reforçada pelo Banco Mundial, que constatou que, no Brasil como em vários outros países da América Latina, é muito mais provável que o nível educacional de cada um seja determinado pelo dos pais do que na maioria dos outros países do mundo, embora também tenha observado que essa relação começava a perder a força.[48]

Em abril de 2012, o Supremo Tribunal Federal decidiu por unanimidade que as cotas aplicadas pelas universidades eram legais. Quatro meses depois, Dilma Rousseff assinou uma lei dando a todas as universidades federais um prazo de quatro anos para assegurar que metade de seu corpo discente viesse de escolas públicas, e que sua composição racial refletisse a do seu estado. Passados 10 anos, a medida vai caducar, caso não seja renovada. Talvez fosse melhor se a lei se limitasse a cotas sociais, em vez de explicitamente raciais. Sua execução está sujeita a confusões. Não obstante, marca uma importante tentativa de corrigir o legado da escravidão.

Na prática, muitos dos receios que cercam as cotas universitárias não se confirmaram. Embora ainda sejam preliminares, os estudos tendem a mostrar que os cotistas, como ficaram conhecidos, apresentaram um desempenho acadêmico tão bom ou melhor que seus pares – talvez por terem vindo substituir os alunos "brancos" mais fracos, que só passariam no vestibular por disporem dos meios econômicos necessários para se preparar. Para Nelson do Valle Silva, sociólogo da Universidade Federal do Rio de Janeiro, a reação contrária às cotas teria sido ainda mais forte se o acesso às universidades não viesse em um crescimento tão rápido, isto é, quase todos os aprovados teriam entrado de algum modo. Peter Fry concorda que a ação afirmativa "tornou-se um fato consumado", e atribui a queda da resistência à culpa, indiferença e medo de ser acusado de racismo.

Para os ativistas negros, o alvo seguinte foi o mercado de trabalho. "Como homem negro, ao procurar emprego já começo em desvantagem", diz Theodoro. Ele observa que os Estados Unidos, com apenas 12% de negros, tem um presidente negro e vários políticos e milionários negros. No Brasil, ao contrário, "não temos ninguém". Não é exatamente verdade: além de jogadores de futebol e cantores, o Brasil tem um juiz negro no STF, Joaquim Barbosa, bem como oficiais militares e policiais. Mas são exceções. Apenas um dos 39 membros do gabinete de Dilma – o Secretário para a Promoção da Igualdade Racial – era negro. Basta observar as ruas junto às sedes vizinhas da Petrobras e do BNDES, no Rio, na hora do almoço, e "todos os gerentes são brancos e os faxineiros, negros", compara Frei David. Alguns órgãos do setor privado começam a abraçar a diversidade racial em seus processos de recrutamento. Tanto no estado quanto na cidade do Rio de Janeiro foram promulgadas leis reservando 20% das vagas nos concursos públicos para os negros, embora elas ainda tivessem de ser implementadas em 2013. Se o desemprego aumentar em relação à baixa recorde atual, as cotas de emprego talvez criem ainda mais controvérsias do que a batalha em torno do ingresso nas universidades.

Muitos dos 25 milhões de brasileiros que deixaram a pobreza desde 2003 eram negros. As empresas perceberam: aumentou muito o número de cosméticos para o público negro, por exemplo. A composição dos passageiros nos voos domésticos começou a ficar mais próxima à da população brasileira que à da escandinava. Até pouco tempo atrás, os únicos atores negros em novelas de televisão faziam o papel de empregados domésticos; em 2012, a Rede Globo exibiu uma novela cujo protagonista era negro.**

Até a invasão de ideias acadêmicas americanas, a maioria dos brasileiros achava que o arco-íris racial do seu país era um de seus principais ativos. Não estavam totalmente errados. Nelson do Valle Silva, especialista em mobilidade social, descobriu que a raça afeta as oportunidades encontradas no Brasil, mas não as determina. O Brasil tem leis antidiscriminação desde a década de 1950. A Constituição de 1988 criminalizou tanto o abuso racial quanto o racismo. Não obstante, essa legislação foi aplicada um número relativamente pequeno de vezes – em parte, devido ao racismo existente no Judiciário, mas também porque os juízes e promotores consideram as penas demasiado severas: os acusados de racismo devem permanecer presos antes e depois da condenação. No Rio de Janeiro, a preferência do movimento negro pela ação afirmativa levou o governo estadual a perder o interesse em medidas destinadas a combater o preconceito racial, revelou um estudo conduzido por Fabiano Dias Monteiro, que dirigiu a linha de denúncias de racismo do estado até sua desativação, em 2007.[49]

** *Nota da Tradutora*: Na verdade, a Rede Globo já tinha levado ao ar uma novela protagonizada por uma atriz negra em 2004 ("Da Cor do Pecado"). Em 2012, foram duas as novelas globais protagonizadas por negros: "Cheias de Charme" (em que a protagonista negra inicialmente era empregada doméstica, e o tema era justamente sua mudança de *status* social) e "Lado a Lado" (novela histórica de temática feminista, protagonizada por um casal de brancos e um casal de negros, mostrando a formação das favelas no início do século XX).

A tarefa mais difícil era mudar atitudes. Muitos brasileiros partiam do princípio de que o lugar dos negros era na base da pirâmide. Os partidários das ações afirmativas têm razão quando dizem que o país deu as costas para o problema. Entretanto, as políticas de estilo americano talvez não sejam as melhores opções para fazer frente às formas especificamente brasileiras de racismo. Se a discriminação positiva se tornar permanente, pode se desenvolver uma verdadeira indústria de direitos financiada com recursos públicos para consolidá-la e promover uma política racial divisionista. Ao lado das cotas sociais nas universidades, uma lei antidiscriminação mais eficaz pode ser a melhor maneira de estabelecer a igualdade de oportunidades e de direitos.

A falta de brasileiros negros em posições de liderança contrastava com a relativa proeminência das mulheres. Dilma, uma feminista, promoveu mulheres capazes. Em meados de 2013, entre os 39 integrantes do seu gabinete, 10 eram mulheres. Uma mulher, Maria das Graças Foster, era presidente da Petrobras; outra, Maria Silvia Bastos Marques, foi encarregada da organização dos Jogos Olímpicos de 2016, como presidente da Empresa Olímpica Municipal, no Rio de Janeiro. Segundo a empresa de consultoria Grant Thornton, as mulheres representavam 27% dos administradores das maiores empresas brasileiras, em contraste com uma média global de 21%. Há uma porcentagem mais elevada de mulheres trabalhando fora no Brasil (59%) do que na Grã-Bretanha ou França.[50] Um dos motivos é a tradicional disponibilidade das mulheres mais pobres para trabalhar como empregadas domésticas e babás. O Brasil tinha cerca de 7 milhões de empregados domésticos em 2009, quase todos mulheres, de acordo com a OIT. Em março de 2013, o Congresso aprovou uma emenda constitucional que colocou as empregadas sob a proteção das leis trabalhistas, com direito ao pagamento de horas extras, férias remuneradas e seguridade social. Como a medida levaria sua remuneração total a quase duplicar, alguns analistas acreditavam que muitas seriam demitidas. Em segundo lugar, as jovens brasileiras têm muito menos filhos do que suas mães, e são mais ambiciosas em suas carreiras. Cerca de 60% dos alunos do ensino médio e universitários são mulheres. O Brasil ainda tem uma cultura machista, mas ela vem se desgastando nas beiradas.[51]

O morro e o asfalto

O abismo social brasileiro é sintetizado pelo contraste arquitetônico entre as fileiras cerradas de edifícios que vieram substituir os bangalôs da classe média e a favela, um labirinto de vielas e becos entre os precários barracos de tijolo cru e ferro corrugado erguido, em geral, em encostas íngremes ou fundos de vale. No Rio de Janeiro, os dois se encontravam lado a lado: os "morros", como os cariocas se referem às favelas, não raro se debruçam sobre o "asfalto" – as ruas asfaltadas dos bairros endinheirados, como Copacabana, Ipanema e Leblon. A justaposição é um lembrete constante das desigualdades brasileiras, que chocam os visitantes estrangeiros e é causa de medo e vergonha para os brasileiros mais abastados. No Rio, até o final do século XX as favelas nem mesmo apareciam nos mapas. Frutos do modo como a urbanização caminhou mais rápido que o desenvolvimento, as favelas talvez fossem menos numerosas na realidade do que na imaginação. O censo de 2010 contabilizou 11,4 milhões de favelados, ou menos de 6% da população total. Quase 90% deles se encontravam nas grandes cidades, metade desses no Sudeste. Em 2000, tinham sido 6,5 milhões – mas, segundo o IBGE, a agência nacional de estatística, a introdução de métodos mais sofisticados de coleta de dados fez com que os dois números não pudessem ser comparados.[52]

Durante o governo militar, os urbanistas removeram à força algumas favelas, às vezes em benefício da especulação imobiliária.[53] De lá para cá, os esforços oficiais passaram a ser canalizados para o desenvolvimento dessas áreas, mediante a instalação de serviços básicos, de iluminação pública e pavimentação de ruas e escadarias. Havia um forte argumento em favor da demolição de favelas construídas em áreas de risco geológico e da realocação dos seus habitantes – o que, porém, enfrenta resistências ferozes, como Lula admitiu para mim, referindo-se à sua própria relutância em deixar uma favela propensa a inundações em São Paulo, em 1964: "Ninguém gosta de mudanças. Mesmo quando você quer tirar alguém de um barraco em ruínas na favela, as pessoas não querem sair."[54]

Mais que problemas em si, as favelas são um símbolo e um sintoma de outras dificuldades, especialmente a falta de serviços urbanos e a prevalência de crimes violentos, tráfico de drogas e policiamento insuficiente. Basta solucioná-las para a maioria das favelas evoluir para assentamentos convencionais. Diz-se que há, no Brasil, um déficit habitacional de 7 milhões de casas. É um escândalo que, em um país onde o Estado gasta dois quintos da renda nacional, apenas 55% das casas estejam ligadas à rede de esgoto, segundo o censo de 2010. Apesar de 11,6% disporem de fossa séptica, um terço dos domicílios brasileiros não conta com esgoto adequado.[55] A relutância em sair das favelas muitas vezes se deve às deficiências do transporte público. Ninguém vai querer se mudar para um subúrbio distante se isso significar um trajeto de duas horas, duas vezes por dia, num ônibus lotado. Por outro lado, a melhoria do transporte público é uma poderosa ferramenta de inclusão social.

Não é por acaso que as favelas são particularmente prevalentes no Rio, que, desde a perda do posto de capital nacional, vem sofrendo com o prolongado declínio econômico e o desgoverno. O censo de 2010 revelou que 1,4 milhão de pessoas, ou 22% da população da cidade, viviam em 763 favelas diferentes.[56] Os problemas da cidade foram agravados pela introdução do tráfico ilegal de drogas, na década de 1980. O que num primeiro momento envolveu a exportação da cocaína boliviana para a Europa logo se transformou no abastecimento de um mercado consumidor local. Facções de traficantes trataram de explorar o vácuo de autoridade deixado pelo governo – Brizola, como governador do Rio de Janeiro, chegou a proibir a polícia de entrar nas favelas.[57] Três facções pesadamente armadas passaram a controlar os morros do Rio, administrando esquemas de extorsão que envolviam do furto de eletricidade a conexões de televisão por satélite (popularmente conhecido como "gatonet"), além do tráfico de drogas em si. Às gangues se opunha o policiamento punitivo, às vezes envolvendo o Exército, em invasões violentas seguidas de retiradas rápidas, que deixavam incólume o domínio dos traficantes. Em 2006, havia denúncias de que a polícia do Rio havia matado 1.063 pessoas – mais de três vezes o número de mortos por todas as forças policiais americanas juntas naquele mesmo ano.⁵⁸ Nos anos seguintes, ex-policiais e bombeiros (e às vezes alguns na ativa) formaram milícias, que passaram a exercer o contraterror em diversas favelas da Zona Oeste da cidade. Quando a antropóloga americana Janice Pearlman voltou ao Rio, no início dos anos 2000, a fim de investigar que fim tinham levado os moradores de favela que ela entrevistara no final da década de 1960, constatou que a insegurança havia minado as profundas conquistas materiais realizadas. "Em 1969, os pobres favelados temiam que suas casas e comunidades fossem demolidas. Hoje, temem por suas vidas", ela escreveu.⁵⁹ Esse medo foi comunicado às plateias internacionais em *Cidade de Deus*, filme lançado em 2002 sobre a área de mesmo nome, um projeto habitacional degradado na Zona Oeste carioca. O Comando Vermelho, maior e mais bem armada quadrilha de traficantes do Rio, dominava a vida dos mais de 60 mil moradores da Cidade de Deus e favelas vizinhas.

Então, por fim, o estado começou a abordar os problemas das favelas cariocas de maneira mais inteligente. Um novo governador, Sérgio Cabral, nomeou alguns funcionários capazes. Um deles foi José Beltrame, um experiente oficial da Polícia Federal designado Secretário de Segurança Pública em janeiro de 2007, que prendeu os comandantes da polícia em exercício por corrupção e pôs em prática uma nova estratégia, cujo objetivo era recuperar o controle das favelas através da instituição de uma presença policial permanente, sob a forma de delegacias de polícia batizadas de Unidades de Polícia Pacificadora, as UPPs. O projeto começaria por uma maior ênfase no trabalho de inteligência; em seguida, policiais das forças especiais, e, se necessário, o Exército tratariam de desarmar ou dispersar os traficantes; por fim, seria estabelecida uma UPP, composta inteiramente por recrutas novos, treinados especialmente para esse fim, na tentativa de minimizar abusos e corrupção. Beltrame definiu metas para toda a força policial. Ao receber a adesão dos governos municipal e federal, ele conseguiu duplicar os salários dos policiais na linha de frente (que chegaram a US$1,2 mil mensais). Em 2011, Beltrame nomeou Martha Mesquita da Rocha a primeira mulher a chefiar a Polícia Civil do Rio, depois de ordenar a prisão de seu antecessor, acusado de aceitar propinas do tráfico.⁶⁰

Em junho de 2010, visitei a Cidade de Deus, onde uma UPP fora instalada nove meses antes. A diferença era palpável. Uma força de 318 policiais, apoiados por 25 carros de patrulha, estava baseada em uma nova delegacia de polícia em uma rua lateral, entre dois fétidos canais de drenagem cobertos de lixo. Em 2008, houve 29 assassinatos na Cidade de Deus; nos primeiros seis meses de 2010, houve apenas um. Muitos moradores estavam agradecidos. "Antes, isto aqui era um horror", disse Jeanne Barbosa, que dirigia um boteco no andar térreo de sua casa. "Corpos eram jogados de carros em movimento, e havia crianças armadas com revólveres." Sua sobrinha foi morta a caminho de casa, atingida por uma bala perdida num tiroteio entre policiais e traficantes. "Agora, as crianças podem brincar na rua." Um soldado desempregado com *dreadlocks* no cabelo que se apresentou como Sérgio mostrou-se mais cético. Segundo ele, a polícia cometia abusos. Seu amigo, que tinha o olhar vazio de um viciado em crack, acrescentou com precisão delirante: "89% deles são corruptos".

"O grande conceito é romper o controle territorial [dos traficantes] imposto pela posse de armas militares", explicou-me Beltrame, um homem magro e intenso.

> Quando entramos, desarmamos. Os bandidos fogem; se resistirem, vão pagar um preço. Eu mantenho um monte de policiais lá por um bom tempo, e eles começam a desarmar [as pessoas] e a obter informações, e a criminalidade desaba (...) Quando eu conseguir isso, a sociedade vai poder entrar, com a empresa privada e serviços públicos.[61]

No total, o plano de Beltrame era instalar 40 UPPs, abrangendo 500 mil pessoas em 600 favelas até 2014 – compromisso incluído na candidatura olímpica vitoriosa do Rio de Janeiro. Em novembro de 2010, depois que os traficantes do Complexo do Alemão, um aglomerado de uma dezena de favelas, com 140 mil habitantes, na Zona Norte da cidade, começaram a sequestrar e atear fogo a automóveis, a polícia e as Forças Armadas invadiram a área e, depois de tiroteios que deixaram pelo menos 37 mortos (alguns deles, meros transeuntes), assumiram o controle. Várias UPPs foram então instaladas no Alemão; logo em seguida, o mesmo processo ocorreu na Rocinha, outra grande favela onde o controle do tráfico era particularmente ousado. Os céticos cariocas foram se persuadindo de que algo de fato estava mudando. A polícia do Rio não se tornou impecável da noite para o dia: em 2012, 46 policiais trabalhando em UPPs foram acusados de crimes. Em um caso chocante, ocorrido em 2011, Patricia Acioli, uma juíza que investigava o envolvimento de policiais em milícias, foi morta a tiros em Niterói; três policiais foram presos pelo crime. O tráfico não foi inteiramente erradicado do Complexo do Alemão; ainda assim, o índice de homicídios no Rio de Janeiro caiu drasticamente, de 42 para cada 100 mil habitantes em 2005 para 24 em 2012.[62]

Os governos municipal, estadual e federal começaram a trabalhar em parceria no Rio, na tentativa de consolidar a segurança por meio da legalidade e de serviços. Para tanto, ajudou o fato de que a que a economia da cidade também estava passando por um renascimento, graças ao boom do petróleo e a uma série de grandes projetos industriais e de infraestrutura nas periferias. Pouco antes de minha visita, fora inaugurada na Cidade de Deus seu primeiro posto de saúde. No Complexo do Alemão, o governo construiu um teleférico de 4,5 quilômetros, prédios de apartamentos e quadras de esportes. Em 2013, o lixo e as ligações clandestinas de energia elétrica estavam diminuindo pouco a pouco; cerca de 500 empresas haviam se constituído formalmente e falava-se na construção de um shopping. Os criminosos ainda estavam por lá, mas já não carregavam armas ostensivamente.[63]

As ONGs também eram cada vez mais ativas nas favelas. Uma dessas organizações, o AfroReggae, envolvia os jovens das favelas em projetos nas áreas de música, dança e teatro como parte de uma estratégia de pacificação e desenvolvimento local. Em 2010, a ONG inaugurou um grande centro cultural em Vigário Geral, uma pequena favela que se celebrizou devido a um incidente ocorrido em 1993, no qual um grupo de extermínio da polícia assassinou 21 jovens, em retaliação pela morte de quatro policiais por traficantes. Para chegar lá, da avenida principal é preciso cruzar a passarela sobre os trilhos do trem – na qual dois jovens negros guardavam a entrada da favela, um deles com um grande revólver ostentosamente enfiado no bolso superior de sua jaqueta de estilo militar. Era um avanço, garantiu-me José Junior, o carismático fundador do AfroReggae, que tinha um programa semanal sobre questões sociais em um canal de TV a cabo. Na década de 1990, haveria de guarda uma dúzia de jovens com fuzis, parte do exército de 200 homens do Comando Vermelho. Agora, o AfroReggae, que conta com o financiamento de grandes empresas, é a maior potência econômica em Vigário Geral, pagando salários mais altos do que os traficantes. O lugar é muito mais pacífico. "As coisas não estão bem ainda, mas já não é um completo caos", disse-me José Junior em 2010. "O Rio de Janeiro está atravessando um grande momento."[64]*

A lei e seus inimigos

Já não se pode dizer o mesmo da polícia brasileira em geral. Os primeiros anos da Nova República testemunharam várias outras atrocidades além da que se abateu sobre Vigário Geral. Em 1992, por ocasião de um motim, a polícia invadiu o superlotado presídio paulista do Carandiru, matando 102 presos. No ano seguinte, oito meninos de rua foram assassinados por policiais diante da igreja da Candelária, no centro do Rio de Janeiro. Em 1996, 19 membros do MST foram mortos em Eldorado dos Carajás, no Sul do Pará, na tentativa da polícia de dispersar uma manifestação em que uma estrada foi bloqueada – levando Fernando Henrique Cardoso a elaborar um plano formal para consolidar o compromisso da democracia brasileira com a defesa dos direitos humanos, promessa reforçada por Lula.

O problema é que a polícia seguia intocada, e o Brasil sofreu uma onda de crimes violentos. A caótica urbanização do período do "milagre", na década de 1970, deixou nas periferias urbanas o legado da falta de segurança na propriedade da terra e da ausência de um governo eficaz. A isso a estagnação econômica da década de 1980 veio acrescentar uma multidão de jovens trabalhadores subempregados. Na década de 1990, os traficantes de drogas foram se instalar nas favelas. Em 2012, o Brasil havia se tornado o segundo maior mercado de cocaína do mundo, e uma epidemia de crack varreu o país. A oferta de armas era abundante. Embora parte delas fosse contrabandeada através da fronteira com o Paraguai, a grande maioria era de fabricação nacional; o Brasil conta com uma florescente indústria de armas leves, a segunda maior das Américas, perdendo apenas para os Estados Unidos. Um estudo minucioso estimou em 17,6 milhões o número de armas no país, das quais 57% não teriam registro legal. A posse de armas era particularmente difundida em São Paulo, Brasília e nos estados de fronteira agrícola (tais como Mato Grosso, Acre e Roraima).[65] A taxa de homicídios subiu de maneira constante nos primeiros anos da Nova República, disparando de 11,7 para cada 100 mil habitantes para um pico de 28,1 em 2003, antes de cair para 21 em 2010 – o que ainda significava que 41 mil brasileiros foram mortos naquele ano. Era uma taxa de homicídios maior que a do México, apesar da tão propalada "guerra às drogas" travada no país.[66]

---

* Em julho de 2013, o AfroReggae foi obrigado a encerrar suas atividades no Complexo do Alemão, após ameaças de traficantes de drogas e um incêndio em suas instalações.

A responsabilidade pela segurança e pelo policiamento encontra-se, em grande parte, nas mãos dos governos estaduais. A Polícia Federal, embora eficiente e bem remunerada, é pequena (dispondo de cerca de 13 mil homens) e suas responsabilidades são rigidamente definidas (consistindo basicamente na segurança das fronteiras, no combate ao tráfico internacional de drogas e na investigação de crimes federais como a lavagem de dinheiro e crimes cibernéticos). Cada estado possui duas forças policiais distintas: a assim chamada Polícia Militar é responsável pela ordem pública e a Polícia Civil, pelas investigações criminais – estrutura que é um resquício do coronelismo, da Primeira República e da ditadura. Embora a Constituição tenha abolido a subordinação da Polícia Militar às Forças Armadas, as mais ambiciosas tentativas de criação de uma força policial unificada fracassaram. O sistema tem um sem-número de falhas. A Polícia Militar, organizada em batalhões, ao estilo do Exército, exibe uma "predisposição (...) a aplicar a coerção nas ruas, em vez de prender", nas palavras do cientista político Anthony Pereira.[67] As relações entre as duas polícias são muitas vezes marcadas pela rivalidade, não pela cooperação. A Polícia Civil dispõe de poucos incentivos para proceder a investigações criminais rápidas ou para colaborar com o Ministério Público. O resultado é que os crimes violentos raramente são processados com rapidez. Muitos policiais são mal remunerados e fazem bico como seguranças particulares. O crescimento da indústria de segurança privada tem sido vertiginoso: em 2012, eram mais de 2 mil empresas, empregando 690 mil indivíduos (além de um número desconhecido de empresas clandestinas). A principal causa da expansão foi a demanda dos brasileiros mais abastados por segurança em seus edifícios residenciais, que se tornaram verdadeiras comunidades verticais fechadas.[68]

O governo federal criou um fundo como ferramenta para incentivar o policiamento comunitário e vários estados adotaram pelo menos o discurso, e parte da prática, dessa abordagem – que foi levada mais longe em São Paulo, onde aumentou o patrulhamento, foram instalados postos policiais 24 horas permanentes nas áreas mais violentas, e implementaram-se regras mais rígidas para a emissão de licenças de armas. A Secretaria de Segurança Pública do governo do estado assumiu como prioridade o compromisso de solucionar e punir os assassinatos. A taxa de resolução de homicídios saltou de 20% em 2001 para 65% em 2005.[69] Em Diadema, município da periferia da Grande São Paulo, que na década de 1980 era comparado ao "Oeste Selvagem" norte-americano, essas iniciativas contaram com o apoio da prefeitura, que montou uma força policial municipal e restringiu a venda de álcool. A taxa de homicídios despencou de um aterrorizante pico de 103 mortes para cada 100 mil habitantes em 1999 para apenas 9,5 em 2012.[70] No estado como um todo, a taxa de homicídios caiu de 35 para cada 100 mil habitantes em 1999 para 10 em 2011, antes de apresentar um ligeiro aumento, e chegar a 11,5 em 2012.[71] Em 2006, São Paulo foi sacudida pelo levante de um grupo criminoso organizado baseado nos presídios do estado, o chamado Primeiro Comando da Capital (PCC). O grupo articulou 274 ataques a delegacias de polícia e edifícios públicos e dezenas de incêndios a ônibus, matando 43 pessoas (31 delas, policiais). Nas represálias que se seguiram, a polícia matou 74 suspeitos.[72] Nos anos seguintes, uma guerra baixa continuou entre o PCC e a polícia, que respondeu às mortes de policiais fora de serviço com a eliminação de supostos membros do PCC nas favelas. Fora dali, o índice de homicídios disparou em vários estados do Nordeste (Alagoas, por exemplo), sobretudo em decorrência da chegada do tráfico de drogas. Entretanto, muitas cidades menores eram lugares pacíficos e respeitadores da lei.

A população carcerária multiplicou-se em progressão implacável: em 2011, os presídios brasileiros tinham 515 mil presos, número que só deixa o país atrás de Estados Unidos, China e Rússia e representa um aumento de pouco mais de 90 mil em relação a 1990. Como a falta de saneamento básico, a situação prisional é mais um escândalo nacional não anunciado. Advogados de direitos humanos relatam que celas construídas para 8 contêm 48 presos; as condições muitas vezes eram de imundície e doenças fora de controle; no Espírito Santo, havia presos em contêineres de metal, sem ventilação, sob o sol escaldante. Cerca de metade dos presos não chegou sequer a ser sentenciado; um quarto deles foi preso por tráfico de drogas. São os pobres (95% da população carcerária), os de baixa escolaridade (dois terços não concluíram o ensino fundamental) e os negros que vão para a cadeia. Por outro lado, funcionários públicos, políticos, juízes, padres e todos os portadores de diploma de nível superior têm direito à prisão especial enquanto aguardam julgamento. Essa é uma das razões por que a pressão pela reforma prisional é tão fraca.[73]

As pesquisas de opinião revelam que o medo do crime encontra-se no topo das preocupações dos brasileiros. A opinião pública tende a adotar uma linha-dura nesse terreno, e se mantém em grande parte indiferente à prática policial de matar, em vez de prender. "Quando a criminalidade é alta, os direitos humanos desaparecem", assinala Patrick Wilcken, pesquisador da Anistia Internacional para o Brasil.[74] Essa tendência condenou uma proposta de proibição da venda de armas de fogo à derrota, por 36% a 64%, em um referendo nacional realizado em 2005. No entanto, e apesar dos problemas contínuos, tanto Rio quanto São Paulo mostraram, cada uma à sua maneira, que um melhor policiamento é possível.

A sociedade brasileira mudou drasticamente ao longo das últimas duas décadas. Diminuíram a pobreza e a desigualdade entre os brasileiros e aumentou a sua escolaridade, chegando a níveis inéditos. Acima de tudo, a promessa da cidadania democrática está por fim começando a ser cumprida. Entretanto, o país ainda tem um longo caminho a percorrer para garantir que sua democracia proteja a vida e os direitos de todos os seus cidadãos, e antes que se possa dizer que ele se tornou a sociedade de classe média a que Dilma aspira.

CAPÍTULO 10

Petróleo, agropecuária e Amazônia

Chegar ao Superporto do Açu, como o chamam seus promotores, requer um voo de helicóptero, 70 minutos para o Norte, ao longo do litoral do Rio de Janeiro, passando por longas praias arenosas e lagoas, logo, pelo pequeno porto petrolífero de Macaé, onde uma fila de navios de abastecimento espera ao largo, e, por fim, por planícies de ondulação suave por onde rebanhos de gado zebu branco se espalham como confete, para pousar na restinga plana e desolada onde o estado do Rio de Janeiro faz fronteira com o do Espírito Santo. Tudo relacionado com o projeto do Açu é superlativo. Quando o visitei, em abril de 2012, o esqueleto de um porto gigantesco emergia de uma imensa obra de terraplanagem. As dragas escavavam o que será um longo cotovelo de água terra adentro, que servirá de terminal litorâneo para carga geral. Um cais de concreto se estendia por 3 quilômetros pelo Atlântico, para um futuro terminal de exportação de cargas a granel de minério de ferro e petróleo. Quando estiverem plenamente operacionais, os dois terminais totalizarão 17 quilômetros de cais, capazes de receber 39 navios simultaneamente e transferir 350 milhões de toneladas por ano (o congestionado Porto de Santos, o maior do Brasil, tem capacidade para apenas 90 milhões de toneladas por ano). O projetado terminal de movimentação de petróleo será capaz de tirar 2 milhões de barris de petróleo por dia (quase o volume total da produção brasileira em 2012). O porto será o núcleo de um complexo industrial que compreende uma usina elétrica grande o bastante para fornecer eletricidade para 20 milhões de pessoas, duas siderúrgicas, o maior estaleiro do Brasil, fábricas de automóveis, uma variedade de outras fábricas e uma nova cidade para abrigar até 250 mil pessoas, tudo isso ocupando uma área do tamanho da Ilha de Manhattan e envolvendo um investimento total de US$50 bilhões.

Pelo menos esse era o plano. Açu foi a grande visão de Eike (pronuncia-se "Aique") Batista, o mais extravagante magnata do Brasil, para extrair sinergias da profusão de commodities brasileiras. Filho de um ex-Ministro de Minas e Energia, Eike fez sua primeira e modesta fortuna adquirindo concessões de mineração de ouro na selva amazônica de garimpeiros na década de 1970 e levando de avião equipamentos para mecanizá-las. Com a "bagunça" (em suas próprias palavras) que se instalou no Brasil na década de 1980, ele partiu para o Canadá, onde comandou uma mineradora de ouro. Em 2000, porém, com um impecável senso de oportunidade, ele resolveu voltar a se instalar no Brasil. Em seu escritório, num edifício *art déco* no centro do Rio restaurado por sua empresa, sentado à sua mesa – de onde ele avista o Pão de Açúcar, emblemático morro da cidade – Eike me contou o que aconteceu a seguir.[1] Primeiro, ele comprou concessões para mineração de ferro em Minas Gerais. Uma vez que "minério de ferro é uma operação logística", ele montou a LLX, empresa que desenvolve o Açu; em seguida, veio a MPX, empresa de energia que deveria construir grandes usinas elétricas a carvão e a gás no litoral, tanto para abastecer seus próprios negócios quanto para vender à matriz energética do país. Em 2007, ele fez sua jogada mais ousada, fundando uma empresa de petróleo e gás (OGX) e recrutando experientes ex-gerentes da Petrobras. A OGX deu um lance de R$1 bilhão e arrematou uma dúzia de blocos de concessão, pouco antes de a Petrobras anunciar suas grandes descobertas em águas profundas. Segundo Eike, a OGX era "a mais bem-sucedida empresa de exploração e produção de petróleo no mundo", tendo descoberto 6 bilhões de barris de petróleo (quase o dobro das reservas totais do Reino Unido).[2] No campo de Waimea, em águas rasas da Bacia de Campos, "descobrimos uma nova província petrolífera", com custos de produção entre os mais baixos do mundo, segundo Eduardo Marques, um dos gerentes da OGX.[3] Em seguida, veio a OSX, prestadora de serviços de petróleo com pretensão de se tornar a maior construtora naval do Brasil. Açu era o núcleo das ambições de Eike: é o terminal de um "mineroduto" – um corredor de 525 quilômetros para a exportação do minério de ferro de sua mina em Minas Gerais – e é vizinho da Bacia de Campos, onde 85% do petróleo brasileiro são extraídos.

Vestido com um terno cinza combinando com camiseta, ostentando um sorriso que acende e apaga como uma lâmpada, Eike rejeitou as acusações de que tinha acesso a informações privilegiadas e devia sua ascensão a contatos no governo. "Sou um labrador farejador de trufas, um animal que sabe como farejar [ativos]", comparou ele. "Prefiro possuir ativos a dinheiro (...) ativos que as pessoas consomem, em vez de papel." Ao contrário dos oligarcas russos, "conquistei esses ativos em concorrência aberta", insistiu. Quando conversamos, em maio de 2012, o total de ativos de sua holding, a EBX – todos os Xs simbolizariam a multiplicação do valor –, era de US$1 trilhão, segundo ele. Ele usou os ativos – e sua própria propalação deles – para levantar capital junto aos mercados financeiros, bancos e investidores estrangeiros. Uma piada no Brasil dizia que Eike era o único homem, além de Bill Gates, a ganhar bilhões com apresentações em PowerPoint; durante a nossa entrevista, ele assistiu ao seu próprio vídeo corporativo aparentemente maravilhado, como se o visse pela primeira vez. Em 2012, Eike tinha se tornado a sétima pessoa mais rica do mundo, com uma fortuna pessoal de US$30,2 bilhões, segundo a revista *Forbes* – riqueza que ele gostava de ostentar. Chegou a manter um carro esportivo da McLaren em sua sala de estar; casou-se com Luma de Oliveira, rainha do Carnaval do Rio e modelo da *Playboy*. Durante nossa entrevista, ele apontou com aprovação para uma capa da revista *Veja*, principal semanário do Brasil, emoldurada na parede de seu escritório, que o apresentava como "Eike Xiaoping" com a citação "Enriquecer é glorioso". Sua intenção declarada era superar o mexicano Carlos Slim e se tornar o indivíduo mais rico do mundo. Após vários anos de gastos pesados, em 2014 suas empresas começariam a pagar dividendos, vaticinou. "É tudo baseado em conceitos à prova de idiotas e ativos subjacentes."

Mas não foi assim. O ceticismo começou a tomar conta dos mercados financeiros à medida que várias empresas de Eike foram perdendo os prazos de produção. Seu depósito de minério de ferro foi vendido para a Anglo American por US$4,8 bilhões; problemas técnicos fizeram seus custos de desenvolvimento triplicarem, batendo os

US$8,8 bilhões, e seu prazo de conclusão foi ultrapassado em alguns anos. Por fim, veio o golpe de misericórdia: em julho de 2013, a OGX anunciou que seu único poço de petróleo em produção, no Campo de Tubarão Azul (novo nome dado a Waimea), provavelmente encerraria suas atividades em 2014, dado que não existia a tecnologia necessária para tornar comercialmente viável sua geologia desafiadora. As ações da OGX, que em março de 2011 eram comercializadas a R$20, caiu para alguns centavos.[4] Diante de dívidas estimadas em mais de US$13 bilhões e da falta de fontes de financiamento, Eike convocou a ajuda dos banqueiros de investimento para fatiar seu império. A MPX, de energia, foi vendida para a EON, da Alemanha; em agosto de 2013, a AIE Global Energy Partners, um fundo de investimentos americano, adquiriu, por US$562 milhões, o controle societário do Superporto do Açu. Este pode nunca vir a se tornar a "Roterdã dos trópicos" prometida por Eike, mas, pelo menos, provavelmente será concluído, ainda que não todas as fábricas planejadas. Por fim, em outubro de 2013, na maior implosão corporativa da história da América Latina, a OGX abriu falência, com dívidas acumuladas de US$5,1 bilhões e tendo sido incapaz de quitar um pagamento de juros de US$45 milhões – sendo seguida, dias depois, pela OSX, a empresa de construção naval, com dívidas de US$2,3 bilhões.[5] Quanto a Eike, a *Forbes* anunciou, em setembro de 2013, que deixara de ser um bilionário. Ao que parecia, ele teria sorte se emergisse dos escombros da EBX com mais que uns poucos milhões de dólares e livre de processos judiciais.

Alguns observadores viram, na ascensão e queda de Eike Batista, uma metáfora do país, como uma comprovação da tese de que a alegada grandeza brasileira não passava de uma miragem baseada em um boom de commodities.[6] Nada mais longe da verdade, porém. A verdadeira história das indústrias de commodities do Brasil é, ao mesmo tempo, mais duradoura e bem mais interessante do que a arrogância e desgraça de Eike. Para ter uma noção de por que é assim, um bom ponto de partida é o *campus* da Universidade Federal do Rio de Janeiro (UFRJ) na Ilha do Fundão, na Baía de Guanabara. Um abrigo de concreto no parque tecnológico da universidade, a sotavento da Ponte Rio-Niterói e alguns estaleiros enferrujados, contém o maior e mais profundo tanque de pesquisa oceanográfica do mundo.[7] Semelhante a uma enorme piscina, com 25 metros de profundidade no meio, seu maquinário permite aos pesquisadores simular o efeito de ventos, ondas e correntes sobre os equipamentos. Seu maior cliente é a Petrobras, cujo centro de pesquisa também se situa no *campus* da UFRJ. E a empresa vem fazendo bom uso do conhecimento lá adquirido.

A Petrobras e o pré-sal

Fundada pelo Presidente Getúlio Vargas em 1954, a Petrobras a princípio não teve muita sorte em suas buscas por petróleo em terra firme. Na década de 1960, porém, começou a perfurar offshore. Quando os choques do preço do petróleo da década de 1970 revestiram de urgência sua missão de reduzir a dependência brasileira em relação ao petróleo importado, as sondagens foram se deslocando para águas cada vez mais profundas, com sucesso crescente. Por décadas a Petrobras foi uma empresa dirigida por engenheiros, um centro meritocrático de excelência em grande medida protegido de interferências políticas. Tornou-se a empresa com maior conhecimento no mundo sobre operações em águas profundas (rivalizando em reputação apenas com a BP, pelo menos até a explosão da plataforma Deepwater Horizon, em 2010). As reformas promovidas por Fernando Henrique Cardoso submeteram a Petrobras à pressão competitiva, ao mesmo tempo em que lhe permitiu forjar alianças com multinacionais. A consequência foi que as reservas comprovadas de petróleo no Brasil duplicaram nos 10 anos anteriores a 2002, ao passo que a produção de petróleo mais do que dobrou entre 1996 e 2005 (quando atingiu 1,7 milhão de barris por dia).[8]

Então, em 2007, deram-se as grandes novas descobertas da Petrobras e parceiros estrangeiros, entre eles a Exxon e o britânico BG Group, no que constituía uma província petrolífera genuinamente nova, a até 300 quilômetros de distância do litoral de Santos e a até 7 quilômetros de profundidade no Atlântico Sul. O petróleo encontrava-se sob uma espessa camada de sal, formada por ocasião da separação dos continentes africano e sul-americano, cerca de 130 milhões de anos atrás – daí o nome de pré-sal. A primeira descoberta foi o Campo Tupi (logo rebatizado de "Lula"), com até 8 bilhões de barris de petróleo leve, volume igual às reservas da Noruega. Outras descobertas logo se seguiram: em 2011, as reservas comprovadas de petróleo do Brasil saltaram para 15 bilhões de barris – mais do que as do México; as estimativas do volume de petróleo potencialmente recuperável dos novos campos iam de 50 bilhões de barris (pouco abaixo do total do Mar do Norte) a 80 bilhões.[9]

Dilma Rousseff – que, além de chefe de gabinete de Lula, presidia, na época, o conselho da Petrobras – apressou-se a assegurar que o Estado exercesse um controle estrito das novas reservas. Dilma insistiu no respeito aos contratos já existentes, inclusive as concessões já feitas no pré-sal. Contudo, o novo quadro legal por ela elaborado para os futuros blocos de exploração do pré-sal estabeleceu que o petróleo seria propriedade de uma nova empresa estatal, batizada de Pré-Sal Petróleo S.A. (PPSA). Introduziu-se um acordo de partilha de produção, tendo a Petrobras como operadora única, no lugar do sistema anterior de concessões por leilão. Em seu formato final, em cada bloco a PPSA ficaria com metade do petróleo extraído; a outra metade seria dividida entre a Petrobras, à qual foi concedida uma participação mínima de 30% em todos os campos, e suas empresas parceiras (cujo pagamento seria proporcional aos seus custos). Mesmo sem contribuir com nenhum capital, a PPSA ficou com metade dos assentos no comitê operacional criado para cada consórcio. Em uma complicada manobra contábil, o governo também adiantou à Petrobras o valor de 5 bilhões de barris de óleo, munindo-a de um capital adicional e diluindo, assim, os donos de 60% das ações sem direito a voto da empresa negociadas na bolsa de valores. A receita da PPSA seria canalizada para um fundo social para a educação e a saúde. Outra nova lei determinou como a distribuição dos royalties do petróleo do pré-sal para o país inteiro, não apenas para os estados produtores, como era o costume. Essas duas últimas medidas, relacionadas com a maneira como se gastariam os ganhos (mesmo antes de sua concretização), provocaram um feroz debate político em Brasília. O Congresso atrelou ao novo fundo de petróleo outros compromissos orçamentários (embora Dilma tenha conseguido removê-los após os protestos de 2013); a discussão sobre os royalties se estenderia até 2013, obstacularizando o licenciamento de novos blocos de exploração.

O governo também decretou que até 70% dos equipamentos e materiais para o desenvolvimento do pré-sal, inclusive sondas de perfuração e plataformas de produção, sejam de fabricação nacional. Um dos objetivos era reviver uma indústria de construção naval que havia desabado após a extinção dos subsídios fornecidos pelos governos militares. Ao contrário do novo regime jurídico, a regra do conteúdo nacional se aplica às concessões previamente existentes – e veio encarecer os custos em 20%, segundo um profissional estrangeiro da área.[10]

Dilma referiu-se à nova legislação como "um passaporte para o futuro". Ela e Lula justificaram o viés mais nacionalista da regulamentação com o argumento de que o risco de exploração fora eliminado – agora, todos sabiam onde o petróleo estava. Todos os primeiros 16 poços perfurados pela Petrobras no pré-sal foram bem-sucedidos, alegou José Sergio Gabrielli, então presidente da Petrobras. Posteriormente, porém, ele reconheceria a existência de grandes "riscos de desenvolvimento".[11] O petróleo se encontra sob 2 quilômetros de água (mais fundo do que o Mar do Norte), seguidos de outros 5 ou mais quilômetros de profundidade, abaixo da camada espessa, quente e instável de sal. A dificuldade não era tanto de ordem tecnológica, segundo me asseverou Gabrielli, mas sim lidar com as dinâmicas geológicas da bacia de modo a minimizar a perfuração e resolver as dificuldades de logística. A Petrobras já estava levando de helicóptero 40 mil pessoas por mês até a Bacia de Campos; para alcançar os novos campos, mais distantes, os helicópteros teriam de levar três vezes mais combustível que o normal.[12] A extração do petróleo exigiria dezenas de unidades flutuantes de armazenamento e transferência (Floating Production Storage and Offloading – FSPOs) – petroleiros convertidos em plataformas flutuantes, cada qual custando bilhões de dólares. Serão necessárias ainda outras plataformas, como bases de reabastecimento de helicópteros. O petróleo será transportado até o litoral por uma frota de cerca de 70 petroleiros, não por um oleoduto.

Ainda assim, Gabrielli, um afável economista que era um estranho à Petrobras até o governo petista nomeá-lo seu diretor financeiro, declarou que a empresa estaria entre as cinco principais companhias petrolíferas do mundo em 2020, com uma produção total de 6,4 milhões de barris por dia, dos quais 4,9 milhões no Brasil. Era quase duas vezes e meia a produção da empresa em 2010. Para chegar lá, ele lançou o maior plano de gastos de capital do mundo por uma empresa, no valor de US$224 bilhões no período de 2010 a 2014, em parte financiado por uma emissão de ações no valor de US$70 bilhões em 2010 – a maior oferta pública da história, embora 43% dos novos papéis fossem tomados pelo governo em seu pré-pagamento pelo petróleo futuro.[13]

Todavia, logo ficou claro que a Petrobras havia exagerado. Do mesmo modo como no pré-sal, Lula a tinha onerado com a construção de quatro novas refinarias, algumas delas aparentemente por razões políticas. A refinaria Abreu e Lima, em Suape, Pernambuco – que deveria ser concluída até novembro de 2011, a um custo de US$2,3 bilhões – não ficaria pronta antes de 2014 e sairia a US$20,1 bilhões, como a empresa acabou admitindo.[14] Para os críticos de Gabrielli, o excesso de nomeações políticas estavam solapando a eficiência da Petrobras. Com a saturação do mercado mundial de equipamentos petrolíferos, a empresa enfrentou atrasos na entrega de parte das 37 sondas e FSPOs encomendadas na Ásia. Não obstante, a maior dor de cabeça em potencial era a imposição do conteúdo nacional. Ninguém discorda que os brasileiros devem ser os principais beneficiários do petróleo, e que este deve ajudar o país a desenvolver uma indústria de serviços na área de petróleo. Mas muitos entendem que a definição de uma participação tão alta do conteúdo nacional, e por um período indefinido, não só encasularia as prestadoras brasileiras de serviços petrolíferos, protegendo-as da necessidade de se manterem competitivas no âmbito internacional, mas também obrigaria a Petrobras a pagar mais pelos equipamentos e sofreria atrasos intermináveis. A consultoria Booz & Company informou que os fornecedores brasileiros da indústria de petróleo e gás cobravam 10% a 40% acima dos preços mundiais.[15] Os custos dos estaleiros brasileiros eram quase o dobro dos sul-coreanos. O maior dos novos estaleiros do país, o Atlântico Sul, em Suape, venceu as licitações de 20 superpetroleiros e 7 plataformas flutuantes em águas profundas. Uma joint-venture entre duas empreiteiras brasileiras, a Camargo Corrêa e a Queiroz Galvão, e a coreana Samsung forneceria o know-how técnico. Mesmo contando com empréstimos subsidiados de cerca de US$3 bilhões do BNDES, o Atlântico Sul não tardou a apresentar problemas. A Samsung rescindiu o contrato; o estaleiro entregou seu primeiro petroleiro com 21 meses de atraso, e pelo dobro do preço do mercado internacional. Ainda assim, Dilma celebrou os postos de trabalho criados pela construção naval – mais de 70 mil deles até meados de 2013, segundo ela.[16]

Com a Petrobras enfrentando dificuldades visíveis em muitos projetos, um número insuficiente de funcionários qualificados e atrasos nos equipamentos, Dilma designou Maria das Graças Foster para a presidência da empresa em fevereiro de 2012. Graça, como os brasileiros a chamam, é uma engenheira durona e funcionária de carreira da Petrobras que nasceu em uma favela e ostenta uma pequena tatuagem no antebraço. Ela sacudiu a cúpula da empresa, restaurando a meritocracia aos olhos dos funcionários, e tratou de rever as metas da Petrobras.[17] Agora, a produção no Brasil deveria chegar a 4,2 milhões de barris por dia em 2020, apenas o dobro em uma década. "Tomamos uma decisão corporativa que se pretende extremamente pragmática", ela me explicou. "Precisamos reduzir os custos operacionais da Petrobras."[18] Mesmo essas metas, porém, serão difíceis de atingir: embora a produção dos campos do pré-sal tivesse alcançado 295 mil barris por dia em abril de 2013, a de outros campos maduros entrou em queda, e a empresa admitiu que era improvável que a produção total aumentasse muito antes de 2015. Na refinaria de Pernambuco, Graça declarou: "Devemos aprender com essa história, que deve ser escrita e lida pela empresa, de modo a não se repetir."[19]

A Petrobras também enfrentou um novo problema. Para conter a inflação decorrente da sua ânsia por reduzir as taxas de juros, o governo Dilma pressionou o preço da gasolina. Devido aos contratempos no refino e na produção, a Petrobras teve de importar gasolina, que foi obrigada a vender com prejuízo.[20] Apesar dos elevados preços do petróleo, no segundo trimestre de 2012 a empresa registrou seu primeiro prejuízo trimestral desde 1999. Por conseguinte, precisou emitir mais dívidas para financiar seus gastos de capital, apesar da venda de ativos fora do Brasil. Após o pico atingido no primeiro semestre de 2008, quando chegou a valer quase US$300 bilhões, o valor de mercado da Petrobras havia despencado para US$82 bilhões em julho de 2013, quando seu valor correspondia a apenas um terço do da Chevron, cujas reservas comprovadas e capacidade de refino eram similares.[21]

Vários especialistas do setor questionaram se tinha sido sábio que a nova legislação do pré-sal abandonasse o modelo de concessões que tão bem atendia às necessidades brasileiras em outras áreas. Em maio de 2013, o primeiro leilão de licenças de exploração em cinco anos produziu lances recordes de empresas nacionais e estrangeiras. Por outro lado, no primeiro leilão do pré-sal sob as novas regras, para o gigantesco campo de Libra, realizado em outubro de 2013, houve um único concorrente, um consórcio formado pela Petrobras (40%), Shell e Total (20% cada) e duas empresas chinesas (10% cada).

O governo citou a Noruega como exemplo de país que tinha usado a regulação estatal para desenvolver uma indústria petrolífera e de serviços de petróleo de primeira categoria. A norueguesa Statoil, como a Petrobras, é uma companhia petrolífera nacional de capital aberto. A diferença, segundo Helge Lund, seu principal executivo, é que a Statoil não possui direitos automáticos sobre as áreas de exploração. Além disso, embora na primeira década da indústria a Noruega exigisse a compra local de 60% dos equipamentos, esse percentual foi gradualmente reduzido a zero.[22] Sem dúvida, alguns fornecedores estrangeiros talvez não fabricassem seus equipamentos no Brasil se não houvesse a regra de conteúdo nacional, e algumas empresas brasileiras vão adquirir conhecimento tecnológico exportável que, do contrário, talvez não buscassem. Mas muitos fornecedores teriam vindo de todo modo, dado o tamanho do mercado do pré-sal e seus desafios técnicos. No parque tecnológico na Ilha do Fundão, a GE está construindo aquele que será apenas seu quarto centro de pesquisa fora dos Estados Unidos, com um investimento de US$250 milhões em cinco anos. Parte do que atrai a empresa é a oportunidade de trabalhar com a Petrobras no desenvolvimento de equipamentos para o pré-sal, usando o tanque oceanográfico da UFRJ para testar equipamentos como mangueiras e afins, segundo o diretor do centro, Ken Hurd.[23] Um dos vizinhos da GE será o primeiro Centro Tecnológico mundial do BG Group, que pretende investir até US$2 bilhões em pesquisa e desenvolvimento no Brasil até 2025.[24] Tudo isso é consequência de uma política pública mais esclarecida, que estabeleceu que as empresas de petróleo e gás gastassem 1% de sua receita em pesquisa e desenvolvimento.

Em um típico lance de ufanismo, Lula declarou ao jornal *Le Monde* que "em 20 ou 30 anos o Brasil será a maior potência energética do planeta"[25] – e citou não só o petróleo e gás, mas também a vantagem competitiva do país com relação ao etanol. Nessa previsão, ele talvez até esteja certo. As questões são quando, a que custo em recursos que poderiam ser destinados para outros fins, e se o Brasil não será superado pelo boom do gás de xisto dos Estados Unidos.

Os gaúchos e a Embrapa à frente de uma revolução agrícola

Tal como no caso do petróleo em águas profundas, a agropecuária brasileira nasce da conjunção de dádivas naturais com a pesquisa patrocinada pelo Estado e uma força de trabalho qualificada e especializada. O Brasil já é uma superpotência agrícola, sendo o único país tropical a ter alcançado esse *status*. É o terceiro maior exportador mundial de produtos agropecuários, perdendo apenas para os Estados Unidos e a União Europeia; em 2009 era o maior exportador mundial de café, açúcar, suco de laranja, carne bovina e de frango; o segundo maior de grãos de soja e milho; e o quarto maior de algodão e carne suína.[26] No entanto, todo esse vigor ainda é muito recente. Até os anos 1970, o Brasil ainda importava alimentos. A ditadura militar, preocupada com a alimentação das massas urbanas, que inchavam, tratou de controlar as exportações e preços dos alimentos. (Só em 1997 o governo Fernando Henrique Cardoso aboliu os impostos de exportação sobre commodities alimentares.) Os últimos 20 anos assistiram a um surto de produção: a de grãos e oleaginosas saltou de 58 milhões de toneladas entre 1990 e 1991 para 166 milhões de toneladas entre 2011 e 2012 (com uma safra recorde de 186 milhões de toneladas prevista para o entre 2012 e 2013).[27] De modo geral, a participação brasileira nas exportações agrícolas mundiais pulou de 2,4% em 1990 para 5,2% em 2011, quando seu valor ficou em US$ 86 bilhões.[28]

Evidentemente, o Brasil sempre desfrutou de uma abundância de sol e chuva, que em determinadas áreas permitem até três safras por ano. A grande mudança foi a abertura do cerrado, cujos solos pobres costumavam ser considerados demasiado ácidos para a agricultura comercial. A "revolução verde" brasileira teve início em 1973, quando o governo Geisel fundou a Empresa Brasileira de Pesquisa Agropecuária (Embrapa), um instituto de pesquisa agrícola, enviando 1,2 mil estudantes de agronomia para obterem seu doutorado no exterior. Ao voltarem, os cientistas trataram os solos do cerrado com cal, desenvolveram melhores tipos de pastagens e novas variedades de soja, adaptadas aos trópicos. A soja, originalmente uma cultura temperada, vem mesmo substituindo o café como maior item agrícola isolado de exportação do Brasil.[29]

O segundo ingrediente vital na revolução verde foram os agricultores. A abertura do cerrado coincidiu com pressões demográficas no cinturão de agricultura familiar nos estados do Sul. Em alguns casos, a propriedade da família ficou pequena demais para ser ainda mais subdividida; noutros, os pequenos agricultores ou trabalhadores rurais foram expulsos da terra pela expansão da agricultura comercial mecanizada. Essas pessoas se depararam com uma escolha. Algumas fundaram o militante Movimento dos Trabalhadores Sem Terra (MST) no Rio Grande do Sul, em 1979, a fim de lutar pela reforma agrária. A maioria, porém, tratou de embarcar em um ônibus e percorrer a longa jornada em direção ao Noroeste, até Mato Grosso e Goiás, ou ao Norte, para a Bahia e além, numa epopeia brasileira conhecida como a migração gaúcha (embora seus integrantes fossem oriundos também do Paraná e de Santa Catarina, não só do Rio Grande do Sul, e, claro, não devem ser confundidos com os vaqueiros argentinos). Muitos eram agricultores qualificados e empreendedores, e levaram consigo técnicas inovadoras, tais como a prática do "plantio direto". Hoje amplamente adotada no Brasil e na Argentina, foi inventada em 1970 por agricultores paranaenses que, diante do grave problema de erosão do solo, descobriram que podiam plantar diretamente em cima da palha podre da safra anterior, evitando assim a aração e retendo mais nutrientes no solo. Para tanto, foi preciso desenvolver uma nova semeadeira, agora fabricada no Brasil.[30]

Em uma sexta-feira de 1999 à noite, sentei-me com um grupo de agricultores gaúchos (e um emigrante neozelandês) em Rondonópolis, uma moderna cidade no meio do nada, no Sul de Mato Grosso. Entre uma cerveja e outra em um grande bar ao ar livre, eles se queixaram, como costumam fazer os agricultores brasileiros, da falta de crédito, das ONGs que os culpavam pela destruição da Amazônia – localizada, no mínimo, a 200 quilômetros mais ao Norte. Mas eram irreprimivelmente otimistas. "O futuro agrícola mais promissor do mundo é aqui", bravateou Adilton Sachetti, cuja família de origem gaúcha possuía nove grandes fazendas espalhadas por todo o estado. No dia seguinte, dirigi com Sachetti rumo ao Sul através de quilômetros e quilômetros de planalto liso que se estendia até o horizonte distante, atapetado de vastas culturas de soja e de algodão. Aí estava a Pradaria brasileira. A monotonia da paisagem só era quebrada pelos artefatos do moderno agronegócio: um avião de pulverização das culturas dando um rasante sobre os campos, a fim de liberar sua nuvem química, enquanto gigantescas colheitadeiras alinhavam-se nos pátios que ladeavam as ocasionais sedes de fazenda. Em casa, a televisão de Sachetti estava sintonizada com o Weather Channel, e seus agrônomos plotavam mapas pluviométricos em seus computadores. Em Primavera do Leste, uma bela cidadezinha no cerrado, conheci Wilson, que trabalhava como motorista de trator em sua terra, o Rio Grande do Sul. Ao chegar em Primavera, em 1984, quando "havia apenas algumas casas e um posto de gasolina", ele comprou e vendeu terra, plantou arroz e, depois, algodão; seus amigos diziam que ele tinha ficado milionário. Em 2011, o estado de Mato Grosso ultrapassou São Paulo, tornando-se o maior produtor agrícola (em termos de valor). A população de Rondonópolis quase dobrou desde 1999, chegando a 200 mil habitantes; agora, a cidade conta com um aeroporto, com um voo diário para o Paraná.

Em 2013, uma linha férrea de São Paulo e Santos chegou a Rondonópolis, um alívio potencial para os problemas de transporte dos agricultores de soja – que eram agudos. A negligência da infraestrutura no Brasil fez com que, em 2010, um produtor de soja em Mato Grosso precisasse gastar 38% de sua receita bruta com o escoamento da produção até o porto de Paranaguá, ameaçando sua rentabilidade, segundo o consultor econômico José Roberto Mendonça de Barros. Outro estudo constatou que os agricultores de soja brasileiros conseguiram alcançar os americanos em termos de produtividade agrícola, mas pagam em média US$128 por tonelada para escoar suas colheitas da plantação ao porto – em contraste com US$38 nos Estados Unidos. A safra recorde de 2013 acarretou um congestionamento recorde do sistema de transporte e atrasos portuários. Em março, 80 navios esperavam ao largo de Santos, a um custo de US$25 mil diários, ao passo que o congestionamento de caminhões destinados ao porto se estendia por 30 quilômetros. O atraso nos embarques levou o importador chinês Sunrise Group a cancelar um pedido de 2 milhões de toneladas de soja.[31]

Graças às pesquisas da Embrapa e à migração gaúcha, a força motriz da revolução agrícola do Brasil tem sido um aumento sustentado da produtividade. A área plantada com grãos e oleaginosas aumentou apenas de 38 milhões de hectares em 1990-91 para 51 milhões de hectares em 2010-11, enquanto a produção por hectare, no mesmo período, saltou de 1,2 tonelada para 3,3 toneladas. Grande parte do recente aumento da produtividade é consequência da adoção de sementes de crescimento mais rápido, desenvolvidas por empresas multinacionais de biotecnologia e que possibilitam duas safras anuais de milho e soja.[32] O Brasil tem adotado com entusiasmo culturas geneticamente modificadas. Apesar de todo o poder político do lobby agrícola e do acesso privilegiado dos agricultores ao crédito através do estatal Banco do Brasil, a atividade agropecuária conta com relativamente poucos subsídios, se comparada à de seus homólogos na Europa, Estados Unidos ou Japão, ou ao setor manufatureiro do país. Embora o cerrado já responda por 70% dos grãos da safra brasileira, há muitas possibilidades de inovação agrícola em outras regiões do país também – o que se aplica especialmente ao açúcar, uma indústria que passou por transformações profundas desde os tempos da casa-grande e da escravidão no Nordeste.

Certa manhã em 2010, na vasta plantação que cobre uma encosta com vista para Piracicaba, no interior de São Paulo, subi a bordo de uma colheitadeira mecânica com Ananias Farias, seu motorista. Ele manobrou habilmente a máquina ao longo da borda de um patamar coberto de varas de cana-de-açúcar de 3 metros de altura, gordas e suculentas depois de meses de sol. A colheitadeira foi picando a cana em pedaços de 20 centímetros, regurgitados em um reboque de 30 toneladas que a acompanhava. Sacudia-se de maneira exaustiva, mas Farias disse gostar de seu trabalho. Sem dúvida, era mais agradável e eficiente do que o corte manual. A colheitadeira extrai até 600 toneladas de cana por dia; no corte manual, cada trabalhador – dos poucos ainda existentes na indústria açucareira de São Paulo – rende, no máximo, 10 toneladas em um dia de trabalho árduo. Os reboques levam a cana até a Usina Costa Pinto, operada pela Raizen, uma joint-venture entre a brasileira Cosan e a Royal Dutch Shell. Lá, é automaticamente pesada, lavada, esmagada e, por fim, conforme os preços do mercado mundial, cristalizada em açúcar ou destilada em etanol. O resíduo lenhoso – o bagaço – é queimado em duas caldeiras de alta pressão que, segundo a agulha que tremula na sala de controle, fornecem cerca de 50 megawatts de eletricidade à matriz energética local – o suficiente para alimentar metade de Piracicaba, uma cidade de 370 mil habitantes.

Os biocombustíveis, derivados principalmente do açúcar, são as mais importantes fontes de energia do Brasil, perdendo apenas para o petróleo. O etanol adquiriu uma má reputação nos Estados Unidos em virtude dos subsídios pesados e da substituição do uso alimentar do milho. Todavia, o etanol de cana brasileiro é vantajoso em termos ambientais: gera, por unidade de energia, apenas dois quintos das emissões de carbono da gasolina e metade das do etanol à base de milho. Ademais, o Brasil dispõe de terras aráveis de sobra – cerca de 70 milhões de hectares, aliás –, nas quais a cana-de-açúcar e outras culturas podem se expandir sem tocar um acre de floresta equatorial nem competir com a produção de alimentos.[33]

Como no caso da abertura do cerrado, o Estado teve uma participação no nascimento da indústria do etanol no Brasil – e, também aqui, o motivo foi o choque do preço do petróleo. O governo Geisel criou o Pró-Álcool, programa que fazia uso de subsídios e regulamentações para incentivar a adoção de carros a álcool. Com a queda dos preços do petróleo, na década de 1980, o programa entrou em colapso, mas a moderna indústria do etanol renasceu através da iniciativa privada. Os engenheiros das subsidiárias brasileiras das multinacionais de autopeças desenvolveram os motores de combustível duplo (*flex-fuel*), capazes de rodar tanto com gasolina quanto com etanol, ou com uma mistura dos dois; em 2012, a nova tecnologia já estava presente em 80% dos 3,4 milhões de automóveis fabricados anualmente no país.[34] Além de abastecer esse mercado, o Brasil tem potencial para se tornar o maior exportador mundial de etanol, sobretudo após a administração Obama em 2011 deixar caducar uma tarifa de US$0,54 por galão importado.[35] No entanto, em 2012 foi o Brasil que precisou importar o combustível dos Estados Unidos. A indústria foi prejudicada por colheitas ruins, pelos efeitos colaterais da crise de crédito de 2009 e, em especial, pelo teto imposto pelo governo ao preço da gasolina. A fim de exportar em larga escala, é preciso fazer onerosos investimentos em etanoldutos, alguns dos quais se encontram em construção. O potencial é enorme; "contudo, o futuro da indústria de etanol a longo prazo depende das políticas do governo", ressalvou Marcos Jank, então presidente da União da Indústria da Cana-de-açúcar.[36] Afinal, a Petrobras é ao mesmo tempo o maior cliente da indústria (por lei, a gasolina no Brasil é vendida em uma mistura de três ou quatro partes para uma de etanol), uma substancial investidora em usinas de etanol e sua mais poderosa concorrente.

De maneiras distintas, o cerrado e a indústria do açúcar desmentem a ideia – predominante entre alguns economistas – de que a produção de commodities é uma atividade de baixa tecnologia e baixo valor, imprópria de uma potência econômica em ascensão. Conforme observou Mendonça de Barros, "as cadeias de recursos naturais estão sendo transformadas pela tecnologia em empresas mais industrializadas; a cana-de-açúcar hoje já é uma indústria diversificada, que vai muito além de meras fazendas. Um enorme complexo industrial está sendo construído nesse setor".[37] Assim como o etanol, o açúcar também é a matéria-prima para os bioplásticos, uma alternativa mais verde às substâncias petroquímicas. Na região de Campinas, várias joint-ventures entre empresas americanas e brasileiras de tecnologia de ponta estão prontas para converter a cana em garrafas de refrigerantes e similares. O Brasil se tornou um líder mundial em certos ramos da biotecnologia e ciências genéticas. O agronegócio pode gerar um número relativamente pequeno de empregos diretos, mas sustenta uma constelação de pequenas prestadoras de serviços, dando origem a atividades profissionais bem remuneradas nos setores de informática e serviços veterinários, entre outros.

Havia duas outras críticas comuns à agropecuária brasileira: a social e a ambiental. A propriedade da terra é muito desigual. Apenas 1,1% das fazendas ocupa cerca de 45% da terra (embora algumas sejam extensas propriedades na Amazônia, de legalidade questionável).[38] A reforma agrária é uma antiga reivindicação da esquerda. Em nome da oposição ao latifúndio feudal, o MST coordenou uma campanha de invasões nas décadas de 1980 e 1990, levando alguns proprietários de terras, em resposta, a constituir grupos armados para autodefesa. Nesse contexto, deu-se o massacre de 19 membros do MST pela polícia, durante um protesto em uma estrada próxima a Eldorado de Carajás, no Pará. Por algum tempo, o MST se converteu em símbolo das injustiças e desigualdades sociais brasileiras. Talvez o pico de simpatia do público em relação aos sem-terra tenha ocorrido na época de sua representação, sob uma luz positiva, na telenovela da Globo "O Rei do Gado", que foi ao ar em 1996.

Fernando Henrique Cardoso respondeu com o lançamento do maior programa de reforma agrária da história do Brasil, por ele descrito como "uma dívida não paga com o passado" e levado a cabo por razões sociais e políticas, não econômicas. Uma nova lei aprovava um procedimento sumário para a desapropriação de terras improdutivas. O governo também comprou terras para redistribuição. A partir de 1995, sucessivos governos assentaram, no total, de mais de 900 mil famílias em 90 milhões de hectares. O MST montava acampamentos de tendas improvisadas de plástico preto à beira das estradas, até seus integrantes ganharem um lote de terra nos assim chamados assentamentos da reforma agrária. No entanto, o MST provou ser melhor nos protestos do que na agricultura. Em um assentamento em Pirituba, perto da divisa sul de São Paulo com o Paraná, fundado em 1984, os agricultores estavam produzindo apenas cerca de US$150 por mês (além de grande parte do seu próprio alimento), quando os visitei, em 1997. Isso se devia, em parte, à pressão do MST em prol do formato comunitário e em parte porque, com exceção do Nordeste, muitos dos recrutas do movimento pertenciam à subclasse de desempregados da periferia urbana, sem experiência no campo.

O MST atraiu o apoio de estrangeiros impressionáveis, como Noam Chomsky, linguista do Massachusetts Institute of Technology, que o destacou como um dos "movimentos populares mais importantes de todo o mundo" – mas vem ficando cada vez mais desacreditado no Brasil. Sua causa original tornou-se, em grande parte, redundante: hoje, as fazendas brasileiras, por maiores que sejam, têm elevada produtividade e não podiam estar mais longe dos latifúndios feudais. A agricultura do cerrado exige investimento de capital e tecnologia e envolve economias de escala, tornando inevitáveis as grandes propriedades. É indiscutível que, no passado do Brasil, a grande desigualdade do acesso à terra deixou como legado uma desigualdade socioeconômica mais ampla, mas perdeu quase toda a relevância na sociedade predominantemente urbanizada do século XXI. De fato, o pleno emprego nas cidades e da escala do programa de assentamentos esgotou o fluxo de recrutas do MST – que, com a irrelevância, degenerou em uma organização quase paramilitar, envolvida no banditismo social e no vandalismo anticapitalista contra o agronegócio e, ao que parece, sem o menor interesse em ajudar os beneficiários da reforma agrária a se tornarem fazendeiros prósperos, preferindo mantê-los clientes de seu domínio dos auxílios concedidos pelo Estado. Na visão de muitos, a reforma agrária tornou-se um gigantesco e ineficiente programa de bem-estar social. Ademais, o MST também enfrenta acusações de depredação ecológica na Amazônia – apesar de essa crítica também ser dirigida à agricultura em geral.[39]

Árvores e pessoas

Em 7 de setembro de 1908, em um acampamento às margens do Rio Juruena, em plena selva do Norte do Mato Grosso, o Coronel Cândido Mariano da Silva Rondon celebrou o dia da Independência do Brasil tocando em um gramofone (arrastado até lá para esse fim) o Hino Nacional para suas tropas reunidas.[40] À noite, ele projetou slides do presidente da República e outras autoridades. Em outras ocasiões, tirou fotos de índios amigáveis desfilando com a bandeira brasileira. Rondon era um fervoroso positivista.

Por mais extremamente incongruentes que, em face do ambiente, esses rituais cívicos pudessem ser, para Rondon eles constituíam um exercício consciente de congregação da nação a partir do vasto território brasileiro. Suas tropas, exaustas, estavam encarregadas da instalação de uma linha telegráfica entre Cuiabá, capital do Mato Grosso, até o Rio Madeira, a Noroeste. Sofriam com as deserções e as mortes decorrentes da malária, da péssima alimentação e de ataques indígenas. A Comissão Rondon, como ficou conhecida, foi motivada pela preocupação das autoridades, que remontava à Guerra do Paraguai, com a possibilidade de que a pobreza das comunicações deixasse o país vulnerável a ataques. A empreitada levaria oito anos para ser concluída; envolveu a limpeza de uma faixa de terreno de 30 metros de largura através de quase 1,3 mil quilômetros de floresta virgem, cruzando vários grandes rios. Rondon sofreu atrasos ainda maiores por ter de acompanhar o ex-presidente norte-americano Theodore Roosevelt, seu filho e sua bagagem inadequadamente volumosa em uma expedição de cinco meses até o Rio da Dúvida, um afluente inexplorado do Madeira. Quando a linha de telégrafo foi inaugurada, em 1915, a comunicação por rádio já a tinha tornado, em larga medida, redundante; após um breve período de utilidade durante a rebelião tenentista em São Paulo, em 1924, caiu em desuso.

Rondon seria o primeiro diretor do Serviço de Proteção ao Índio do Brasil (hoje renomeado Fundação Nacional do Índio, ou Funai). Nativo de Mato Grosso e, ele mesmo, de sangue meio indígena, Rondon respeitava os índios a ponto de instruir suas tropas: "Morrer se preciso for, matar nunca." Seu lema era "proteger e assimilar" pelo exemplo, não pela força. Antropólogos revisionistas apontam a contradição: a "assimilação" implica a perda da cultura. Era paradoxal, também, que Rondon defendesse o direito dos índios às suas terras e ao mesmo tempo trabalhasse em sua abertura para o desenvolvimento.[41] Não obstante, sua abordagem ainda era muito mais esclarecida do que a de muitos outros países em relação aos seus povos indígenas, na época – e teria continuidade por meio dos irmãos Villas Bôas, cujas décadas de trabalho para a Funai e sua antecessora compreenderam a criação da primeira reserva indígena do Brasil (no Alto Xingu, em 1961). Assim, a floresta equatorial resistiria ao desenvolvimento por mais algum tempo.

Ao percorrer essa região, na década de 1930, Lévi-Strauss descreveu os postes telegráficos de Rondon como sendo tão isolados quanto se fossem na lua. Seus operadores foram

> deixados para trás por uma dessas ondas de colonização, tão frequentes na história da região central do Brasil, que varrem grupos de aventureiros ou pessoas inquietas, vitimadas pela pobreza, em um grande surto de entusiasmo para o interior – só para em seguida largá-los presos lá, isolados de todo e qualquer contato com o mundo civilizado.[42]

A Amazônia é uma região que exerce fascínio sobre os forasteiros e onde, como, em 1925, o Coronel Percy Fawcett, explorador britânico, eles às vezes desaparecem. Fortunas são perdidas com mais frequência do que as feitas lá. Em 1930, Henry Ford deixou-se convencer a investir em um vasto seringal no Pará. A Ford Motor Company construiu uma réplica de um subúrbio americano no Rio Tapajós, apelidada pelos brasileiros de Fordlândia. Contudo, as melhores condições para a borracha estavam no Acre, milhares de quilômetros mais a Oeste, e sobre as seringueiras da Ford abateram-se pragas recorrentes. Depois de 15 anos e um investimento de quase US$10 milhões, Ford abandonou o empreendimento sem ter extraído nenhuma borracha.[43] Esse fracasso, junto com o anterior, de um grupo de colonos confederados que se instalaram em Santarém após a Guerra Civil norte-americana, levaram Vianna Moog, escrevendo na década de 1950, a concluir que "na Amazônia, é a natureza que determina, implacável, os caminhos de todos, até hoje". Só os caboclos, os calejados descendentes da mestiçagem entre ameríndios, portugueses e africanos, lograram se adaptar e sobreviver à floresta.

Porém, em breve a natureza acabaria desarmada por duas inovações, a motosserra e o trator, e "de repente, as vastas florestas equatoriais foram prostrar-se aos pés do homem", nas palavras de John Hemming.[44] Juscelino Kubitschek ordenou a construção de uma rodovia de 1,9 mil quilômetros ligando Brasília a Belém, no Norte, conhecida como BR-153/010; na década de 1960, outra estrada, a BR-364, foi construída de Cuiabá até Porto Velho, às margens do Rio Madeira, seguindo a linha de telégrafo de Rondon e desbravando o hoje assim chamado estado de Rondônia. Tanto uma rodovia quanto a outra cruzavam campos abertos, mas puseram a floresta ao fácil alcance das estradas laterais. A ditadura militar criou a Superintendência de Desenvolvimento da Amazônia (Sudam), inspirada na Sudene, do Nordeste. Uma de suas primeiras medidas foi decretar uma zona de livre comércio em Manaus. Incentivos fiscais, renovados seguidas vezes até hoje, atraíram para o coração da selva fábricas de montagem de eletrônicos de consumo, transformando Manaus em uma cidade de 2 milhões de habitantes, com quase 600 fábricas e 100 mil empregos na indústria.

Desde os tempos de Rondon o Exército temia que o que via como o vazio amazônico expusesse a soberania brasileira a desafios, sobretudo por parte dos Estados Unidos. No fulgor do "milagre econômico", o General Médici lançou abruptamente um plano irrefletido para abrir uma rodovia transamazônica através do coração da floresta, ligando o Nordeste à fronteira com o Peru, ao longo de uma linha de algumas centenas de quilômetros ao Sul do Rio Amazonas. A seu ver, essa seria a solução para dois problemas: "Os homens sem terra do Nordeste e as terras sem homens da Amazônia."[45] As chuvas e a floresta logo recuperaram longos trechos da Transamazônica, mas outras estradas se seguiriam, como a que liga Cuiabá a Santarém. Essas rodovias – e especialmente a BR-153/010 e a BR-364 – desencadearam uma caótica corrida à terra; em 1980, cerca de 500 mil colonos haviam percorrido a BR-364, muitos deles gaúchos como os que abriram o cerrado. Junto com eles vieram os garimpeiros, especuladores de terras conhecidos como grileiros (que criam títulos de terra falsos), prostitutas e outros aventureiros.[46] Como muitos outros aspectos do Brasil na década de 1980 e início da de 1990, a Amazônia parecia completamente fora de controle. Uma corrida do ouro na fronteira atingiu seu apogeu na enorme cratera escavada por milhares de garimpeiros em Serra Pelada, perto de Marabá – uma versão moderna da visão do inferno de Hieronymus Bosch. Muitos, tanto índios quanto colonos, morreram em disputas de terra. No Acre, Chico Mendes, o carismático líder de um sindicato de seringueiros, foi assassinado pelos filhos de um fazendeiro local que queria terras da União.

Quando as serras elétricas entraram em ação, a floresta se viu sob ataque de três frentes distintas. A primeira foi a dos pecuaristas. Dirigindo pela BR-101, de Belém até Paragominas, cidade a cerca de 300 quilômetros ao Sul, em 1999, atravessei um cenário dominado por pastos indóceis, pontilhados de zebus e garças brancas, tendo ocasionais tocos de árvore enegrecidos pelo fogo como únicas evidências de que ali se erguia, não muito tempo antes, uma floresta. Os fazendeiros removem a floresta por corte raso e/ou queima, que destrói a camada superficial do solo. A pastagem degradada, que cresce no local só consegue sustentar uma cabeça de gado por hectare – uma pecuária grosseiramente ineficiente. Cerca de 75% da terra desmatada são ocupados por fazendas de gado, sobretudo nas grandes ou médias propriedades, de acordo com o Banco Mundial.[47]

A segunda força predatória foram os madeireiros, ávidos pelas madeiras de lei da floresta e, muitas vezes, trabalhando em parceria com os fazendeiros. Depois de reduzir a Mata Atlântica a menos 7% de sua extensão original na década de 1960, a extração de madeira se transferiu para a Amazônia – em especial o Pará, onde, no fim dos anos 1990, havia cerca de mil serrarias. É um processo marcado pelo desperdício: ao usarem tratores, os madeireiros danificam 27 árvores para cada uma que é cortada, e utilizam apenas cerca de 30% da madeira derrubada, segundo um estudo realizado no final da década de 1990 pelo Imazon, uma ONG com sede em Belém.[48] A indústria madeireira gera cerca de um quarto dos postos de trabalho na Amazônia; boa parte de sua produção é destinada a carvoarias ou dará origem a pisos e móveis de apartamentos nas cidades brasileiras. Apenas cerca de 15% da madeira é exportada.[49] Paragominas tornou-se a capital da exploração madeireira do Pará. Reboques gigantes carregados de troncos alimentam suas serrarias. Todos afirmam praticar um manejo florestal controlado, mas na época do levantamento do Imazon nenhum deles o fazia, como revelou o estudo. O Ibama, órgão ambiental federal, havia anulado 80% de seus planos de manejo florestal – mas só no papel. Muitas serrarias continuaram operando na ilegalidade.

A terceira onda de ataque à floresta foi composta de pequenos agricultores e colonos. Embora, em tese, os grandes proprietários rurais pudessem desmatar apenas 20% de suas terras, esse número era de 50% para os pequenos. Adeptos da prática de corte e queima, eles logo se deslocavam para novas terras, tal como os portugueses na Mata Atlântica, quatro séculos antes. A reforma agrária também deu sua contribuição: 80% das terras distribuídas na Amazônia foram de florestas, segundo um relatório do Congresso.[50] Embora certas ONGs acusem os produtores de soja, o impacto destes é essencialmente indireto, na medida em que fazem a pecuária avançar sobre a floresta. (É verdade que a abertura do cerrado à agricultura causou danos generalizados à sua ecologia, mas a maioria dos brasileiros diria que o retorno econômico e a demanda mundial de alimentos justificam esse fato.) No total, entre 1960 e 2000 a população da região amazônica multiplicou-se por 10, chegando a 20 milhões (sendo, hoje, de 25 milhões). Cerca de 18% da floresta original foram devastados. A maior parte das perdas se deu em um "arco de desmatamento" ao longo do limiar sul da floresta, de Rondônia e Norte do Mato Grosso ao Pará.

Duas visões opostas que os brasileiros têm acerca da Amazônia e de seu futuro começaram a entrar em conflito cada vez mais acentuado no final da década de 1990. Uma considerava que as políticas para a região deveriam visar ao desenvolvimento econômico. "A Amazônia é como qualquer outra parte do mundo (...) e tem de ser pensada como uma base material para sustentar as populações que ali vivem", disse-me um funcionário do governo do estado do Pará. Mas os brasileiros "de Brasília para o Sul" querem "toda a Amazônia protegida, como uma gigantesca reserva", nas palavras de Eduardo Martins, então diretor do Ibama. "A taxa de desmatamento, para o Ministro do Meio Ambiente, é o mesmo que a taxa de inflação para o Ministro da Fazenda: é por ela que ele é julgado."[51] Outros ministérios, como o do Planejamento, apoiam a crença da necessidade de desenvolvimento da Amazônia.

Ao longo dos últimos 15 anos, a visão conservacionista veio se impondo pouco a pouco. Um fator que contribuiu para sua expansão foi a crescente pressão internacional, manifestada na Eco-92, realizada no Rio de Janeiro. No entanto, talvez a principal, ainda que discreta, consequência desse encontro foi a deflagração de um debate nacional no Brasil. À medida que o país foi se urbanizando, muitos brasileiros adquiriram uma maior consciência ambiental – na verdade, bem mais do que na maioria dos demais países. Um levantamento realizado em 2010 como parte da Pesquisa sobre Atitudes Globais, do Pew Research Center, em 22 países, constatou que os entrevistados brasileiros foram os mais propensos a dizer que o meio ambiente e as mudanças climáticas eram questões "muito graves"; 8 em cada 10 disseram que preservar o meio ambiente deveria ser uma prioridade, mesmo que isso implicasse um crescimento econômico mais lento. Outro estudo, desta vez com 25 mil pessoas de cinco países, conduzido pela Ipsos, constatou que um número maior de brasileiros tinha um entendimento correto de expressões como "biodiversidade" e "biopirataria" do que americanos ou europeus. Talvez isso se dê porque os brasileiros sabem que possuem mais "capital ambiental" a perder do que praticamente qualquer outro país.[52]

A Amazônia não é só, de longe, a maior floresta tropical e o maior "sumidouro de carbono" isolado do mundo, vital para qualquer possibilidade de desaceleração da mudança climática global – é também um tesouro de biodiversidade: acredita-se que metade das espécies do mundo viva em florestas tropicais. Se, a nível global, o desmatamento e as mudanças no uso da terra respondem por 18% das emissões de carbono, no Brasil eles são responsáveis por 75% das emissões. Além disso, a floresta é a chave não só para o próprio clima do país, mas também para as chuvas de que necessita para continuar sendo uma superpotência agrícola. Nos últimos anos, várias áreas do país foram assoladas por graves inundações, que alguns brasileiros atribuem à mudança climática. Inundações e deslizamentos de terra na serra do interior do Rio de Janeiro, em janeiro de 2011, mataram mais de 1,2 mil pessoas, tendo sido amplamente considerados o pior desastre natural da história do Brasil.** A própria Amazônia é, em si, vulnerável a alterações climáticas. Conforme um estudo do Banco Mundial de 2009, a perda de mais 2% da floresta poderia começar a provocar o perecimento de suas áreas mais secas,

---

* Afirmação que mais parece uma visão urbana que ignora a lenta agonia das secas ocorridas no sertão.

ao Sul, aumentando sua vulnerabilidade à destruição pelo fogo. Se isso for verdade, a floresta está perigosamente na iminência do desastre. Modelos climáticos sugerem que a Amazônia vai secar em algum momento dos próximos 30 a 80 anos, em decorrência de uma combinação do desmatamento com mudanças das temperaturas mundiais.[53]

Na última década, o Brasil finalmente adquiriu as ferramentas necessárias para controlar o desmatamento. Por um lado, o Instituto Nacional de Pesquisas Espaciais (INPE), sediado em São José dos Campos, em São Paulo, utiliza satélites próprios, aliados a dados de sensoriamento remoto comprados da NASA e da Agência Espacial Europeia, para monitorar o desmatamento em tempo real. Ao detectar algo suspeito, o INPE alerta agentes locais do Ibama.[54] Por outro lado, o governo federal designou 42% da Amazônia como áreas protegidas, seja como reservas indígenas, seja como parques naturais – processo que recebeu um empurrão decisivo de Marina Silva, Ministra do Meio Ambiente de Lula de 2003 a 2008. Nascida em uma comunidade de seringueiros no Acre, a história de vida de Marina rivaliza com a de Lula como exemplo de triunfo sobre a adversidade. Ela contraiu malária meia dúzia de vezes e sofreu envenenamento de água potável contaminada com metais pesados. Só aprendeu a ler aos 16 anos. Queria ser freira, mas em vez disso se tornou professora e ativista sindical. Trabalhou com Chico Mendes e foi membro fundador do Partido dos Trabalhadores, tendo sido eleita senadora. Como Ministra do Meio Ambiente, formulou um plano abrangente para deter o desmatamento, que envolvia a delimitação de novas reservas e o maior rigor no cumprimento das determinações. A Polícia Federal prendeu dezenas de funcionários públicos por tráfico de licenças fraudulentas de corte de madeira. Em 2008, Marina Silva convenceu Lula a enviar tropas para Tailândia – que substituíra Paragominas como capital da atividade madeireira no Pará – depois que desmatadores expulsaram fiscais do Ibama. Uma nova lei declarou que nenhuma floresta pública poderia ser privatizada. Agentes do Ibama em terra agora têm o poder de emitir multas, confiscar equipamentos e introduzir nomes na lista negra, que impede que os agricultores recebam crédito bancário. Outra nova lei tentou limpar, em parte por meio de uma anistia, os títulos de terra imprecisos que tanto prejudicavam as tentativas de manejo florestal. Ao mesmo tempo, ONGs brasileiras e estrangeiras insistiam em que fazendeiros e agricultores de soja parassem o desmatamento, organizando boicotes de varejistas e consumidores. Em 2005, o Greenpeace concedeu seu prêmio "motosserra de ouro" a Blairo Maggi, Governador eleito de Mato Grosso e cuja empresa familiar é a maior produtora de soja do Brasil. Aparentemente abalado, Maggi mudou de rumo e começou a trabalhar em parceria com as ONGs, no intuito de preservar a floresta.[55]

Usar para não perder

O resultado de tanto empenho foi uma queda vertiginosa da taxa de desmatamento, ainda que com certos picos que parecem relacionados com o aumento nos preços das commodities. No período de um ano antes de julho de 2012, os dados do INPE mostraram que apenas 4.656 quilômetros quadrados de floresta haviam sido derrubados, uma queda drástica em relação ao auge de quase 30.000 quilômetros quadrados em

2005. Os ambientalistas começaram a se mostrar otimistas em relação à possibilidade de o Brasil alcançar um desmatamento líquido zero (considerando-se o replantio de árvores) dentro de um par de décadas. Lula chegou à cúpula da ONU sobre Mudança Climática em Copenhagen, em 2009, armado da ambiciosa promessa de que, até 2020, o Brasil reduziria em 80%, unilateralmente, a taxa de desmatamento de seu nível médio entre 1996-2005. O compromisso assumido em Copenhagen foi uma vitória para o Ministério do Meio Ambiente. Lula já havia apoiado a visão do Ministério das Relações Exteriores de que o Brasil deveria se alinhar com a China e a Índia no argumento de que o corte das emissões de carbono era responsabilidade só dos países desenvolvidos.

Para cumprir e superar a promessa feita por Lula foi preciso aprimorar a aplicação das leis, que ainda era irregular. Vastas extensões da Amazônia continuavam sendo uma fronteira selvagem, onde a presença do Estado era fraca e aqueles que defendiam a floresta às vezes arriscavam a vida. Os fiscais do trabalho volta e meia desvelavam casos de servidão por dívida – a escravidão moderna – na região. Para consolidar as vitórias seria preciso também reforçar as incipientes tentativas de fornecimento de incentivos econômicos para manter a floresta de pé e mudar a forma de plantio nas áreas já desmatadas. Lula abandonou a tradicional hostilidade do Brasil a todo e qualquer atuação de forasteiros na Amazônia, propondo a constituição de um fundo internacional para ajudar a pagar ao Brasil pelos benefícios ambientais proporcionados ao planeta pela floresta. A Noruega prometeu US$1 bilhão inicial para esse fundo até 2015, no âmbito de um plano internacional conhecido como Redução de Emissões por Desmatamento e Degradação, ou REDD. O Brasil vem aplicando o dinheiro em programas que promovam o uso sustentável da floresta (como a extração de borracha e a colheita de frutas e nozes), bem como no manejo florestal e em melhores práticas agrícolas. A Embrapa estava promovendo sistemas agroflorestais mistos para as pastagens degradadas na Amazônia. Todas essas iniciativas começaram a ter um efeito visível à medida que os proprietários de terras começaram a replantar floresta e a fertilizar seus pastos, a fim de aumentar-lhes a produtividade. Em 2013, o desmatamento e a exploração madeireira tinham sido praticamente interrompidos em Paragominas, graças a uma combinação de maior rigor na aplicação da lei, pressão das ONGs e lógica econômica. Apenas 14 das outrora 240 serrarias da cidade continuavam em funcionamento.[56]

Os povos indígenas finalmente lograram alguns êxitos. Por volta de 1960, sua população total havia caído para menos de 100 mil indivíduos, e eles enfrentavam a possibilidade da extinção. Contudo, graças a uma combinação de melhores condições de saúde (que incluíram a vacinação contra o sarampo) e, sobretudo, mais segurança para suas terras, muitas tribos se recuperaram. Pela primeira vez desde o século XVI, seu número cresceu, chegando a mais de 800 mil no censo de 2010. Entretanto, unir-se ao núcleo da sociedade brasileira em seus próprios termos foi um processo repleto de complicações. Consideremos o caso dos Suruí, de Rondônia. Em seu primeiro contato com o mundo exterior, em 1970, sofreram uma hecatombe: doenças e o desmatamento de seu território provocaram uma queda de sua população de 5 mil para menos de 300 indivíduos, segundo Almir Narayamoga, chefe dos Suruí. A população já subiu para

1,3 mil; eles têm uma reserva de 240.000 hectares protegidos, e elaboraram um plano de longo prazo para a educação, a saúde, a proteção da sua cultura e a disponibilização de fontes de renda. As tribos indígenas tomam muito mais cuidado com a floresta do que os demais porque dependem dela para a caça e coleta de frutos, explica o cacique Almir. Os Suruí firmaram uma parceria com a Google a fim de usar tecnologia para monitorar seu território, e estão replantando os 10% de suas terras que chegaram a ser desmatados antes que adquirissem o controle sobre elas. "A floresta nos ajuda e nós vamos ter que ajudar a floresta", diz Almir.[57] Havia ainda três dezenas de tribos não contactadas no Brasil, vivendo em isolamento mais ou menos voluntário. Desde a década de 1980, a política da Funai é criar "zonas de exclusão" para esses grupos. Entretanto, é difícil enxergar aí algo além de um mero paliativo. O futuro dessas tribos parece sombrio.[58] Sobre a própria Funai pesam acusações de corrupção e incompetência em sua administração das tribos indígenas, muitos de cujos membros estão entre os mais pobres dos brasileiros.

A conservação ambiental no Brasil, enquanto ao mesmo tempo se procuram desenvolver seus recursos de forma sustentável, envolve negociações complicadas. Um exemplo foi a longa batalha travada no Congresso Nacional acerca do novo Código Florestal do país. De um lado estava o lobby dos proprietários rurais, encabeçado por Kátia Abreu, senadora durona e raposa política, que assumiu as rédeas da vasta fazenda do marido, no Tocantins, quando ficou viúva. Do outro lado estavam os verdes, inspirados, entre outros, por Marina Silva. Os proprietários alegavam que o código existente, datado de 1965, era anacrônico e inexequível. Na verdade, menos de 1% das multas aplicadas quando de sua não observância eram pagas. Os verdes argumentavam que enfraquecê-lo equivaleria a uma licença para desmatar. No fim das contas, chegou-se a um acordo com a ajuda do veto de nove artigos por Dilma Rousseff. Assim, concedeu-se uma anistia aos desmatadores anteriores a 2008, com a condição de que estes promovessem o replantio em escala tanto maior quanto maior fosse o tamanho da propriedade. Se devidamente aplicado e financiado por empréstimos, o novo código deve promover um aumento global da cobertura florestal.[59] Não obstante, os conservacionistas atribuíram ao novo código o aumento no desmatamento nos 12 meses anteriores a julho de 2013, tendo chegado a 5.843 quilômetros quadrados.

A batalha mais ruidosa com relação à possibilidade de um desenvolvimento sustentável em termos ambientais no Brasil envolve a construção de hidrelétricas na Amazônia – e, particularmente, a de uma gigantesca represa em Belo Monte, no curso inferior do Rio Xingu, onde o curso d'água forma uma enorme curva e cai 90 metros em 140 quilômetros. Trata-se do maior canteiro de obras do Brasil, que tinha 20 mil operários trabalhando 24 horas por dia quando a visitei, em outubro de 2012. Em uma colina acima do rio, bandos de escavadeiras bicavam as pedras e as carregavam em caminhões, que desciam a cratera como uma fila indiana de formigas. Ali serão instaladas as turbinas principais de Belo Monte, alimentadas por um canal de 20 quilômetros que está sendo escavado desde o outro lado da curva, onde o rio encontra-se parcialmente represado. Quando concluída, Belo Monte terá uma capacidade instalada de 11.233 megawatts, o que fará dela o terceiro maior projeto hidrelétrico do mundo, perdendo apenas para a Três Gargantas, na China, e Itaipu, também no Brasil. Segundo uma expressiva campanha de protesto internacional, que conta com o apoio de ONGs americanas e astros de Hollywood, o governo brasileiro, em Belo Monte, está promovendo um ecocídio contra a floresta e um genocídio cultural contra os índios amazônicos. Um curta-metragem dirigido por James Cameron comparou os defensores do projeto aos vorazes destruidores da natureza retratados em seu filme *Avatar*.[60]

No entanto, grande parte das críticas parece fora de lugar. O governo abandonou os planos da ditadura de construir seis barragens no Xingu, inundando grande parte do seu vale, inclusive territórios indígenas. O projeto de Belo Monte foi remodelado como uma geração a fio d'água, usando o fluxo natural do Xingu e do canal construído especificamente para alimentar suas turbinas, eliminando a necessidade de um reservatório. As obras de construção estão em terras que foram amplamente desmatadas pela Transamazônica na década de 1970. Não há aldeias indígenas nem haverá terras inundadas. Embora o fluxo do rio e a atividade pesqueira vão ser interrompidos na curva, apenas cerca de 200 índios foram diretamente afetados. A maioria dos manifestantes indígenas vivia em aldeias vários dias de viagem rio acima. Ainda que qualquer grande projeto tenha um impacto sobre a população local, o Consórcio Belo Monte comprometeu-se com projetos de compensação de bilhões de dólares de custo, dentre os quais uma escada de peixes e novas casas, escolas e centros de saúde. O risco real de Belo Monte é outro: que ela venha a ser um elefante branco financiado pelos contribuintes cujos principais beneficiários seriam as politicamente poderosas empresas de construção do país. Os custos estimados do projeto quase duplicaram (chegando a R$29 bilhões) desde a aprovação. O complexo passou a ser construído para um consórcio de estatais de eletricidade graças a um empréstimo recorde do BNDES, no valor de R$22,5 bilhões, depois que as empresas privadas se retiraram, convencidas de que o governo havia estabelecido um preço não rentável para a energia ali gerada. Como Belo Monte não tem reservatório para armazenamento de água, na estação seca suas turbinas ficarão quase paradas.

O que torna a questão extremamente complexa é o fato de haver argumentos ambientais de ambos os lados. Não obstante suas reservas de petróleo em águas profundas, a matriz energética brasileira é extremamente verde, graças, em parte, ao etanol, mas principalmente porque o país deriva quase 80% de sua eletricidade de usinas hidrelétricas. Devido à crescente prosperidade do país, a demanda por energia elétrica vem crescendo na ordem de 6.000 megawatts ao ano – o equivalente a uma Belo Monte a cada dois ou três anos. A maior parte do potencial hidrelétrico inexplorado do Brasil encontra-se na Amazônia (havia planos para até 30 barragens, das quais duas foram recentemente construídas no Rio Madeira, em Rondônia). Com a geração a fio d'água tendo se tornado a norma – por boas razões ambientais – as variações sazonais na geração vão exigir uma complementação por termelétricas, que emitem carbono. Ainda assim, a menos e até que a energia solar se torne uma alternativa viável, barragens como Belo Monte provavelmente constituem a opção menos ruim para conciliar o atendimento da demanda por energia com o mínimo possível de danos ambientais.

CAPÍTULO 11

O capitalismo orientado brasileiro

A principal fábrica da Embraer, ao lado do pequeno aeroporto comercial da cidade industrial de São José dos Campos, 100 quilômetros a Nordeste de São Paulo, abrange 15 hangares gigantescos, totalizando 400.000 metros quadrados – o tamanho de 60 campos de futebol. Muitos deles não existiam ainda quando visitei a Embraer pela primeira vez, um par de anos depois de sua privatização, em 1994. Fundada em 1969 como uma fabricante estatal de aeronaves, a Embraer desfrutou de duas décadas de sucesso tanto no mercado civil quanto no militar com robustos turboélices, como o Bandeirante e o Tucano. Seguiu-se um período de turbulência, devido aos cortes do orçamento de defesa, à recessão e a erros de seus gestores governamentais. O último avião lançado em seus tempos de estatal foi um turboélice de projeto superelaborado que custava US$1,5 milhão mais do que seus concorrentes; nem um único foi vendido.

Desde a privatização, a Embraer prosperou, tornando-se a terceira maior fabricante mundial de jatos comerciais e líder do mercado de jatos de 50 a 120 assentos. Para isso, precisou de agilidade. Seu primeiro jato comercial, o E-145 de 50 lugares, foi vendido principalmente para companhias aéreas regionais norte-americanas interessadas em contornar as restrições sindicais quanto à tripulação de aviões maiores. Com a família do E170-190, de maior porte (70 a 129 assentos), a empresa saiu desse nicho. Quando voltei à fábrica, em junho de 2010, os operários estavam finalizando a montagem de aviões para companhias aéreas europeias (Lufthansa e Lot), para a bareinita Gulf Air, a chinesa Tianjin, a argentina Austral e a brasileira Azul. A Embraer aventurou-se também no exterior; em 2002, estabeleceu uma joint-venture na China para fabricar o E-145, e mais tarde abriu fábricas na Flórida e em Portugal.

A desaceleração econômica global de 2008-9 foi um duro golpe para a indústria aeronáutica, forçando a Embraer a congelar uma linha de montagem e demitir milhares de trabalhadores. As receitas da empresa em 2012, de US$6,2 bilhões, ainda estavam um pouco abaixo do pico de 2008.[1] Ainda assim, com mais de 18 mil empregados em 2013, sua força de trabalho tinha voltado a crescer – e encontrava-se bem acima de seu auge quando nas mãos do Estado (12,7 mil em 1990). A empresa enfrentava também a concorrência crescente. Assim como a canadense Bombardier, sua antiga rival, empresas russas, chinesas e japonesas lançaram pequenos jatos comerciais, ou estavam trabalhando neles. Contudo, os aviões da Embraer são confiáveis e sua marca já está estabelecida. Em vez de desenvolver aviões maiores, o que a colocaria contra a Boeing e a Airbus, a empresa decidiu renovar seus jatos comerciais já existentes para torná-los mais eficientes em termos de combustível, enquanto diversificava sob outros aspectos. As linhas de produção em São José dos Campos e em Harbin, na China, que costumavam montar o E-145, de menor porte, que acabaram ficando antieconômicas pela alta dos preços do petróleo, foram reconfiguradas para a fabricação de jatos executivos. Os negócios da Embraer no setor de defesa também vêm crescendo, com o desenvolvimento de um novo avião militar de transporte e o estabelecimento de uma parceria com a Boeing para sua comercialização. A Embraer já vendeu seu Supertucano, avião de ataque ao solo, a uma variedade de forças aéreas de todo o mundo. Em 2013, venceu uma licitação da Força Aérea americana, no valor de US$427 milhões, para o fornecimento de 20 Super-Tucanos, a serem montados em uma nova fábrica em Jacksonville, Flórida. Entre eles, os contratos de jatos executivos, de defesa e de manutenção vão expandir-se e devem chegar a responder por metade das vendas da empresa, segundo me disse Frederico Curado, principal executivo da Embraer.[2]

Essa capacidade de se adaptar às novas condições de mercado é a marca da Embraer. Para Curado, as vantagens competitivas da empresa são seu know how (de materiais compósitos, por exemplo), sua força de trabalho altamente qualificada (um terço dela, composta por engenheiros) e sua rede de fornecedores locais. Há dois fatores por trás dessas conquistas. O primeiro foi a fundação em São José de Campos, em 1950, do Instituto Tecnológico da Aeronáutica (ITA), uma escola técnica baseada no Instituto de Tecnologia de Massachusetts, onde muitos dos engenheiros da Embraer foram treinados. A ideia foi do Marechal do Ar Cassimiro Montenegro Filho, que entendia que, "para fazer aviões, precisamos primeiro de engenheiros competentes".[3] Em segundo lugar, a necessidade de competir no mercado global levou a Embraer a confiar na inovação, não na proteção governamental. A tática inclui o uso da "terceirização reversa": fornecedores como GE e Honeywell viraram parceiros de risco, que investiram cerca de US$270 milhões nos jatos da linha E (ou cerca de 27% do investimento total) em troca de uma participação nos lucros.[4] O Super-Tucano é um exemplo do tipo de "inovação frugal" que os gurus de gestão em geral identificam com a Índia e a China. Adaptado de um avião de treinamento, pode usar bombas inteligentes e é extremamente eficaz contra insurgentes com armamentos leves.* Seu custo de operação é de apenas US$1 mil por hora, em comparação com os US$10 mil horários de um caça F-16.[5] Curado sublinha que a Embraer tem se fortalecido com a adversidade. "A melhor proteção contra a mudança é a produtividade", diz. Para a Embraer, desde 2009 isso significa pequenas mudanças, como apagar as luzes no horário do almoço, ao mesmo tempo em que avança com a automação. A empresa vem investindo continuamente em pesquisa e desenvolvimento, lançando novos jatos executivos. A força da moeda brasileira durante a maior parte do período entre 2003 e 2012 só reforçou a importância desse ímpeto produtivo.

Em outras palavras, a Embraer é muito semelhante a qualquer outra empresa global de alta tecnologia. É também a terceira maior exportadora do Brasil, perdendo apenas para a Petrobras e a Vale, e vem desmentir a tese de que o recente êxito econômico do

---

* O Super-Tucano foi usado com efeitos devastadores pela Força Aérea colombiana em uma série de bombardeios de precisão que mataram vários dos principais líderes guerrilheiros das FARC e foram fundamentais para mudar o equilíbrio estratégico do conflito interno da Colômbia, persuadindo as FARC a iniciar negociações de paz com o governo em 2012.

país só se deu em função do boom das commodities. É verdade que a Embraer é uma relativa raridade no Brasil. Mas não é um caso isolado. Uma das bem-sucedidas empresas industriais brasileiras de que "ninguém nunca ouviu falar" é a Weg.** Fundada em Santa Catarina, em 1961, por três engenheiros de ascendência alemã, a Weg cresceu e se tornou uma das três maiores fabricantes mundiais de motores elétricos, juntamente com duas gigantes europeias, a Siemens e a ABB. Também fabrica equipamentos de geração e transmissão, sistemas de automação industrial e tintas, e está avançando no setor de turbinas eólicas. Quando visitei sua enorme fábrica em Jaraguá do Sul, geradores elétricos de 60 megawatts, pesando cerca de 30 toneladas, estavam prontos para ser expedidos para clientes na Alemanha, Austrália e Estados Unidos. Em 2012, pela primeira vez, pouco mais da metade da receita total da Weg, de cerca de R$6,2 bilhões, vieram de fora do Brasil. Embora nos últimos anos ela venha adquirindo empresas e fábricas no México, na Índia e na China, cerca de quatro quintos de seus pedidos estrangeiros foram executados nas fábricas brasileiras, a maioria delas em Santa Catarina.

Quando conversei com Harry Schmelzer, presidente da Weg, em seu amplo mas utilitário escritório na fábrica de Jaraguá, perguntei-lhe como sua empresa conseguiu aumentar as exportações apesar do recente fortalecimento do real e dos elevados custos do Brasil. "Não há um segredo, nem uma fórmula única", respondeu. Fazendo eco a Curado, da Embraer, ele ressaltou que o principal era a permanente busca de ganhos de produtividade por meio de investimentos em tecnologia e inovação: "Estamos em um mercado maduro, que não envolve novas tecnologias, como o iPad, mas evolui muito em termos tecnológicos a cada ano." Os motores estão constantemente ganhando em silêncio e eficiência. A busca de competitividade pela Weg tem uma longa história. As exportações tiveram início em 1970. "A intenção de ser uma empresa global remonta a esse período porque sempre competimos com empresas globais", recorda Schmelzer, que ingressou na empresa em 1981.[6] Embora também seja descendente de alemães, ele não tem parentesco com os fundadores, e sua promoção ao seu cargo mais alto foi um marco na conversão de uma empresa familiar em uma multinacional brasileira. Como a Embraer, o sucesso da Weg ergue-se sobre a qualidade de sua força de trabalho. Ela opera um sistema de formação de estilo alemão; em um canto da fábrica em Jaraguá do Sul, os jovens aprendizes aprendem mecânica e eletrônica, enquanto prosseguem no ensino médio à noite. A empresa divide 12,5% dos seus lucros a cada ano com os empregados, cujo número chegou a 26 mil. Foi assim que, em um país onde a rotatividade de trabalho vem adquirindo contornos frenéticos, a Weg mantém seu pessoal por sete a oito anos, em média. É tentador vê-la como um parente distante da *Mittelstand* alemã de firmas de engenharia de médio porte. Mas isso mostra que os fabricantes brasileiros têm, sim, condições de competir globalmente, caso se proponham a fazê-lo da maneira correta.

Debatendo desindustrialização

É uma lição importante. Nos últimos anos, o Brasil tem sido dominado por temores de que estaria perdendo sua indústria de transformação para uma tríplice ameaça de

---

** Como disse Roger Agnelli na palestra de 2009 no Hotel Marriott, em Londres (veja o Capítulo 1).

concorrência chinesa predatória, sobrevalorização da moeda e custos elevados. De fato, a participação da manufatura na economia vem caindo de um pico de 25% do PIB em 1985 para 15% em 2011. Da mesma forma, os produtos fabricados correspondiam a 55% das exportações do Brasil em 1985, mas responderam por apenas 36% em 2011.[7] Após se recuperar de uma breve recessão em 2008-9, a produção industrial estagnou. Todavia, não há consenso quanto a se esse declínio é permanente ou mesmo se deve ser motivo de preocupação. Em parte, o declínio relativo da produção é tão somente fruto do recente êxito dos setores de commodities do Brasil. No entanto, a maioria dos economistas diria que uma economia do tamanho da brasileira não conseguirá chegar a ser desenvolvida sem uma indústria florescente, mesmo que esta represente uma parcela menor da economia do que no passado. E, sem dúvida, algumas das políticas macroeconômicas adotadas no país nas duas últimas décadas tiveram consequências negativas, diretas ou indiretas, para a manufatura. A abertura comercial da década de 1990 expôs as deficiências das mimadas indústrias engendradas pelo Estado "nacional-desenvolvimentista". O Plano Real – ou, mais especificamente, as altas (às vezes astronômicas) taxas de juros implantadas para defender a paridade cambial até 1999 – infligiram danos colaterais aos fabricantes. No entanto, essas políticas trouxeram grandes benefícios para os consumidores brasileiros e a economia brasileira como um todo; o maior problema foi a força acachapante do real, primeiro na década de 1990 e depois, ainda maior, no período de 2003 a 2012. A taxa de câmbio dificultou ainda mais a missão de indústrias como a de calçados, têxteis, brinquedos e móveis, até então baseadas na mão de obra barata, de competir com as importações baratas da China. Mesmo assim, um estudo minucioso das importações de manufaturados chineses mostra que estes em grande parte vieram deslocar importações de outras origens, mais que a produção brasileira propriamente. A China teve um impacto mais significativo ao afetar as exportações de produtos manufaturados brasileiros para o restante da América Latina, embora isso tenha tido apenas um impacto limitado sobre o emprego e a produção industrial total.[8]

A resposta do governo à valorização do real e ao medo de desindustrialização foi uma política industrial mais intervencionista, combinando subsídios e proteção seletiva. Segundo Luciano Coutinho, o BNDES tornou-se tanto um instrumento mais explícito da política industrial quanto um patrocinador dos "campeões nacionais" ao estilo francês. Coutinho acredita que o país precisa de mais multinacionais brasileiras grandes; a seu ver, as grandes empresas de propriedade local dispõem de alguns benefícios inerentes, como fontes de inovação e cadeias de abastecimento local.[9] Apenas 10 empresas brasileiras entraram na lista do *Financial Times* de 500 melhores empresas mundiais em valor de mercado (e três delas eram subsidiárias de empresas estrangeiras). Na verdade, não foi tão ruim: a Índia só entrou com 12 empresas na lista e o México, apenas 5. Da mesma forma, 8 empresas brasileiras, 8 indianas e apenas 3 do México foram incluídas na lista da *Fortune* das 500 maiores empresas globais em vendas.

O papel tradicional do BNDES é oferecer financiamento de longo prazo para projetos de infraestrutura ou grandes empreendimentos industriais. Agora, o banco começou a patrocinar "campeãs nacionais" nos setores de alimentos e agronegócio, telecomunicações, construção e papel e celulose, algumas delas criadas por meio de fusões mais ou menos voluntárias. O BNDES também tem participações minoritárias em muitas empresas por meio da BNDESPAR, seu braço de capital, e está tentando criar uma grande empresa farmacêutica brasileira e uma fábrica de semicondutores. Em 2011, chegaria a oferecer ajuda a Abílio Diniz, o rei dos supermercados no país, para a fusão de sua empresa, a Pão de Açúcar, com os ativos brasileiros do Carrefour – ainda que a manobra de Diniz tenha sido uma tentativa ilícita de renegar um acordo já assinado, que estabelecia que o controle da Pão de Açúcar devesse passar para a francesa Casino. O BNDES também concedeu empréstimos vultosos para estatais de eletricidade (ressuscitadas por Lula) e para a Petrobras, a fim de ajudar a financiar sua atuação mais ampla nos campos do pré-sal. Além disso, era credor do império de Eike Batista.

No entender de alguns economistas, o BNDES acabou eliminando o espaço para empréstimos privados e servindo de meio para exercer uma influência indevida sobre o setor privado – segundo Coutinho, uma "ficção conservadora".[10]*** Entretanto, o BNDES de fato parece distorcer o mercado de crédito. Grande parte dos empréstimos do banco de desenvolvimento é feito a uma taxa de juros reais baixa ou mesmo negativa. Os bancos comerciais não têm como competir. De fato, é um legado da inflação que os depósitos bancários tendam a ser feitos em prazos excepcionalmente curtos – e apesar da grande expansão dos empréstimos dos bancos comerciais, boa parte destes corresponde a créditos ao consumidor de prazo bastante curto. Coutinho mencionou a necessidade de fornecer incentivos para que os bancos comerciais façam empréstimos de longo prazo; não obstante, o BNDES continua desempenhando o papel dominante como credor corporativo no Brasil. Daí ser o Estado, e não o mercado, que aloca muitos recursos financeiros. No total, os três grandes bancos públicos (os outros são o Banco do Brasil e a Caixa Econômica Federal, um banco de poupança) respondiam por mais de metade de todo o crédito em circulação em meados de 2013, um salto de um terço em relação a 2008. Os empréstimos do BNDES constituem um subsídio oculto, mas não ajudam a aumentar os investimentos globais. Como observa o economista Armando Castelar Pinheiro, o crédito total do BNDES passou de 1% do PIB em 1995 para 4,6% do PIB em 2010, mas a participação do investimento do PIB manteve-se constante ao longo desse período, permanecendo em pouco mais de 18%.[11]

Embora as autoridades, inclusive a própria Dilma Rousseff, falem muito na necessidade de aumentar os investimentos do setor privado e estimular a produtividade e a competitividade, acreditam que esses fatores podem e devem ser induzidos pelo governo. "Ela acredita piamente que todo problema tem uma solução governamental", comenta José Roberto Mendonça de Barros.[12] Em 2011, quando a valorização do real estava no auge, Dilma Rousseff anunciou um pacote de medidas destinadas a ajudar a indústria, batizado de Brasil Maior. Alguns deles eram razoáveis, tais como incentivos para que universidades e empresas colaborassem com a pesquisa e o Ciência sem

---

*** O governo usou sua influência sobre os fundos de pensão para forçar a saída do presidente da Vale, Roger Agnelli, em 2011, devido à sua resistência às pressões oficiais para converter sua empresa, uma mineradora multinacional, em algo parecido com um conglomerado industrial brasileiro de ferro e aço. Agnelli teve de sair por ter cometido a "indelicadeza" de não informar Lula com antecedência de que a Vale demitiria trabalhadores durante a crise de 2008-9, como me diria mais tarde um dos acionistas da estatal.

Fronteiras, programa de Dilma para que brasileiros estudassem no exterior. No entanto, o plano incluía também duas medidas polêmicas: o imposto sobre carros importados por fabricantes sem uma fábrica no Brasil foi aumentado em 30 pontos percentuais e o governo eliminou o imposto sobre os salários para os setores de vestuário, calçados, móveis e software. Em lugar de premiar os vencedores, objetivo da política industrial, parecia um pacote de socorro para fracassados (embora o corte de impostos sobre a folha de pagamento fosse subsequentemente estendido para outros setores).

Coutinho insiste em que a política industrial do governo é distinta do desenvolvimentismo protecionista dos anos 1960 e 1970. "Precisamos apoiar os sectores competitivos", disse-me ele. "O mercado é imperfeito. O Estado também comete erros. Um modelo em que fazemos política industrial no cadinho de uma economia aberta reduz a margem de erro. Estamos seguindo o modelo asiático de abertura."[13]

Contudo, os críticos acusam o governo de pegar a onda do capitalismo de Estado – que, segundo Armínio Fraga, presidente do Banco Central de FHC, nunca chegou a desaparecer por completo no Brasil. "É um modelo que enfatiza a concessão de benefícios a determinadas empresas, em vez de deixar o mercado funcionar. É um modelo ruim. Associado ao protecionismo, fica ainda pior", entende ele.[14] O governo passou a usar estatais para regular os mercados de petróleo, eletricidade e bancos, levando-os a registrar prejuízos, destacou Sergio Lazzarini, do INSPER, uma escola de negócios.[15] Por outro lado, a bem-sucedida política industrial sul-coreana, evocada por Coutinho e outras autoridades, visava sobretudo a impulsionar as exportações a fim de obrigar as empresas a competir no exterior, e foi implacável no corte de subsídios passado um período limitado de tempo.

A abertura do comércio promovida por FHC na década de 1990 foi radical pelos padrões brasileiros, mas não se comparada a muitos outros países da América Latina e alhures. A economia brasileira permaneceu relativamente fechada: as tarifas médias seguiram superiores às da Coreia do Sul, China e Taiwan, por exemplo, e ainda foram elevadas depois de 2008. O custo de importação de um contêiner para o Brasil é excepcionalmente alto, e contratos públicos e muitas indústrias têm regras de conteúdo nacional.[16] As importações corresponderam a apenas 13% do PIB do Brasil em 2012, o valor mais baixo entre os 176 países acompanhados por um estudo do Banco Mundial. Coreia do Sul, a potência industrial e tecnológica admirada pela equipe econômica de Dilma Rousseff, é muito mais aberta, com exportações e importações equivalentes a 58,5% e 54% do PIB, respectivamente. O pendor protecionista é arraigado entre as autoridades. Edmar Bacha, um dos pais do Plano Real, destaca as falhas nessa abordagem:

> É patético você olhar tanta reclamação contra importação (...). Temos algo muito peculiar no Brasil, que é essa enorme abertura para investimento estrangeiro da qual não resulta em exportação. Fico abismado quando vejo a nossa presidente dizer "vamos proteger o nosso mercado", e quem está explorando o nosso mercado são as multinacionais, que estão aqui tendo lucros extraordinários. Estamos protegendo as multinacionais para explorarem os consumidores brasileiros.[17]

Sem a especialização, a produtividade e a tecnologia decorrentes de uma maior integração com a economia mundial, o Brasil teria dificuldades para dar o salto do grupo dos países de renda média para o dos ricos, adverte Bacha.[18]

A indústria automobilística brasileira é um bom exemplo de seu argumento. Na década de 1980, ela produzia carros obsoletos, em pequenos volumes e a preços altos; a Volkswagen e a Ford viram tão escassas razões para competir no mercado brasileiro que chegaram a fundir suas operações em uma joint-venture chamada Autolatina. A abertura da economia e o Plano Real deram uma sacudida radical na indústria. A Autolatina foi dissolvida em 1995. As quatro maiores fabricantes – Volkswagen, Fiat, General Motors e Ford – injetaram bilhões na modernização de suas linhas para montar algo parecido com os modelos e motores que comercializavam na Europa. Meia dúzia de novas montadoras construiu suas próprias linhas. A indústria se afastou de seu núcleo, em São Paulo, e novas fábricas surgiram por todo o país. Muitos fabricantes de autopeças brasileiros, alguns deles nomes conhecidos, foram comprados por multinacionais. Sob certos aspectos, o Brasil tornou-se a praça de lançamentos da indústria automobilística mundial: a Fiat usou sua vasta fábrica em Betim para lançar o Palio, novo modelo projetado especificamente para o mundo em desenvolvimento; tanto a Fiat quanto a General Motors, em uma nova linha de montagem no Rio Grande do Sul, adotaram um método conhecido como manufatura enxuta ou modular, em que os fornecedores encaixam os componentes dentro da fábrica. Em 2009, os 9,4 mil trabalhadores da Fiat em Betim produziram 730 mil automóveis, enquanto os 22 mil operários das cinco fábricas da empresa na Itália fabricaram apenas 650 mil.[19]

Desde a década de 1950, todos os governos brasileiros têm dado atenção especial à indústria automobilística – em parte em virtude de seu peso: em 2012, o setor foi responsável por um quinto da indústria de transformação e 150 mil empregos diretos e, segundo dados do próprio setor, 1,5 milhão de empregos no total.[20] Seus fortes sindicatos são um dos pilares do PT. Seu ostentoso investimento implicou, como na Europa, um excedente de capacidade. Em 2012, 57 fábricas de veículos do país (pertencentes a 28 fabricantes diferentes) podiam produzir 4,5 milhões de veículos. A produção oscilou em torno de 3,5 milhões de veículos por ano em 2010-12. Lula e Dilma suspenderam repetidas vezes os impostos sobre as vendas de carros, a fim de impulsionar a demanda. Não há nenhuma lógica econômica para tão especial tratamento, e seus resultados perversos são a obstrução das precárias estradas brasileiras com tráfego – a frota de veículos mais do que dobrou nos 10 anos anteriores a 2012, chegando a 79 milhões – e o aumento da conta de importação de gasolina da Petrobras.

Embora o Brasil tenha sido o quarto maior mercado de veículos do mundo (em volume) em 2012, foi apenas o sétimo maior produtor. O governo mostrou-se especialmente sensível às queixas da indústria acerca das importações de empresas que não fabricam no país – que saltaram para 200 mil em 2011, principalmente oriundas da Coreia do Sul e China, contra apenas 13 mil em 2007. Foi esse quadro que levou ao reajuste tributário, com o objetivo de forçar os importadores a fabricarem seus carros no Brasil. As regras referentes ao conteúdo nacional fizeram o Brasil ter uma indústria automobilística totalmente integrada, em vez de fábricas de montagem de kits importados. Porém, essa indústria tão paparicada produz carros bem caros, pouco competitivos no mercado internacional. O preço inicial do Volkswagen Fox, um carro pequeno de fabricação brasileira, era de US$18.660, mas seu preço de venda na Grã-Bretanha era US$11.100. Carros chineses importados estavam sendo vendidos por R$22 mil em 2011, enquanto os modelos comparáveis da VW ou da Fiat custavam R$31 mil.[21] No papel, a indústria teve um meritório recorde de exportação, vendendo mais de 750 mil veículos no exterior em 2010; contudo, mais de três quartos dessas vendas envolveram acordos comerciais com a Argentina e a África do Sul. O saldo de sua balança comercial deu uma guinada drástica para o déficit nos últimos anos. Compare-se essa situação com a da Embraer. Embora em tese apenas cerca de 20% dos componentes de seus aviões sejam fabricados no Brasil, o conteúdo nacional é uma medida enganosa, segundo Curado. Cerca de 50% a 60% do valor agregado pela empresa são gerados no Brasil, disse-me ele. A Embraer é uma contribuinte líquida em divisas da ordem de cerca de US$2 bilhões por ano.

Schumpeter, sapatos e sensores

Mesmo com a relativa diminuição, o Brasil manteve uma base industrial ampla e diversificada. A Federação das Indústrias de São Paulo (FIESP), mais poderoso lobby industrial do país, conta com 132 associações setoriais diferentes. Basta viajar pelo Brasil para deparar-se com abundantes evidências de que a indústria nacional estava passando por um processo schumpeteriano de destruição criativa e mudança, não de declínio absoluto. Não que essa constatação sirva de consolo para as empresas que são destruídas; mas sugere que, por trás da desindustrialização – na medida em que ela de fato se dá –, há múltiplos e complexos fatores em jogo, e os elementos da política industrial implementados pelos governos Lula e Dilma para tentar deter esse processo são equivocados.

Consideremos a indústria de calçados. No Vale dos Sinos, na região da cidade de Novo Hamburgo, no Rio Grande do Sul, floresce uma indústria de calçados local, baseada originalmente na disponibilidade de couro. Como costuma acontecer muito no Brasil, a construção de uma nova ligação viária – nesse caso, uma rodovia (a BR-116, que liga Porto Alegre a São Paulo) – permitiu que as empresas locais expandissem a venda para o mercado nacional. Em seguida, vieram as exportações, especialmente de sapatos femininos de couro, para os Estados Unidos; uma indústria de calçados à parte, especializada em sapatos masculinos de couro, desenvolveu-se com contornos semelhantes em Franca, no interior de São Paulo. As exportações brasileiras de calçados chegaram temporariamente ao auge de US$1,8 bilhão em 1993. Tratava-se sobretudo de sandálias baratas, que posteriormente seriam vitimadas pela concorrência asiática e pela força do real.[22] Os desafios competitivos intensificaram-se no novo século. Em resposta, a indústria começou a se reorganizar.

Quando estive em Novo Hamburgo, em 1998, esse processo encontrava-se em pleno andamento. Muitas empresas transferiram a produção de calçados baratos de plástico para fábricas novas e maiores no Nordeste. À época, a Grendene, uma das quatro principais fabricantes de calçados do Brasil, empregava quase 10 mil pessoas no Nordeste do estado do Ceará. Cerca de 1,5 mil deles trabalhava no grande galpão de uma fábrica no Crato, em pleno sertão, fazendo rasteirinhas e sapatilhas plásticas. Nilton Vebber, gerente da fábrica, explicou-me que os custos de produção eram 30% menores do que no Rio Grande do Sul, graças à carga tributária menor e à mão de obra mais barata.[23] A segunda mudança foi a terceirização de parte da produção para a China, iniciada quando compradores de calçados internacionais recrutaram designers e técnicos especializados no Rio Grande do Sul para trabalhar em Dongguang, a capital dos sapatos de Guangdong. Em 2007, cerca de 1,7 mil brasileiros trabalhavam na cidade; times de futebol de Porto Alegre como Grêmio e Internacional contavam com fã-clubes em Guangdong.[24] Esses emigrantes tornaram-se o canal através do qual as empresas de calçados brasileiros contrataram produção chinesa. A terceira mudança foi a maior confiança no mercado interno em expansão. Assim que adquiriam mais renda disponível, um dos primeiros itens comprados pelas mulheres brasileiras eram sapatos: de modo geral, a demanda média era de quatro pares por pessoa até 2010. A produção total de calçados manteve-se relativamente constante, entre 2000 e 2010, em cerca de 800 a 900 milhões de pares, fazendo do Brasil ainda o maior fabricante fora da Ásia. Contudo, nesse período as exportações caíram para 127 milhões de pares, contra 200 milhões em 1993.[25]

Uma quarta mudança foi a mais promissora: a indústria brasileira de calçados encontrou maneiras diferentes de agregar valor. O Vale dos Sinos abriga um grande aglomerado de pequenas empresas, incluindo modernos curtumes e estilistas especializados, apoiados por um instituto de pesquisa e desenvolvimento financiado pelo setor privado. Essas empresas são extremamente flexíveis, capazes de responder com rapidez à demanda por novos modelos. Em outras palavras, estão bem adaptadas às necessidades da assim chamada *fast fashion* (moda rápida). Enquanto o preço médio de exportação de um sapato brasileiro é de US$10 por par, competindo com a Indonésia e a Índia, o preço médio do calçado exportado do Rio Grande do Sul dobrou na década anterior a 2010, chegando a US$22. O Vale do Sinos agora compete, no âmbito internacional, com calçados da Espanha e Alemanha.[26]

As empresas maiores têm investido em branding, marketing e na integração vertical, desenvolvendo suas próprias marcas de varejo. A Vulcbras exporta para 30 países, principalmente sob sua marca Azaleia. A Grendene transformou seus calçados termoplásticos femininos "jelly" Melissa em uma marca internacional. Talvez o exemplo mais conhecido seja o da Alpargatas, que, através da marca Havaianas, conseguiu converter a humilde sandália de dedo em artigo de estilo exportado para 80 países, onde seu preço no varejo chega a US$200 por par. Tamanho sucesso foi fruto de uma estratégia calculada, e não da política industrial do governo: a empresa contratou designers de renome, ampliou o leque de cores e desenhos para atrair os consumidores estrangeiros e investiu pesadamente em marketing. Como suas sandálias são apresentadas como uma colorida e alegre expressão da cultura brasileira, os consumidores no exterior arcam de bom grado com o custo para que possam ser feitas no Brasil, não na China.[27] O que a indústria de calçados vem mostrando é que determinados segmentos da indústria brasileira já não têm como competir internacionalmente em termos do baixo custo da mão de obra, e que a solução para seus problemas está no êxito da adaptação, não na proteção contra o declínio.

Encontrei com uma história semelhante de evolução bem-sucedida em Santa Rita de Sapucaí, uma bucólica cidade de 40 mil habitantes e casas de telhas vermelhas espalhadas pelas encostas que se erguem ao longo de um rio vagaroso no Sudoeste de Minas Gerais.[28] Fazendas de café esparramam-se sobre as colinas; uma cooperativa local fabrica queijo e doce de leite. Foi nesse cenário improvável que nasceu um aglomerado de fabricantes de eletrônicos composto por 142 empresas, pequenas em sua maioria, que empregam 10 mil pessoas e totalizaram R$1,7 bilhão em vendas em 2011. Como ocorre com frequência no Brasil, sua existência se deve à iniciativa visionária de criação de uma instituição de ensino – nesse caso, a INATEL, uma escola técnica de eletrônica e telecomunicações fundada em 1959 como projeto filantrópico por Luiza Moreira (a quem todos chamavam de "Sinhá"), sobrinha de um ex-governador de Minas Gerais com uma breve passagem pela presidência do Brasil na Primeira República. Os professores da INATEL começaram a criar suas próprias pequenas empresas. Segundo Elias Kallas, ex-gerente da IBM que trabalha na INATEL, o processo recebeu um empurrão involuntário quando, na década de 1980, o então monopólio estatal das telecomunicações, Telebrás, parou de investir e recrutar em virtude das dificuldades financeiras do governo militar. A escola possui cerca de uma centena de engenheiros especializados trabalhando em seus laboratórios, e tem a tradição de incentivar seus alunos, atuais ou antigos, a transformar ideias em produtos através de duas incubadoras, que oferecem espaço e instalações e geram cerca de 7 a 10 novas empresas a cada ano. O "vale da eletrônica", como Santa Rita é conhecida, produz principalmente componentes para sistemas de telecomunicações, alarmes e dispositivos de segurança. Cerca de 15% da produção local são exportados; grande parte do restante substitui importações. Suas pequenas empresas colaboram entre si na produção de componentes finais. Grande parte de suas atividades consiste em adaptar produtos existentes mediante a incorporação de novas tecnologias estrangeiras. Por ocasião de minha visita à região, o presidente da associação de empresas locais encontrava-se em uma feira de negócios na China, em busca de novas ideias. O vice-presidente, Luiz Carlos Paduan, criou uma bem-sucedida empresa de desenho e fabricação de kits padronizados de fiação para a construção civil.

Uma dúzia ou mais de empresas maiores foram se estabelecer em Santa Rita, atraídas pela força de trabalho qualificada e pelos inevitáveis incentivos fiscais em vigor na região. Uma deles é a Sense, maior fabricante brasileira de sensores de proximidade e válvulas de controle de automação de processos industriais. Fundada por dois ex--alunos da INATEL, ela opera uma grande fábrica instalada em um morro com vista para a cidade, rodeada por jardins frequentados por passarinhos de plumagem laranja e amarela brilhante. Suas vendas (R$60 milhões em 2011) continuam crescendo, ainda que de forma mais lenta, devido principalmente ao real forte e à desaceleração dos investimentos industriais no Brasil. Não obstante, ela continua exportando para os

Estados Unidos e a Grã-Bretanha, entre outros países. Investe até 10% de suas vendas no desenvolvimento de novos produtos; há uma impressora 3D na fábrica, usada para produzir novos sensores, como me explicou Sérgio Augusto Bertolini, gerente de desenvolvimento da empresa. Foram o foco na inovação e a reputação de qualidade que permitiram à Sense sobreviver em condições árduas.

O custo Brasil

O problema é que a maioria das empresas brasileiras não conseguiu aumentar sua produtividade. A OCDE constatou que cerca de 40% do crescimento econômico do Brasil na última década foram fruto da expansão da força de trabalho; apenas 19% resultaram do trabalho cada vez mais produtivo – ao passo que o valor equivalente para a China, Coreia e Taiwan foi de 85%. Na verdade, o que os economistas chamam de produtividade total dos fatores (a eficiência com que trabalho, capital e tecnologia são combinados) está em queda no Brasil desde 2000; em vários outros países da América Latina, no mesmo período, ela apresentou um ligeiro crescimento e, em uma amostra de países asiáticos, cresceu 2,4% ao ano.[29] Os brasileiros têm uma expressão para descrever a incapacidade de acompanhar o ritmo do restante do mundo em eficiência: o "custo Brasil", composto por meia dúzia de elementos: impostos, leis trabalhistas, burocracia, juros e altos custos de transporte devido à infraestrutura lamentável, além de uma força de trabalho pouco qualificada. Para os empresários, é o custo Brasil que sufoca todos os seus esforços para ganhar competitividade.

A carga tributária total (incluindo os custos da previdência social e outras contribuições compulsórias) vem subindo de maneira implacável, tendo saltado de cerca de 25% do PIB em meados dos anos 1980 para 36% em 2008 (e 37% em 2012)[30] – número ligeiramente acima do equivalente no Reino Unido e da média das economias da OCDE, principalmente as desenvolvidas, além de maior que todos os grandes países em desenvolvimento do mundo, com a recente exceção da Argentina. O sistema tributário é mal concebido. Recentemente, um estudo exaustivo constatou que, em 2010, os impostos indiretos sobre bens e serviços foram responsáveis por 45% da carga tributária total, em comparação com cerca de 34% nos países da OCDE.[31] Os impostos sobre a renda e os lucros representam apenas 19% do total, em comparação com 33% nos países da OCDE. Assim, o sistema brasileiro é extraordinariamente regressivo (isto é, incide com indevida intensidade sobre o pobre). Alguns especialistas argumentam que os impostos indiretos são mais eficientes em termos econômicos. No caso do Brasil, não: alguns são cumulativos (ou seja, os produtores pagam impostos sobre impostos) e penalizam investimentos e exportações. Embora o governo federal arrecade em torno de dois terços dos impostos, o imposto sobre valor agregado (chamado de ICMS) é cobrado pelos estados, e nem todos adotam a mesma carga. Em uma "guerra fiscal", os governadores oferecem isenções de ICMS para atrair empresas para que se instalem em seus estados, ou para incentivar importadores a utilizar seus portos. Cerca de 26% da carga tributária total incide sobre a folha de pagamento (incluindo contribuições para a aposentadoria e a previdência social) e são muito mais altos do que na maioria dos países em desenvolvimento; num cálculo grosseiro, fazem com que empregar alguém custe o dobro do seu salário.

O sistema tributário é incrivelmente complicado. Entre 1988 e 2012, quase 30 mil normas tributárias distintas foram emitidas pelo governo federal (ou mais de 3 por dia); se a estas somarmos aquelas emitidas por estados e municípios, o total salta para 30 por dia, segundo o grupo de pressão Instituto Brasileiro de Planejamento Tributário.[32] O cumprimento de todas as exigências do sistema tributário brasileiro consome mais tempo – 2,6 mil horas por ano, para uma empresa média – do que em qualquer outro país do mundo, informa um estudo da empresa de contabilidade PwC e do Banco Mundial.[33] Tudo isso onera desnecessariamente os custos das empresas. "O Brasil é um inferno fiscal", resume o diretor de comércio exterior da FIESP, Roberto Giannetti. A autoridade fiscal – a Receita Federal – adotou um sistema voltado para a penalização, em vez de concentrar-se na orientação, o que gera muito litígio. "Há algo errado em um país onde se tem milhões de processos judiciais envolvendo a Receita e as empresas", disse-me Giannetti.[34] Houve algumas tentativas de reforma. Cerca de 5 milhões de pequenas e microempresas se inscreveram em um regime tributário simplificado – o que tem incentivado as pequenas empresas a aderir à economia formal, embora também possa constituir um estímulo perverso para que não cresçam. As tentativas de harmonizar o ICMS a fim de desencorajar a "guerra fiscal" fracassaram no Congresso.

Além disso, há a questão da legislação trabalhista, ainda baseada na Consolidação das Leis do Trabalho (CLT) de Getúlio Vargas, o código do trabalho inspirado por Mussolini composto de mais de 900 artigos, alguns incorporados à Constituição de 1988. Muitos são rígidos: por exemplo, as férias só podem ser tiradas em uma ou duas partes, nenhuma delas inferior a 10 dias. Patrões e empregados não podem negociar seus próprios acordos. É quase impossível cumprir todo o código na íntegra. Só em 2009, 2,1 milhões de brasileiros moveram processos contra seus empregadores nos tribunais do trabalho – que, quase sempre, dão ganho de causa aos trabalhadores. Se essa situação pode representar uma inovação animadora em relação à norma de exploração em alguns países em desenvolvimento, também onerou indevidamente os custos das empresas. Mesmo trabalhadores claramente demitidos por faltas graves conseguem ganhar seus casos.[35] A CLT é uma grande razão pela qual muitos trabalhadores brasileiros permanecem na economia informal (isto é, desprovidos de direitos formais). Lula chegou a falar em reformar as leis trabalhistas – e seria, talvez, o único líder com capital político para tanto. Contudo, a economia começou a criar um monte de empregos formais, ainda que basicamente devido à maior disponibilidade de crédito bancário e à simplificação do regime fiscal para as pequenas empresas (e apesar das leis trabalhistas). Os trabalhadores formais chegaram a corresponder a 45% da força de trabalho urbana em 2008 – eram 38% em 2003.[36] Lula, então, desistiu – e perdeu-se uma significativa oportunidade para tornar o sistema mais justo e mais eficiente.

Do ponto de vista empresarial, essas dificuldades se intensificaram com o aumento dos salários e a concretização do pleno emprego. O aumento da renda impulsionou a demanda por serviços, o que os economistas chamam de "não comercializáveis" (caso da maioria das formas de varejo ou serviços pessoais, como cabeleireiro), que não enfrentam a concorrência das importações. Todavia, isso aumentou o preço da mão de obra dos fabricantes, que enfrentam. Segundo a OCDE, ao longo dos 10 anos anteriores a 2013, os custos trabalhistas para a indústria brasileira cresceram duas vezes mais rápido do que nos parceiros comerciais do país; apenas pouco mais de metade do aumento deveu-se à valorização do real.[37] A falta de trabalhadores qualificados e o real forte tornaram os salários, em alguns lugares no Brasil, maiores do que nos Estados Unidos. Indenizações generosas e mal planejadas constituem um incentivo para que os trabalhadores mudem de emprego com frequência e um desestímulo para que os empregadores invistam em treinamento. As empresas maiores chegaram à conclusão de que precisavam investir em educação extra para seus empregados. A Vale oferece aulas de matemática e português para alguns de seus trabalhadores em vagões de trem convertidos em salas de aula móveis, por exemplo.[38] O setor de construção civil assistiu a um grande aumento da formalização, com cerca de 30 empresas ingressando no mercado de ações; entretanto, a produtividade das empreiteiras desabou com a contratação de trabalhadores semianalfabetos.[39]

O custo do capital é outra pedra no sapato dos empresários. Durante a maior parte das duas últimas décadas, o Brasil teve algumas das maiores taxas de juros do mundo. Melhores políticas macroeconômicas e a conquista da inflação trouxeram como recompensa a queda gradual e no longo prazo das taxas reais estabelecidas pelo Banco Central, que caíram de cerca de 40% em 1980 para 20% na segunda metade dos anos 1990, e para uma média de 8% no período que se seguiu à adoção de metas de inflação, em 1999. Os juros continuaram cerca de quatro pontos percentuais acima da média dos países emergentes que adotam metas de inflação[40] – o que pode ter sido consequência, num primeiro momento, do histórico brasileiro de moratórias e inflação, e da incerteza dele decorrente. No entanto, a principal explicação parece ser o nível persistentemente baixo de poupança no país, que, estacionado em cerca de 16,5% do PIB, permanece abaixo dos níveis de outros países latino-americanos, como México, Peru e Chile, e muito abaixo dos 30% comuns em países do Leste Asiático. Tamanha relutância para poupar tem raízes complexas. Eduardo Giannetti entende que se trata de uma das várias expressões do desejo do brasileiro, já observado por Machado de Assis, de viver no presente, e refletiria hábitos decorrentes da escravidão e da pobreza generalizada, da negligência da educação e da falta de respeito às leis.[41] A escassez de poupança é agravada pelo déficit crônico do setor público – um dos custos da rejeição, por Lula e Dilma, do plano de Palocci para eliminar o déficit foi as empresas e as famílias brasileiras, bem como o próprio governo, terem de pagar mais pelo crédito.

Além disso, o diferencial entre as taxas de empréstimo e de depósito é muito alto, de modo que as taxas de juros efetivamente pagas pelos mutuários variam de altas a astronômicas. Os juros para empréstimos ficaram em uma média de 47% em 2011, saltando para até 200% em dívidas no cartão de crédito.[42] Embora as reformas financeiras de Palocci tenham reduzido os riscos de crédito para os bancos, outros fatores mantiveram elevado esse diferencial: os bancos são obrigados a estacionar entre 45% e 60% de seus depósitos no Banco Central – resultando em um sistema bancário admiravelmente seguro e sólido, mas que empresta relativamente pouco e caro. Os impostos vêm se juntar ao custo do crédito. À medida que o sistema bancário comercial se consolida, vai sendo dominado por dois grandes bancos públicos (Banco do Brasil e Caixa Econômica Federal) e quatro privados (Itaú, Bradesco, o espanhol Santander e, com uma presença menor, o britânico HSBC). Mais competição teria forçado uma redução dos spreads e das margens de lucro dos bancos.

Outro problema enfrentado pelas empresas é a selva de regulamentações e burocracia. Em uma lista de 185 países, o Banco Mundial classifica o Brasil em 130º lugar em termos de facilidade de fazer negócios, pior do que Argentina, Honduras, Paquistão, Rússia e Iêmen. (Ficou em 156º lugar em termos da facilidade de pagar impostos e 143º lugar para processos de insolvência.)[43] Vamos imaginar, por exemplo, que Maria e João querem abrir uma lojinha em São Paulo.[44] Primeiro, eles têm de se registrar na Junta Comercial do estado e levar o documento de registro à autoridade fiscal federal, a fim de obter o registro legal do negócio e sua inscrição no Instituto Nacional do Seguro Social. Em seguida, devem obter uma autorização da Secretaria de Fazenda do estado, um certificado de segurança do Corpo de Bombeiros e um alvará de funcionamento junto à prefeitura. Esses órgãos vão exigir uma fotocópia do recibo do IPTU, uma cópia autenticada do contrato de locação do imóvel, uma fotocópia autenticada da carteira de identidade e do CPF (dois documentos distintos) de ambos, um comprovante de endereço autenticado e o certificado da Junta Comercial do estado. Não admira que muitas Marias e Joões não se deem a todo esse trabalho e permaneçam na informalidade, nem que muitos brasileiros que não dispõem de recursos para contratar um despachante (um navegador profissional da burocracia) tenham de passar horas nos cartórios, nem que os cartórios sejam negócios tão lucrativos no país.

A burocracia é um problema tão grande no topo quanto na base. O tempo médio de permanência de um contêiner em Santos é de 21 dias, em contraste com a média internacional de um ou dois dias. Para as companhias de navegação, seria possível ganhar muito tempo simplificando os procedimentos aduaneiros. Como observou Kátia Abreu, a determinada líder dos ruralistas, "no restante do mundo os portos operam 24 horas por dia; aqui, eles param para o almoço". O custo de carregamento de um contêiner em Santos é de US$ 2.215, em comparação com R$580 em Xangai.[45]

Uma certa medida de complexidade regulamentar é inevitável em uma federação. Felizmente, o Brasil não é a China, onde a nova infraestrutura reluzente permite uma velocidade de raio, atropelando toda e qualquer objeção. Os projetos têm de obter licenças ambientais; o escrutínio dos gastos públicos por órgãos independentes de auditoria, tanto no âmbito federal quanto no estadual, tem exposto, e sem dúvida dissuadido, a corrupção e o desperdício.

Na prática, porém, o labirinto regulatório pode estrangular os investimentos privados e públicos. Um projeto de ampliação do Porto de Angra dos Reis, perto do Rio de Janeiro, que a empresa francesa de serviços de petróleo Technip passou anos desenvolvendo – com o apoio do governo do estado – e chegou a obter diversas autorizações foi barrado quando uma única autorização foi negada.[46] Lula expressou frustração semelhante para mim:

O que mais me surpreende no Brasil é a extensão das dificuldades que criamos para nós mesmos (...). Suponhamos que um presidente, com um mandato de quatro anos, queira realizar algum grande projeto de infraestrutura. Entre ele conceber o projeto, fazer o básico, o planejamento, obter a licença ambiental, obter a licença para começar a trabalhar, cuidar das licitações, lidar com o judiciário e os advogados – o seu mandato acabou e ele não conseguiu fazer nada concreto.[47]

A negligência da infraestrutura de transportes é palpável. Os portos e aeroportos brasileiros estão estrangulados. Segundo um estudo da McKinsey encomendado pelo governo, para atender à demanda crescente o Brasil precisa mais que dobrar sua capacidade aeroportuária nos 20 anos após 2010, a um custo de entre 24 e 25 bilhões de reais.[48] Muitas rodovias têm duas pistas, em vez de uma faixa dupla de rodagem, e são bloqueadas por lentas filas indianas de caminhões. O Brasil possui a terceira maior malha rodoviária do mundo, com 1,7 milhão de quilômetros, mas apenas 10% destes são asfaltados. O lobby ruralista calcula que até 10 milhões de toneladas de grãos, no valor de R$2,7 bilhões, perdem-se todos os anos na viagem por estradas esburacadas e inseguras entre as fazendas e os portos.[49] Dezenas de milhões de brasileiros perdem milhares de horas por ano presos nos engarrafamentos nas cidades. Apenas cerca de dois quintos da fraca rede rodoviária do país encontram-se em razoável estado de conservação. O conceito de eficiência de custos no fornecimento just-in-time não passa de um sonho distante para muitas empresas. "Precisamos manter estoques em caso de uma greve dos fiscais aduaneiros", explicou-me Sérgio Augusto Bertolini, da Sense. As Casas Bahia, grande varejista de eletrodomésticos, mantém um vasto e dispendioso estoque em seu centro de distribuição próximo a São Paulo, e optou por contar com sua própria rede de distribuição. "No Brasil, você só pode vender o que já tem. O que você ainda vai receber é uma incógnita", declarou seu principal executivo, Michael Klein, ao *Financial Times* em 2006.[50]

Além da burocracia, há uma razão mais fundamental pela qual a infraestrutura – e, em especial, o transporte – é tão negligenciada no Brasil. Apesar da maciça expansão do Estado desde os anos 1980, o investimento público caiu, pressionado pelo enorme aumento das despesas correntes – e, embora venha gradualmente se recuperando, chegou a apenas 2,4% do PIB em 2011.[51] Mesmo quando há dinheiro disponível, certos órgãos estaduais cometem muitas falhas na execução dos projetos: o estudo da McKinsey constatou que a Infraero, a operadora estatal dos aeroporto, gastou apenas R$819 milhões de seu orçamento de R$2,84 bilhões em 2007-9. Segundo a imprensa, apenas um terço do investimento previsto em transporte no âmbito do Programa de Aceleração do Crescimento (PAC) do governo Lula foi desembolsado em 2007-9,[52] A Ferrovia Norte-Sul, que atravessaria o cerrado para ligar o Maranhão a Goiás foi iniciada sob Sarney, mas em 2013 segue inconclusa. Lula lançou um projeto grandioso de transposição das águas do Rio São Francisco, com mais de 600 quilômetros de canais para irrigar o sertão. Orçado em R$4,5 bilhões e com conclusão prevista para 2010, em meados de 2013 o projeto não passava de "um conjunto de canais desconectados, dutos enferrujados com ferros retorcidos e uma estação elevatória que parece um fantasma de concreto", segundo o jornal *O Globo*. A estimativa de custo saltou para R$8,2 bilhões, e o governo promete terminá-lo até 2015.[53]

O PT desconfia de parcerias com investidores privados para melhorar a infraestrutura de transporte. Em São Paulo, o governo estadual do PSDB não mostrou tais escrúpulos; o resultado foi que o estado conta com uma impressionante rede de estradas com pedágios. Ao todo, o investimento em infraestrutura, tanto público como privado, caiu de uma média de 5,2% do PIB em 1980 para apenas 2,1% até o início de 2000. Para recuperar o atraso em relação à infraestrutura de que se beneficiam os países do Leste Asiático, e para corresponder ao ritmo mais rápido de crescimento econômico, o Brasil precisaria investir entre 5% e 7% do seu PIB em infraestrutura durante os próximos 20 anos, calcula um grupo de economistas.[54]

O custo Brasil não se aplica só à indústria; afeta também os setores agrícola e de serviços. Contudo, o agronegócio dispõe de uma poderosa vantagem competitiva, e os prestadores de serviços são protegidos da concorrência externa ou por produzirem bens não comercializáveis ou de maneira explícita (como no caso dos advogados, que se empenham em impedir que escritórios de advocacia estrangeiros estabeleçam filiais no Brasil). A alta do câmbio tornou o custo Brasil ainda mais doloroso para fabricantes e agricultores. Exceto por uma breve queda em 2008-9, o real vem progressivamente se valorizando em relação ao dólar desde 2003, chegando em 2011 a R$1,54 por dólar. Em 2010, o Ministro da Fazenda Guido Mantega declarou que o Brasil era vítima de uma "guerra cambial" desencadeada pelos bancos centrais do mundo desenvolvido, na tentativa desesperada de reanimar suas economias moribundas nelas injetando dinheiro.[55]

Parte desse dinheiro barato vazou para economias emergentes, em busca de retornos mais elevados – o que contribuiu para a alta real, como de outras moedas latino-americanas. Porém, também houve aí fatores internos em ação. Em parte, o real valorizou-se porque o Brasil enriqueceu. O boom das commodities levou a um superávit em conta-corrente (até 2008). A economia em crescimento tornou-se um ímã para o investimento direto estrangeiro. As descobertas de petróleo induziram nos mercados financeiros a crença na possibilidade de o real se tornar uma petromoeda. E as altas taxas de juros incentivam os investidores financeiros estrangeiros a comprar ativos brasileiros.

Amplificado pelo real forte, o custo Brasil tornou o país excepcionalmente caro. Muitos itens de consumo importados, de roupas de grife a smartphones, custam cerca de duas vezes mais em São Paulo que em Nova York.[56] Levando-se em conta todas essas pressões de custos, não admira que o investimento no Brasil permaneça tão lento, em torno de 17% a 18% do PIB, chegando a acarretar uma desaceleração do crescimento; nas economias do Peru e do Chile, de crescimento mais rápido, esse número se aproxima dos 30%. Luciano Coutinho reconhece que, para a economia retomar um crescimento de cerca de 5% ao ano, o investimento teria de subir para cerca de 24% do PIB.

Quando a produção industrial e o investimento não responderam à política industrial do programa Brasil Maior, as autoridades governamentais começaram a admitir que o país tinha um problema de competitividade. Tomaram então medidas para tentar lidar com certos aspectos do custo Brasil, algumas das quais foram mais bem-sucedidas do que outras. Ao instaurar impostos e controles sobre o investimento estrangeiro em ativos financeiros e derivativos, Mantega conseguiu reverter a excessiva valorização do real. Quando, em 2013, o dinheiro começou a escorrer para fora dos mercados financeiros emergentes, descartou essas medidas. Quando o real caiu para abaixo de 2,40 em relação ao dólar, a satisfação das autoridades com a depreciação da moeda transformou-se em alarme. Alexandre Tombini, presidente do Banco Central, entrou em cena com um esquema de swap que pareceu trazer estabilidade.

Embora alguns comentaristas se opusessem aos controles financeiros temporários, estes pareceram justificados – ainda que uma política fiscal mais severa pudesse reduzir sua necessidade. Se eles abalaram a confiança dos investidores no Brasil, foi principalmente por terem coincidido com desajeitadas intervenções do governo. A indústria reclamou dos altos preços da energia elétrica; Dilma anunciou que as cortaria impondo uma taxa de retorno menor para os contratos de geração por ocasião de sua renovação – o que acarretou um colapso no preço das ações das empresas de energia elétrica e gerou muita incerteza. Os críticos apontaram que os pesados impostos sobre a eletricidade eram uma das razões por que as tarifas eram altas.

Depois de muito hesitar, o governo de Dilma anunciou que iria adjudicar contratos a investidores privados para operar e atualizar os aeroportos e portos e para construir novas estradas e ferrovias. Foi criado um novo ministério da aviação civil, a fim de tomar o controle dos aeroportos da aeronáutica. Entretanto, o PT queria manter os lucros e os pedágios cobrados dos usuários em um nível mínimo, o que fez com que os contratos fossem inicialmente remendados; ademais, a tentativa do governo de microgerenciar a taxa de retorno sobre o investimento espantou os operadores de infraestrutura mais experientes. O risco era que as melhorias implementadas fossem de má qualidade. No entanto, foram acertados os procedimentos para expansão de três dos principais aeroportos do país. No Aeroporto Internacional de Guarulhos, em São Paulo, uma triste e superlotada construção de concreto bruto, iniciou-se a construção de um novo terminal, há muito necessário. O governo impôs uma nova lei dos portos, na expectativa de que ela abrisse as portas para novos investimentos privados na construção e operação de terminais de contêineres. Por fim, em 2013, tiveram início as licitações para modernização das rodovias federais. As autoridades mostravam-se confiantes de que os contratos assinados multiplicariam os investimentos em infraestrutura de transporte para R$100 bilhões por ano em 2014 e 2015.[57]

O nascimento das multinacionais brasileiras

A política industrial reflete a tradicional falta de fé das autoridades na capacidade das empresas e empresários privados brasileiros de desenvolver o país ou prosperar sem auxílio estatal (que é, naturalmente, procurado por muitos deles). Tamanha falta de fé talvez se justificasse no passado, devido às enormes dificuldades de acesso ao capital e aos mercados (em virtude das más condições de transporte). De fato, as empresas brasileiras muitas vezes parecem não ter a ambição de expandir-se para o exterior. Indaguei a Luiz Carlos Paduan por que Santa Rita não havia produzido nada parecido com uma Huawei, a gigante das telecomunicações chinesa, no Brasil. Sua resposta foi que "seria preciso um grande investimento por parte do governo, ou que já dispuséssemos da tecnologia. Não temos condições de competir com a tecnologia estrangeira, porque os custos são demasiados altos por aqui".

Outro motivo são os ótimos resultados obtidos no mercado interno, sobretudo quando as empresas perceberam que poderiam vender para as massas da Índia na Belíndia de Bacha, em vez de se restringir à Bélgica, como faziam tradicionalmente. Por exemplo, o Brasil tornou-se o terceiro maior mercado do mundo (perdendo apenas para Estados Unidos e Japão) para uma série de bens de consumo, tais como alimentos para animais de estimação e produtos de cuidados com a pele; é o quarto maior consumidor de cimento (depois de China, Índia e EUA); e estima-se que será o quinto maior mercado de supermercados (após os países supracitados mais a Rússia) em 2015. É o segundo maior mercado do mundo (atrás dos Estados Unidos) da sueca Electrolux.[58] Por isso o Brasil atrai tanto investimento estrangeiro direto. No entanto, a última década testemunhou a ascensão das multinacionais brasileiras.

A Vale é, sob a maioria dos aspectos, a líder, após sua aquisição, em 2006, da mineradora de níquel canadense Inco, por US$18 bilhões, além de uma série de outras aquisições estrangeiras. No topo da lista das maiores empresas brasileiras do FT está a Ambev, parte da Anheuser Busch-Inbev, maior cervejaria do mundo. Formalmente com sede na Bélgica, a AB-Inbev foi criada por um grupo agressivo de empresários brasileiros, encabeçado por Jorge Paulo Lemann, ex-campeão de tênis brasileiro e filho de um imigrante suíço que fundou o banco de investimentos Garantia, baseado no Goldman Sachs e, como este, uma sociedade.

Depois que prejuízos comerciais ocasionados pelas desvalorizações da Ásia de 1998 o levaram a vender o banco a Credit Suisse em 1998, Lemann e seus antigos sócios Marcelo Telles e Carlos Alberto Sicupira configuraram o que se tornaria a maior empresa de capital privado do Brasil, a GP Investimentos. Muito antes disso, porém, Lemann e os sócios haviam comprado em 1989, por US$60 milhões, o controle acionário da cervejaria brasileira Brahma. Sua ambição, disse ele a pessoas em São Paulo, era transformá-la na maior cervejaria do mundo, por meio de aquisições estrangeiras.[59] Com a AB-Inbev, foi exatamente o que ele conseguiu. Tendo vendido sua participação na GP Investimentos em 2004, os três brasileiros fundaram a 3G Capital, fundo de investimentos internacional que em 2010 comprou o Burger King por US$3,3 bilhões e, em seguida, uniu-se a Warren Buffett na compra, em 2013, da Heinz, um ícone empresarial dos Estados Unidos, por US$23 bilhões. O valor de mercado combinado das empresas geridas pelos três brasileiros era maior do que o do Citigroup.[60] Lemann precedeu e sucedeu Eike Batista como o homem mais rico do Brasil. Aos 74 anos, era tão nobre, discreto e austero quanto Eike era extravagante. Após uma tentativa fracassada de sequestro de seus filhos a caminho da escola, em 1999, em uma rua de São Paulo, ele se mudou para a Suíça, deslocando-se para o Brasil em um jatinho particular. Como Buffett, a quem muito admira, pessoalmente ele se mostra frugal (jato particular à parte); ele e a segunda esposa, suíça, criam os próprios filhos, sem auxílio de babás, e Lemann ficou conhecido por ir para seu escritório, no Banco Garantia, dirigindo seu próprio Gol, um pequeno Volkswagen brasileiro.[61]

A ambição global de Lemann pode ser equiparada à de André Esteves, de personalidade completamente distinta. Analista de sistemas oriundo de uma família de classe média baixa da poeirenta Zona Norte do Rio de Janeiro, Esteves foi corretor do Pactual, um pequeno banco de investimentos brasileiro cujo controle acabou por assumir e que vendeu para a suíça UBS por US$3,1 bilhões, em 2006 – para voltar a comprá-lo, por US$2,5 bilhões, três anos depois. Seu BTG Pactual, como agora é chamado, tornou-se o maior banco de investimentos da América Latina, com operações no Chile, Peru e Colômbia. Aos 44 anos, Esteves tem ar juvenil e olhos brilhantes, e mostra um otimismo incansável. "Nós, latino-americanos, devemos pensar grande, já que a qualidade das nossas economias pela primeira vez nos permite fazê-lo", declarou ele em uma reunião no centro financeiro de Londres, em setembro de 2012. Esteves deixou claro que sua expectativa era que seu banco se tornasse uma força global, começando por seu braço de gestão de ativos. Embora listada na Bovespa, a Bolsa de Valores de São Paulo, o BTG Pactual é uma sociedade, modelo que parece funcionar na cultura de negócios relativamente despojada e pouco hierarquizada que vem se consolidando nas empresas mais novas do país.[62]

O Itaú tornou-se o banco comercial líder da América Latina, comprando as operações de varejo do BankBoston no Chile e Uruguai e as do HSBC no Chile. Outras empresas brasileiras que se tornaram multinacionais são a JBS, que foi fundada como um açougue em Goiás, há meio século, e se tornou a maior empresa frigorífica do mundo. A Gerdau, empresa de aço do Rio Grande do Sul, é uma das maiores fabricantes mundiais especializadas em aço, com fábricas em 14 países, inclusive os Estados Unidos. Empreiteiras brasileiras como a Odebrecht começaram a operar fora do país na década de 1970. A Marcopolo, fabricante de ônibus, começou a ir para o exterior na década de 1990, diante da falta de perspectivas de crescimento no Brasil, onde já possuía uma participação de mercado de 70%. Agora, tem joint-ventures na China, Rússia e Índia, além de fábricas na Argentina, Colômbia, México e África do Sul. Típica representante de uma cultura mais recente de multinacionais brasileiras é a Natura, fabricante de cosméticos e produtos de beleza vendidos de porta em porta por representantes de vendas. Depois de superar a Avon, com sua poderosa presença no Brasil, ela se expandiu para uma dezena de mercados no exterior.

Em 2006, pela primeira vez, o investimento de empresas brasileiras no exterior superou o investimento estrangeiro direto no mercado interno, embora o primeiro tenha sofrido uma queda, pelo menos temporária, após a crise financeira de 2008-9. Enquanto multilatinas de outros países da região tendem a se expandir para os países vizinhos, as multinacionais brasileiras muitas vezes optam por investir nos Estados Unidos, além do restante da América Latina e Europa (mas raramente na Ásia).[63] Seria razoável supor que surgiriam mais multinacionais brasileiras. Algumas restrições à expansão internacional foram afrouxadas. É muito mais fácil para as empresas hoje levantar capital do que no passado; mesmo que os bancos não tenham condições ou disposição para conceder empréstimos de longo prazo, o mercado de capitais do país desenvolveu-se rapidamente após o Plano Real. O número de empresas listadas na Bolsa de Valores de São Paulo

(Bovespa) ultrapassou 350. O volume médio diário de negociação na Bolsa saltou de US$420 milhões em 2004 para mais de US$3,5 bilhões em 2010-12. A capitalização total do mercado, de uma média de US$341 bilhões em 2004, chegou a um pico de US$1,5 trilhão em 2010, antes de cair para US$1,2 trilhão em 2012.[64] A Bolsa incentivou reformas no âmbito da governança corporativa, a fim de proteger os acionistas minoritários da discriminação sofrida no passado. Muitas empresas de capital aberto aboliram a prática tradicional de manter uma classe separada de capital votante, restrita à família controladora e seus amigos. Em 2008, a Bovespa se fundiu com a Bolsa de Mercadorias e Futuros de São Paulo, que, graças à potência agrícola do país, era a maior do gênero depois de Chicago e Londres. Os fundos de pensão e fundos mútuos proporcionam um grande pool de investidores institucionais: eram 10,5 mil fundos mútuos com ativos líquidos no valor de US$1 trilhão em 2012 – a sexta maior indústria de fundos do mundo, similar em tamanho à francesa.[65] O Brasil de repente viu-se mergulhado em fundos de private equity e capital de risco. Gigantes financeiras estrangeiras como a Blackstone e o JPMorgan Chase adquiriram participações em fundos brasileiros de private equity e de hedge – alguns dos quais adquirem participações minoritárias em empresas de médio porte, que depois conduzem para o mercado de ações a fim de sacar sua participação. Foram recebidos de braços abertos pelos reguladores brasileiros, que impuseram, porém, padrões mais elevados de transparência em suas operações do que na Nova York ou Londres antes da crise.[66]

Não obstante, o capitalismo brasileiro tem muito espaço para crescer. Embora as ações de cerca de 70 empresas sejam negociadas na Bovespa, 8 delas respondem por mais de 50% do valor do mercado. Empresas controladas pelo Estado compõem cerca de um quarto do valor do mercado. Segundo Paulo Oliveira, da associação do mercado de capitais BRAIN Brasil, há mais de 2 mil empresas que podem vir a ser listadas na bolsa ao longo dos próximos anos. Vários bancos brasileiros – notadamente o Bradesco, maior banco comercial até a fusão de Itaú e Unibanco – são grandes investidores de capital por conta própria. Em muitos casos, associam-se a fundos de pensão para formar grupos de acionistas controladores. Em parte devido à relativa falta de crédito bancário, o Brasil parece estar desenvolvendo uma espécie distinta do capitalismo, que combina empresas familiares e holdings bancárias (à maneira lombarda ou alemã) com um enérgico mercado de capitais público.

Da política industrial à política de inovação

Parecia provável que a desvalorização do real em 2013 anulasse boa parte da pressão de curto prazo sobre a indústria. Porém, o problema da competitividade brasileira era profundamente arraigado. Como me disse Curado, da Embraer, a melhor proteção contra a mudança consistiria de fato em concentrar-se na produtividade. Em vez de microgerenciar subsídios para setores favorecidos e empresas fracassadas, uma política industrial mais eficaz deveria ter como objetivo a promoção da concorrência e da inovação capaz de incrementar a produtividade de maneira geral, em parte através de um esforço bem mais agressiva para combater o "custo Brasil".

O Brasil conta com empreendedores de sobra. Segundo um estudo, 27 milhões de brasileiros em 2011 ou já possuíram um negócio ou estavam começando um – o que o coloca em terceiro lugar entre os 54 países estudados. O problema é que poucas pequenas empresas chegam a grandes, seja por causa da falta de ambição de seus donos, ou porque o crescimento implicaria a perda da qualificação para os esquemas tributários e de regulamentação simplificados.[67] Havia o perigo de que o foco do BNDES em "campeões nacionais" e nas grandes empresas criasse oligopólios. Felizmente, em 2012, o Congresso aprovou uma lei criando uma autoridade moderna para regular a concorrência no país.

Não obstante, há alguns exemplos de empresas iniciantes que conseguem sacudir indústrias inteiras. Um deles é o das companhias aéreas. Quando eu morava em São Paulo, na década de 1990, e utilizava Congonhas, o aeroporto de trânsito da cidade, muitas vezes meu cartão de embarque era recolhido em pessoa por Rolim Amaro, o ex-piloto de táxi aéreo cuja companhia aérea, a TAM, viera desafiar a Varig, ícone da aviação nacional, ao oferecer um serviço eficiente e aviões modernos. A TAM, que em 2012 fundiu-se com a chilena LAN e deu origem ao maior grupo aéreo da América Latina, foi por sua vez desafiada pela Gol, uma companhia de baixo custo criada por Constantino de Oliveira, filho de um fazendeiro de Minas Gerais que fundou a maior viação brasileira. A Gol assumiu os restos da falida Varig. O quase duopólio TAM-Gol foi então abalado por David Neeleman, empresário brasileiro-americano que fundou, em 2008, a Azul, uma companhia aérea de baixo custo que se saiu muito bem ao optar por basear-se no menos movimentado Aeroporto de Viracopos, em Campinas, operar rotas novas, ligando cidades de médio porte, e adotar uma tecnologia de gestão de rendimento para definir os preços dos assentos.

A criação de instituições de educação e formação especializadas desempenhou um papel crucial no fomento à manufatura, bem como na agregação de valor à produção de commodities. Há espaço para muito mais dessa estratégia, bem como para a melhoria de escolas e universidades. Por exemplo, a falta de falantes de inglês era uma das razões por que o Brasil era um importador líquido em vez de exportador líquido de software, segundo o teórico da gestão Alfredo Behrens, de São Paulo.[68] O país tem sido inteligente no fomento à pesquisa científica. Em 2010, produziu 10 mil doutores no ano, 10 vezes mais do que em 1990. Entre 2002 e 2008, sua participação nos trabalhos científicos produzidos em todo o mundo aumentou de 1,7% para 2,7%, um valor meritório. O país gastou 1% de seu PIB em pesquisa, metade da parcela praticada no mundo rico, mas quase o dobro da média do restante da América Latina. Em São Paulo, a legislação estadual exige que o governo repasse 1% de suas receitas fiscais – no valor de US$450 milhões em 2010 – para a FAPESP, um fundo de pesquisa.[69] Outros estados, como Minas Gerais, além do governo federal, adotam regime semelhante. Esse esforço tornou o Brasil líder mundial das pesquisas nos campos de medicina tropical, bioenergia e biologia vegetal, e é o alicerce da criação de uma nova cadeia de valor em torno de cana-de-açúcar.

"A cultura de inovação finalmente chegou ao Brasil", aposta Fernando Reinach, cientista pesquisador que foi secretário de Ciência no governo de Fernando Henrique Cardoso e fundou várias empresas antes de se tornar capitalista de risco em São Paulo. Mas, argumenta ele, a concepção do governo é que a inovação é algo que se dá dentro de grandes empresas, como nos Estados Unidos na década de 1950. Não é uma ideia totalmente equivocada, segundo ele, mas ignora que, hoje em dia, as grandes empresas compram inovação (totalmente ou em parte) de empresas iniciantes. Há pesquisas valiosas em curso nas universidades públicas do país, onde há ilhas de excelência. Está faltando uma lei que permita aos pesquisadores universitários levar essa propriedade intelectual para as empresas, disse-me Reinach. Muitos fundos de capital de risco que surgiram no Brasil contam com recursos do BNDES ou de fundos de pensão e, na prática, comportam-se como fundos de private equity avessos ao risco. "É muito difícil para um Estado centralizado organizar o ecossistema de inovação", entende Reinach. "É preciso criar as condições para que ele floresça."

PARTE III
Perspectivas

CAPÍTULO 12

Ambições e frustrações globais

Em maio de 2010, Lula voou para Teerã para uma reunião com o presidente do Irã, Mahmoud Ahmadinejad, e o primeiro-ministro da Turquia, Recep Tayyip Erdogan. Depois de quase 18 horas de negociações, os três líderes anunciaram um acordo em relação ao controverso programa nuclear iraniano: o Irã enviaria 1.200 quilos de urânio de baixo enriquecimento para a Turquia dentro de um mês e, em troca, receberia barras de combustível para alimentar seu reator de pesquisas; além disso, esse compromisso seria apresentado por escrito à Autoridade Internacional de Energia Atômica (AIEA). Na frente das câmeras, Ahmadinejad levantou os braços de Lula e Erdogan, em triunfo, como se comemorasse uma vitória em uma luta de boxe. Lula chamou de "uma vitória da diplomacia".[1]

Ao explicar a iniciativa de tentar apaziguar um dos conflitos mais espinhosos do mundo – e que se encontrava muito longe de sua própria região –, as autoridades brasileiras deixaram clara a ambição de seu país de se tornar uma potência global. "Estamos assumindo nossas responsabilidades em um mundo mais multipolar", explicou-me pouco depois Antonio Patriota, o vice de Amorim e, em breve, seu sucessor. O mundo estava mudando: os Estados Unidos e seus aliados estavam enfraquecidos pelo fracasso no Iraque e pela crise financeira. O êxito socioeconômico do Brasil muniu-o de "mais capital político para investir em política externa". Brasil e Turquia foram membros não permanentes do Conselho de Segurança da ONU em 2010. Ao negociar o acordo de Teerã, o Brasil estava "assumindo nossa responsabilidade em termos de não esperar que outros definam as políticas e depois venham dizer que ou estamos com eles, ou contra eles", nas palavras de Patriota.[2]

No entanto, o sucesso diplomático de Lula revelou-se uma vitória de Pirro. Poucas horas após sua partida de Teerã, o Irã afirmou que, não obstante o acordo, daria continuidade ao enriquecimento de urânio. O acordo foi desprezado pelos Estados Unidos e outros governos ocidentais como não tendo representado nenhum avanço em relação ao anterior, firmado entre o Irã e a AIEA em outubro de 2009 e violado em seguida. Uma voz dissonante em Washington, do alto diplomata aposentado Thomas Pickering, entendeu que o acordo de Teerã tinha seu valor e representava um avanço em relação à proposta de outubro de 2009, ao abrigo da qual o Irã teria trocado seus 1.200 quilos de urânio pouco enriquecido por barras de combustível em pequenos lotes e no interior do país. Entretanto, no entendimento de muitos diplomatas ocidentais, Lula havia caído ingenuamente em uma armadilha de Ahmadinejad.[3]

Hillary Clinton, a secretária de Estado americana, advertiu Celso Amorim, Ministro das Relações Exteriores do Brasil, de que "conceder tempo ao Irã, ajudando o país a esquivar-se da unidade internacional com relação ao seu programa nuclear torna o mundo mais perigoso, não menos".[4] Amorim respondeu, não sem certa petulância, que "tem muita gente decepcionada porque a negociação produziu resultados, quando não se esperava que isso acontecesse". Ele e Marco Aurélio Garcia, o influente assessor de política externa de Lula, ressaltaram que haviam consultado o governo de Obama e das potências europeias durante os preparativos para a viagem a Teerã. As autoridades de Brasília ainda tomaram a extraordinária iniciativa de vazar uma carta particular enviada a Lula por Obama em abril, sugerindo que o Brasil podia contar com a aprovação dos Estados Unidos para a negociação do acordo. Porém, as autoridades americanas retorquiram que a carta não passava de uma dentre muitas comunicações, e que fora tirada de contexto. Segundo um alto funcionário do governo americano, um dia antes de Amorim partir para Teerã Clinton havia alertado, em um telefonema de meia hora, que a troca de combustível e a carta à AIEA não seriam suficientes para os Estados Unidos abdicarem das sanções, e que o passo crucial – ausente do acordo – era que o Irã concordasse em suspender o enriquecimento de urânio a 20%.[5]

Ainda pior para Lula e Amorim, apenas três semanas depois do Acordo de Teerã, seus recentes parceiros dos BRICs, China e Rússia, juntaram-se aos Estados Unidos, Grã-Bretanha e França na votação, no Conselho de Segurança da ONU, de novas e mais duras sanções econômicas contra o Irã, em face de seu desafio às normas internacionais em seu programa nuclear. Brasil e Turquia foram os únicos a votar contra a resolução. De acordo com uma autoridade americana, a Turquia tinha se inclinado a abster-se, mas foi convencida a votar contra pelo Brasil.[6] A decisão de votar contra, em vez de se abster, assinalou uma ruptura com a própria tradição diplomática brasileira: em nenhuma das 10 ocasiões, desde 1946, em que o Brasil ocupara um assento no Conselho de Segurança, nunca tinha votado contra uma resolução com apoio da maioria.

"Se alguém tem a ilusão de que as sanções vão trazer o Irã para a mesa de negociações, essa ilusão vai se desfazer", disse-me Marco Aurélio Garcia.[7] Contudo, a história iria provar que ele se enganou: o impacto das sanções sobre a economia do Irã levaram o novo presidente, Hassan Rohani, a buscar negociações com os Estados Unidos em setembro de 2013. Mais do que a manobra em Teerã, foi o comportamento posterior do Brasil – o vazamento da carta e o voto contra as sanções – que semeou em Washington e em algumas capitais europeias desconfianças em relação às intenções e à lealdade do Brasil.

A iniciativa no Irã veio ilustrar a ambição sem limites da política externa de Lula. Muitos comentaristas externos, especialmente na Europa e América Latina, e alguns no Brasil, alegraram-se com a adoção, pelo país, de alianças "Sul-Sul" e sua rejeição do que lhes parecia constituir uma antiga subserviência a Washington. No Brasil, o establishment político e a mídia em grande parte cerraram fileiras em apoio ao governo. Contudo, vários ex-altos diplomatas brasileiros mostraram-se fortemente críticos em relação à empreitada iraniana, vendo-a como uma expressão de voluntarismo e excesso de confiança da parte de Lula e da abordagem ideológica da política externa por seu partido.

Sem dúvida é verdade que o Brasil finalmente tornou-se mais assertivo, abdicando de um pouco de sua ambivalência anterior com relação ao uso de seu peso nas relações internacionais. Mas o que o Brasil representa de fato, e o que pretende? Será que o país se enxerga basicamente como "ocidental" ou como uma "potência do Sul"? Nas grandes batalhas ideológicas entre a democracia e o autoritarismo, entre valores universais (como os direitos humanos) e relativismo moral, de que lado o Brasil está?

Em busca de uma política externa

A mais elegante das sedes dos ministérios que se enfileiram ao longo da vasta esplanada que se estende ao Norte da Praça dos Três Poderes, em Brasília, abriga o Itamaraty, como é conhecido o Ministério das Relações Exteriores, em homenagem a seu lar original, no Rio de Janeiro. Trata-se de um palácio modernista de concreto e vidro criado por Niemeyer e com jardins planejados por Burle Marx. O saguão de entrada, no térreo, é interrompido apenas por uma larga escadaria em meia espiral, sem nenhuma pilastra ou corrimão que a sustente, que leva a um mezanino aberto. O efeito é de luz e grandeza sem esforço. O edifício e sua colunata são rodeados por um espelho d'água – um fosso que parecia simbolizar aquela que era, até recentemente, a situação de esplêndido isolamento do Brasil. De fato, Henry Kissinger, por ocasião de sua visita como secretário de Estado dos Estados Unidos, em meados da década de 1970, foi convidado por seu anfitrião, Antonio Silveira, a compartilhar sua impressão e respondeu: "É um edifício magnífico, Antonio. Agora só falta uma política externa que o acompanhe."[8]

As autoridades brasileiras tradicionalmente acreditam que seu país está destinado a ser uma grande potência, devido às suas dimensões continentais e abundância de recursos. Estão munidas daquele que é amplamente considerado um dos serviços diplomáticos mais competentes e profissionais de todo o mundo. No entanto, o país permaneceu muito tempo isolado, aparentemente absorvido em si mesmo. Enquanto os estrangeiros veem o Brasil como o maior país da América Latina, essa descrição costuma ser repudiada pela maioria dos brasileiros. Sob a monarquia, o Brasil não tirava os olhos da Europa, em vez de concentrar-se em sua própria região. Os intelectuais brasileiros viam seu país como parte do mundo atlântico, não uma nação latino-americana. Os líderes da Primeira República favoreceram o pan-americanismo – a ideia, empurrada de forma intermitente pelos Estados Unidos, de que as Américas como um todo devem cooperar. O Brasil foi o único país latino-americano a ajudar os Estados Unidos durante a Guerra Hispano-Americana de 1898: vendeu aos americanos dois cruzadores que havia encomendado junto a um estaleiro britânico e autorizou a frota americana do Pacífico a utilizar seus portos para abastecimento e reparos, a caminho do Caribe. Foram esses impulsos que levaram o Brasil a entrar na guerra ao lado dos Aliados, nas duas guerras mundiais do século XX.

Todavia, os atritos com os Estados Unidos começaram a emergir no rescaldo da Segunda Guerra Mundial e com o início da Guerra Fria. Vargas ficou frustrado com a falta de recompensa (quer com um assento permanente no Conselho de Segurança da recém-fundada Organização das Nações Unidas, quer com um equivalente do Plano

Marshall para a Europa) ao apoio brasileiro aos Aliados. Juscelino escreveu a Eisenhower propondo o que ele chamou de "Operação Pan-Americana", baseada na tese de que a melhor maneira de combater o comunismo na América Latina seria propiciar o desenvolvimento econômico. Contudo, os americanos não se interessaram; só adotariam essa abordagem após a Revolução Cubana, quando Kennedy lançou a Aliança para o Progresso, que guardava profundas semelhanças com o plano de Juscelino.[9] Quando os generais tomaram o poder no Brasil em 1964, com o apoio dos Estados Unidos, os dois governos mais uma vez se uniram pelo anticomunismo, como ocorrera sob Dutra, em 1945-1950. Para Henry Kissinger, o cérebro da política externa das administrações Nixon e Ford, de 1969 a 1975, o Brasil era uma de um punhado de potências emergentes regionais espalhadas pelo mundo às quais os Estados Unidos poderiam delegar a condução da Guerra Fria.[10] Geisel e seu Ministro das Relações Exteriores, Azeredo da Silveira, ficavam ao mesmo tempo intrigados e alarmados com esse flerte. Elaboraram uma política externa mais nacionalista e ambiciosa, que combinava a velha preocupação brasileira com o desenvolvimento econômico e uma posição internacional mais independente. A ditadura construiu uma indústria de armas e começou a proclamar o *status* de "grande potência" do Brasil. Embora o Brasil nunca tenha se integrado ao Movimento Não Alinhado, compartilhava de muitas de suas posições e forjou novas relações diplomáticas e comerciais na África e no Oriente Médio. A iniciativa de Kissinger terminou em frustração: emergiram tensões com os americanos no campo comercial – o Brasil se opunha à tarifação imposta ao açúcar, suco de laranja e aço pelos americanos – e pelo programa nuclear de Geisel (que firmou um acordo com a Alemanha). Sob Jimmy Carter, os Estados Unidos também começaram a criticar os abusos dos direitos humanos pelo regime, levando Geisel a cancelar um acordo de cooperação militar.

A identidade internacional contemporânea do Brasil, portanto, tem origens complexas, como escreveu Andrew Hurrell, professor de Relações Internacionais da Universidade de Oxford. As elites brasileiras costumam se considerar, em termos culturais e religiosos, parte do Ocidente; ademais, o país conta com uma forte tradição de ideias ocidentais a respeito do direito e da sociedade internacionais. Por outro lado, contudo, o Brasil é também moldado pelo legado do colonialismo, escravidão e pobreza, bem como pelos imperativos do desenvolvimento.[11] Sob Geisel, e novamente no governo Lula, o Brasil afirmou sua identidade mais "sulista" que "ocidental". A visão de mundo dos diplomatas brasileiros atribui a maior importância à defesa da soberania econômica e política – donde a tendência brasileira a defender o princípio da não intervenção nos assuntos internos de outros países e a favorecer o multilateralismo e a resolução pacífica de conflitos. (Os diplomatas brasileiros orgulham-se do fato de que seu país não trava uma guerra com nenhum dos 10 países com os quais partilha fronteiras há quase 140 anos.) São, na verdade, posições naturais para um país cuja relativa fraqueza passada o levou a ser mais um seguidor que um líder.

Subjacente à visão de mundo brasileira há a suspeita profundamente arraigada de que os Estados Unidos estão decididos a bloquear o avanço do Brasil, e mesmo que têm projetos para a Amazônia ou os novos campos de petróleo do Atlântico Sul. No entanto, como aponta Matías Spektor, da Fundação Getulio Vargas, tamanha desconfiança causa estranhamento diante do fato de que o Brasil "angariou enormes benefícios dos padrões de ordem global existentes", que permitiram sua ascensão pacífica ao *status* de moderna nação industrial e gigante econômico contemporâneo – o que implanta uma dose de ambiguidade e moderação pragmática no cerne da política externa brasileira: ao mesmo tempo em que sente um desconforto com a ordem mundial vigente, prefere reformá-la a derrubá-la.[12] A ambiguidade, por sua vez, constitui uma fonte de frustração para os Estados Unidos e as nações europeias, aos quais muitas vezes o Brasil parece espinhoso e difícil de maneiras que lhes parecem surpreendentes para uma grande democracia de mercado, que tem a sorte de estar livre de ameaças imediatas de segurança. Os forasteiros que se encantam com o abraço caloroso dos brasileiros muitas vezes subestimam o seu nacionalismo, por não ser xenófobo – o qual, no entanto, vem se intensificando nos últimos anos, acompanhando o maior sucesso do país.

Nas décadas que se passaram desde o advento da Nova República e o fim da Guerra Fria, a política externa brasileira evoluiu em várias direções. Em primeiro lugar, a região tornou-se a maior prioridade da política externa, que, embora normalmente seja definida como a América do Sul, é cada vez mais a América Latina e o Caribe como um todo. Em segundo lugar, o Brasil tem dado crescente importância à consolidação de alianças com outras potências emergentes do que às vezes é chamado de "Sul global" – Ásia e África, além da própria América Latina. Em terceiro lugar, o Brasil tem buscado ampliar sua presença diplomática em todo o mundo, apoiando de maneira cada vez mais sonora mudanças nas instituições globais – do Conselho de Segurança das Nações Unidas ao FMI e às negociações do comércio mundial – com o objetivo de ocupar um lugar de maior destaque nos conselhos mundiais.

As circunstâncias desempenharam um papel significativo no aumento de assertividade do Brasil. Por um lado, a economia muito mais forte tornou o país independente de resgates do FMI e do Tesouro americano. Fernando Henrique Cardoso, um acadêmico poliglota, sentia-se naturalmente em casa no palco mundial; e Lula, graças à sua personalidade, biografia e instinto como negociador, procurou e conquistou um papel internacional mais proeminente. Por outro lado, o período da hiperpotência americana, após a vitória na Guerra Fria, revelou-se breve, cerceado que foi pela derrota política no Iraque e no Afeganistão e pelo rescaldo da crise financeira de 2008. A Europa caiu em uma prolongada recessão, ao passo que as economias da China, Índia e outros países emergentes dispararam (pelo menos até 2013). O Brasil não foi o único a se distanciar dos interesses americanos no FMI e na Organização Mundial do Comércio. Embora nenhum outro país chegue perto de fazer frente ao poderio militar dos Estados Unidos, o mundo, sob diversos aspectos, tornou-se mais policêntrico.

Embora se observem continuidades na política externa do Brasil, desde 1985 verificaram-se também mudanças de ênfase. FHC adotou uma política de "autonomia via participação" na economia global, tendo afirmado que "provocar atrito com os Estados Unidos significaria sair perdendo".[13] É uma ironia que Lula, na política externa – bem como em sua retomada do "nacional-desenvolvimentismo" –, recordasse Geisel, o presidente contra o qual ele liderou as greves dos metalúrgicos. Muitas das iniciativas de Lula no exterior exigiam consenso, ainda que algumas não. Na visão de seus críticos, que incluiriam vários dos mais ilustres embaixadores aposentados do Itamaraty, a política externa tornou-se "radicalizada, contaminada por motivações ideológicas e político-partidárias", segundo Rubens Ricupero, um deles.[14] Especialmente mais no final de seu segundo mandato, Lula, em seu entender, seguia as preferências petistas de política externa, compensando seu fracasso em seguir a linha do partido no campo econômico. Dilma Rousseff afastou-se do protagonismo pessoal de Lula e deu um pouco mais de ênfase à promoção dos direitos humanos, mas de resto seguiu uma política muito semelhante à de seu antecessor.

Celso Amorim, diplomata profissional capaz e experiente que foi Ministro das Relações Exteriores de Lula por oito anos, tornou-se membro do PT. Seu vice durante boa parte desse período foi Samuel Pinheiro Guimarães, um intelectual de esquerda que fora demitido por FHC do cargo de diretor de pesquisa do Itamaraty, em 2001, por seu acentuado antiamericanismo. Marco Aurélio Garcia, dignitário do PT que atuou como assessor de assuntos estrangeiros tanto de Lula quanto de Dilma assumiu a liderança em assuntos latino-americanos, deixando para Amorim a condução de negociações diplomáticas formais e da política para o restante do mundo. Marco Aurélio, historiador cujo hábitat era a Margem Esquerda de Paris, tinha sido secretário de relações internacionais do PT por 10 anos antes de se mudar para o Planalto, e mantinha laços estreitos com partidos de esquerda de toda a região.

"O Mercosul é o nosso destino"

Exceto por seu velho interesse na região do Rio da Prata, que levou o país à Guerra do Paraguai, até recentemente o Brasil pouca atenção deu aos vizinhos. O Barão do Rio Branco, Ministro das Relações Exteriores de 1902 a 1912 e pai da diplomacia brasileira, resolveu disputas de fronteira com a Argentina, o Uruguai e a Colômbia. Rio Branco realizou a compra da província boliviana do Acre (por £2,5 milhões) depois que migrantes brasileiros lá se instalaram durante o boom da borracha, causando confrontos violentos. Assim, fixou as fronteiras definitivas do Brasil.[15] Ainda assim, o Brasil permaneceu introspectivo. Como observa Bethell, o país só passou a fazer parte da América Latina quando o restante do mundo decidiu que a América Latina existia como uma entidade, após a Segunda Guerra Mundial, quando foram estabelecidas várias organizações regionais.[16] Nenhum governante brasileiro havia visitado outro país sul-americano até a ida de Campos Salles à Argentina, em 1900. Rio Branco lançou as bases para um tratado de cooperação com Argentina e Chile, assinado em 1915 (mas nunca ratificado pelos argentinos). Getúlio Vargas fez viagens curtas à Argentina, Uruguai, Paraguai e Bolívia. Quando Juscelino parou no Equador e Peru, na volta de um encontro de presidentes de todas as Américas no Panamá, em 1956, foi o primeiro presidente brasileiro a visitar esses países. Até 1985, nenhum presidente brasileiro havia posto os pés na Colômbia ou na Venezuela. Além de um par de encontros de fronteira, apenas três presidentes visitaram a Argentina, e apenas dois governantes argentinos fizeram a viagem contrária. As redes ferroviárias dos dois países foram construídas com bitolas diferentes.[17]

Ao longo da década de 1970 e início da de 1980, Brasil e Argentina viram-se com a mais profunda desconfiança. Ambos eram governados por ditaduras militares e estavam trabalhando no desenvolvimento de armas nucleares. Porém, veio então a democracia, primeiro na Argentina – com a eleição de Raúl Alfonsín, em 1983 – e, em seguida, no Brasil. A maior conquista da política externa de José Sarney foi a *détente* com o maior vizinho do país. Ambos concordaram em renunciar às armas nucleares e a realizar inspeções periódicas das instalações nucleares um do outro, além de negociarem preferências comerciais bilaterais. Carlos Menem, que substituiu Alfonsín em 1989, e Fernando Collor deram início ao desmonte das políticas protecionistas adotadas pelos dois países durante meio século. Em 1991, reuniram-se com os presidentes do Paraguai e do Uruguai para assinar o Tratado de Assunção, criando o Mercosul – Mercado Comum do Sul (em espanhol, *Mercosur*). Para o Brasil, foi uma mudança considerável. Segundo Alfredo Valladão, especialista em relações internacionais da Universidade Sciences Po, em Paris, sua motivação foi, em parte, o povoamento do interior ao longo do século XX. O Brasil já não podia mais ignorar os vizinhos: suas fronteiras tornaram-se canais para a migração e o crime, além do comércio.[18]

Planos anteriores de integração regional na América Latina tinham como objetivo expandir os mercados protegidos, visando à industrialização por substituição de importações. O Mercosul foi diferente: baseia-se no "regionalismo aberto", a ideia de que derrubar barreiras entre os países poderia ajudá-los a participar de maneira mais efetiva da economia globalizada. No começo, o Mercosul avançou a passos largos. Em 1995, a maior parte do comércio de bens entre os quatro membros era isento de tarifação. O grupo concordou em criar uma união aduaneira, na qual, como na União Europeia, os membros aplicam uma tarifa externa comum para as importações provenientes de terceiros (o que acarretaria uma queda das tarifas médias de 37,2% em 1985, para menos de 11,5%, em 1994). Estabeleceu-se um prazo de cinco anos para levar a cabo a zona de livre comércio e a união aduaneira. Com um PIB combinado de US$985 bilhões em 1995, o Mercosul aspirava a ser o quarto maior mercado integrado do mundo, perdendo apenas para o Tratado Norte-Americano de Livre Comércio (NAFTA, que liga o México aos Estados Unidos e Canadá), União Europeia e o Japão.* O comércio entre os quatro membros ampliou-se rapidamente, passando de apenas US$4 bilhões em 1990 para US$20,7 bilhões em 1997. Multinacionais como Unilever e Nestlé, além das montadoras de automóveis, trataram de reorganizar suas operações, concentrando a fabricação de determinados grupos de produtos para toda a sub-região em uma única fábrica. O Mercosul tornou-se uma marca eficaz, que ajudou a introduzir seus membros no mapa de negócios do mundo. Chile e Bolívia entraram como membros associados, e os líderes do grupo concordaram em expandir a infraestrutura transfronteiriça, tais como estradas e linhas de alta tensão. Entendia-se também ser papel do Mercosul a defesa da democracia. Depois de Brasil e Argentina desarmarem uma tentativa de golpe no Paraguai, em 1996, o Mercosul incluiu formalmente uma "cláusula democrática" como condição para continuar como membro do grupo. Os dois países declararam uma

---

* Isso foi antes de a China tornar-se a segunda maior economia do mundo.

"aliança estratégica" e passaram a encenar exercícios militares conjuntos.[19] "O Mercosul é nosso destino", afirmou FHC.

No entanto, logo surgiram problemas. O mais visível era a instabilidade macroeconômica: primeiro, a desvalorização do real no Brasil, em 1999, seguida do colapso do comitê monetário argentino (que havia instaurado a paridade cambial entre o peso e o dólar), em 2001-2, subverteu os padrões de comércio entre os principais integrantes do grupo – levando os dois países (especialmente a Argentina) a inventar barreiras "temporárias" ao comércio com os parceiros. O problema subjacente é que, desde antes da desvalorização brasileira, o Mercosul havia deixado de fazer progressos no aprofundamento de seu mercado comum. Ainda que um mecanismo de resolução de litígios tenha sido finalmente aprovado em 1999, na prática a maioria das disputas é conduzida pela diplomacia presidencial. Embora as autoridades dos países-membros costumem se vangloriar de que seu projeto incorpora um nível mais profundo de integração que o NAFTA (que não passa de uma zona de livre comércio simples), na prática não é assim. O código aduaneiro comum, que evitaria que produtos de fora do bloco tenham de pagar tarifas uma segunda vez ao cruzar fronteiras internas, só foi aprovado em 2010, e em 2013 ainda não fora implementado. Além disso, a Tarifa Externa Comum foi sendo esgarçada por um número crescente de exceções.

Essas falhas são sintomas de dificuldades mais profundas. O Mercosul, onde o Brasil responde por quase quatro quintos da população de seus membros fundadores e cerca de 70% do seu PIB, sofre de muito maior assimetria do que a UE. O Brasil reluta em partilhar a soberania. Para o país, o Mercosul constitui principalmente um projeto geopolítico impelido pelo Itamaraty, não pelos empresários (exceto aqueles nos estados do Sul, seus entusiastas). Foi o Itamaraty que insistiu em que o Mercosul fosse uma união aduaneira – o que exigiria que os outros três membros elevassem suas tarifas sobre bens de capital, ajudando a fornecer um mercado cativo para segmentos da indústria brasileira. A Argentina teria se beneficiado de um Mercosul mais "profundo", que lhe ofereceria acesso garantido ao enorme mercado brasileiro. Contudo, sob Néstor Kirchner, eleito em 2003, e sua esposa e sucessora, Cristina Kirchner, a política argentina tornou-se mais nacionalista e introspectiva. Em contrapartida, o Uruguai, com sua economia pequena e aberta, irritou-se com o protecionismo brasileiro e argentino, mesmo após a ascensão da esquerda ao poder, em 2004.

Sob FHC, o Brasil também começou a buscar um papel mais amplo na região, para além do Mercosul. Em 2000, organizou a primeira de cúpulas sul-americanas periódicas, cujos participantes concordaram em desenvolver infraestruturas transfronteiriças e definir como objetivo a fusão do Mercosul com os cinco países da Comunidade Andina. FH mediou com sucesso um conflito entre Peru e Equador, que acarretara breves escaramuças de fronteira em 1981 e 1995. E o Brasil empenhou-se, apesar das muitas dúvidas, em entabular conversações em prol de uma Área de Livre Comércio das Américas (Alca) com 34 países-membros, iniciativa do Presidente George H. W. Bush aprovada na primeira Cúpula das Américas, realizada em Miami, em 1994.

"Nossa América Latina"

Lula assumiu o cargo afirmando que queria dar maior prioridade à integração regional. Sob os auspícios de Marco Aurélio Garcia, isso significava a consolidação de um bloco político dominado pelo Brasil na América do Sul, como um contrapeso mais ou menos explícito à influência dos Estados Unidos na região. Próximo do fim dos governos Lula, o Brasil estava cada vez mais atuante na América Central e no Caribe, onde abriu muitas novas embaixadas. Quanto ao Mercosul, Lula expressou o desejo de retomar o projeto e aprofundá-lo, manifestando de maneira mais explícita do que FHC sua visão de que se trata de um agrupamento essencialmente político.

As circunstâncias eram propícias para tal projeto. Os Estados Unidos – distraídos, primeiro, pela "guerra ao terrorismo" e, em seguida, pela crise financeira – têm atuado de maneira menos ativa na América Latina do que no passado. Por outro lado, durante e depois de um período de estagnação econômica (ou pior) na região, entre 1998 e 2002, líderes de esquerda ascenderam ao poder em diversos países sul-americanos.

Em retrospecto, Amorim assinalou "resultados notáveis nas esferas econômica, comercial, política e de infraestrutura", em termos da "solidariedade e integração" sul-americanas. Em teoria, pelo menos, sem dúvida o Brasil obteve alguns êxitos estratégicos. Em grande parte por insistência do país, o Mercosul foi ampliado, passando a incluir a Venezuela e a Bolívia como membros plenos (e o Equador solicitou a adesão). As cúpulas sul-americanas de FHC evoluíram, primeiro, para a Comunidade Sul-Americana, em 2004, e, em seguida, em 2008, para a União Sul-Americana (UNASUL). Sob orientação brasileira, a UNASUL mediou conflitos políticos entre governo e oposição na Bolívia e no Equador; proporcionou um guarda-chuva sob o qual Equador e Venezuela restauraram seus laços com a Colômbia, depois de uma suspensão temporária devido a divergências com relação à guerra colombiana contra a guerrilha das FARC. Em 2008, o Brasil organizou uma reunião dos líderes de todos os 33 países da América Latina e do Caribe em Sauípe, um resort perto de Salvador. Foi a primeira vez que todos se reuniram sem a presença de forasteiros. Desse evento emergiu a Comunidade dos Estados Latino-Americanos e Caribenhos (CELAC), órgão cujo principal objetivo era a inclusão de Cuba e a exclusão dos Estados Unidos e Canadá. Embora o CELAC tenha sido inspirado sobretudo pela Venezuela de Hugo Chávez e pelo México, a mensagem parecia clara: o Brasil – e não os Estados Unidos, sob o desacreditado George W. Bush – que era a maior potência na região. O Brasil começou a dar menos importância à Organização dos Estados Americanos (OEA), que os Estados Unidos consideravam o principal órgão regional.

Chávez tinha seus próprios planos para a região, que rivalizavam com os brasileiros e se consubstanciaram na Alternativa Bolivariana para as Américas, ALBA (que também significa "aurora" em espanhol), um clube explicitamente antiamericano integrado por Bolívia, Cuba, Equador, Nicarágua e vários pequenos Estados insulares do Caribe. "O Brasil não vai aderir à ALBA, mas a respeita", disse-me Marco Aurélio Garcia.[20] O Brasil se considerava uma influência moderadora sobre Chávez, mas também intervinha no sentido de lhe dar sustentação. O primeiro ato do governo Lula no campo da política externa consistiu em enviar um petroleiro para a Venezuela, a fim de debilitar uma greve de petroleiros contra Chávez. Marco Aurélio Garcia justificou a iniciativa alegando que Chávez fora eleito legitimamente, e o Brasil apoiava o regime constitucional. O Brasil criou também um Grupo de Amigos para mediar as negociações entre governo e oposição na Venezuela.

Chávez e a ALBA eram, sob certos aspectos, funcionais para o Brasil; para os Estados Unidos, o governo Lula se apresentava como a alternativa moderada e responsável na região – e, em vários sentidos, era mesmo. Os diplomatas brasileiros eram mestres em embarreirar, com polidez, os projetos mais malucos de Chávez, como o do Banco do Sul e o de um gasoduto de Caracas a Buenos Aires. Mas não deixavam de abraçar alguns. Por sugestão de Chávez, a UNASUL criou um conselho de defesa. "Para se defender de quê?", questionou Fernando Henrique. A resposta implícita era os Estados Unidos. "Os Estados Unidos não estão atacando a América Latina. Chávez ameaça, não está sendo ameaçado", disse-me FHC.[21] Pelo menos até as revelações, em 2013, da espionagem americana, as autoridades brasileiras raramente foram explícitas com relação a como achavam que os Estados Unidos representavam uma ameaça à América do Sul (mesmo durante a Guerra Fria, suas intervenções diretas restringiram-se à América Central e Caribe). Quando o presidente da Colômbia, o conservador Álvaro Uribe, renovou um acordo de cooperação militar concedendo aos Estados Unidos serviços em sete bases militares, Lula fez eco à ira de Chávez. Entretanto, em seguida o Brasil firmou com os americanos seu próprio acordo – semelhante, ainda que mais modesto. Para Samuel Guimarães, o Conselho de Defesa deveria patrocinar uma indústria sul-americana de armamentos– outro exemplo de saudades de Geisel.

Amorim defendeu que, nas disputas de menos relevância, o Brasil deveria se mostrar mais "generoso" com seus parceiros menores do Mercosul – abordagem posta à prova quando o socialista Evo Morales, presidente da Bolívia, respaldado por Chávez, enviou tropas para nacionalizar as operações da Petrobras em seu país. A resposta de Lula pareceu tíbia: após uma reunião com Morales e Chávez, declarou que a Bolívia agira dentro de seus direitos. O convite para que a Venezuela, com sua economia disfuncional e dominada pelo Estado, ingressasse no Mercosul, veio sublinhar a transformação na concepção do grupo pelos brasileiros. O país anuiu, ainda, ao crescente protecionismo argentino e ao progressivo enfraquecimento das regras comerciais do bloco. "Apoiamos a reindustrialização argentina", disse-me Marco Aurélio Garcia. O Mercosul afastou-se de uma "visão liberal" de que ele não compartilhava.

Lula cada vez mais falava na "nossa América Latina", indo além do tradicional enfoque sul-americano do Brasil. No início de seu governo, o país concordou em encabeçar a missão de paz da ONU no Haiti, criada após a caótica derrubada do demagógico presidente de esquerda Jean-Bertrand Aristide. Embora malvista pelo PT, a iniciativa foi amplamente encarada pelo mundo externo como uma mostra de que o Brasil assumia responsabilidades regionais construtivas. Os brasileiros foram assumindo ainda um papel de crescente importância em Cuba; com empréstimos do BNDES, a Odebrecht construiu um porto de águas profundas em Mariel, a Oeste de Havana, e firmou um contrato para a modernização e administração de uma usina de açúcar. O Brasil assumiu também a liderança na oposição a um golpe de Estado em Honduras, em 2009. Insistiu, ainda que sem sucesso, na restauração ao poder de Manuel Zelaya, aliado de Chávez, deposto pelo Exército hondurenho sob ordens do Congresso e do Judiciário do país, depois de tentar organizar um referendo inconstitucional que poderia ter-lhe concedido um segundo mandato consecutivo.

No Brasil, a principal crítica à política de Lula para a região é que era politicamente partidária e inconsistente, e dava insuficiente importância à defesa da democracia e dos direitos humanos. Afastando-se da tradição brasileira de não intervenção, Lula por vezes aliou-se abertamente a outros líderes latino-americanos de esquerda em suas batalhas políticas internas. Quando Chávez estava em campanha por um referendo que aboliria a restrição ao número de mandatos, em 2008, Lula deu uma entrevista ao alemão *Der Spiegel* em que o chamou de "o melhor presidente da Venezuela nos últimos 100 anos".[22] O Brasil permaneceu em silêncio quando Chávez violou sua própria Constituição, atropelando seu Judiciário e assediando adversários. "Não queremos ser como os outros países [ou seja, os Estados Unidos], distribuindo lições e julgamentos. Pensamos no que é fundamental – que esses valores [democráticos] são protegidos na Venezuela", disse-me Marco Aurélio Garcia. Em comentários depois que um dissidente cubano em greve de fome morreu durante uma visita sua a Havana, Lula pareceu equiparar os presos políticos de Cuba a criminosos comuns no Brasil.[23] Os diplomatas brasileiros insistem em que ele teria levantado a questão dos direitos humanos em particular com o governo de Raúl Castro, o que teria sido mais eficaz do que admoestações públicas. Seus críticos não estavam tão certos disso.

FHC argumentou que "o Brasil não pode ser o gendarme da América Latina, mas pode desempenhar um papel pedagógico com relação à democracia (...) Lula é muito indulgente com Chávez. A região vem recuperando o aparato da democracia, mas não sua alma".[24] Em 2012, Fernando Lugo, o ineficaz presidente de esquerda do Paraguai, foi deposto em um impeachment relâmpago injusto e condenável, mas constitucional (e popular). No entanto, a resposta de Dilma Rousseff e Marco Aurélio Garcia foi instigar a suspensão do Paraguai do Mercosul, citando a cláusula democrática – com a consequência não fortuita da admissão formal da Venezuela no Mercosul (visto que o último obstáculo ao seu ingresso era a recusa do Congresso paraguaio a ratificá-lo). Para muitos, pareceu uma intervenção política descarada nos assuntos internos de um vizinho. Uma fonte graduada do Itamaraty me diria mais tarde que a suspensão foi contestada por Antonio Patriota, Ministro das Relações Exteriores de Dilma (que seria demitido em 2013).* Às vezes, parecia que a noção brasileira de promoção da democracia e dos direitos humanos na região não ia além da prestação de solidariedade a presidentes de esquerda, por mais autocrático que fosse seu comportamento.

---

* Após a publicação deste livro em inglês, Patriota entrou em contato com o autor e informou que não se opusera à suspensão do Paraguai, mas, sim, havia explicado à presidente os custos e complicações diplomáticas que isto implicaria.

Não obstante, o Brasil permanecia ambivalente em relação a assumir a liderança na região. Para muitos brasileiros, especialmente os mais conservadores, ainda era difícil conceber seu país como parte da América do Sul hispanófona, e menos ainda na América Latina. Em um artigo no jornal espanhol *El País*, o escritor brasileiro João Ubaldo Ribeiro vociferou:

> Não há praticamente nada em comum entre a cultura, a história e a composição étnica do Brasil e a do Peru (...) Um argentino se considera tão semelhante a um brasileiro quanto um alemão de um turco. Não existe espírito latino-americano, além da contiguidade geográfica.[25]

Ao contrário da maioria dos demais países latino-americanos, o Brasil continua considerando possível desempenhar um papel global independente de seu contexto regional, como observa Valladão. Em segundo lugar, a autoimagem brasileira era (e continua sendo) a de um gigante cordial; o país gosta de acreditar que sua vontade se impõe na região por sua grandeza, não pela guerra, segundo Sérgio Buarque.[26] "Eliminamos do nosso dicionário qualquer indício de hegemonia", declarou Lula em 2006. "O Brasil não quer liderar nada, mas ser o parceiro de todos os países."[27]

Na prática, o Brasil muitas vezes se mostrou incapaz ou relutante em oferecer o tipo de apoio ou cooperação que alguns de seus vizinhos queriam ou necessitavam. Foi o caso da Colômbia, o segundo país mais populoso da América do Sul. Brasil e Colômbia por muito tempo mantiveram relações distantes e marcadas pela incompreensão mútua, em parte por serem separados pela formidável barreira natural da floresta amazônica.* Na década de 1990, a Colômbia corria o risco de se tornar um Estado falido, cuja democracia era acossada pelos guerrilheiros das FARC (financiadas pelo dinheiro das drogas e de sequestros em larga escala) e por paramilitares de direita. O antecessor de Uribe, Andrés Pastrana, recorreu à ajuda dos Estados Unidos, sob a forma do Plano Colômbia, um esquema de ajuda militar. O governo de Fernando Henrique Cardoso não foi simpático: o Plano Colômbia pareceu desencadear medos atávicos no Brasil em relação à presença militar norte-americana na Amazônia. O Brasil alegou ser neutro entre o governo democrático e as FARC – uma posição extraordinária. Uribe enfureceu-se com a mal disfarçada simpatia de Chávez pelas FARC, que o levou a autorizar os guerrilheiros a comprar armas por intermédio das autoridades venezuelanas. Em vez de mostrar solidariedade para com um presidente democraticamente eleito confrontado com subversivos, Lula optou por triangular entre Uribe e Chávez. As relações melhoraram quando Juan Manuel Santos substituiu Uribe, buscando uma aproximação com Chávez e encetando negociações de paz com as FARC.

A ambivalência do Brasil em relação à liderança regional e as limitações de uma política focada na camaradagem política lhe custaram caro no tocante à tarefa fundamental de promover o comércio, o investimento e os laços econômicos. Apesar das alegações do governo, o Mercosul definhou. Segundo Rubens Barbosa, ex-embaixador

---

* Mas talvez, também, por serem muito semelhantes: como o Brasil, a Colômbia é um país descentralizado, com uma indústria diversificada, que por muito tempo permaneceu voltado para dentro.

do Brasil em Londres e Washington que ajudou a negociar o Tratado de Assunção em 1991, "a ideia fundamental de que o Mercosul seria um instrumento de liberalização do comércio desapareceu. O que temos hoje é um fórum político e social e a microgestão do comércio". Em termos absolutos, o comércio entre os membros cresceu – mas, como porcentagem do comércio total do Brasil, seu intercâmbio com os outros três atingiu um pico de 17% em 1997 e desabou para apenas 9% em 2010, de acordo com Barbosa.[28] Embora isso tenha se dado, em parte, porque o boom das commodities impulsionou as exportações do Brasil para o resto do mundo, deveu-se também ao fato de o grupo já não servir para estreitar os laços econômicos entre seus membros. Ricupero lamentou que as cúpulas do Mercosul tivessem se tornado "espetáculos midiáticos vazios, com a inadequada presença de convidados estrangeiros, discursos longos e uma quase total ausência de qualquer debate real e substantivo dos itens mais difíceis da pauta".[29] Ao escolher como principais aliados Argentina e Venezuela, cujas economias são em grande parte fechadas e disfuncionais, o Brasil ganhou mercados cativos, em alguns casos, para empresas de resto destituídas de competitividade. Na Venezuela, empreiteiras brasileiras obtiveram contratos no valor de vários bilhões de dólares. Empresas brasileiras compraram parcelas significativas da indústria argentina. No entanto, é uma estratégia vulnerável a uma eventual mudança de liderança política nesses países.

Ventos contrários no comércio

Para o Brasil, houve um custo de oportunidade em tudo isso. Durante a campanha eleitoral de 2002, Lula tinha denunciado a ideia da Alca como uma virtual "anexação econômica" da América Latina pelos Estados Unidos. O Brasil alimentava preocupações legítimas com relação às negociações desse bloco. Seus principais interesses eram em um maior acesso ao mercado americano e na eliminação dos subsídios dos Estados Unidos aos agricultores. A resposta americana foi que, no âmbito da Alca, o acesso ao mercado seria concedido primeiro aos países menores das Américas (e o Brasil ficaria para o fim), e que a questão dos subsídios ficaria para negociações comerciais globais junto à OMC. Ao Brasil preocupava também a insistência dos Estados Unidos na abertura do processo de compras por parte do governo, paralelamente ao endurecimento das regras de propriedade intelectual – que restringiriam sua liberdade de praticar sua política industrial. Ademais, a dogmática e injustificada insistência americana na inclusão da proibição de controles de capital nos acordos comerciais teria dificultado para o Brasil responder à "guerra cambial" que se seguiu à crise financeira. Em uma reunião em Miami, em 2003, Amorim propôs uma versão diluída, que teria delegado muitas questões à OMC – depois do que os Estados Unidos perderam o interesse nas negociações, que morreram silenciosamente. Por outro lado, a deferência brasileira ao extremo protecionismo argentino foi uma das razões que impossibilitaram o Mercosul de fechar um acordo comercial com a União Europeia, cujas negociações foram iniciadas em 1999. Entre 2002 e 2013, os únicos acordos comerciais firmados pelo Mercosul – e, portanto, pelo Brasil – foram com o Peru, Israel e a Autoridade Palestina, dos quais os dois últimos não chegaram a entrar em vigor.

No entender de muitos outros países latino-americanos, os benefícios de um acordo comercial com os Estados Unidos compensariam os inconvenientes. A administração Bush respondeu ao desaparecimento da Alca com uma "liberalização competitiva". O Chile, que já havia se afastado do Mercosul, assinou um acordo comercial bilateral com os Estados Unidos. A América Central, a República Dominicana, o Peru, a Colômbia e o Panamá seguiram seu exemplo. O empresariado brasileiro começou a se mostrar mais preocupado com seu isolamento, sua ansiedade se cristalizou diante da formação, em 2011, da Aliança do Pacífico, composta por Chile, Colômbia, México e Peru – todos países de mercado livre e aberto e, pela maior parte, economias de rápido crescimento, que haviam abraçado a globalização com uma rede de acordos comerciais bilaterais, inclusive com países asiáticos. Seu PIB, combinado, aproximava-se do brasileiro. A Aliança do Pacífico, com seu caráter empresarial e pragmático, representa um retorno ao regionalismo aberto das origens do Mercosul. Após dois anos de negociações, os membros da Aliança chegaram a um acordo para eliminar as tarifas sobre 92% do seu comércio, com o restante seguindo--se de maneira gradual. Discute-se também a harmonização das regras de origem, que determinam a qualificação das mercadorias como feitas em nível nacional. A Aliança é uma tentativa de inserir seus países-membros em cadeias globais de valor; sua formação implica uma rejeição tácita da estratégia brasileira de integração regional.

Por sua parte, o Brasil insiste na primazia de negociações comerciais multilaterais, seguindo o formato da Rodada de Doha, da OMC. O país emergiu como uma peça-chave nas negociações graças à sua iniciativa, em 2003, de organizar um bloco de grandes países em desenvolvimento, conhecido como G-20 (que não deve ser confundido com o grupo de grandes economias formado em 2008), que insistia em uma "rodada de desenvolvimento" que bloqueasse todo e qualquer acordo que não incluísse medidas para desmantelar os subsídios agrícolas dos Estados Unidos e da União Europeia. Mais uma vez, a iniciativa brasileira tinha suas justificativas. O problema, porém, foi que Doha não deu em nada, pelo que Amorim culpou "a liderança ineficaz das nações mais ricas". Embora seja verdade, aconteceu também que o acordo a que quase se chegou em 2008 naufragou em meio às demandas da Índia e da China para proteger seus agricultores.[30] O Brasil reforçou sua influência no comércio mundial ao assegurar, em 2013, a eleição de Roberto Azevedo, um de seus diplomatas, para diretor-geral da OMC, onde ele não demorou a garantir um acordo limitado. Em seguida, porém, os Estados Unidos encetaram negociações comerciais bilaterais com a UE e um grupo de países do Pacífico, contornando a Rodada de Doha. Todavia, o Brasil adquiriu grande proficiência no uso do robusto mecanismo de resolução de litígios da OMC – e assegurou uma resolução de que os subsídios dos Estados Unidos ao algodão eram ilegais.

Desde a década de 1970 o Brasil se converteu num país com vínculos comerciais globais, com suas exportações divididas mais ou menos igualmente entre Estados Unidos, Europa, Américas e o restante do mundo. Essa configuração mudou um pouco ao longo da última década, com a rápida expansão do comércio com a China – o comércio total entre os dois países aumentou 17 vezes entre 2002 e 2011, e a China substituiu os Estados Unidos como maior mercado de exportação e fornecedor de importações do Brasil. O governo a princípio saudou esse fato como indício do êxito de sua estratégia de diversificação do comércio e intensificação dos laços econômicos "Sul-Sul"; contudo, verificou-se um desequilíbrio: cerca de 85% das exportações brasileiras para a China eram de matérias-primas (sobretudo minério de ferro, soja e petróleo bruto), ao passo que as importações provenientes desse país eram esmagadoramente manufaturadas. Como apontou Paulo Skaf, presidente da FIESP, o lobby dos industriais de São Paulo, em torno de 70% das exportações de manufaturados do Brasil são destinados às Américas, do Norte e do Sul; no entanto, a rejeição da Alca e a recusa em abrir seus mercados de forma mais ampla para os países da Aliança do Pacífico implicou a perda de espaço nesses mercados para a China e os Estados Unidos. Ademais, embora o boom das commodities tenha ajudado a fomentar a participação do Brasil nas exportações mundiais, seu mero 1,3% em 2012 ainda foi menor do que na década de 1970, e pequeno para um país que responde por 3,3% da economia mundial. O Brasil é apenas o 22º maior exportador do mundo.[31]

As multinacionais acorreram ao Brasil para tirar vantagem do mercado protegido, mas não para integrar o país a cadeias globais de valor, como a Aliança do Pacífico busca fazer. A disputa com o México em torno dos automóveis veio ilustrar a diferença. Desde 2002, um acordo bilateral permite o livre comércio de carros entre os dois países, inicialmente com vantagem para o Brasil. Contudo, em 2011 as exportações mexicanas sob o acordo deram um salto de 40%, chegando a US$2 bilhões, ao passo que o valor das brasileiras foi de apenas US$372 milhões. O Brasil determinou que apenas carros com pelo menos 40% de conteúdo local (até então, a exigência era de 30%) se beneficiariam do acordo, queixando-se de que os automóveis exportados pelo México eram basicamente asiáticos (o que o México nega). A disputa, aparentemente insignificante, revelou filosofias contrastantes com relação a como se tornar uma economia de manufatura bem-sucedida.

Apesar das críticas tímidas, alguns industriais brasileiros começaram a ficar alarmados com o isolamento do país no comércio mundial. Paulo Skaf, da FIESP, disse-me em 2007 que favoreceria o ingresso do Brasil na Alca – invertendo a posição da organização uma década antes.[32] "O mundo não vai esperar pelo Brasil", escreveu Rubens Barbosa, presidente da Câmara de Comércio Exterior da FIESP. "Ou o Brasil recupera o tempo perdido e reformula sua estratégia de negociação comercial, ou vai acabar cada vez mais isolado no mundo real do comércio e do investimento globais."[33] Sérgio Amaral, outro ex-alto embaixador que comandava o Conselho Empresarial Brasil-China, um grupo do setor privado, argumenta que a resposta certa ao crescimento das importações chinesas é que o Brasil encabece uma iniciativa de derrubada das barreiras comerciais por toda a América Latina.[34] Não há nenhum sinal de que Dilma esteja pronta para tanto, embora o governo venha – tardiamente – mostrando mais empenho nas negociações comerciais com a União Europeia.

Abrindo as asas diplomáticas

A maior proeminência brasileira na diplomacia do comércio mundial– se não no comércio mundial em si – é parte de um esforço maior para expandir a presença do país no mundo. Sob Lula, o Brasil abriu 33 novas embaixadas, 14 delas na África e, das demais, muitas no Caribe. A absorção anual de novos diplomatas aumentou de 35 ou 40 para cerca de 100.[35] Como presidente, o próprio Lula visitou mais de 75 países. Grande parte desse esforço envolveu o fortalecimento dos laços brasileiros com o "Sul". Uma das primeiras iniciativas de Amorim, em que ele tinha particular interesse, foi estabelecer um diálogo formal com a Índia e a África do Sul, congregando três grandes democracias multirraciais do Sul em um clube conhecido como IBSA. Lula também foi o principal motor por trás das cúpulas sul-americanas regulares com países africanos e árabes.

Sobreveio então a iniciativa russa de realizar cimeiras anuais dos BRICs. O Brasil tirou bom proveito do novo *status* que sua participação nessas cimeiras lhe conferiu. Os quatro países compartilham um vago consenso de que devem ganhar mais voz nas instituições de governança mundial, sobretudo em assuntos econômicos, e começaram a coordenar as suas posições no G-20 econômico. Todavia, há entre eles mais elementos de dissensão que de união. O Brasil não demorou a começar a considerar a China tanto uma ameaça econômica quanto uma parceira.

Talvez o maior êxito da política externa de Lula esteja na África. Também aí ele fez eco a Geisel e Azeredo da Silveira. Lula visitou 25 países africanos como presidente, dobrou o número de embaixadas no continente e ajudou a impulsionar o comércio bilateral, que de US$3,1 bilhões em 2000 saltou para US$26 bilhões em 2012. O país tratou de reconhecer a contribuição dos escravos africanos para o país e reiterar a herança cultural comum – gozando em geral de boa recepção na África por não ser uma antiga potência colonial e não ter a mão tão pesada quanto a China. Ao contrário dos chineses, as empresas brasileiras usam mão de obra local, em vez de levar seus próprios trabalhadores. A África é o principal foco do pequeno, mas crescente programa brasileiro de ajuda externa. A Embrapa montou uma estação de pesquisa para fornecer apoio técnico no cultivo de algodão no Oeste Africano. No entanto, o investimento brasileiro no continente, de cerca de US$10 bilhões entre 2003 e 2009, é muito inferior ao chinês; dominado pela Vale, Petrobras e Odebrecht, concentrou-se sobretudo nos lusófonos Angola e Moçambique, além da África do Sul e Nigéria.[36]

O apoio de Lula a governantes autoritários na África, Oriente Médio e Ásia atraiu as mesmas críticas de sua amizade com os irmãos Castro, em Cuba, e com Hugo Chávez. Em Trípoli, chamou Muammar Kadafi de "amigo e irmão". Usou a mesma expressão com Ahmadinejad no Irã, recebendo-o no Brasil e ignorando sua agressividade de quem renega o Holocausto. No Conselho de Direitos Humanos da ONU, o Brasil costuma se opor a propostas de investigação ou condenação de abusos em determinados países. "Não é assim que nós agimos", explicou-me Amorim. "Não é por meio de alto-falantes que se mudam as coisas."[37] Entretanto, Dilma mostra-se um pouco menos cordial com tiranos. Em seu primeiro mês como presidenta, ela disse a um grupo de judeus de Porto Alegre, pelo que recebeu uma ovação de pé, que seria "uma incansável defensora da igualdade e dos direitos humanos em todo o mundo".[38] Em 2011 o Brasil votou, pela primeira vez em oito anos, pela condenação do Irã no Conselho de Direitos Humanos da ONU. "Não há política externa que me leve a não condenar o brutal apedrejamento de uma mulher", afirmou Dilma.[39]

Um dos objetivos centrais do governo Lula ao expandir suas alianças diplomáticas era ganhar o reconhecimento de suas pretensões de ser uma potência global. Amorim e Lula falaram várias vezes sobre seu desejo de reformular as regras da governança mundial, tal como exemplificadas pelo FMI, pelo G-20 e, sobretudo, pelo Conselho de Segurança das Nações Unidas, um organismo cuja composição reflete o equilíbrio de poder do mundo em 1945, não no século XXI. Fernando Henrique Cardoso havia insistido na reivindicação de um assento permanente no Conselho de Segurança para o Brasil, mas Lula usou de ainda mais obstinação. Embora o Brasil de fato tenha ganhado um pouco mais de peso junto ao FMI, como parte de uma modesta reforma das participações no Fundo, a almejada reforma do Conselho de Segurança continuou lhe escapando – em parte porque a China, apesar da ligação com os BRICs, não veio em apoio ao Brasil, opondo-se à reforma porque ela envolveria o ingresso do Japão. Os Estados Unidos mostraram-se frios. Enquanto Barack Obama endossou as aspirações indianas a um assento no Conselho, em sua visita ao Brasil em março de 2011 limitou-se a expressar sua "apreciação" em relação à reivindicação de seus anfitriões – refletindo a desconfiança subjacente às relações entre Brasil e Estados Unidos, agravada pelo imbróglio no Irã.

Uma difícil amizade

"Todo mundo quer saber como um texano como eu vai se relacionar com alguém como você", disse George W. Bush a Lula, então presidente recém-eleito do Brasil, no início de uma reunião de 50 minutos no Salão Oval da Casa Branca na segunda-feira, 10 de dezembro de 2002. O ex-magnata do petróleo conservador e o sindicalista de fato formavam uma dupla estranha – mas até que se deram bem. "A química entre os dois presidentes foi imediata", afirmou Rubens Barbosa, que, como embaixador do Brasil em Washington, estava presente. "A conversa fluiu com naturalidade." Independente das demais diferenças, os dois eram homens diretos e pragmáticos. Bush falou das ameaças à segurança enfrentadas pelos Estados Unidos após os ataques terroristas de 11 de setembro de 2001; Lula avisou que o Brasil só apoiaria os Estados Unidos em empreitadas militares que contassem com o total apoio da ONU, que adotaria uma política externa "mais ambiciosa" e que iria assumir um papel de liderança na América do Sul. Disse que ele e o Partido dos Trabalhadores eram mal interpretados em alguns setores dos Estados Unidos, e reafirmou seu compromisso com a democracia e a transformação social. "O que quero é que até o final do meu governo todo brasileiro tenha condições de fazer três refeições por dia: café da manhã, almoço e jantar", concluiu. Essa declaração teria impressionado Bush, que disse a assessores, depois da reunião: "Gostei desse cara."[40]

Houve um interesse mútuo, além da simpatia pessoal. Para o empresariado americano, o Brasil é mais importante do que muitos mercados europeus e asiáticos. Bush também estava interessado no potencial do país como produtor de energia. Para Lula, as boas relações com os Estados Unidos eram importantes para seu malabarismo político entre as empresas e a esquerda, entre Davos e o Fórum Social Mundial. Os dois governos concordaram em realizar reuniões presidenciais e ministeriais periódicas. Graças à franqueza e afabilidade de Lula, o relacionamento não sofreu danos graves nem pela oposição brasileira à guerra do Iraque (em parte porque o Brasil não estava no Conselho de Segurança da ONU na época) nem de suas reservas com relação à Alca. Lula agia como um amigo de Bush em uma América do Sul onde líderes antiamericanos como Chávez e Morales ganhavam todo o destaque. Em uma dividida Cúpula das Américas em Mar del Plata, um balneário argentino, em 2005, assessores do anfitrião, Néstor Kirchner, organizaram um comício em que Chávez anunciou que tinha vindo "enterrar" a Alca diante de 25 mil pessoas que bradavam "Bush, fascista, Bush, terrorista".[41] De Mar del Plata Bush voou para Brasília, onde Lula, que tinha deixado a cúpula mais cedo, lhe ofereceu um churrasco. Curiosamente, Lula nunca estabeleceu esse tipo de relação pessoal com Barack Obama, uma figura mais fria e cerebral. Além das diferenças de personalidade, outra razão pode ter sido o fato de que Obama, que gozava de enorme popularidade na América Latina, não precisar de Lula para servir-lhe de guia ou amigo da maneira tão apreciada por Bush.[42]

A despeito de todas as declarações diplomáticas de que as relações entre os dois maiores países das Américas nunca tinham sido melhores, na verdade elas têm sido marcadas por uma corrente subterrânea de frustração e mal-entendidos, além de ocasionais episódios de atrito. Nas palavras de Peter Hakim, do *think-tank* Inter-American Dialogue: "O Brasil e os Estados Unidos são e continuarão a ser amigos. Mas parece improvável que se tornem, num futuro próximo, parceiros ou aliados."[43] Isso se deve, em parte, ao fato de que o Brasil vem crescendo em estatura no mundo em parte por agir por conta própria e em desacordo com os Estados Unidos – o que, por sua vez, vem aumentando a desconfiança dos norte-americanos em relação a um Brasil mais poderoso, segundo Hakim. O desconhecimento generalizado e a falta de entendimento de Washington a respeito do país não ajudam. As exceções – como Thomas Shannon, um fluente falante de português que foi alto funcionário do Departamento de Estado para a América Latina sob Bush e embaixador em Brasília sob Obama – servem apenas para confirmar a regra. Os brasileiros não esquecem que, em 1982, Ronald Reagan iniciou uma visita ao país dizendo "é bom estar na Bolívia".* George W. Bush certa vez perguntou a Fernando Henrique Cardoso se havia muitos negros no Brasil (embora Condoleezza Rice tenha feito uma intervenção imediata, fornecendo informações detalhadas a respeito).[44]

Do ponto de vista americano, questões comerciais e econômicas formam o núcleo da relação. Os Estados Unidos são o maior comprador individual das exportações de manufaturados brasileiros, além de fonte de capital estrangeiro e tecnologia. Por ocasião de sua visita ao Brasil, em março de 2011, Obama veio acompanhado de cerca de 50 principais executivos de grandes empresas americanas e se reuniu com várias centenas de líderes empresariais brasileiros. No entanto, o interesse mútuo não gerou nenhum acordo significativo de cooperação econômica. Há muitas divergências: o Brasil reclama dos subsídios agrícolas norte-americanos e os Estados Unidos, do protecionismo brasileiro em geral; os Estados Unidos querem mais rigor e o Brasil, mais frouxidão na proteção da propriedade intelectual; o Brasil acusa os Estados Unidos de travar uma "guerra cambial" contra si. Ainda que os Estados Unidos, sob Bush e Obama, tenham

---

* Um jornal brasileiro respondeu-lhe no dia seguinte com a seguinte manchete: "O povo da Bolívia dá boas--vindas ao presidente do Canadá".

consentido em um papel mais assertivo do Brasil na América Latina, os dois países têm encontrado dificuldades para cooperar na região. Como observa Hakim, embora não cheguem a se antagonizar, os dois países discordaram, por exemplo, quanto a como resolver o impasse após o golpe de Estado em Honduras e como pôr em prática a Carta Democrática Interamericana, de 2001, que visava a resguardar a democracia e o Estado de Direito.

Duas questões são especiais causas de atrito. Uma é a tecnologia nuclear. O Brasil, que possui a sexta maior reserva de urânio do mundo, dominou a tecnologia da energia nuclear ainda na década de 1980. Está em construção uma terceira usina nuclear em Angra dos Reis, no litoral sul fluminense. Fernando Henrique Cardoso assinou o Tratado de Não Proliferação de Armas Nucleares (TNP), que o Brasil tradicionalmente considerava discriminatório e favorável às potências nucleares estabelecidas. Por isso defendeu o direito do Irã de enriquecer urânio, optando por acreditar nas garantias de Ahmadinejad de que seus planos eram puramente pacíficos. Os Estados Unidos irritaram-se com a recusa brasileira a assinar o protocolo adicional do TNP, que permite inspeções mais intrusivas de instalações nucleares. Como o Brasil renunciou à posse de armas nucleares, certas autoridades americanas gostariam de vê-lo fazer proselitismo em favor do TNP, pressionando o Irã a abandonar o enriquecimento e aceitar o combustível nuclear da AIEA para seu reator de pesquisas.[45] A razoável resposta brasileira a todas essas objeções é que o país cumpre plenamente o TNP, e suas instalações são inspecionadas periodicamente tanto pela AIEA quanto pela Argentina. O país defende que os Estados Unidos e a Rússia devem reduzir seus arsenais nucleares, como exige o TNP, antes de insistirem em outras medidas.

Não obstante, Dilma Rousseff tentou reparar o dano infligido às relações Brasil-Estados Unidos distanciando-se do Irã. Pressionou e conseguiu a rara concessão de uma visita de Estado a Washington, agendada para outubro de 2013. Então, vieram à tona as revelações de Edward Snowden, o ex-contratado da Agência de Segurança Nacional (NSA) dos Estados Unidos, de que os americanos vinham monitorando e-mails e telefonemas de Dilma. Dada a sensibilidade do país a tudo o que diz respeito a seu petróleo e tecnologia, as informações subsequentes de que a NSA havia espionado a Petrobras provocou uma tempestade ainda maior no Brasil. Com uma eleição presidencial dali a um ano, Dilma chegou à conclusão de que valsar em um vestido de noite com Obama seria demasiado arriscado. Antes de anunciar o cancelamento da viagem, ela consultou Lula e seu marqueteiro político, João Santana, não o Itamaraty. Propôs também leis determinando que os dados dos brasileiros na internet permanecessem hospedados no país e regulando as empresas de internet, o que despertou a oposição da Google, do Facebook e afins.

O grande mal-entendido na relação residia no fato de que cada um dos dois países acalenta para ela expectativas distintas. Os Estados Unidos têm interesse no comércio, investimentos e energia, bem como na coordenação política com o Brasil na América Latina. O Brasil quer ser tratado pelos Estados Unidos como potência global, e não como país latino-americano – e reage com intensa resistência a qualquer sugestão de atuar como um xerife sul-americano em nome de Washington. No entanto, os Estados

Unidos não encaram o Brasil como sendo da mesma estirpe de China, Rússia e Índia – em parte porque o Brasil goza da boa sorte de não se localizar em uma região problemática do mundo.

O poder do poder brando

Os passageiros que desembarcavam ou decolavam do aeroporto de ponte aérea do Rio, no final da década de 1990, tinham a oportunidade de ver de perto o carro-chefe da Marinha brasileira, o *Minas Gerais*, atracado em um cais na Baía de Guanabara. Porta-aviões leve construído para a Marinha Real britânica no final da Segunda Guerra Mundial, era, na época, o mais antigo porta-aviões em operação no mundo, e raramente deixava o porto. O Brasil carecia de aviões que pudessem voar de suas plataformas; um dos primeiros frutos do Mercosul foi o empréstimo, pela Marinha, de jatos argentinos para exercícios ocasionais. Esse era o estado lastimável do poderio militar brasileiro, que nunca foi grande. A ditadura militar do país resistia ao alarde dos gastos com armas cultivado por muitos de seus colegas latino-americanos – uma atitude sensata, uma vez que o Brasil goza de uma situação única para um país de seu tamanho e com seu grande número de fronteiras: não enfrenta nenhuma ameaça militar plausível de qualquer importância estratégica.

Com 190 mil homens, o Exército brasileiro é menor do que o da Colômbia. As Forças Armadas são conservadoras e mantêm certo poder de veto com relação a determinadas questões. Os três ministérios militares separados só foram fundidos em um único Ministério da Defesa sob controle civil em 2000 – uma década ou mais depois que a maioria dos países latino-americanos havia tomado essa iniciativa. Apenas em 2010 as três forças aceitaram um chefe-geral, passando a reportar-se ao Ministro da Defesa.[46] Dois anos antes, o governo havia publicado a primeira Estratégia Nacional de Defesa de sua história. Ao longo das duas últimas décadas, o Exército transferiu três batalhões para a Amazônia. É a área mais vulnerável do território brasileiro; contudo, as ameaças são de narcotraficantes, madeireiros ilegais e, na década de 1990, ocasionais rebarbas de conflitos internos da Colômbia – nada da incursão americana dos mitos brasileiros. Mesmo assim, há apenas 25 mil soldados na Amazônia – menos do que no estado do Rio de Janeiro.[47]

Fernando Henrique deu início à tarefa de reequipar as Forças Armadas. Em 2000, o *Minas Gerais* deu lugar ao *São Paulo*, um porta-aviões maior, francês, construído no final da década de 1950, que foi combinado a um esquadrão de caças-bombardeiros Skyhawk A-4 de segunda mão. Lula lançou um grande programa de compras, no valor potencial de US$86 bilhões, entre 2010 e 2015,[48] do qual grande parte implicou a atualização ou substituição de peças sucateadas, tais como tanques, fragatas e aviões de transporte. Houve duas grandes novas aquisições: em dezembro de 2013, o Ministério da Defesa anunciou que iria comprar 36 caças avançados Gripen da sueca Saab, a um custo de US$4,5 bilhões. O governo já havia concordado em construir um submarino de propulsão nuclear, seguindo um projeto francês. Seu objetivo evidente era proteger os novos campos petrolíferos em águas profundas, mas também significava mais um passo nas ambições nucleares do país. O fracasso das tentativas de conseguir um assento no Conselho de Segurança levou alguns brasileiros (como José Alencar, vice-presidente de Lula) a defender que o país deveria desenvolver armas nucleares, se quisesse que o mundo o levasse a sério, como grande potência. As autoridades insistiram em que essa possibilidade estava fora de questão; não obstante, parecia restar poucas dúvidas de que o Brasil queria se tornar um Estado no "limiar nuclear" (*threshold state*) como o Japão, situado no ponto em que teria condições de desenvolver rapidamente uma ogiva nuclear, se preciso fosse.

O Brasil dispõe de poucos incentivos e excedentes para investir em um aparato militar. Portanto, para fazer valer suas pretensões a ser considerado uma força global, o país precisaria depender quase exclusivamente do "poder brando" (*soft power*), isto é, a capacidade de obter o que deseja por meio da atração, não da coerção ou de pagamentos, segundo a definição de Joseph Nye, autor da expressão.[49] Nesse sentido, o Brasil possui recursos de sobra. Sua cultura – a música, a dança, o futebol e o modo de vida – exerce imenso fascínio sobre os forasteiros. Sua combinação de economia de mercado, democracia e progresso social constitui um poderoso exemplo para o mundo em desenvolvimento. O Brasil vem se empenhando mais em implantar o poder brando. Lula reforçou sua tradição de participação em missões de paz da ONU. Para liderar a missão no Haiti, foi necessário proceder a uma imposição ativa da paz, tal como descrita no Capítulo 7 da Carta da ONU, não à manutenção de paz por consentimento prevista no Capítulo 6 – o que colocou o país na interseção do poder suave com o duro e veio turvar sua tradição de não intervencionismo.[50] No que Amorim chamou de "diplomacia da generosidade", o Brasil tornou-se um significativo doador de ajuda (embora ainda recebesse empréstimos concessionais do Banco Mundial e do Banco Interamericano de Desenvolvimento). Seu pequeno programa oficial de ajuda foi ampliado por contribuições significativas a diversas agências da ONU.[51] Sua cooperação técnica visa especialmente à melhoria dos programas sociais e agrícolas em países africanos. A Embrapa tem projetos em quatro países africanos, assim como na Venezuela (por razões políticas) e Panamá. O governo realiza seminários sobre o Bolsa Família para delegações visitantes da África e da Ásia. É sintomático do poder brando brasileiro que o Bolsa Família tenha se tornado sinônimo de programas condicionais de transferência de renda, tendo sido adotado por dezenas de países de todo o mundo, embora o "Oportunidades", do México, tenha sido o primeiro programa do gênero em larga escala. A liderança brasileira no compromisso com um corte unilateral nas emissões de carbono na Conferência de Copenhague conferiu ao país autoridade moral nas questões de alterações climáticas e meio ambiente.

Em um livro de memórias publicado em 2012, Ricardo Lagos, ex-presidente chileno, faz uma avaliação do poder brando brasileiro cheia de admiração.

> O Brasil de hoje é talvez o mais cobiçado exemplo de potência mediana. Seus mercados estão em expansão, seu povo é diversificado e cosmopolita e seu governo é um exemplo de multilateralismo. Nos círculos diplomáticos, o Brasil é o mais procurado representante em todos os painéis ou comissões – aliados do Ocidente e também amigos do Sul global. Em suma, o Brasil é uma unanimidade.[52]

Porém, será que ser uma "unanimidade" bastaria para alcançar o *status* global tão almejado pelo Brasil? Com quantos verdadeiros parceiros e aliados o país pode contar? A lista se restringe mais ou menos a Argentina, Uruguai, Venezuela, Bolívia, África do Sul, Angola e Portugal. E uma vez afirmado seu direito de ser ouvido no cenário mundial, fica menos claro o que o Brasil tem a dizer. Ricupero queixa-se de uma "diplomacia gestual". Outro crítico diplomático me disse: "A China está preocupada em ser, não em aparentar. O Brasil tem obsessão pelas aparências, não por ser." As autoridades brasileiras dizem querer ajudar a fazer as regras, em vez de apenas segui-las; mas que tipo de ordem mundial elas preferem? Muitos argumentam que o Brasil acertou ao se opor à intervenção militar no Iraque e, mais recentemente, na Síria. Mas será que a não intervenção é sempre a melhor resposta aos conflitos e problemas do mundo?

Se o crescimento econômico for retomado e o Brasil der o salto para a categoria de Estado desenvolvido, é possível imaginar o país sedo aceito como uma potência global em seus próprios termos. Mas isso pode demorar um pouco. Até lá, o dilema brasileiro reside em sua hesitação para o real exercício da liderança na América do Sul, contido por sua atitude defensiva e protecionista. O surgimento da Aliança do Pacífico mostra que, ao contrário das afirmações de Amorim, a região encontrava-se, em 2013, mais dividida do que em 2002. A timidez de sua liderança regional, por sua vez, reduz o apelo do Brasil junto aos Estados Unidos. E seus atritos com os americanos – sob muitos aspectos, aliados mais naturais do que seus companheiros de BRICs –, por sua vez, reduzem o impacto do Brasil sobre alguns de seus vizinhos. A globalização e a ordem mundial atual vêm trazendo para o Brasil mais benefícios do que problemas. O país pode ganhar em estatura, se reconhecer esse fato.

CAPÍTULO 13

Um leviatã sem reformar

Na tarde fria de uma quinta-feira, dia 6 de junho de 2013, alguns milhares de pessoas se reuniram nas imediações do Teatro Municipal, no centro de São Paulo, para protestar contra os R$0,20 de aumento que havia elevado o preço da passagem de ônibus para R$3,20 (US$1,50). A manifestação terminou em confrontos com a polícia. O Movimento Passe Livre, um pequeno grupo de extrema- esquerda que a organizou, convocou protestos diários que foram pouco a pouco crescendo em tamanho e envolveram alguns atos de vandalismo. Durante uma semana, ninguém prestou muita atenção. Contudo, a situação mudaria em 13 de junho, quando a Polícia Militar de São Paulo fez uso de táticas brutais para reprimir uma passeata: vídeos mostram os policiais lançando bombas de efeito moral e disparando balas de borracha de maneira aparentemente indiscriminada tanto contra manifestantes em fuga quanto contra transeuntes; vários jornalistas ficaram feridos – dois deles no rosto, com balas de borracha disparadas à queima-roupa. O caso levou algo a despertar em um segmento mais amplo da sociedade brasileira. Os protestos multiplicaram-se em manifestações espontâneas de descontentamento, noite após noite, chegando ao ápice em 20 de junho, quando um total de mais de 1 milhão de pessoas foram às ruas em 80 cidades de todo o país.[1]

O que os marqueteiros chamam de classes sociais C, D e E, que correspondem a mais de 80% da população, perdem em média três a quatro horas por dia em transportes públicos – em muitos casos, em ônibus ou trens suburbanos lotados. Não surpreende a irritação acarretada pelo aumento da tarifa.[2] Entretanto, se em sua causa imediata os protestos fizeram eco à Revolta do Vintém,* ocorrida no Rio de Janeiro em 1880, a insatisfação foi rapidamente catapultada para muito além do valor das passagens. Deu-se vazão à revolta contra uma força policial mais eficiente na brutalização de manifestantes que na prevenção e investigação de crime. A atenuação do crescimento econômico e a alta da inflação vieram se somar ao descontentamento geral. Em seu núcleo, porém, havia a frustração com a má qualidade dos serviços de saúde, transporte público e educação, bem como a irritação com o volume de dinheiro público dissipado pelos políticos com a corrupção e o desperdício. Os protestos seguiram sem liderança e

---

* *Nota da Tradutora*: A "Revolta do Vintém" foi uma série de manifestações ocorridas entre 28 de dezembro de 1879 e 4 de janeiro de 1880 contra o aumento das passagens de bonde no Rio de Janeiro. Além de questionar o aumento de 10% no valor do bilhete, a população manifestou seu descontentamento com os altos níveis de desemprego, a falta de moradia e as baixas condições sanitárias. Após as manifestações, a cobrança foi revogada e os principais integrantes do governo, ligados de alguma forma aos episódios, substituídos.

resolutamente apartidários, organizados através de mídias sociais, das quais os brasileiros são ávidos usuários. As pesquisas sugerem que, embora muitos dos manifestantes fossem de classe média (tradicional ou nova), contavam também com a simpatia de amplos setores da sociedade.

O foco da frustração popular não tardou a se desviar das passagens de ônibus para a Copa das Confederações – torneio de preparação para a Copa do Mundo. O orçamento dos 12 estádios da Copa do Mundo (6 deles novos e 6 reformados) havia ultrapassado os US$3,5 bilhões de dólares, e continuava aumentando – três vezes mais do que os gastos da África do Sul ao sediar a edição anterior do evento, em 2010. Seriam alguns dos "melhores e mais modernos estádios" do mundo, vangloriou-se Dilma, construídos segundo os exigentes requisitos da FIFA, a desacreditada mas pretensiosa entidade máxima do futebol mundial. Em 15 de junho, um sábado, Dilma recebeu uma sonora vaia quando, ao lado do presidente da FIFA, Joseph Blatter, abriu oficialmente a Copa das Confederações no Estádio Mané Garrincha, em Brasília, recém-construído a um custo de R$1 bilhão. O estádio de Brasília, assim como aqueles em construção em Cuiabá, Manaus e Natal, vem sendo amplamente ridicularizado como um elefante branco. Nenhuma dessas cidades conta com clubes na primeira divisão do Campeonato Brasileiro, e os jogos locais raramente atraem mais que uns poucos milhares de espectadores. Violando um compromisso assumido anteriormente, a maior parte dos recursos pelos estádios vem do governo, enquanto os projetos de transporte público e renovação urbana prometidos para a Copa do Mundo eram atrasados ou cancelados. Os brasileiros perceberam que o governo parecia dar mais importância à satisfação das rigorosas exigências da FIFA do que a suas próprias necessidades: durante os protestos, os manifestantes ostentavam cartazes exigindo hospitais e escolas "padrão FIFA".

Ironicamente, Dilma havia estabelecido como um de seus objetivos a melhoria dos serviços públicos. No entanto, muito pouco fez para alcançá-lo. Embora tenham minguado ao fim de algumas semanas, os protestos catalisaram uma mudança no humor da opinião pública. O índice de aprovação de Dilma nas pesquisas despencou para menos de 30%; ainda que depois apresentasse uma lenta recuperação, a mudança deixou em aberto o resultado da eleição presidencial de 2014. Por outro lado, prefeitos e governadores tornaram-se alvos da ira do público tanto quanto o governo federal; Marina Silva foi praticamente a única política cuja avaliação melhorou em decorrência dos protestos. Tudo isso constituiu um visível choque para a esquerda e, em menor medida, para a direita (a grande imprensa logo abandonou o tom condenatório com que se referia aos manifestantes, tratando-os como vândalos, para abraçá-los como heróis). Os protestos pegaram o PT e seus movimentos sociais aliados, acostumados a deter o monopólio das "ruas" brasileiras nas três últimas décadas, completamente desprevenidos e com enorme dificuldade para elaborar uma narrativa que os explicasse. Depois que os protestos transcenderam o Movimento Passe Livre, o PT e os partidos de extrema-esquerda começaram a ser vaiados quando desfraldavam as bandeiras dos partidos. Um protesto em Brasília terminou com uma tentativa de vandalizar o Itamaraty (a meta inicial era o próprio Palácio do Planalto). Os porta-vozes do PT viram-se reduzidos a lamentar que os protestos tivessem sido orquestrados por "fascistas" ou pela "direita". "Nem a direita conseguiu cooptá-los, nem a esquerda, interpretá-los", nas palavras de Bruno Torturra, um dos fundadores da Mídia Ninja, uma rede de jornalistas independentes cuja cobertura dos protestos, distribuída através de sites de mídia social, atraiu 11 milhões de visitas por semana nos meses de junho, julho e agosto.[3] Segundo outro argumento menos chavão do PT, as manifestações foram uma tentativa da classe média tradicional de defender seus privilégios em face da invasão do espaço viário, dos hospitais e das universidades pela "Classe C". Esse pode, de fato, ter sido um aspecto do descontentamento; mas estava longe de ser o único. Na primeira grande manifestação em São Paulo, em 17 de junho, a principal faixa proclamava "não é pelos R$0,20, é por direitos", e ouviram-se gritos de "é a revolta da periferia". "Parem de repetir que a questão é a passagem; estamos lutando por um Brasil melhor", declarou um jovem manifestante.[4] "Todo mundo estava nas ruas, foi um psicodrama, uma catarse coletiva", segundo Torturra. As comparações com movimentos como o *Occupy Wall Street*, os *Indignados* da Espanha, os protestos da Turquia e a Primavera Árabe pareciam longe da verdade: o Brasil não havia sofrido recentemente com os excessos do capitalismo financeiro, nem com o autoritarismo de seus líderes. Fernando Henrique Cardoso viu uma semelhança com os acontecimentos de maio de 1968 em Paris, dos quais fora testemunha ocular quando professor-visitante na Universidade de Nanterre: "A rua está dizendo: o consumo não basta, eu quero mais... é um descontentamento generalizado... os manifestantes não se sentem representados pelos partidos, e não sei se ainda querem ser."[5]

A princípio, Dilma falhou em suas tentativas de resposta. Correu a conversar com Lula e João Santana, o guru do marketing responsável por sua campanha em 2010. Sua reação inicial foi propor uma Assembleia Constituinte – como se tivesse acabado de acordar depois de cair no sono em 1984. A proposta foi recebida com repúdio generalizado, por inconstitucional – inclusive pelo vice-presidente Temer, um advogado constitucional. Após uma reunião com governadores e prefeitos das grandes cidades, Dilma propôs cinco "pactos", que incluíam a promessa de mais investimentos em transporte público e na educação e a decisão de importar médicos estrangeiros para trabalhar em áreas remotas, além da criação de 11 mil novas vagas em escolas de medicina até 2017. (Os prefeitos de São Paulo e Rio foram pressionados a cancelar os aumentos das passagens, assim como Dom Pedro obrigou seu Ministro da Fazenda a cancelar o vintém.) De maneira um tanto contraditória, outro dos "pactos" veio reafirmar o compromisso do governo com a responsabilidade fiscal. A proposta mais importante foi a de um referendo sobre a reforma política. Contudo, tratava-se de uma questão complexa; não só não havia nenhum sinal de que o Congresso a aprovasse, como não se chegou a qualquer consenso em torno das modificações a serem empreendidas no sistema político. Não obstante, não resta dúvida de que, para muitos brasileiros, a classe política tornou-se predatória e focada em seus próprios interesses, percepção que caminha de mãos dadas com um Estado ao mesmo tempo inchado e dispendioso e incapaz de prestar os serviços necessários. Em outras palavras, as demandas subjacentes dos protestos foram a reforma do Estado e do sistema político.

Em alguns setores, o fato de que o Brasil havia chegado a esse impasse após 12 anos de governo petista foi recebido com incredulidade. A revista *Piauí* relatou que Miguel Lago, um ativista carioca de 25 anos com mestrado em Ciências Políticas pela Sciences Po, em Paris, viu-se em maus lençóis ao tentar explicar os protestos para jornalistas franceses. "Quando falei da crise de representação, mais de um jornalista me perguntou: 'Como assim?' Com Lula e Dilma, não estamos avançando muito?"[6] Em um artigo de opinião publicado sob seu nome no *New York Times*, Lula reconheceu que os manifestantes aspiravam a instituições políticas que fossem "mais claras e transparentes". O PT, declarou ele, "precisa de uma profunda renovação. Deve recuperar sua ligação cotidiana com os movimentos sociais, e oferecer novas soluções para novos problemas".[7] Mas será que conseguiria? Como disse Marina Silva, o problema era que "os antigos transformadores e revolucionários acabaram se tornando conservadores".[8] O PT, cujos líderes haviam iniciado suas vidas políticas rebelando-se contra o Estado corporativista de Geisel, acabou por reproduzi-lo, tornando-se ao mesmo tempo seu beneficiário e seu prisioneiro.

O alto preço da política de mecenato

Nos primeiros anos da Nova República, muitos cientistas políticos, tanto no Brasil quanto no exterior, encaravam com desesperança o sistema político do país. Tratava-se, segundo uma análise, de "um caso excepcional de fragilidade partidária".[9] Os partidos se multiplicavam; muitos não seguiam qualquer ideologia além da busca do poder em benefício próprio, e os políticos alternavam com promiscuidade entre eles. No entanto, quando a democracia brasileira parecia mergulhar em caótica ineficácia, os líderes políticos encontraram uma fórmula para fazer o sistema funcionar. Sob FHC, Lula e Dilma, o "presidencialismo de coalizão" possibilitou um governo estável. Os presidentes congregaram coalizões multipartidárias e multirregionais, constituindo um sistema mais semelhante a um parlamentarismo informal.[10] Em seu histórico de votação em Brasília, os partidos eram mais disciplinados do que pode aparentar. O Brasil logrou evitar tanto a instabilidade política quanto o populismo com que vários outros países latino-americanos sofreram no mesmo período[11] – mas seu êxito acabou encobrindo falhas do sistema político cujo custo vem aumentando de maneira inexorável.

Ao longo das duas últimas décadas, a política democrática brasileira girou em torno, no âmbito nacional, da disputa entre o PT de Lula e o PSDB de Fernando Henrique. Dos dois, apenas o PT conta com a adesão das massas; o PSDB mais parece um clube de tecnocratas e profissionais liberais de classe média. Contudo, os dois partidos dispõem de um programa e uma ideologia claros, por mais que estes tenham se transformado ao longo do tempo. Ao desviar seu partido para o centro, Lula cobriu parcialmente seus rastros tentando polarizar o debate com o PSDB, que apresentava, caricaturalmente, como de direita e "neoliberal". Na verdade, é um partido de centro, modernizador e gerencial, bastante liberal em termos econômicos e, ao mesmo tempo, adepto de políticas sociais progressistas.

Nem o PT nem o PSDB já conquistaram mais de um quinto dos assentos no Congresso. Em outubro de 2013, as 513 cadeiras na Câmara dos Deputados foram divididas entre 21 partidos diferentes (que eram 23 até várias fusões naquele mês). O Brasil possuía o sistema político mais fragmentado do mundo, com 11,5 "partidos efetivos" segundo com um índice internacional que leva em conta tanto o número absoluto de partidos quanto seu peso relativo na legislatura[12] – ultrapassando até Israel (7,3), cujo sistema partidário era notoriamente disfuncional. O número de partidos efetivos havia aumentado de 8,7 em 1990 e 7,1 em 1998. A maioria deles era o que os cientistas políticos chamam de partidos "pega-tudo", encabeçados por profissionais dotados de escassas ideias políticas e que têm por objetivo abocanhar uma fatia do Estado e praticar a política de mecenato – por meio da qual convertem o governo em um cabide de empregos, adquirem o controle de contratos públicos e destinam recursos federais para obras públicas em suas bases eleitorais. É um sintoma da relativa fraqueza dos partidos que grupos de pressão multipartidários muitas vezes adquiram igual importância na constituição da agenda legislativa do Congresso. Entre os mais importantes destes figuram as bancadas ruralista e evangélica e os lobbies das prefeituras, da saúde e do futebol.

O PMDB, partido que não lança candidato próprio à presidência desde as humilhantes derrotas de 1989 e 1994 mas que goza de grande influência no Congresso Nacional e no âmbito dos governos estaduais, tornou-se o arquétipo dessa modalidade de política, embora esta também seja praticada por uma miríade de partidos menores. Jarbas Vasconcelos, ex-governador de Pernambuco, um dos poucos remanescentes da era de ouro do PMDB como oposição reformista à ditadura, vociferou contra seus colegas em uma entrevista concedida à revista *Veja* em 2009:

> Hoje, o PMDB é um partido sem bandeiras, sem propostas, sem um norte. É uma confederação de líderes regionais, cada um com seu interesse, sendo que mais de 90% deles praticam o clientelismo, de olho principalmente nos cargos. [Esses cargos são almejados] para fazer negócios, ganhar comissões. Alguns ainda buscam o prestígio político. Mas a maioria dos peemedebistas se especializou nessas coisas pelas quais os governos são denunciados: manipulação de licitações, contratações dirigidas, corrupção em geral.[13]

O filósofo Marcos Nobre entende que o pemedebismo é a cultura política dominante no Brasil, cujo núcleo é um "sistema de vetos" e "o permanente adiamento de soluções definitivas".[14] Se, por um lado, essa característica serve como força de moderação e busca de consenso, pode também levar à paralisia – além de constituir um poderoso obstáculo a reformas, sobretudo dos gastos públicos e da própria política. Não é difícil ver no PMDB uma continuação do PSD da década de 1950, ou da tradicional política de mecenato que remonta aos tempos da monarquia no Brasil. A influência dessa cultura política pode ajudar a explicar a intrigante inexistência, no Brasil, de um partido de direita poderoso e coerente em termos ideológicos.

O PMDB tem um pé no coronelismo e outro na modernidade. Sua face conservadora é simbolizada por José Sarney, que controla o estado do Maranhão há quase 50 anos, tendo-o representado como deputado federal (duas vezes), governador e senador (duas vezes). Mais recentemente, Sarney elegeu-se senador pelo Amapá, um pequeno estado próximo de fundação recente, por ocasião da passagem do Maranhão para sua filha, Roseana, que o governou de 1994 a 2002 e novamente desde 2010, e representou-o como senadora de 2003 a 2009. A família ocupa cargos nos tribunais maranhenses e na burocracia do estado. Um leal braço direito, Edison Lobão, é Ministro de Minas e Energia de Dilma; ao assumir o cargo, passou sua cadeira no Senado para o filho, enquanto a mulher ocupa um assento na Câmara dos Deputados. A família Sarney é a proprietária da maior empresa de comunicações do Maranhão. Longe de trazer progresso para o estado, porém, Sarney vem comandando a continuidade de seu atraso: o Maranhão é um dos dois estados mais pobres do país, onde 61% das pessoas com mais de 10 anos que frequentam escolas estaduais – 161 das quais levam os nomes de membros da família – não completam o ensino fundamental; dezenas de milhares de maranhenses migram todos os anos para o trabalho sazonal como cortadores de cana-de-açúcar ou operários na construção civil. Com o apoio de Lula, Sarney foi presidente do Senado Federal por 6 dos 10 anos anteriores a 2012, cargo que lhe confere influência sobre a agenda e as oportunidades de mecenato legislativo do governo – tendo sobrevivido a um escândalo em que se descobriu que o Senado havia aprovado resoluções secretas concedendo vantagens a seus membros e que um de seus netos havia sido agraciado com contratos fechados junto à casa (embora Sarney não fosse seu presidente na época).[15]

Na verdade, Sarney é quase o último de sua raça. Seus colegas que impuseram o domínio dinástico em outros estados nordestinos deram lugar a políticos mais jovens e modernos, mais ou menos reformistas. Mais típico do PMDB de hoje é Sérgio Cabral, governador do Rio de Janeiro desde 2006. Por um lado, ele trouxe um governo melhor para o estado; designou uma equipe capaz, que saneou as caóticas finanças do estado e lançou o esquema das UPPs, de policiamento comunitário, e conquistou seu segundo mandato com 66% dos votos em 2010. Mas, por outro lado, acabou revelando certos vícios políticos tradicionais, revelando-se um apreciador de viagens frequentes ao exterior à custa dos cofres públicos. Originalmente de classe média e sem nenhuma ocupação profissional fora da política, descobriu-se que Cabral possui uma luxuosa casa de praia no valor de R$5 milhões (dinheiro, segundo ele, oriundo da prestação de serviços de consultoria política). Segundo um perfil traçado por Daniela Pinheiro para a revista *Piauí*, Cabral celebrou seu segundo casamento, em 2001 (com a advogada Adriana de Lourdes Ancelmo), com uma recepção para 900 convidados no Copacabana Palace – lendário hotel de luxo do Rio, decorado para a ocasião com 4 mil dúzias de rosas – seguida de uma lua-de-mel em Paris.[16] Seus problemas começaram em 2011, quando ele pegou emprestado o jato particular de Eike Batista para levar a família e amigos para Trancoso, um elegante resort na Bahia, para a festa de aniversário de Fernando Cavendish, magnata do setor de construção. Sua aventura acabou sendo exposta em circunstâncias trágicas, quando um helicóptero que levava parte do grupo de Cabral caiu no último trecho da viagem, resultando na morte de sete pessoas. Uma investigação do Congresso averiguou que Cavendish tinha laços estreitos com bicheiros, como são conhecidos os mafiosos por trás da loteria ilegal do Rio, ao mesmo tempo em que havia acumulado contratos no valor de R$1 bilhão com o governo do estado do Rio de Janeiro, alguns obtidos sem concorrência. Cabral tornou-se então alvo da represália do ex-governador do Rio Anthony Garotinho, que também havia enfrentado denúncias de corrupção e que fora usado por ele em sua ascensão política – só para romper com ele assim que se viu eleito para o cargo de governador. Garotinho divulgou fotos de quando Cabral levou 150 pessoas, entre elas Cavendish, a Paris, a fim de comemorar seu recebimento da *Légion d'Honneur*. Em uma delas, Cavendish aparecia brincando em um jantar com vários secretários do governo do estado, todos com guardanapos amarrados nas cabeças. Garotinho, então, denunciou que o escritório de advocacia da mulher de Cabral derivava 60% dos seus ganhos da prestação de serviços para fornecedores ou órgãos do governo do estado – parcela que era de 2% antes de seu marido assumir o cargo. Tudo isso converteu Cabral no mais impopular político do país; quando eclodiram os protestos em junho de 2013, um grupo de manifestantes permaneceu acampado por 50 dias diante de seu apartamento no Leblon, bairro mais caro do Rio de Janeiro. Por mais cascudos que sejam muitos políticos brasileiros, parecia improvável que Cabral se atreveria a dar as caras na final da Copa do Mundo, cujo palco seria o Maracanã após sua dispendiosa reforma.

O PMDB está longe de ser o único adepto do patrimonialismo e do clientelismo político; é apenas o maior dentre um grande número de praticantes. Aliou-se ao governo de FHC como parceiro menor e, depois do mensalão, tornou-se um dos pilares da coalizão de Lula. Seu *status* foi reforçado pela escolha, por Dilma, de Michel Temer, astuto peemedebista de São Paulo (e líder não oficial da influente comunidade sírio-libanesa paulista), para seu vice-presidente. Aderindo à doutrina de Lula de isolar o PSDB e a oposição, Dilma construiu a maior coalizão de governo já reunida desde 1985, composta por 12 partidos (dos quais 7 foram agraciados com ministérios) que iam do comunismo ao populismo de direita, totalizando 400 deputados, ou quase quatro quintos da casa.[17] A incongruência deste tipo de coalizão ficou em evidência nas eleições municipais de 2012, quando um desconfortável Lula posou para uma foto com Paulo Maluf, cria corrupta e conservadora da ditadura, para apoiar a vitoriosa campanha do petista Fernando Haddad à prefeitura de São Paulo.

O alto preço do presidencialismo de coalizão levado a esses extremos foi simbolizado pela expansão do gabinete sob Lula e Dilma. Em maio de 2013, Dilma nomeou Guilherme Afif Domingos para o recém-criado Ministério da Micro e Pequena Empresa. Com isso, o número de ministérios no governo federal chegou a 39 – quase o dobro da média com que os países desenvolvidos, principalmente os da OCDE, conseguem se contentar, e o dobro do chinês. Além das micro e pequenas empresas, Dilma tem pastas específicas para os portos, a pesca, os esportes, o turismo, a aviação civil, os direitos das mulheres e os direitos humanos. Sem ironia aparente, ela declarou que o trabalho de Afif seria reduzir a burocracia. Ao aceitar, também Afif pareceu ter perdido qualquer senso de ironia, já que, em sua longa carreira política em partidos conservadores e liberais, ele sempre investiu contra a elevada carga tributária brasileira, à qual seu novo ministério vinha agora se aliar. Um assessor de Dilma insistiu em me dizer que um corte no número de ministérios não reduziria o volume da burocracia federal.[18] Não obstante, a engenhoca barroca que é o gabinete brasileiro de fato multiplicou o número de altos cargos de mecenato e intensificou as pressões para incorrer em gastos desprovidos de qualquer utilidade social.

Gastar, gastar, gastar

Se contabilizado o déficit fiscal crônico, os gastos totais do governo brasileiro correspondem a cerca de 40% do PIB. Considerando-se o nível de desenvolvimento econômico do país, é um número extraordinariamente alto.* O drama brasileiro é ser tributado e gastar como um país europeu, mas dispor de suas escolas, hospitais, transportes públicos e policiamento de qualidade claramente latino-americana. (O Chile consegue prestar melhores serviços públicos que o Brasil com uma carga tributária de 21% do PIB, embora se trate de um país muito menor, cujos sistemas de saúde e previdenciário são, em grande parte, privatizados.) Para piorar, o Estado não investe o suficiente em coisas que poderiam aumentar a produtividade e o crescimento econômico, como infraestrutura (ver o Capítulo 11). E, para coroar tudo isso, nem o sistema tributário nem os gastos públicos ajudam a reduzir a desigualdade de renda – como ocorre nos países mais desenvolvidos; ao contrário, apenas a reforçam. Em outras palavras, a distribuição de renda no Brasil seria menos injusta se o Estado não tivesse nenhuma interferência.[19]

Como se chegou a tal situação? Na era "nacional-desenvolvimentista", entre 1930 e 1985, de Getúlio Vargas à ditadura militar, o Estado foi se imiscuindo cada vez mais na economia, mas fornecia educação e benefícios sociais apenas para uma minoria relativamente privilegiada. A democratização mobilizou demandas populares por serviços públicos e um Estado de Bem-estar Social, as quais foram incorporadas à Constituição de 1988, que veio assegurar o direito universal à saúde e à educação gratuitas e criou uma rede de segurança social muito mais ampla e profunda. Entretanto, em vez de reformar o antigo Estado corporativo, tão generoso com seu reduzido número de beneficiários, os rudimentos do Estado democrático de bem-estar social foram enxertados nessa base. E como a Constituição reflete a debilidade política do governo federal e a relativa força dos governadores no final da década de 1980, acabou descentralizando mais a receita do que as responsabilidades, levando a redundâncias, desperdícios e falta de mecanismos de prestação de contas. O resultado foi um esquema terrivelmente caro e ineficiente. Contrariando muitos juízos sombrios dos primeiros anos da Nova República, os governos FHC e Lula conseguiram alcançar as estabilidades econômica e política e expandir os serviços sociais apesar das determinações constitucionais; contudo, o abrandamento do crescimento econômico veio dificultar esse malabarismo.

Fernando Henrique deu início ao parcial desmonte e reforma do Estado corporativo. As privatizações reduziram os subsídios do contribuinte às atividades econômicas. A descentralização foi parcialmente revertida por reformas fiscais. Lula deu passos importantes no sentido de tornar os serviços públicos universais e reforçar a rede de segurança social. Mas, ao dar algo aos destituídos, não tirou os privilégios dos ricos. E o

---

* Independentemente de preferências políticas com relação ao tamanho do Estado, a tendência global é que a despesa pública cresça como proporção da economia à medida que os países se tornam mais desenvolvidos – sobretudo porque o desenvolvimento em geral requer a disponibilização de bens públicos mais sofisticados (tais como infraestrutura, pesquisa científica básica e bom policiamento), mas também porque os países mais ricos tendem a ser democracias cujos cidadãos exigem serviços públicos de saúde, educação e bem-estar.

segundo mandato de Lula e o governo Dilma ressuscitaram os subsídios discricionários às empresas (e sindicatos) que eram o esteio do Estado corporativo de Vargas e Geisel. Ao aliar-se ao PMDB, no rescaldo do mensalão, Lula aliou-se ao "coração do Estado corporativo", de acordo com Nobre.[20]

O problema central não era tanto o enorme inchaço da burocracia federal em si. Os rudimentos de um serviço público profissional e meritocrático, implementados por Vargas, sobrevivem. Os servidores públicos federais, em particular, tornaram-se cada vez mais bem qualificados, e o mesmo se aplica a alguns estados e municípios maiores. Um estudo do Banco Interamericano de Desenvolvimento revelou que o Brasil tem a burocracia governamental mais meritocrática e eficaz da América Latina.[21] Aí se incluem alguns centros de excelência, como o Itamaraty (era comum encontrar diplomatas em postos administrativos importantes de outros ministérios, à maneira dos *énarques* franceses, embora a prática tenha diminuído sob o PT); outros exemplos são o Banco do Brasil, o Instituto Brasileiro de Geografia e Estatística (IBGE) e o IPEA, o *think tank* econômico ligado ao governo, que sobreviveu à tentativa do PT de politizá-lo. O Brasil conduz um dos melhores recenseamentos domiciliares das Américas, dizem os estatísticos.[22]

Entretanto, a meritocracia acabou sendo desfigurada pelo grande número de nomeações por apadrinhamento nos escalões mais graduados do governo. Na era FHC, a presidência dispunha de nada menos que 20 mil altos postos de trabalho a seu dispor – número que seria ampliado nos governos Lula e Dilma. Esses cargos são distribuídos entre os partidos políticos em troca de apoio ao governo. Por mais que os políticos costumem nomear correligionários tecnicamente qualificados para essas posições, em geral não são os melhores profissionais disponíveis.[23] Ademais, os governos petistas foram generosos com a burocracia federal, cujos sindicatos apoiaram o partido. Entre 2003 e 2009, o número de funcionários públicos federais aumentou cerca de 10%, ao passo que a massa salarial federal mais do que duplicou em termos nominais (enquanto a inflação do período foi inferior a 50%).[24]

São os pagamentos de transferências dos mais variados tipos que estão no cerne da distorção de prioridades nos gastos públicos brasileiros. O governo federal recolhe a maior parte da carga tributária, mas transfere grande parte do dinheiro para os estados (que dispuseram de 25% do bolo fiscal total em 2010) e dos municípios (18,3%). Assim, os gastos públicos no Brasil são bastante descentralizados – depois das transferências, o governo federal fica com 58% do total das receitas e os estados e municípios, 42%[25] – e muito rígidos. Some-se aí outros itens obrigatórios dos gastos federais (sobre os salários, pensões e serviço da dívida, por exemplo), e não apenas sobra pouco para investimentos públicos, mas o governo goza de relativamente pouca flexibilidade fiscal. Se os gastos orçamentários têm de ser contidos para que se cumpram as metas fiscais, são os itens discricionários que acabam sendo onerados. Assim, por exemplo, em 2013 o recém-expandido exército de diplomatas do país teve cortadas suas verbas para viagem, restringindo sua utilidade.

A bomba-relógio da previdência

Para os gastos públicos atenderem às necessidades de uma sociedade em transformação, o governo precisa destinar um maior volume de recursos à saúde e um pouco mais para a educação, e menos para a máquina governamental e os grupos de interesse privilegiados. Deve também mostrar-se menos generoso para com os aposentados. Afinal, o Brasil encontra-se em acelerado processo de envelhecimento; a queda da mortalidade que levou ao rápido crescimento populacional durante grande parte do século XX já foi ultrapassada pela queda vertiginosa da fertilidade: a mulher média brasileira tinha mais de seis filhos na década de 1960, mas agora tem menos de dois. O país está desfrutando do que os pesquisadores chamam de "bônus demográfico", em que a população ativa encontra-se no ápice em relação aos seus dependentes (crianças e idosos). Contudo, até 2018 o bônus demográfico vai se esgotar, de acordo com estimativas da IBGE.[26] A partir de meados da década de 2020, a população em idade ativa começará a cair em termos absolutos, segundo o Banco Mundial, e a população idosa vai aumentar drasticamente. Apesar de ter levado mais de um século para a população idosa na França (com 65 anos ou mais) crescer de 7% para 14% do total, a mesma mudança ocorrerá no Brasil em apenas duas décadas (2011-31), segundo o Banco.[27]

O problema é que o jovem Brasil já gasta uma parcela da renda nacional quase tão grande com pensões quanto as sociedades envelhecidas do Sul da Europa. Embora apenas 11% dos brasileiros tenham mais de 65 anos, as aposentadorias consomem uma fatia do PIB tão grande quanto na Grécia, onde os idosos constituem 29% da população.[28] Isso se deve sobretudo à generosidade da Constituição de 1988 em relação aos pensionistas. Muitos brasileiros, em especial os que trabalham no setor público, são autorizados a antecipar a aposentadoria com uma grande porcentagem do seu salário final, e a receber sua pensão mesmo que arranjem outro cargo governamental. Na prática, a idade média de aposentadoria é 54 anos, e as aposentadorias médias correspondem a 70% do salário final. O Brasil também mostra uma generosidade ímpar ao permitir que as viúvas recolham a aposentadoria quase integral do cônjuge falecido pelo resto de suas vidas (e, em alguns casos, tais como as Forças Armadas, o benefício é estendido às filhas). Ademais, as aposentadorias aumentam automaticamente, acompanhando a trajetória do salário mínimo. O resultado de tudo isso é que os gastos com pensões saltaram de 2% do PIB em 1988 para 11,2% em 2010. O Instituto Nacional de Seguridade Social (INSS), que arca com as pensões dos trabalhadores formais do setor privado, coletou 5,8% do PIB em contribuições em 2010, mas pagou pensões e benefícios correspondentes a 7,3% do PIB. O governo federal e os estados e municípios pagam cerca de 4% do PIB a cada ano para ex-funcionários públicos, dos quais 1,7% do PIB ficam descobertos.[29] Em outras palavras, o sistema previdenciário já requer um subsídio do contribuinte de 3,2% do PIB.

As reformas parciais da previdência em 1999 e 2003 (por fim implementadas em 2012) restringiram as aposentadorias mais elevadas e eliminaram alguns dos privilégios previdenciários dos funcionários públicos, mas apenas para os novos servidores, ajudando apenas a reduzir a velocidade com que o ônus das pensões vai aumentar. Mesmo assim, o Banco Mundial estima que os gastos previdenciários tenham dobrado em termos de porcentagem do PIB (22,4%) até 2050. O número de aposentados vai crescer a 4% ao ano na próxima década, o que já está acima da taxa de crescimento econômico. Novas reformas são imprescindíveis, em especial no sentido de coibir os benefícios relacionados com a antecipação da aposentadoria e a sua transferência a beneficiários, bem como no de aumentar a idade de aposentadoria (atualmente 65 anos para os homens e 60 para as mulheres) de acordo com o aumento da expectativa de vida. Apesar da dificuldade política para tanto, romper o vínculo automático entre salário mínimo e benefícios também ajudaria muito a cortar o aumento dos gastos previdenciários. Como aponta Fabio Giambiagi, um dos principais especialistas em pensões do Brasil, para cada aumento de 5% no salário mínimo, os gastos do INSS aumentam mais 2% além de seu crescimento vegetativo.[30]

A pensão mínima não contributiva para os trabalhadores rurais e pobres idosos, consagrada na Constituição, tem um papel importante na redução da pobreza e da desigualdade de renda. No entanto, no geral, os gastos com pensão são esmagadoramente inclinados para os mais ricos. A preponderância das pensões nos gastos totais é a principal razão por que os 20% dos brasileiros mais ricos recebem 3,6 vezes mais dos investimentos públicos sociais – definidos como incluindo educação, saúde, pensões e o Bolsa Família – do que os 20% mais pobres, segundo o Banco Mundial. A farra das aposentadorias acarreta ainda outra injustiça: o Brasil gasta muito mais com seus idosos do que com seus jovens. As transferências públicas líquidas *per capita* para os acima de 65 anos são quase 10 vezes maiores do que aquelas para os de menos de 15, em comparação com cerca de duas vezes mais na Suécia, Espanha e Finlândia, diz o Banco.[31]

Paralelamente à redução dos gastos com pensões, o Brasil precisa investir um pouco mais em educação, especialmente na expansão da cobertura pré-escolar e na melhoria da qualidade do ensino médio. Entretanto, a mudança demográfica também significa que o número de brasileiros em idade escolar já começou a cair. Por isso, não faz sentido que o Congresso e o governo tenham transformado em lei a exigência de expansão dos gastos públicos em educação como uma proporção do PIB a partir da fatia atual de 5,2% para 10% até 2020. Mas bem, o Brasil precisa investir seus orçamentos de educação de forma mais eficaz; é a saúde que merece obter uma parcela maior de qualquer despesa extra. À medida que os brasileiros envelhecerem exigirão um sistema de saúde melhor e mais caro. As doenças infecciosas deram lugar a enfermidades do mundo rico – doenças cardíacas e câncer – como causas mais comuns de morte. No entanto, a participação dos gastos com saúde pública no Brasil está bem abaixo da norma nos países ricos.

Outras transferências são menos óbvias, mas igualmente injustas; envolvem uma série de subsídios mais ou menos ocultos, uma tradição que data do Estado "nacional--desenvolvimentista", como defendem em artigo recente Marcos Lisboa (o economista que orientava Palocci) e Zeina Latif.[32] Estes vão desde os subsídios sob a forma de empréstimos a empresas favorecidas por bancos públicos e incentivos fiscais para a Zona Franca de Manaus e indústrias selecionadas pelo governo Dilma até o financiamento de sindicatos através de um imposto obrigatório sobre os salários. Os grupos empresariais são cúmplices desses arranjos. O argumento de Lisboa e Latif faz eco ao do falecido Mario Henrique Simonsen, Ministro da Fazenda de Geisel, que em um longo ensaio de capa na *Veja*, em 1987, criticou o capitalismo cartorial do Brasil, que, não sem razão, ele temia ver lançar raízes na nova Constituição. Ele via aí uma tentativa do Estado de "resolver os problemas de uma elite política, econômica e financeira utilizando o dinheiro do contribuinte e fazendo de conta que está promovendo o bem público. Tocam xaxado para poder continuar tomando champanhe. Nesse embuste, curiosamente, os extremos da direita e da esquerda se tocam, à semelhança da cobra que morde o próprio rabo".[33] Simonsen argumentou que o Estado sempre divulgava suas benesses, mas ocultava o fato de que era o contribuinte que paga a conta de sua generosidade.

Cupidez e corrupção

Além das pensões e dos subsídios ocultos, um terceiro grande exemplo de má alocação de dinheiro público envolve a voraz cupidez de uma classe predatória de políticos profissionais, o que resulta em generosos benefícios para os de dentro e na mais deslavada corrupção. Esses políticos e seus asseclas são os herdeiros de longa tradição brasileira de patrimonialismo – de conjugação de interesses privados e públicos – e os beneficiários de um quadro político e judicial que favorece a impunidade. O Congresso e o Judiciário constituem maus exemplos para a nação. A Constituição fixou como teto de remuneração do setor público o salário dos juízes do STF. Era um valor generoso, R$26.700 (cerca de US$13 mil) por mês em 2013 (fora outras regalias). Em dezembro de 2010, o Congresso aprovou um aumento de 62% para seus próprios salários, igualando-os aos do Supremo Tribunal Federal. Os congressistas recebem 15 salários por ano, o que eleva sua remuneração total a mais de um terço acima da de seus colegas dos Estados Unidos e a mais de quatro vezes maior que a dos parlamentares espanhóis.* Além disso, dispõem de verbas mensais de R$80 mil para pagamento de pessoal, R$34 mil para despesas de escritório, subsídios de alojamento, voos subsidiados e plano de saúde gratuito.[34] Muitos políticos empregam parentes em seus gabinetes a expensas públicas. Após a aprovação de uma Lei de Acesso à Informação em 2012, verificou-se que o Congresso Nacional empregava 25 mil funcionários, dos quais 1,5 mil recebia acima do teto. Havia uma abundância de excessos individuais: um funcionário da Justiça de Brasília ganhava o equivalente a US$226 mil por ano; um juiz de São Paulo recebia emolumentos no total de US$361.500 por *mês*. Os deputados estaduais do Maranhão de Sarney se pagavam 18 salários por ano (no valor de US$10 mil cada).[35]

A folha de pagamento pública total cresceu 30% na década de 2012, chegando a R$9,5 milhões. Dois terços desse aumento se deram no âmbito de governos estaduais e municipais. A fundação de novos municípios revelou-se uma indústria particularmente lucrativa. Quase 1.200 novos municípios foram criados desde 1990, dividindo-se os já existentes, elevando o total para 5.568. Embora esse aumento de 27% esteja de acordo, em linhas gerais, com o aumento da população no mesmo período, os Estados Unidos com uma população 50% maior administram com 3.141 municípios. Só as Câmaras de Vereadores (ou seja, vereadores e seus funcionários, mas não os servidores municipais) compreendem cerca de 230 mil pessoas, todos prodigamente remunerados pelo contri-

---

* Os 14º e 15º salários foram abolidos no final de 2013, com exceção do primeiro e do último ano de mandato dos legisladores.

buinte. Para os 90% dos municípios com menos de 50 mil habitantes, as transferências do governo federal respondem por 85% de seus orçamentos. Quase todos os municípios recém-criados se enquadram nessa categoria. Embora o STF tenha se empenhado para reduzir o ritmo da criação de novos municípios, o processo continua: em outubro de 2013 o Senado aprovou uma lei autorizando a fundação de 188 novos municípios (e regularizando outro 57), criando 30 mil novos postos de trabalho no setor público.[36]

Além dessa exploração legal do contribuinte, há muito desvio de verbas públicas em todos os níveis do governo. Há casos triviais, mas reveladores: Marco Maia, petista que foi presidente da Câmara dos Deputados em 2011, inventou uma reunião com despesas pagas na Espanha para poder ver o Real Madri jogar contra o Barcelona; só pagou a viagem depois de ser descoberto. E há os esquemas sistemáticos, tais como o desembolso de vários milhões de reais dos ministérios para empresas ou ONGs de fachada, o que levou à queda dos Ministros da Agricultura e do Trabalho logo no início do governo Dilma. Em 2006, a Polícia Federal revelou um esquema fraudulento (criativamente alcunhado pela imprensa de "máfia dos sanguessugas") por meio do qual uma quadrilha de funcionários e ex-parlamentares havia vendido mais de mil ambulâncias para municípios de todo o país por mais de duas vezes o seu custo. Apesar de atrair menos publicidade, a corrupção é, provavelmente, mais prevalente nos governos locais do que em Brasília. Às vezes visa a ganhos privados, às vezes à arrecadação de fundos para os partidos e campanhas eleitorais. Os fornecedores do governo (especialmente as empreiteiras) que pagam propinas são tão culpados quanto os políticos e funcionários.

Os políticos brasileiros, como classe, gozam de um senso profundamente arraigado de direito e de uma tradição de impunidade. Só podem ser julgados pelos supremos tribunais. Os réus muitas vezes renunciam para evitar a cassação de seus mandatos no Legislativo, e voltam a se eleger nas eleições seguintes. Em geral, contam com a solidariedade dos colegas. Em 2013, Natan Donadon, deputado do PMDB de Rondônia, foi o primeiro parlamentar a ser preso desde 1985, quando foi condenado pelo Supremo Tribunal Federal do desvio de R$8 milhões quando diretor financeiro da Assembleia Legislativa do estado de Rondônia, em 1988-1995. No entanto, a Câmara, em votação secreta, decidiu contra a cassação. No mesmo ano, José Roberto Arruda, ex-governador do Distrito Federal, foi condenado a cinco anos de prisão por ter dispensado indevidamente uma licitação.

A sociedade reage

No entanto, seria um exagero grosseiro supor que a política brasileira é irremediavelmente corrupta e clientelista. Há uma abundância de casos de reforma de governos estaduais e municipais. Um deles, que remonta ao final dos anos 1980, foi o estado nordestino do Ceará. Quando Tasso Jereissati, um jovem reformista do PSDB, foi eleito para o cargo de governador em 1987, rompeu com a tradição clientelista do Nordeste. Começou limpando as finanças do estado, eliminando 40 mil postos de trabalho (de uma folha de pagamento total de 146 mil colocações) em nome de funcionários "fantasmas", que não existiam. Lançou um amplo programa de saúde comunitária, contratando e treinando 8,4 mil mulheres para atuarem como agentes comunitárias de saúde, e efetuou pesados investimentos em educação.[37] O PSDB e seus aliados continuariam no comando do estado pelos 20 anos seguintes, embora o ímpeto reformista tenha acabado por se esgotar em meio a querelas políticas. Mais recentemente, o PSDB tem se mostrado bem-sucedido no governo de Minas Gerais. Quando Aécio Neves foi eleito governador, em 2002, o estado estava quase falido; ele designou uma equipe de especialistas em gestão pública comandada por Antonio Anastasia, um acadêmico, que ampliou a arrecadação, enxugou o processo de compras e cortou gastos, no que chamaram de "choque de gestão". Depois de dois mandatos de Aécio, os mineiros elegeram Anastasia, inteiramente destituído de carisma, para sucedê-lo. Os empresários consideram Minas Gerais o estado mais bem administrado do Brasil, segundo uma pesquisa; o estado gasta mais de 8% do seu orçamento em investimentos públicos; a pobreza vem caindo mais rápido do que no país como um todo; e Minas tem as escolas com melhor desempenho.

Em Pernambuco, Eduardo Campos, do Partido Socialista Brasileiro (PSB), de centro, conseguiu resultados similares. Neto de Miguel Arraes, governador socialista à moda antiga do estado tanto antes quanto depois da ditadura, Campos combina um ligeiro ar de chefe político tradicional com doses cavalares de discurso de gestão moderna e a propensão a criar uma economia baseada no conhecimento. Como governador, não só venceu os sindicatos para empreender reformas na educação como colocou gestores privados à frente dos hospitais estaduais e formou parcerias público-privadas para a infraestrutura. Curitiba, sob Jaime Lerner, o arquiteto e urbanista que por três vezes foi seu prefeito e conquistou dois mandatos para o governo do Paraná por partidos diferentes, tornou-se lendária pela inovação urbana, tendo inventado o sistema de ônibus de trânsito rápido amplamente copiado por cidades de toda a América Latina e do mundo. O PT muitas vezes mostrou-se eficaz em prefeituras. Em Porto Alegre, promoveu (embora não tenha inventado) o orçamento participativo, regime no qual o orçamento é elaborado pelo prefeito em consulta com representantes eleitos pela comunidade, muito copiado pelo mundo afora. Entretanto, o orçamento participativo não se mostrou à prova de falhas. Houve ocasiões em que foi usado como um meio de contornar a hostilidade política da Câmara de Vereadores, enquanto as eleições comunitárias sofriam de uma participação fragmentária.[38]

Acima de tudo, a imprensa brasileira e um número crescente de observadores da sociedade civil e ONGs vêm mantendo uma atenta vigilância sobre abusos de poder e das verbas públicas. O Brasil possui os mais eficazes órgãos de auditoria pública da América Latina, de qualidade comparável à de seus correlatos em países desenvolvidos[39] e que fazem denúncias periódicas de irregularidades. Apesar da lentidão, os tribunais começaram a agir. A despeito de certo viés antipetista na histeria midiática em torno do mensalão, o caso foi amplamente considerado como tendo estabelecido um importante precedente, no sentido de mostrar que quem está no poder não se encontra acima da lei. Essa regra, no entanto, também deveria ser aplicada a diversos transgressores do PMDB e outros partidos. Ademais, se em âmbito nacional a mídia goza de independência política, o mesmo nem sempre é verdade em nível local. A participação dos meios de comunicação pertencentes a políticos varia de 6%, no Rio Grande do Sul, a 100% em Rondônia.[40]

No entanto, o Brasil padece de um círculo vicioso em que o horror à corrupção levou à imposição de condições de uma rigidez contraproducente para os contratos públicos. "O excesso de controles chegou a um ponto em que a iniciativa [governamental] atrofia", queixa-se Antônio Anastasia. "Os funcionários acham melhor não fazer nada, para não se arriscar."[41] Isso, aliado à incapacidade generalizada de planejamento de projetos que atinge os governos em todos os níveis, contribui para o fracasso do país em expandir e renovar sua infraestrutura. Mesmo entendendo que tamanho "culto do controle" tenha se instaurado por razões compreensíveis, Anastasia defende que um sistema de escrutínio retrospectivo seria mais eficaz.

Um dos melhores antídotos para a corrupção seria uma Justiça mais eficaz. O Judiciário é bastante independente em termos políticos; a Constituição de 1988 concedeu amplos poderes aos promotores públicos, muitos dos quais dão mostras de dedicação. Contudo, os tribunais são de uma lentidão e ineficiência irremediáveis, abusando de sua independência e criando um trem da alegria. Os gastos com pessoal no Poder Judiciário quintuplicaram entre 1988 e 1997, em comparação com o aumento de 78% na folha de pagamento do governo federal no mesmo período. Só no Rio de Janeiro, os tribunais empregam 20 mil pessoas. Os tribunais do Trabalho são outro exemplo de sinecura: seu custo de funcionamento anual ficou em R$10 bilhões em 2010.[42]

Apesar do excedente de pessoal, a demora média para um caso ser concluído é de cerca de 10 anos. Os tribunais estão entupidos: havia cerca de 36 milhões de casos em curso em 2006.[43] A modesta reforma realizada naquele ano tornou as decisões do STF, se acordadas por 8 dos 11 juízes, vinculativas para as instâncias inferiores; outra restringiu o mandado do tribunal para casos de interesse público. Isso ajudou a acelerar o trabalho do Supremo, mas não muito. Além da lentidão da Justiça, outra das principais queixas é com relação à sua parcialidade.

Quem tem condições de arcar com os honorários dos grandes advogados consegue postergar um caso quase indefinidamente. Segundo Joaquim Barbosa:

> O Brasil é um país que pune muito os pobres, os negros e as pessoas sem conexões. As pessoas são tratadas de maneira diferente de acordo com o *status*, a cor da pele e a condição financeira (...) Quem tem poder político e econômico pode contratar um advogado poderoso com conexões no Judiciário, que pode ter contatos com juízes, sem nenhum controle do Ministério Público ou da sociedade, e depois vêm as decisões surpreendentes.[44]

Em um caso notório, Antônio Pimenta Neves, proeminente jornalista que, no ano 2000, assassinou uma subordinada muito mais jovem quando ela rompeu o caso que tinha com ele, conseguiu por 10 anos evitar a prisão. Segundo a *Folha de S.Paulo*, quando se trata de investigações envolvendo políticos, a Polícia Federal leva uma média de dois anos para completar uma investigação, o dobro do normal para outros casos; da mesma forma, processos abertos contra políticos pelo Supremo costumam se arrastar por mais de 10 anos sem veredicto. A *Folha* constatou que, dos 258 casos envolvendo políticos (166 deles legisladores federais) no STF, apenas dois estavam prontos para ir a julgamento.[45]

Outra defesa contra a corrupção seria se o sistema eleitoral dispusesse de mais recursos para promover a prestação de contas dos políticos aos eleitores. Em geral, os eleitores brasileiros tendem a premiar bons governos e punir a corrupção. Mas isso é mais difícil quando se trata de legislaturas. O Congresso é eleito em representação proporcional, mas cada estado constitui um único distrito eleitoral. São Paulo, por exemplo, tem 70 deputados, cada um representando, em tese, todos os 45 milhões de habitantes do estado. São escolhidos sob um sistema de "lista aberta": os deputados são eleitos de acordo com a proporção do total de votos de cada partido ou aliança, mas quem será selecionado da lista de cada partido depende dos votos recebidos individualmente – o que gera vários problemas. Em primeiro lugar, devido ao tamanho dos distritos eleitorais, as pessoas têm muito mais dificuldade para identificar seu deputado do que seu prefeito, governador ou presidente. O perverso é que tal sistema incentiva a existência de candidatos tanto oriundos de grupos de interesse organizados (por exemplo, a polícia ou igrejas evangélicas) quanto celebridades: em 2010, um palhaço e cômico chamado Tiririca, apresentando-se como antipolítico, foi o candidato a deputado mais votado em São Paulo e no Brasil, com 1,3 milhão de votos.

Em segundo lugar, esses grandes distritos de vasto eleitorado constituem um estímulo à multiplicação de partidos. Além disso, o Judiciário tem demonstrado uma coerente cumplicidade com a fragmentação partidária. Quando o Congresso aprovou uma lei introduzindo um mínimo de 5% dos votos nacionais para que um partido conquistasse vagas no Legislativo, que deveria entrar em vigor em 2010, o Supremo, inexplicavelmente, a derrubou. Em outra decisão bizarra, o Tribunal Eleitoral decidiu que novos partidos poderiam herdar fundos partidários e tempo de propaganda eleitoral gratuita na televisão – uma ferramenta fundamental de campanha proporcionalmente ao número de deputados que atraíssem.

Uma terceira desvantagem do sistema é que ele torna as campanhas caríssimas, para que se consiga alcançar um eleitorado tão amplo. O dinheiro é tão crucial nas eleições brasileiras quanto nos Estados Unidos. Embora os partidos obtenham tempo para propaganda gratuita na televisão em proporção direta ao número de votos recebidos na eleição anterior, eles ainda gastam rios de dinheiro em eventos de campanha, na produção de seus comerciais de televisão e na remuneração dos cabos eleitorais que se plantam com bandeiras nas esquinas e distribuem panfletos. Em um país tão grande, um candidato presidencial também incorre em enormes custos de deslocamento. As melhores estimativas são de que uma campanha presidencial custa algo entre R$100 e R$200 milhões. Grande parte desse montante vem de doações de empresas, especialmente empreiteiras e bancos, algumas das quais não são declaradas. Dos 10 maiores doadores do PT, seis eram empresas de construção civil com contratos na Venezuela, como assinalou a *Veja*.[46] As empresas tendem a distribuir suas doações, ofertando quantias menores à oposição.

Um quarto problema é que ao contrário de outros Estados federativos, como Estados Unidos e Alemanha, o Brasil tende a dar mais representatividade a estados pouco populosos não só no Senado, mas também na Câmara (como ocorre na Argentina). Pelo tamanho de sua população, São Paulo deveria ter 110 lugares, ao invés dos 70 atuais, na Câmara dos Deputados, ao passo que vários estados deveriam ter apenas 1, e não o mínimo de 8 (sob o regime militar, eram 6). Para piorar a situação, a Constituição de 1988 criou três novos estados de baixa densidade demográfica: os ex-territórios federais do Amapá (população: 700 mil em 2012) e Roraima (470 mil em 2012) e, mais justificadamente, Tocantins (1,4 milhão), destacado de Goiás. Os pequenos (em população) estados do Norte e do Nordeste tendem a eleger representantes mais conservadores do que o Sul e o Sudeste. Esse descompasso na representação é, por consenso, quase impossível de reverter.

A reforma mais lógica consistiria em subdividir os estados em vários distritos eleitorais, cada qual com seis a oito membros, combinados a um limite de representação na Câmara de 5% dos votos nacionais. Assim se reduziriam o número de partidos e custos de campanha e se promoveria um maior senso de responsabilidade. O PT, porém, pensa diferente: prefere enfatizar a exigência de que as campanhas sejam financiadas exclusivamente com fundos públicos, e quer uma lista fechada de candidatos (ou seja, que sua ordem na cédula seja determinada pela direção do partido). Outros pretendem estender o mandato presidencial para cinco anos, mas proibir a reeleição, pelo menos para mandatos consecutivos.

A questão levantada pelos protestos é se os beneficiários do sistema atual seriam capazes de mudar esse estado de coisas. Alguma reforma parece possível, embora provavelmente deva se dar de forma gradual. Mudanças significativas já foram introduzidas desde 1988 – entre elas, o alinhamento das eleições presidencial e parlamentar no mesmo ano. A introdução do voto eletrônico, no final da década de 1990, eliminou a fraude eleitoral: o tipo de travessura ocorrida na Flórida na eleição presidencial americana de 2000 seria impossível no Brasil. Depois de uma campanha intensa, em 2010, o Congresso aprovou uma lei (apelidada de "Ficha Limpa") interditando políticos julgados culpados de crimes ou contravenções por um tribunal superior de concorrer a cargo eletivo, mesmo que ainda caiba recurso. No entanto, o STF optou por sua aplicação apenas futura – o que concedeu a alguns políticos completamente desacreditados um novo, mas talvez derradeiro, sopro de vida nas eleições de 2010. Entre estes figuravam Jader Barbalho, senador do PMDB acusado de desviar mais de R$1 bilhão em fundos públicos. Paulo Maluf foi condenado em um tribunal de primeira instância por superfaturamento de obras públicas (e enfrenta uma ordem de prisão da Interpol pela acusação de lavagem de dinheiro caso venha a sair do Brasil), mas mesmo assim foi eleito deputado federal por São Paulo com 497 mil votos. Inicialmente barrado, Anthony Garotinho conseguiu eleger-se deputado pelo Rio com 605 mil votos.

A campanha pela lei da Ficha Limpa, conduzida por ONGs e brasileiros comuns através das redes sociais, parece ter sido um sinal do que está por vir. É verdade que um número maior de famílias brasileiras recebe transferências – entre pensões, Bolsa Família e outros benefícios, o número de famílias gira em torno de 40 milhões – do que paga imposto de renda. Mas os protestos de junho de 2013 vieram indicar que a transformação social das últimas duas décadas no Brasil acabou gerando cidadãos muito mais exigentes. Já não era sem tempo.

CAPÍTULO 14

O século do Brasil?

A única ocasião anterior em que o Brasil sediou a Copa do Mundo, em 1950, acabou sendo uma humilhação nacional. Em teoria, o Brasil contava com a melhor seleção do mundo. O governo do então Distrito Federal construiu o Estádio do Maracanã para a grande ocasião. O Brasil, de fato, chegou à final, na qual enfrentou o Uruguai. No domingo, 16 de julho, as vastas arquibancadas abertas do Maracanã estavam lotadas, transbordando de gente: o público oficial de 173.850 espectadores pagantes foi um recorde mundial para um evento esportivo – sem contar com autoridades e outros convidados, que empurraram o total para perto de 200 mil. No início do segundo tempo, o Brasil marcou um gol. Então, o impensável aconteceu: num espaço de 13 minutos, no final do jogo, o Uruguai marcou duas vezes e levou a taça.

O dramaturgo e jornalista Nelson Rodrigues resumiu o resultado em termos caracteristicamente hiperbólicos: "Cada povo tem a sua irremediável catástrofe nacional, algo assim como uma Hiroshima. A nossa catástrofe, a nossa Hiroshima, foi a derrota frente ao Uruguai, em 1950." O antropólogo Roberto DaMatta fez eco a essa visão em termos mais sóbrios, descrevendo esse dia como:

> (...) talvez, a maior tragédia da história contemporânea do Brasil. Primeiro, porque implicou uma coletividade e trouxe uma visão solidária de perda de uma oportunidade histórica. Segundo, porque ela ocorreu no início de uma década na qual o Brasil buscava marcar o seu lugar como nação que tinha um grande destino a cumprir.[1]

Oito anos mais tarde, quando a seleção brasileira partiu para a Copa do Mundo na Suécia, em 1958, o clima nacional era de pessimismo quanto a suas perspectivas, atribuída por Nelson Rodrigues ao fatídico dia de 1950, "uma humilhação nacional que nada, absolutamente nada, pode curar". Ele insistia em que o Brasil contava com os melhores jogadores do mundo. "Só uma coisa nos atrapalha", concluiu, um "complexo de vira-latas (...) é um problema de fé em si mesmo".[2] Sua expressão "complexo de vira-latas" entrou para o vernáculo. Assim, quando Lula referiu-se repetidamente ao Brasil como um país que havia recuperado a autoestima, e que a escolha do Rio para sede dos Jogos Olímpicos significava que o Brasil era reconhecido pelo mundo como um "país de primeira classe", estava declarando que o complexo de vira-latas fora enfim superado.

Parecia ser verdade. Ao longo dos últimos 20 anos, o Brasil percorreu um longo caminho no sentido de enfrentar os desafios com que se deparou ao emergir da ditadura, a saber, o estabelecimento de uma democracia sólida, uma economia estável e mais dinâmica e a redução de suas abissais desigualdades sociais. Nesse processo, o país vem conseguindo evitar algumas das armadilhas a que seus vizinhos sucumbiram. A reforma econômica liberal de FHC foi fruto de um amplo consenso político, tendo sido negociada democraticamente. Não foi obra de um Pinochet, ou de uma figura forte e messiânica como Carlos Menem, na Argentina, ou Alberto Fujimori, no Peru. Isso tornou sua realização mais difícil, mas também dificultou sua reversão. As políticas sociais de Lula evitaram o insustentável populismo redistributivo de Chávez, ou mesmo da argentina Cristina Kirchner. As lideranças brasileiras vêm atuando dentro das regras e instituições democráticas, forjando, para a América Latina e para o mundo, um bem-vindo exemplo de que a mudança social progressista, a democracia representativa e a economia de mercado são compatíveis. Dada a sua popularidade na época, Lula poderia ter assegurado uma emenda constitucional que lhe permitisse concorrer a um terceiro mandato em 2010. Há que se reconhecer seu mérito por não tê-lo tentado.

No entanto, há sinais claros de que o ciclo de reforma econômica e progresso social desencadeado pelo estabelecimento da democracia e pelo Plano Real está chegando ao fim. Ao celebrarem a Copa do Mundo, em junho e julho de 2014, e as Olimpíadas do Rio, dois anos depois, os líderes brasileiros já não podem estar tão certos quanto há alguns anos de que esses eventos servirão para mostrar a entrada do Brasil na cena mundial como nova potência global. Pelo contrário, as dores do crescimento e frustrações do país podem acabar sendo expostas lado a lado com suas realizações e sua ascensão. Luiz Felipe Scolari, o técnico da seleção de futebol, sem dúvida tem razão quando diz que o país vai realizar uma bela festa, e que a grande maioria dos torcedores visitantes vai se divertir.[3] Mas será uma surpresa se muitos destes não enfrentarem dificuldades com o transporte público. E muitos brasileiros esperam que haja novos protestos no período entre a Copa do Mundo e as eleições presidenciais de outubro de 2014.

Parece provável que a disputa eleitoral seja acirrada. Dilma Rousseff e o PT estavam contando com a satisfação popular com o pleno emprego e o aumento dos salários ao longo da última década, bem como com a gratidão popular a Lula, para assegurar um novo mandato. As projeções para os próximos quatro anos eram de que o governo poderia contar com um aumento significativo das receitas geradas pelo petróleo – daí a afirmação de André Singer de que o lulismo havia estabelecido um realinhamento duradouro na política brasileira. No entanto, os protestos de junho de 2013 apontaram para outra leitura do humor da população. Após 12 anos no governo, o PT parece cansado e desprovido de ideias. Sua aproximação do Estado corporativo deixou-o incapaz de promover as melhorias nos serviços públicos e de infraestrutura demandadas pelos cidadãos – o que levanta uma interrogação quanto à possibilidade de a ligação do PT com o corporativismo ter se tornado o principal obstáculo para a continuidade do sucesso do lulismo. Sem dúvida, a oposição – nas pessoas de Eduardo Campos, Marina Silva ou Aécio Neves – tem chances de vencer.

Olhando um pouco mais adiante, a evocação da "perda de uma oportunidade histórica" em 1950 por DaMatta adquire uma assustadora relevância hoje, e não só para eventos futebolísticos. Caso necessitem de evidências de que países podem perder oportunidades históricas, os brasileiros só precisam olhar para seus vizinhos mais ao

Sul, na Argentina. Em 1913, sua renda *per capita* estava em pé de igualdade com as da França e da Alemanha, e muito à frente da Itália ou da Espanha, graças a três décadas de crescimento médio de 5% ao ano, impulsionado pelas exportações dos pampas, por investimentos estrangeiros (principalmente britânico), sobretudo em ferrovias, e pela imigração. De lá para cá, a Argentina perdeu terreno para a Europa Ocidental de maneira quase contínua. Caso sem igual no mundo, o país teve o desenvolvimento ao alcance das mãos, para em seguida deixá-lo escapar por entre os dedos. O crescimento perdeu ímpeto em parte quando a exploração dos pampas chegou ao limite, mas também por causa das dificuldades de industrialização da Argentina e porque a Grã-Bretanha, enfraquecida, deixou o país à deriva depois da Segunda Guerra Mundial. Todavia, o declínio argentino foi fruto principalmente dos conflitos de distribuição e da instabilidade política que acompanharam a emergência do peronismo – um movimento populista nacionalista – como força política dominante no país. Felizmente, o Brasil dispõe de vários mecanismos de segurança contra esse tipo de retrocesso político; entre eles figuram a diversidade da economia, sua longa (ainda que por vezes truncada) tradição de governo representativo, a cultura política consensual, a abertura da sociedade e a força do sistema judiciário e da imprensa independente.

O Brasil vem acumulando algumas formidáveis forças econômicas, que incluem sua agricultura, o petróleo, gás e etanol e uma crescente base científica e de pesquisa. As reformas de FHC e do primeiro governo Lula, juntamente com a receita oriunda do boom das commodities, dotaram o país de defesas mais fortes contra as turbulências econômicas no restante do mundo. Apesar do recente enfraquecimento do quadro macroeconômico, as reservas internacionais encontram-se em níveis recordes (de US$376 bilhões em meados de novembro de 2013, igual ao valor de quase dois anos de importações); o país é um credor externo líquido; e a dívida pública, embora em ascensão, é administrável. Nada disso, porém, é razão para complacência.

O século XXI será o "século do Brasil", como proclamou Lula? Tal perspectiva, é claro, concede ao país muitas décadas para enfim realizar seu potencial. No entanto, o ponto de partida deve ser o reconhecimento de que o Brasil mais uma vez tem um problema de baixo crescimento econômico – e a aceleração do crescimento é vital para que o país dê prosseguimento à tarefa de estreitar suas intoleráveis desigualdades socioeconômicas e oferecer oportunidades a todos os seus cidadãos. A expansão mais rápida de 1994-2010 deveu-se muito aos efeitos da estabilização, ao boom das commodities induzido pela industrialização da China, ao excesso de liquidez mundial e à incorporação da força de trabalho formal de milhões de brasileiros subocupados. Todos esses motores estão diminuindo, se não engasgando.

Em 2013, a FIESP, lobby dos industriais paulistas, publicou um plano para os 15 anos seguintes estabelecendo como meta a duplicação da renda *per capita* do país – chegando a US$22 mil, valor próximo ao atual de Portugal, Polônia ou Chile – e a equiparação de seus indicadores de saúde e educação aos de países desenvolvidos. O documento reconhece que para tanto seria necessário um crescimento médio de 5,3% ao ano e um aumento do investimento (público e privado) do nível atual, de 18% do

PIB, para 24%. Tamanha elevação dos indicadores brasileiros é quase inconcebível sem uma nova rodada de reformas estruturais. A partir de agora, a aceleração do crescimento vai depender cada vez mais da melhoria da tíbia produtividade do país, o que requer um maior esforço para melhorar a educação e infraestrutura – mas significa também mais investimento de capital e, portanto, mais poupança. André Lara Resende, um dos economistas do Plano Real, assinala que, a partir da década de 1950, todos os períodos de crescimento acelerado no Brasil foram fruto de um aumento do investimento público, financiado através da poupança forçada (extraída da população por meio da inflação) ou da poupança externa (sob a forma de dívida externa ou investimento estrangeiro).[4] Isso porque a poupança privada sempre foi baixa. E o setor público continua a ser um despoupador líquido (seus pagamentos de dívida são mais altos do que o investimento público). Uma vez que nem a inflação nem um retorno ao endividamento externo em larga escala são palatáveis, e como o investimento estrangeiro pode demorar em uma economia mundial em desaceleração, esses fatores sugerem a necessidade de aumentar a poupança, seja pública, privada ou ambas. A menos que as receitas do petróleo venham em socorro da economia, essa perspectiva aponta, por sua vez, para a necessidade de redução da carga tributária (ou pelo menos evitar que ela suba ainda mais) e realocação dos gastos públicos, de modo a destinar uma parcela maior para o investimento e menor para as despesas correntes. Para tanto, há que se rever o tipo de Estado de que o país precisa no século XXI. O discurso de Mário Covas no Senado, 25 anos atrás, adquire uma estranha relevância hoje:

> Basta de gastar sem ter dinheiro. Basta de tanto subsídio, de tantos incentivos, de tantos privilégios sem justificativas ou utilidade comprovadas. Basta de empreguismo. Basta de cartórios. (...) o Brasil não precisa apenas de um choque fiscal. Precisa, também, de um choque de capitalismo, um choque de livre iniciativa, sujeita a riscos e não apenas a prêmios.

É difícil imaginar como o Brasil conseguiria elevar sua taxa de crescimento sem uma reforma tributária e fiscal – de preferência um grande acordo global que simplifique o sistema tributário, torne os escalões inferiores do governo responsáveis por levantar uma parcela maior de suas próprias receitas e restrinja o crescimento dos gastos previdenciários e dos subsídios a que Covas se referiu. Para gastar mais com saúde, educação, melhor policiamento, saneamento e infraestrutura, como se espera, o governo terá que gastar menos com outras coisas. Da mesma forma, o Brasil precisa restaurar a capacidade do Estado de planejar e executar projetos. Por outro lado, o país não pode se dar ao luxo de não prosseguir com as reformas trabalhistas e sindicais que viriam equilibrar os direitos de trabalhadores e empregadores e possibilitariam uma maior flexibilidade na negociação da relação entre os dois – o que deve ter o efeito de continuar reduzindo a proporção da força de trabalho atuando na economia informal, destituída de qualquer proteção legal. Ademais, as empresas brasileiras não terão condições de aumentar sua competitividade caso não se faça mais para abrir a economia ao comércio internacional.

Positivistas *versus* cidadãos

O Brasil tem alergia ao liberalismo. Roberto Campos, um dos mais importantes economistas liberais do país, escreveu que "assumir explicitamente o liberalismo é tão alienígena em um país com cultura dirigista quanto fazer sexo em público" (e até ele foi iniciado na vida pública como funcionário do governo dirigista de Juscelino).[5] Há razões para isso – e é por causa delas que o Brasil é diferente dos Estados Unidos, com os quais tantas vezes gosta de se comparar.

Dos tempos coloniais até a ditadura, a manutenção da coesão de um vasto território de geografia difícil – onde o estabelecimento de comunicações e as condições para a vida humana abundante e saudável apresentavam enormes dificuldades – foi uma preocupação permanente dos líderes brasileiros. Por isso, no Brasil foi o Estado que criou a nação, e não a nação que criou o governo, como nos Estados Unidos. Do mesmo modo, ao contrário da América espanhola, os governantes sempre tiveram consciência da necessidade de consultar os notáveis locais, a fim de conservar a unidade nacional e evitar a secessão. A escravidão – e o temor da revolta dos escravos – foi outra causa da necessidade de uma frente unida, além de distorcer as prioridades do Estado de tal maneira que retardou por séculos o desenvolvimento do país, condenando-o ao *status* de eterno país do futuro. A consequência trágica de uma sociedade de senhores e escravos foi que o Estado, quando começou a desenvolver a economia, não se tratou de investir na educação, saúde e segurança da grande massa de brasileiros mais pobres. Foi somente a partir de 1988 que o Brasil decidiu se propor a tornar-se uma sociedade em que o Estado de Direito fosse aplicado igualmente a todos.

Nesse contexto, quando o liberalismo emergiu, no século XIX, foi rapidamente condenado pelo positivismo e pelo patrimonialismo. Da Coroa portuguesa e do Império até Getúlio e a ditadura, o Brasil tem sido construído "de cima para baixo", como proclamava o próprio Vargas; o Estado foi colonizado por insiders e grupos de interesse relativamente privilegiados – fossem eles de empresários privados, sindicatos ou mesmo, mais recentemente, certos movimentos sociais. Fernando Henrique conseguiu começar a desmontar esse Estado corporativo ou "nacional- desenvolvimentista" por tê-lo encontrado em um momento de fraqueza histórica e porque os brasileiros estavam absolutamente fartos da inflação. Mas não tinha ilusões quanto à dificuldade da tarefa. Em uma passagem reveladora de suas memórias, ele relata a advertência sincera que fez a Armínio Fraga antes da sabatina a que este seria submetido no Senado, para assumir o cargo de presidente do Banco Central:

> (...) o Brasil não gosta do sistema capitalista. Os congressistas não gostam do capitalismo, os jornalistas não gostam do capitalismo, os universitários não gostam do capitalismo. (...) Eles não sabem que não gostam do sistema capitalista, mas não gostam. Gostam do Estado, gostam de intervenção, do controle, do controle do câmbio, o que puder ser conservador é melhor do que ser liberal. Essa é uma dificuldade imensa que temos, porque estamos propondo a integração do Brasil ao sistema internacional. Eles não gostam nem do capitalismo nacional, quanto mais do internacional, desconfiam de

nossa ligação com o sistema internacional. O ideal, o pressuposto, que está por trás das cabeças é um regime não capitalista e isolado, com Estado forte e bem-estar social amplo. Isso tudo é utópico, as pessoas não têm consciência.[6]

Em parte por haver sido por tanto tempo amplamente bem-sucedido no desenvolvimento da economia, o Estado "nacional-desenvolvimentista" criou raízes profundas na consciência coletiva do Brasil. Está profundamente impregnado na psique de muitos líderes políticos e empresariais. Não chega a admirar que esteja fazendo um retorno, ainda que de forma muito diluída; no entanto, seu lamentável histórico para a educação e a saúde torna de certa forma surpreendente que essas ideias voltem sob a égide de um partido de esquerda. Nos bons dias, os políticos brasileiros atuais parecem vislumbrar o país como uma França tropical (nos maus dias, são tentados pela China). Mas, como alertou Zaki Laïdi, professor de Relações Internacionais da Sciences Po, em Paris: "A França teve uma forte aversão ao liberalismo por mais de dois séculos, mas não foi bem-sucedida na construção de um modelo alternativo que lhe permitisse adaptar-se à globalização sem rejeitar sua história."[7]

Não se trata de uma defesa da tese de que o Brasil tem de imitar os Estados Unidos. Desde os tempos de Tiradentes, que, em Minas Gerais, se ansiava por uma república jeffersoniana, os brasileiros comparam seu país com seu *alter ego* do Norte. Muitos lamentam, com Viana Moog, que o Brasil tenha produzido bandeirantes extrativistas em vez de pioneiros esforçados. Todavia, o Brasil não pode mudar sua história ou, pelo menos em curto prazo, sua cultura. Na verdade, Eduardo Giannetti, um dos raros liberais do país, entende que, se o país não se tornou como os Estados Unidos "foi essencialmente por não querer" – por não se dispor a sacrificar a alegria e sua abordagem tranquila da vida em prol da acumulação de capital e da prosperidade futura.[8] Ele propõe que o Brasil pode oferecer ao mundo um conjunto diferente e menos materialista de valores do que o estilo de vida americano, como mostra o recente compromisso do país com o ambientalismo. Sem dúvida, a conversão, nas duas últimas décadas, para políticas mais preocupadas com a proteção do meio ambiente marca o fim de uma longa marcha, de mais de quatro séculos, para ocupar o vasto território brasileiro, iniciada com jesuítas e bandeirantes. A agricultura do país já confia mais no aumento da produtividade do que na incorporação de novas terras. Entretanto, ainda há muitos pobres no Brasil e o país não poderá renunciar, por um bom tempo ainda, à busca do crescimento econômico.

Tampouco a crítica ao renascimento do nacional-desenvolvimentismo constitui argumento em prol de um Estado mínimo "neoliberal" (ou seja, neoconservador). O Brasil não é Cingapura: é um país grande demais, com demasiadas desigualdades sociais e regionais, para que essa opção seja viável (ainda que os brasileiros tenham muito a aprender com o compromisso daquele país insular com a inovação, a abertura e a seguridade social). Pelo contrário, trata-se de uma convocação para que o Brasil retome o consenso social-democrata que tanto êxito obteve em 1994-2006, com sua combinação de economia amplamente liberal com uma maior ênfase na política social e na redução das desigualdades. Se o Brasil não abandonar seu recente flerte com o renascimento do Estado corporativo e não voltar a se empenhar na criação de uma regulamentação eficaz, não conseguirá atender as demandas de seus cidadãos, detentores de um poder cada vez maior, por mais oportunidades, melhores serviços e uma maior qualidade da vida.

É uma pena, embora talvez fosse inevitável, que o debate no seio do movimento de oposição que se alastrou por São Paulo no final da década de 1970 tenha levado à fundação de dois partidos rivais – o PT e, posteriormente, o PSDB. De maneiras diferentes, ambos constituíram forças modernizadoras, mas tornaram-se polos opostos na política brasileira, cada qual obrigado a aliar-se às forças arcaicas do peemedebismo e seus congêneres. Como observou Mario Henrique Simonsen em 1987, "o grande debate nacional não é entre esquerda e direita, mas entre o moderno e o arcaico".[9] Ainda é verdade. A eleição de 2014 pode produzir uma mudança de rumo político; quer isso ocorra ou não, porém, o povo brasileiro, que pouco a pouco adquire mais educação e, sob certos aspectos, torna-se mais empreendedor, pode interferir na condução das políticas públicas.

Em três ocasiões, no último quarto de século, os brasileiros foram em grande número às ruas, em protestos pacíficos contra o *status quo*. Embora não tenham conseguido as eleições diretas para presidente que demandaram em 1984, a democracia veio rápido. Em 1993, provocaram a deposição de Collor, ainda que não a sua punição, por seu desprezo pelo Estado de Direito. Será que vão obter a melhoria dos serviços públicos e a maior responsabilização política que exigiram em 2013? Deve ser essa a pauta do debate político no país nos anos que antecederão o bicentenário da Independência, em 2022. Quase pela primeira vez em sua história, os brasileiros agora querem refazer seu país de baixo para cima, como um país de cidadãos iguais, não de privilégios patrimoniais. Isso colocou o Estado corporativo na defensiva, e dá motivos para esperar que as conquistas das duas últimas décadas serão construídas e ampliadas em uma nova fase da história brasileira.

Notas

Capítulo 1

1. Entrevista com Lula, Brasília, setembro de 2010.
2. www.internetworldstats.com, acessado em 4 de agosto de 2013; *Financial Times*, 12 de outubro de 2013.
3. Luce, Edward, *In Spite of the Gods: The Strange Rise of Modern India*, Little, Brown, 2006.
4. *Folha de S.Paulo*, 20 de maio de 2010.
5. Como citado por Timothy Garton Ash no *Guardian*, 8 de abril de 2010.
6. Cardoso, Fernando Henrique com Winter, Brian, *The Accidental President of Brazil: A Memoir*, Public Affairs, 2006, p. 26.
7. Zweig, Stefan, *Brazil: A Land of the Future*, Ariadne Press, Riverside, California, 2000 (publicado pela primeira vez em inglês em Nova York, em 1941).
8. Chegamos a fazer a seguinte análise:
    "Os gastos do governo estão crescendo mais rápido do que a economia como um todo, mas tanto o setor público quanto o privado ainda investe muito pouco, o que vem instalar um ponto de interrogação sobre tão róseas projeções de crescimento. Um volume excessivo do dinheiro público é destinado às coisas erradas. A folha de pagamento do governo federal aumentou em 13% desde setembro de 2008. Os gastos sociais com segurança e previdência aumentaram 7% em relação ao mesmo período, embora a população seja relativamente jovem. Apesar das melhorias recentes, a educação e a infraestrutura ainda estão muito aquém daquelas da China ou da Coreia do Sul (...). O governo não está fazendo nada para desmantelar muitas das barreiras aos negócios, especialmente as regras barrocas para tudo, do pagamento de impostos à contratação de pessoal", *The Economist*, 14 de novembro de 2009.
9. Veja, por exemplo, Armínio Fraga e Eduardo Amadeo, O fim da herança bendita, *O Globo*, 16 dezembro de 2012.

Capítulo 2

1. Castro, Ruy, *Rio de Janeiro: Carnival under Fire*, Bloomsbury, 2004, p. 56.
2. Mario Sergio Conti, *Notícias do planalto: a imprensa e Fernando Collor*, Companhia das Letras, São Paulo, 1999, p. 363.
3. Citado em Claudio Bojunga, *JK: O artista do impossível*, Editora Objetiva, Rio de Janeiro, 2001, capítulo 1.
4. Citado em Alex Bellos, *Futebol: The Brazilian Way of Life*, Bloomsbury, 2002, p. 27.
5. Meus agradecimentos a Alfredo Behrens por este argumento.
6. Roberto DaMatta, *Explorações: ensaios de sociologia interpretativa*, Editora Rocco, Rio de Janeiro, 2011, p. 90.

7. Visita do autor à fábrica da Embraer, São José dos Campos, junho de 2010.
8. Ruy Castro, *Rio de Janeiro: Carnival under Fire*, Bloomsbury, 2004, capítulo 2.
9. Roberto DaMatta, *O que faz o Brasil, Brasil?*, Editora Rocco, Rio de Janeiro, 8ª edição, 1995, p. 75.
10. *Financial Times*, 13 de fevereiro de 2012
11. Revista do *Financial Times*, 23 de fevereiro de 2013.
12. Larry Rohter, *Brazil on the Rise: The Story of a Country Transformed*, Palgrave Macmillan, Nova York, 2010, capítulo 2.
13. Ver Ruy Castro, *O anjo pornográfico: a vida de Nelson Rodrigues*, Companhia das Letras, São Paulo, 1992.
14. "Public morality in Brazil: Hemlines and headlines", *The Economist*, 12 de novembro de 2009.
15. Joseph A. Page, *The Brazilians*, Addison-Wesley, 1995, capítulo 14.
16. Ver David Lehmann, *Struggle for the Spirit: Religious Transformation and Popular Culture in Brazil and Latin America*, Polity Press, Cambridge, 1996.
17. "Brazilian Billionaire Bishop is now a Banker too", *Forbes*, 22 de julho de 2013.
18. "Religion in Brazil: Earthly Concerns", *The Economist*, 20 de julho de 2013.
19. Entrevista no *Valor Econômico*, 2 de dezembro de 2011.
20. "Television in Brazil: Soaps, sex and sociology", *The Economist*, 14 de março de 2009.
21. Arnaldo Jabor, "Avenida Brasil está acabando", *O Estado de São Paulo*, 9 de outubro de 2012
22. Buarque de Holanda, Sérgio, *Raízes do Brasil*, Companhia das Letras, São Paulo, 1996, p. 82.
23. Alfredo Behrens, *Culture and Management in the Americas*, Stanford University Press, 2009, p. 122.
24. Maílson da Nóbrega, *Além do feijão com arroz: autobiografia*, Civilização Brasileira, Rio de Janeiro, 2010, p. 25-26.
25. Citado em *Financial Times* Business Education Special Report, 31 de janeiro de 2011.
26. *O Estado de São Paulo*, 10 de outubro de 2012.
27. Ricardo Batista Amaral, *A vida quer é coragem: a trajetória de Dilma Rousseff, a primeira presidenta do Brasil*, Primeira Pessoa, Rio de Janeiro, 2011, p. 115.
28. Vianna Moog, *Bandeirantes and Pioneers*, George Braziller, Nova York, 1964, p. 115.
29. Lévi-Strauss (1992), p. 182.
30. DaMatta (1995), capítulo 2.
31. Comentários no *The Economist* Brazil Business Summit, São Paulo, novembro de 2010.
32. Claude Lévi-Strauss, *Saudades de São Paulo*, Companhia das Letras, São Paulo, 1998, p. 7
33. *In* Machado de Assis, *Papéis avulsos*, Martins Fontes, São Paulo, 2005, p. 191-2005. Meus agradecimentos a Eduardo Giannetti por me remeter a esse conto e por apontar para mim a secular incapacidade brasileira de construir uma base de capital adequada.

Capítulo 3

1. Stuart B. Schwartz, "The Economy of the Portuguese Empire" *in* Francisco Bethencourt e Diogo Ramada Curto (eds.), *Portuguese Oceanic Expansion 1400-1800*, Cambridge University Press, 2007; Darcy Ribeiro, *O povo brasileiro*, Companhia das Letras, 1995, p 34-38.
2. Vários mapas medievais têm assinalado o nome "Brasil" entre ilhas aparentemente míticas do Atlântico. Vicente Yañez Pinzón, que participou da primeira viagem de Colombo, pode ter feito um breve desembarque no atual Cabo de Santo Agostinho, ao Sul de Recife, quatro meses antes de Cabral chegar ao Brasil. N. P. Macdonald, *The Making of Brazil: Portuguese Roots 1500-1822*, The Book Guild, Lewes, Sussex, 1996, capítulo 4.

NOTAS

3. Jorge Caldeira (org.), Brasil: *A história contada por quem viu*, Mameluco, 2008, p. 26-9; John Hemming, *Red Gold: The Conquest of the Brazilian Indians*, Papermac, 1978, capítulo 1; Macdonald (1996), capítulo 4.
4. Ribeiro, p. 28-34; Warren Dean, *With Broadax and Firebrand: The Destruction of the Brazilian Atlantic Forest*, University of California Press, 1997, capítulo 2.
5. A respeito de Vespúcio, ver Felipe Fernández-Armesto, *Amerigo: The Man who Gave his Name to America*, Weidenfeld & Nicholson, Londres, 2006. Vespúcio já havia atuado como piloto na pequena frota espanhola de uma expedição comandada por Alonso de Hojeda, que parece ter explorado o litoral Norte do Brasil do Maranhão ao Cabo Orange (próximo à fronteira com a atual Guiana Francesa), por volta da mesma época do desembarque de Cabral em Porto Seguro (Fernández-Armesto, p. 67-71).
6. Vianna Moog, *Bandeirantes and Pioneers*, George Braziller, Nova York, 1964, p. 102.
7. Entre os relatos acessíveis a respeito do Brasil colonial, indico o de Leslie Bethell (ed.), *Colonial Brazil*, Cambridge University Press, 1987; Boris Fausto, *A Concise History of Brazil*, Cambridge, 2006.
8. Sérgio Buarque de Holanda, *Raízes do Brasil*, Companhia das Letras, São Paulo, 1996, p. 53.
9. Citado em Ribeiro, p. 75.
10. Para mais informações a respeito da história da França Antártica (*La France Antarctique*), ver Jean de Léry, *History of a Voyage to the Land of Brazil*, University of California Press, 1992.
11. Darlene J. Sadlier, *Brazil Imagined: 1500 to the Present*, University of Texas Press, 2008, capítulo 1; Hemming (1978), capítulo 1.
12. Ribeiro; Hemming (1987).
13. Citado em Hemming (1987), p. 151.
14. Stuart B. Schwartz, "Plantations and Peripheries c. 1580–c.1750", *in* Bethell (1987); Caldeira (2008), p. 166-8; Buarque de Holanda (1996), p. 126-7.
15. Citado em Fernando Rosas Moscoso, *Del Rio de la Plata al Amazonas: El Perú y el Brasil en la Época de la Dominació Ibérica*, Editorial Universitaria, Universidad Ricardo Palma, Lima, 2008, p. 107.
16. A respeito de Vieira, ver Ronaldo Vainfas, *Antônio Vieira*, Companhia das Letras, São Paulo, 2011.
17. Citado em Hemming (1987), p. 156.
18. Dean (1997), p. 88; Hemming (1987), p. 172.
19. Dauril Alden, "Late Colonial Brazil, 1750–1808" *in* Bethell (1987); David Birmingham, *A Concise History of Portugal*, Cambridge, 2008, p. 82-8; Hemming (1987).
20. Hemming (1978), Apêndice.
21. Ribeiro, p. 110.
22. Os próximos parágrafos são baseados em Herbert S. Klein, *The Atlantic Slave Trade*, Cambridge University Press, 2010; e Robin Blackburn, *The Making of New World Slavery: From the Baroque to the Modern, 1492–1800*, Verso, 2010.
23. Blackburn (2010), p. 170; Klein, p. 132.
24. Schwartz (1987), p. 74.
25. Schwartz (1987)
26. Gilberto Freyre, *Casa-grande & senzala: formação da família brasileira sob o regime da economia patriarcal*, Global Editora, São Paulo, 51ª edição, 2006, p. 36.
27. Citado em Schwartz (1987), p. 81.
28. Klein (2010), Apêndice.

29. Klein (2010), capítulo 4.
30. Caldeira (2008), p. 127–30.
31. Moog (1964), p. 18.
32. Charles Darwin, *The Voyage of the Beagle*, Dent Dutton (1961), p. 11.
33. Moog (1964), p. 223.
34. Dean (1995), p. 107–11.
35. Citado em Dean (1995), p. 108.
36. Blackburn (2010), p. 163.
37. Schwartz (1987), p. 67; Caldeira (2008), p. 144.
38. Robert Edgar Conrad, *Children of God's Fire: A Documentary History of Black Slavery in Brazil*, Princeton, 1983, p. 163–74.
39. Vainfas (2011), p. 275.
40. Freyre (2006), p. 33.
41. Prefácio a Freyre (2006).
42. Conrad (1983), Parte Dois, p. 55–111.
43. Klein (2010), capítulos 6 e 7.
44. Conrad (1983), p. xviii.
45. Klein (2010), p. 177; Fausto (2006), p20.
46. Dauril Alden, *Late Colonial Brazil, 1750–1808, in* Bethell (1987), tabela p. 290; Klein (2010), p. 36; Conrad (1983), p. 317.
47. Conrad (1983), p. 210-6.
48. Citado em Conrad (1983), p. 56.
49. Conrad (1983), p. 233.
50. Evaldo Cabral de Mello (org.), *O Brasil holandês*, Penguin/Companhia das Letras, São Paulo, 2010, capítulo 11.
51. Muitas das telas de Post foram pintadas em seu retorno à Holanda, a partir de esboços feitos no Brasil. O Príncipe Maurício deu 18 das telas de Post ao francês Luís XIV, que atualmente se encontram no Museu do Louvre. Algumas das imagens dos índios brasileiros feitas por Eckhout foram utilizadas pela fábrica de tapeçarias Gobelins, em Paris, tornando-se tapeçarias populares. Ver Sadlier (2008), p. 71–83; Frans Post: Corrêa do Lago, Pedro et Ducos, Blaise, Le Brésil à la cour de Louis XIV, catálogo da exposição, Louvre, 2005.
52. Frédéric Mauro, "Political and Economic Structures of Empire, 1580–1750" *in* Bethell (1987); Blackburn (2010), p. 187–96.
53. Vainfas (2011), p. 157.
54. Estes parágrafos são baseados em A. J. R. Russell-Wood, "The gold cycle, c. 1690–1750", *in* Bethell (1987). Ver também Fausto (2006), p. 49-54.
55. Alden (1987), p. 289.
56. Citado em Blackburn (2010), p. 489.
57. Alden, "Late Colonial Brazil", *in* Bethell (1987).
58. Fausto (2006) p. 54, 59–63; Alden (1987) p. 336–43; Kenneth Maxwell, *Naked Tropics: Essays on Empire and Other Rogues*, Routledge, 2003, capítulo 7.
59. Ivo Mesquita, "Brazil", *in* Sullivan, Edward J (ed.), *Latin American Art in the Twentieth Century*, Phaidon, 1996.
60. Leslie Bethell, "The Independence of Brazil", *in* Bethell (ed.), *The Cambridge History of Latin America*, Vol. III, 1985, p. 163.

61. Buarque de Holanda (1996), capítulo 4; Fausto (2006), p. 58; J. H. Elliott, "Modernizing the Marranos", *New York Review of Books*, 11 de março de 2010; Vainfas (2011); Isabel dos Guimarães Sá, "Ecclesiastical Structures and Religious Action", *in* Bethencourt e Curto (2007), p. 265-7.
62. Alden (1987), p. 292.
63. O tratado logo foi repudiado, e o Brasil travaria guerras intermitentes em suas fronteiras Sul e Oeste durante mais de um século; não obstante, as fronteiras gerais do país não mudaram muito a partir de 1750.
64. Ribeiro (1995), p. 17.
65. Moog (1964).
66. Freyre (2006), p. 114.
67. Buarque de Holanda (1996); sobre a concepção de Estado patrimonial no Brasil, delineada por Faoro, ver Botelho e Schwarcz (2009), p. 364-77 e Fernando Henrique Cardoso, *Pensadores que inventaram o Brasil*, Companhia das Letras, São Paulo, 2013, p. 227-62.

Capítulo 4

1. Patrick Wilcken, *Empire Adrift: The Portuguese Court in Rio de Janeiro 1808-21*, Bloomsbury, 2004, capítulos 1 e 2.
2. Maxwell (2003), capítulo 8; Dean (1997), capítulo 6.
3. Bethell (1985), p. 185; Marshall C. Eakin, *Brazil: The Once and Future Country*, St Martin's Press, 1997, p. 28-9.
4. Bethell (1985), p. 195.
5. Fausto (2006), p. 77.
6. Leslie Bethell e José Murilo de Carvalho, *Brazil from Independence to the Middle of the Nineteenth Century*, Cambridge History of Latin America, Vol. 3, 1985, capítulo 16, p. 684; Fausto (2006), p. 80.
7. Bethell e Carvalho (1985), p. 691-2.
8. José Murilo de Carvalho, *D. Pedro II*, Companhia das Letras, São Paulo, 2007, p. 9.
9. Sobre Dom Pedro, ver Carvalho (2007).
10. Bethell e Carvalho, p. 691-717.
11. Richard Graham, "Brazil from the Middle of the Nineteenth Century to the Paraguayan War", *in* Bethell e Carvalho (eds.), *Cambridge History of Latin America*, Vol. 3, 1985, p. 775-8; Gabriela Nunes Ferreira, "Visconde do Uruguai: Teoria e prática do Estado brasileiro", *in* André e Schwarcz Botelho, Lilia Moritz (orgs.), *Um enigma chamado Brasil*, Companhia das Letras (2009).
12. Bolívar Lamounier, *Da independência a Lula: dois séculos de política brasileira*, Augurium Editora, São Paulo, 2005, p. 30-31 e p. 84-5.
13. Emilia Viotti da Costa, *Brazil: the Age of Reform 1870-1889*, *in* Bethell, Leslie (ed.), The Cambridge History of Latin America, Vol. V, 1986, p. 742.
14. Graham (1985), p 775-7.
15. Stephen Topik, "The Hollow State: Effect of the World Market on State-Building in Brazil in the Nineteenth Century", *in* James Dunkerley (ed.), *Studies in the Formation of the Nation State in Latin America*, Institute of Latin American Studies, Londres, 2002, p. 112-32.
16. José Bonifácio citado em Conrad, p. 418-27.
17. "Our expiring commercial treaty with the Brazils", *The Economist*, 2 de setembro de 1843. O artigo defende que "as condições em que os brasileiros insistem para assegurar a continuidade

de nossas relações comerciais [i.e. acentuadas reduções tarifárias nas importações britânicas de açúcar brasileiro, café e algodão] – em vez de serem onerosas para nós (...) seriam (...) de grande benefício" para a Grã-Bretanha.
18. Victor Bulmer-Thomas, *The Economic History of Latin America since Independence*, Cambridge, 1994, p. 142.
19. Nathaniel H. Leff, "Economic Development in Brazil 1822–1913", *in* Stephen Haber (ed.), *How Latin America Fell Behind: Essays on the Economic Histories of Brazil and Mexico, 1800–1914*, Stanford, 1997.
20. "Evolution", *in* Machado de Assis, *A Chapter of Hats and Other Stories*, Bloomsbury, 2009, p. 109.
21. Colin M. Lewis, *Public Policy and Private Initiative: Railway Building in São Paulo 1860–1889*, Institute of Latin American Studies Research Papers n. 26, University of London, 1991, p. 12.
22. Topik (2002), p. 122–6.
23. O nome refere-se a 15 de novembro, data em que, em 1889, a monarquia foi derrubada.
24. Entrevista com Tânia Andrade Lima e visita ao Valongo, novembro de 2011.
25. Bethell (1985), p. 192.
26. Bethell e Carvalho, p. 729–37.
27. *Ibid.*, p. 743–6; Graham (1985), p. 751.
28. Warren Dean, The Brazilian Economy 1870–1930, *in* Leslie Bethell (ed.), *The Cambridge History of Latin America*, Vol. V, 1986, p. 701–2; Fausto (2006), p. 107.
29. Lewis (1991); William Summerhill, "Transport Improvements in Brazil and México" *in* Haber (1997), p. 113.
30. Este parágrafo se baseia em Fausto (2006).
31. Marcos Augusto Gonçalves, *1922: A semana que não terminou*, Companhia das Letras, São Paulo, 2012, p. 68.
32. Peter Burke e Maria Lúcia Pallares-Burke, *Gilberto Freyre: Social Theory in the Tropics*, Peter Lang, Oxford, 2008, p. 61.
33. Carvalho (2007), capítulo 15; Graham (1985), p. 784–7.
34. Raymond Aron, *Main Currents in Sociological Thought*, Penguin, 1965, p. 63–109; Todd A. Diacon, *Rondon*, Companhia das Letras, São Paulo, 2006, capítulo 4; Carvalho (2007), capítulos 17 e 25.
35. Viotti da Costa (1986), p. 747.
36. *Ibid.*, p. 739.
37. Carvalho (2007), capítulo 30.
38. Joaquim Nabuco, *Essencial*, Penguin/Companhia das Letras, São Paulo, 2010, p. 38.
39. Robert M. Levine, *Vale of Tears: Revisiting the Canudos Massacre in Northeastern Brazil, 1893–1897*, University of California Press, 1995, p. 43.
40. Fausto (2006), p. 129.
41. Luiz Felipe D'Avila, *Os virtuosos: os estadistas que fundaram a República brasileira*, A Girafa Editora, São Paulo, 2006, capítulo 3; Marco Antonio Villa, *A História das Constituições Brasileiras*, Leya, São Paulo, 2011, capítulo 2.
42. Fausto (2006b), p. 17.
43. Euclides Da Cunha, *Rebellion in the Backlands*, Picador, 1995, p. 414.
44. Levine (1995); da Cunha (1995); Ronald M. Schneider, *Brazil: Culture and Politics in a New Industrial Powerhouse*, Westview Press, 1996, p. 49.
45. *Ibid.*, p. 695.

46. *Ibid.*, p. 231.
47. *Ibid.*, p. 612. Mario Vargas Llosa, o escritor peruano, baseou-se no livro de Euclides da Cunha em seu romance *A guerra do fim do mundo*. Na fronteira entre os estados de Santa Catarina e Paraná, vários milhares de trabalhadores rurais protagonizaram outra insurgência milenarista (conhecida como Guerra do Contestado) entre 1912 e 1915, em protesto contra a instalação de uma companhia ferroviária e de uma madeireira.
48. Boris Fausto, "The Social and Political Structure of the First Republic", *in* Leslie Bethell (ed.), The Cambridge History of Latin America, 1986, p. 779–829; José Murilo de Carvalho, *Cidadania no Brasil: o longo caminho*, Civilização Brasileira, Rio de Janeiro, 14a edição, 2011, p. 56–7; Levine (1995), p. 91–7.
49. Dean (1986), p. 690
50. *Ibid.*, p. 697
51. Palestra de Menotti em Caldeira (2008), p. 480–2; sobre o modernismo, ver Gonçalves (2012) e Beatriz Resende, "Brazilian Modernism: the Canonised Revolution", *in* Vivian Schelling, *Through the Kaleidoscope: The Experience of Modernity in Latin America*, Verso, 2000, p. 199–216.
52. Ver o capítulo 2.
53. Resende (2000); Nádia Battella Gotlib, *Tarsila do Amaral: A Modernista*, Editora Senac, São Paulo, 1997.
54. Revista do *Financial Times*, 7 de junho de 2003.
55. Em uma pura – talvez pura demais – concepção pós-modernista, John Updike faz uma adaptação disso em seu romance *Brazil* (1994), em que uma jovem negra de uma favela do Rio conhece uma menina branca de classe alta e as duas trocam de cor.
56. Gonçalves, p. 326
57. David Rock, "Society and Politics in Argentina 1880-1916", *in* Leslie Bethell (ed.), *Argentina since Independence*, Cambridge University Press, 1993, p. 89.
58. Fausto (2006), p. 166–90; Leslie Bethell, "Politics in Brazil under Vargas 1930–1945", *in* Bethell (ed.), *The Cambridge History of Latin America*, Vol. IX, (2008), p. 9–10; Meirelles, Domingos, *As noites das grandes fogueiras: uma história da Coluna Prestes*, Editora Record, Rio de Janeiro, 1995, capítulos 1–7.
59. Alain Rouquié, *The Military and the State in Latin America*, University of California Press, 1987, capítulos 3 e 4 (citação: p. 113).
60. Alfredo Behrens, *Culture and Management in the Americas*, Stanford University Press, 2009, p. 113

Capítulo 5

1. Boris Fausto, *Getúlio Vargas*, Companhia das Letras, São Paulo (2006); Leslie Bethell, "Politics in Brazil under Vargas 1930–45" *in* Bethell (ed.), *Brazil since 1930, Cambridge History of Latin America*, Vol. IX, Cambridge Univerty Press, 2008. Citação do diário em *Veja*, 23 de maio de 2012; citação de Tancredo Neves *in* Claudio Bojunga, *JK: O artista do impossível*, Editora Objetiva, Rio de Janeiro, 2001, p. 184.
2. Ferreira, Jorge, *João Goulart: Uma biografia*, Editora Civilização Brasileira, Rio de Janeiro, 2011, p. 25.
3. Fausto (2006b), capítulo 1; Ruben Oliven, *Tradition Matters: Modern Gaúcho Identity in Brazil*, Columbia University Press, Nova York, 1996, Introdução.

4. Fausto, *op. cit.*, capítulo 2; Marcelo Paiva de Abreu, *The Brazilian Economy 1930-80*, *in* Bethell (ed.), 2008; Baer (2008), capítulo 3.
5. Bethell, "Politics in Brazil Under Vargas 1930-45", *in* Bethell (ed.) (2008), p. 27-30; Roberto Pompeu de Toledo, "O que foi a Revolução de 1932", *Veja* São Paulo, 4 de julho de 2012. A Revolução Constitucionalista, como os paulistas a chamaram, ainda é muito lembrada em São Paulo, sendo celebrada por um feriado estadual no dia 9 de julho, data de início da revolta; duas das principais avenidas da cidade levam os nomes de 9 de Julho de e 23 de Maio, quando quatro jovens manifestantes paulistas foram mortos em um confronto com os tenentes. A guerra civil permanece amplamente esquecida no resto do Brasil.
6. Citações do diário em Fausto (2006b), p. 68.
7. Michael L. Conniff (ed.), *Latin American Populism in Comparative Perspective*, University of New Mexico Press, Albuquerque, 1982 (ver o capítulo sobre o Brasil, escrito pelo próprio Conniff).
8. Bethell, *op. cit.*, p. 35-51; Fausto (2006b), p. 70-81. Como Góes Monteiro, os laços de Dutra com Vargas remontavam a seus anos de estudo na academia militar de Porto Alegre; como general, Mourão Filho daria início ao golpe que, em 1964, derrubou a democracia.
9. Citado em Fausto (2006b), p. 81-2.
10. Bethell (2008), p. 56.
11. Ver Howard Wiarda, *The Soul of Latin America: The Cultural and Political Tradition*, Yale, New Haven e Londres, 2001, capítulo 9.
12. Bethell (2008), p. 90-114.
13. Citado em Fausto (2006b), p. 82.
14. Bethell (2008), p. 61-65.
15. O populismo é um termo escorregadio e controverso, mas inevitável para o analista da política latino-americana. Refiro-me, ao usá-lo, a uma característica da política em que um líder forte procura organizar, de cima para baixo, uma coalizão eleitoral de massas, envolvendo uma ampla gama de classes sociais e reivindicando representar "o povo" (*el pueblo,* em espanhol) contra "a oligarquia" ou supostos inimigos estrangeiros. Normalmente, esses líderes enfraquecem ou eliminam os mecanismos de restrição ou contrapeso institucional ao poder executivo. O populismo costuma ser associado a políticas econômicas insustentáveis, que dão prioridade à redistribuição em detrimento da estabilidade dos preços e do equilíbrio fiscal. Exploro a questão do populismo mais longamente em Reid, Michael, *Forgotten Continent: The Battle for Latin America's Soul*, Yale, 2007. Sobre Vargas como populista e o populismo no Brazil, Ver Bethell, Leslie, "Populism, neo-populism and the Left in Brazil: from Getulio to Lula", *in* Cynthia Arnson e Carlos de la Torre (eds.), *Populism in Twenty-first Century Latin America*, Johns Hopkins, 2012, e Michael L. Conniff, "Brazil's Populist Republic and Beyond" *in* Conniff (ed.), *Populism in Latin America*, University of Alabama Press, Tuscaloosa e Londres, 1999.
16. Gomes e a UDN, que esperava vencer, conseguiram apenas 35% dos votos, ao passo que o PCB amealhou quase 10%.
17. Bethell (2008), p. 92.
18. Thomas Skidmore, *Politics in Brazil 1930-1964: An Experiment in Democracy*, Oxford University Press, 1967.
19. Fausto (2006b), capítulo 4.
20. Fausto (2006b), p. 195-6; Bethell (2008) p. 116-9; Skidmore (1967), capítulos 3 e 4. Essa carta foi ditada por Vargas no início de agosto, a seu pedido, a José Soares Maciel Filho, jornalista e amigo do presidente, e foi concebida como um testamento político. O texto completo foi

NOTAS

incorporado ao programa do PTB. O próprio Vargas escreveu uma nota menor, mais pessoal, pouco antes de morrer. O Palácio do Catete hoje é um museu, e o quarto foi preservado (ou recriado) tal como era quando Vargas se matou.

21. Janice Pearlman, *Favela: Four Decades of Living on the Edge in Rio de Janeiro*, Oxford University Press, 2010, p. 152.
22. O udenista Juarez Távora, ex-tenente, conquistou 29% dos votos, e Ademar de Barros, 24%.
23. Bojunga, p. 16.
24. *Ibid.*, p. 166.
25. Citações, *ibid.*, p. 329 e p. 296.
26. Em português se lê: "Deste Planalto Central, desta solidão que em breve se transformará em cérebro das mais altas decisões nacionais, lanço os olhos mais uma vez sobre o amanhã do meu país and antevejo esta alvorada, com fé inquebrantável e uma confiança sem limites no seu grande destino."
27. *Ibid.*, p. 391-9; 419-29, 553-69 e p. 732.
28. Raymundo Faoro, *A democracia traída: entrevistas*, Editora Globo, 2008, p. 150.
29. Skidmore (1999), p. 148; Marcelo Paiva de Abreu, "The Brazilian Economy 1945-1964" *in* Bethell (2008), p. 343.
30. Citado no *Guardian*, 2 de outubro de 2013.
31. Mario Sergio Conti, *Notícias do Planalto: a imprensa e Fernando Collor*, Companhia das Letras, São Paulo, 1999, p. 52.
32. Mesquita *in* Sullivan (1996).
33. Citação, *ibid.*, p. 573.
34. Bethell (2008), p. 136.
35. Bethell (2008), p. 133-40 e Ferreira, capítulo 6.
36. Ferreira, capítulo 7.
37. Skidmore (1967), p. 234-53; Bethell (2008), p.140-47.
38. Brizola foi outro produto do violento universo rural gaúcho. Seu pai era um fazendeiro pobre e mascate, tendo sido assassinado após ser capturado pelas tropas de Borges de Medeiros, sucessor de Castilho, em uma guerra civil em 1922. Trabalhou duro para concluir seus estudos de direito.
39. Ferreira, p. 425-8.
40. Elio Gaspari, *A ditadura envergonhada*, Companhia das Letras, São Paulo, 2002, p. 51.
41. Skidmore (1967), capítulo 8; Bethell (2008), p. 148-59; Maria Celina D'Araujo and Celso Castro (orgs.), *Ernesto Geisel*, Fundação Getulio Vargas, Rio de Janeiro, 1997, capítulo 9. Em setembro de 1963, centenas de suboficiais se revoltaram em Brasília e tomaram vários edifícios públicos, depois que a Suprema Corte decidiu que um sargento da ativa seria inelegível para cargos no Congresso. O motim naval de março de 1964 foi instigado pelo Cabo José Anselmo – que, mais tarde, se descobriria ter sido um agente da inteligência naval.
42. Bethell (2008), p. 159-63.
43. Skidmore, Thomas, *The Politics of Military Rule in Brazil 1964-85*, Oxford, 1988, p. 27-9; D'Araujo e Castro (1997), capítulo 9.
44. Skidmore (1967), p. 325-9; Bethell (2008), p. 152-64; Lincoln Gordon, suplemento a *Brazil's Second Chance: En Route Toward the First World*, Brookings Institution, 2003 (ver Apêndice B, p. 57, para a citação do telegrama enviado por Gordon a Washington em 26 de março); a segunda citação de Gordon foi extraída de uma nota de rodapé de Rouquié (1987), p. 439.
45. Bojunga, p. 261.

Capítulo 6

1. Gaspari (2002), p. 123-4.
2. Rouquié (1987), p. 286; D'Araujo e Castro (1997), p. 75 e 141.
3. D'Araujo e Castro; Rouquié, capítulo 9; citações de Cardoso, p. 286.
4. Neste relato da ditadura, baseei-me essencialmente em Skidmore (1988) e D'Araujo e Castro (1997).
5. "Tropicália" era o nome de uma instalação de Hélio Oiticica, artista concretista. Ver Caetano Veloso, *Verdade tropical*, Companhia das Letras, São Paulo, 1997.
6. Dados sobre a repressão extraídos de Carvalho (2011), p. 164
7. Citado em Bojunga, p. 664.
8. Skidmore (1988), p. 150; estudo da justiça militar, p. 132.
9. Iniciais de Destacamento de Operações de Informações – Centro de Operações de Defesa Interna.
10. Gaspari, p. 21-41.
11. O colégio eleitoral consistia na associação das duas casas do Congresso, além de seis representantes do partido majoritário em cada estado.
12. Conti, p. 38-9.
13. Ricardo Batista Amaral, *A vida quer é coragem: a trajetória de Dilma Rousseff, a primeira presidenta do Brasil*, Primeira Pessoa, Rio de Janeiro 2011, p. 46.
14. Fernando Henrique Cardoso com Brian Winter,, *The Accidental President of Brazil: A Memoir*, Public Affairs, Nova York, 2007. Sobre Dilma Rousseff, ver Amaral, capítulo 6.
15. Abreu (2008), p. 283-92; Maddison, Angus et al, *Brazil and Mexico: The Political Economy of Poverty, Equity and Growth*, World Bank e Oxford University Press, 1992, capítulo 1.
16. Marcelo de P. Abreu, Afonso S. Bevilaqua e Demosthenes M. Pinho, "Import Substitution and Growth in Brazil, 1890s–1970s", *in* Enrique Cardenas, Jose Antonio Ocampo e Rosemary Thorp, *An Economic History of Twentieth-Century Latin America, Vol. 3: Industrialization and the State in Latin America, the Postwar Years*, Palgrave, 2000, capítulo 6, p. 154-76.
17. Definição de Luciano Martins, sociólogo, citado em Bojunga, p. 350.
18. D'Araujo e Castro, p. 249 e 287.
19. Abreu (2008), p. 294-5; Baer (2008), capítulo 4.
20. Miriam Leitão, *A saga brasileira: a longa luta de um povo por sua moeda*, Editora Record, 2011,. *Donatários*, p. 232; estudo do BNDES citado na p. 89.
21. Mailson da Nóbrega e Gustavo Loyola, "The long and simultaneous construction of fiscal and monetary institutions", *in* Lourdes Sola e Laurence Whitehead, Centre for Brazilian Studies, Oxford, 2006, p. 57-83.
22. Miriam Leitão, *Saga Brasileira: A longa luta de um povo por sua moeda*, Editora Record, p. 88-9; Faoro, p. 63.
23. Paraná, p. 45-60; "Dona" é um tratamento respeitoso amplamente usado, denotando uma mulher casada e/ou mãe.
24. Citado em Carlos Melo, *Collor: o ator e suas circunstâncias*, Editora Novo Conceito, São Paulo, 2007, nota de rodapé da p. 39; Francisco Vidal Luna e Herbert S. Klein, *Brazil Since 1980*, Cambridge University Press, 2006, capítulo 6.
25. O relatório foi publicado sob os auspícios da arquidiocese católica de São Paulo e traduzido como *São Paulo: Growth and Poverty*, Catholic Institute of International Relations e Bowerdean Press, Londres, 1978.
26. Carvalho (2011), p. 169.

27. Maddison e colegas, p. 52 e p. 86-9; *Revista Piauí*. Novembro de 2012.
28. Ver Bacha (2012), p. 33-8.
29. Frase de abertura da plataforma política de Cardoso na campanha presidencial de 1994.

Capítulo 7

1. Citado no documentário *Senna* (2010).
2. Pesquisa da Gallup em Faoro, p. 181; sobre a morte e o funeral de Senna, ver o documentário *Senna* (2010) e Richard Williams, *The Death of Ayrton Senna*, Penguin, 1995, p. 17; Peter Robb, *A Death in Brazil*, Bloomsbury, 2004.
3. Maílson da Nóbrega, *Além do feijão com arroz: Autobiografia*, Civilização Brasileira, Rio de Janeiro, 2010, p. 380-81; p. 396.
4. Sobre a constituição, ver Villa, capítulo 7; Carvalho (2011), capítulo IV; e Bethell (2008), p. 237-46. Citação de Martins em Nóbrega, p. 370.
5. Kirk Weyland, "The Brazilian State in the New Democracy", *in* Peter R. Kingstone e Timothy J. Power, (eds.), *Democratic Brazil: Actors, Institutions and Processes*, University of Pittsburgh Press, 2000, p. 40.
6. Timothy Power, "Political Institutions in Democratic Brazil: Politics as a Permanent Constitutional Convention", *in* Kingstone e Power, *op. cit.*, p. 21.
7. Baseei-me essencialmente em Conti (1999) ao tratar da ascensão e queda de Collor; para mais informações sobre o contexto alagoano, p. 9-29.
8. Cardoso (2006b), p. 131-5.
9. Citado em Conti, p. 166.
10. Melo (2007), capítulo 1; Bethell (2008), p. 246-7; Conti, p. 231-75. Conti em grande medida absolve a TV Globo, embora não seu diretor de jornalismo, Alberico Sousa Cruz, da acusação recorrente de favorecimento de Collor. Contudo, ele afirma que o relato do último debate televisivo da campanha presidencial no principal telejornal da emissora, o *Jornal Nacional*, foi editado com um viés claramente favorável a Collor (a quem se reconheceu, de modo geral, a vitória no debate).
11. Leitão, capítulo 9.
12. Para mais informações a respeito de Farias e Collor, ver Conti, parte 2.
13. Bethell (2008), p. 254.
14. Baer, capítulo 6.
15. Fernando Henrique Cardoso, *The Accidental President of Brazil: A Memoir*, Public Affairs, 2006, p. 186-8; Fernando Henrique Cardoso, *A arte da política: a história que vivi*, Editora Civilização Brasileira, Rio de Janeiro, 2006, capítulo 3; Leitão, capítulo 12; Baer, p. 130.
16. Cardoso, *Accidental President*, p. 193; para obter estatísticas da inflação no Ministério da Fazenda, *The Brazilian Economy: The Challenge of Stability and Sustained Growth*, Brasília, 1986 e Baer, p. 410.
17. Leitão, p. 299
18. Michael Reid, "The Disorders of Progress: A Survey of Brazil", *The Economist*, 27 de março de 1999. Entrevista do autor com Vilmar Faria, janeiro de 1999.
19. Robert M. Levine e John J. Crocitti (eds.), *The Brazil Reader: History, Culture, Politics*, Duke University Press, 1999.
20. Cardoso (2006b), p. 279.
21. Francisco Anuatti-Neto et al., "Costs and Benefits of Privatization: Evidence from Brazil", *in* Alberto Chong e Florencio López de Silanes (eds.), *Privatization in Latin America: Myths and Reality*, Stanford University Press, 2005.

22. Roberto Macedo, "Distribution of Assets and Income in Brazil: New Evidence" *in* John Nellis e Nancy Birdsall (eds.), *Reality Check: The Distributional Impact of Privatization in Developing Countries*, Center For Global Development, Washington DC, 2005.
23. Entrevistas do autor com Fernando Henrique Cardoso, 31 de março de 1999, e com Jereissati, fevereiro de 2003; Cardoso (2006b), p. 370.
24. Entrevista do autor, abril de 1996.
25. Entrevista dos autores com Malan, 9 de abril e 16 de outubro de 1996, 22 de julho de 1997 e 15 de setembro de 1998; Baer, Tabela 7.5, p. 138. Nesse período, o governo brasileiro ainda usava um conceito chamado déficit fiscal "operacional", que não contabilizava o impacto da indexação e da desvalorização sobre a dívida pública.
26. Pronunciamento perante a Comissão Econômica da ONU para a América Latina e Caribe, Santiago, Chile, 3 de março de 1995.
27. Roberto Pompeu de Toledo, *O presidente segundo o sociólogo: entrevista de Fernando Henrique Cardoso*, Companhia das Letras, 1998, capítulo 6.
28. Gustavo H. B. Franco, "A inserção externa e o desenvolvimento", artigo de 1996 fornecido ao autor.
29. Reid (1999); Leitão, capítulo 18.
30. Entrevista do autor, 31 de março de 1999.
31. Cardoso (2006b), p. 485-9.
32. Entrevista do autor, janeiro de 1999; Cardoso (2006b), p. 521-9.
33. Entrevista do autor, janeiro de 1999.
34. *O Estado de São Paulo*, 7 de fevereiro de 2010.
35. Ver, por exemplo, *Veja*, 17 de janeiro de 1996.
36. Monica de Bolle, *O Globo*, 9 de abril de 2013; *O Estado de São Paulo*, 2 de maio de 1999; *Veja*, 17 de abril de 2002.
37. Cardoso (2006b), p. 12-13.

Capítulo 8

1. Sobre a fundação do PT, ver Margaret Keck, *The Workers' Party and Democratization in Brazil*, Yale University Press, 1992, capítulos 4 e 5; e Lincoln Secco, *História do PT*, Ateliê Editorial, São Paulo, 2011, capítulo 1.
2. Faoro, p. 157-8.
3. Entrevista na *Veja*, 22 de setembro de 2004.
4. *Veja*, 2 de novembro de 2005.
5. Luiz Inácio Lula da Silva, *Carta ao povo brasileiro* (disponível em http://www.pt.org); *Veja*, 27 de fevereiro de 2013; *O Estado de São Paulo*, 4 de maio de 2013.
6. "Let the People Decide", *The Economist*, 3 de julho de 2002.
7. "A Matter of Faith", *The Economist*, 15 de agosto de 2002.
8. "Brazil's presidential election: The Meaning of Lula", *The Economist*, 3 de outubro de 2002.
9. Disponível em http://www.biblioteca.presidencia.gov.br/ex-presidentes/luiz-inacio-lula-da--silva/discursos.
10. *Veja*, 6 de novembro de 2002.
11. Marcos de Barros Lisboa, *A agenda perdida*, Rio de Janeiro, setembro de 2002; Rafael Cariello, "O Liberal contra a miséria", *Revista Piauí* n. 74, novembro de 2012.

NOTAS 281

12. Entrevista do autor, fevereiro de 2003; para obter mais detalhes sobre a reforma previdenciária, veja Albert Fishlow, *Starting Over: Brazil since 1985*, Brookings Institution Press, Washington DC, 2011, p. 126.
13. Reunião com a presença do autor, setembro de 2003.
14. Para mais informações sobre os termos comerciais, ver ECLAC, Economic Survey of Latin America and the Caribbean, 2012, Tabela A11.
15. Cariello (2012).
16. Reid (1999); Hunter, p. 161.
17. Hunter, capítulo 6; entrevista com Luiz Dulci, fevereiro de 2003.
18. Hunter, capítulo 6.
19. *The Economist*, 23 de junho de 2005 e 14 de julho de 2005; Norman Gall, *Lula and Mephistopheles*, Instituto Fernand Braudel de Economia Mundial, São Paulo, 2005; *Folha de S.Paulo*, 5 de agosto de 2005.
20. *Newsweek*, 2 de dezembro de 2002.
21. *The Economist*, 14 de julho de 2005; Gall (2005).
22. *The Economist*, entrevista com Luiz Inácio Lula da Silva, 24 de fevereiro de 2006; e 23 de março de 2006.
23. Revista de fim de semana do *Valor Econômico*, 21 de maio de 2010.
24. Wendy Hunter e Timothy Power, "Rewarding Lula: Executive Power, Social Policy and the Brazilian Elections of 2006", *Latin American Politics & Society*, Vol. 49, n. 1, Primavera de 2007.
25. "Lazy, hazy days for lucky Lula", *The Economist*, 30 de junho de 2007.
26. Citações de Lula extraídas de *O Globo*, 28 de março de 2009; Leitão, capítulos 3 e 20.
27. Entrevista do autor, Brasília, setembro de 2010.
28. Lula disse isso pela primeira vez em 2007, tendo-o repetido em diversas ocasiões: http://radioagencianacional.ebc.com.br/node/65890.
29. Ricardo Batista Amaral, *A vida quer é coragem: a trajetória de Dilma Rousseff, a primeira presidenta do Brasil*, Primeira Pessoa, Rio de Janeiro 2011, p. 175-6.
30. Entrevista do autor com Lula, Brasília, setembro de 2010.
31. Anderson, Perry, "Lula's Brazil", *London Review of Books*, 31 de março de 2011.
32. Singer, André, *Os sentidos do lulismo: reforma gradual e pacto conservador*, Companhia das Letras, São Paulo, 2012, p. 9-22.
33. Entrevista do autor, São Paulo, outubro de 2013.
34. Palestra na conferência *Rising Brazil*, Institute for the Study of the Americas, Londres, outubro de 2011.
35. Singer faz essa distinção em Singer (2012), p. 36.
36. *Revista Piauí*, maio de 2008.
37. Entrevista do autor, Brasília, setembro de 2010.
38. Para mais informações sobre a história de vida de Dilma, ver Amaral (2011).
39. Entrevista do autor, Londres, novembro de 2009.
40. *Ibid*.
41. Comentários em um café da manhã com a imprensa, Londres, maio de 2011.
42. Entrevista na revista de fim de semana do *Financial Times*, 23 de fevereiro de 2013.
43. OECD Economic Surveys: Brazil, outubro de 2013.
44. Entrevista na *Veja*, 12 de junho de 2013.

Capítulo 9

1. Nancy Scheper-Hughes, *Death Without Weeping: The Violence of Everyday Life in Brazil*, University of California Press, 1992, p. 1-20.
2. *Ibid.*, p. 137
3. Entrevista do autor, Timbaúba, outubro de 2012.
4. Bojunga, p. 517
5. Entrevista do autor, agosto de 1998. "I wrote up this trip in 'The north-east: politics, water and poverty'", *The Economist*, 27 agosto de 1998.
6. *The Economist*, 27 agosto de 1998.
7. Entrevista do autor, Brasília, julho de 1998.
8. IPEA, "A Década Inclusiva (2001-2011): Desigualdade, pobreza e políticas de renda", *Comunicado* n. 155, 25 setembro de 2012; "Brazil's north-east: Catching up in a hurry", *The Economist*, 19 maio de 2011; Marcelo Neri (org.), *Microcrédito: O mistério nordestino e o Grameen brasileiro*, Fundação Getulio Vargas, Rio de Janeiro, 2008.
9. Entrevista do autor com Marcelo Neri e Ricardo Paes de Barros, São Paulo e Rio de Janeiro, maio de 2010; Neri, Marcelo, *A nova classe média: O lado brilhante da base da pirâmide*, Editora Saraiva, São Paulo, 2011, p. 26.
10. IPEA, "A década inclusiva (2001-2011): desigualdade, pobreza e políticas de renda", *Comunicado* N. 155, 25 de setembro de 2012.
11. *Financial Times*, 21 de abril de 2012.
12. IPEA, *Comunicado* n. 155; entrevista com Paes de Barros.
13. *Veja* 18/2/2009
14. Ver Plano Brasil Sem Miseria, www.gov.br; discutido em http://www.bbc.co.uk/portuguese/noticias/2013/03/130307_abre_pobreza_brasil_jp_j f.shtml e "Social Spending in Brazil: The end of poverty?", Americas View, www.economist.com, 28 de fevereiro de 2013.
15. Entrevista do autor com autoridade do Banco Mundial, Brasília, novembro de 2011.
16. Neri (2011), capítulos 1 e 3.
17. Dados do Banco Mundial.
18. Anfavea, Anuario Estatístico, 2012; entrevista com Fabio Barbosa, São Paulo, junho de 2012.
19. Visita e entrevistas do autor, julho de 2007; Patricia Mota Guedes e Nilson Veira Oliveira (2006), "Democratization of consumption", *Braudel Papers*, n. 38, Braudel Institute, São Paulo, 2006.
20. Entrevista de Emma Raffo em nome do autor, São Paulo, junho de 2010.
21. Entrevista do autor, Recife, outubro de 2012.
22. Banco Mundial, *Economic Mobility and the Rise of the Latin American Middle Class*, por Ferreira, Francisco G. et al., Washington DC, 2012; Birdsall, Nancy, "A Note on the Middle Class in Latin America", artigo em andamento 303 do Center for Global Development, agosto de 2012.
23. Singer, p. 16.
24. Citação de Neri em O Estado de São Paulo, 15 de maio de 2010; ver também Marcus André Melo, "Unexpected Success, Unanticipated Failures: Social Policy from Cardoso to Lula", in Peter R. Kingstone e Timothy J. Power, Democratic Brazil Revisited, University of Pittsburgh Press, 2008.
25. Amaury de Souza e Bolívar Lamounier, *A classe média brasileira: ambições, valores e projetos de sociedade*, Elsevier Editora, Rio de Janeiro, 2010, p. 158.

26. Banco Mundial (2012), Quadro 5.1, p. 141.
27. Ver Fishlow (2011), p. 105-15.
28. Dados do IBGE e do Ministério da Saúde; *Guardian*, 14 de setembro de 2010.
29. Fishlow, Tabela p. 114.
30. *Financial Times*, 30 de junho de 2013; "Health care in Brazil: Flying in doctors", *The Economist*, 31 de agosto de 2013.
31. *O Globo*, 8 de abril de 2012.
32. Entrevista do autor, Brasília, janeiro de 1997.
33. Entrevista do autor com Paulo Renato Souza e Maria Helena Guimarães de Castro, diretora do Instituto Nacional de Estudos e Pesquisas Educacionais (INEP), Brasília, janeiro de 1999.
34. Dados de Barbosa Filho, Fernando de Holanda e Pessoa, Samuel Abreu, "Metas de Educação para a próxima década", *in* Giambiagi, Fabio e Porto, Claudio (orgs.), *2022: Propostas para um Brasil Melhor no Ano do Bicentenário*, Elsevier Editora, Rio de Janeiro, 2011, p. 189-202. Analfabetismo funcional de Naercio Menezes Filho, "Educação, Productividade e Inflação", *Valor Econômico*, 19 de abril de 2013.
35. "Education in Brazil: No longer bottom of the class", *The Economist*, 9 de dezembro de 2012; entrevista do autor com Souza, São Paulo, junho de 2010.
36. Visita e entrevista do autor, junho de 2010.
37. *The Economist*, 9 de dezembro de 2012; Norman Gall, *School Reform in New York and São Paulo*, Braudel Institute, 2007; comentários de Costin em uma conferência da revista *The Economist*, São Paulo, outubro de 2012; entrevista do autor com Pontes, Recife, outubro de 2012.
38. Feynman, Richard P, *"Surely You're Joking, Mr Feynman!" Adventures of a Curious Character, as to told to Ralph Leighton*, W. W. Norton & Company, Nova York e Londres, 1985, p. 494 e 506 (edição para iBook). Meus agradecimentos a Eduardo Giannetti por me remeter aos comentários de Feynman.
39. Gall (2007); Americas View, *The Economist*, 28 de outubro de 2012.
40. Entrevista do autor com João Batista dos Mares Guia, ex-secretário de Educação do estado, Belo Horizonte, janeiro de 1999.
41. http://www.economist.com/blogs/americasview/2011/09/education-brazil
42. "Higher Education in Brazil: The mortarboard boom", *The Economist*, 15 de setembro de 2012; *Financial Times*, 9 de fevereiro de 2012 e 25 de abril de 2013.
43. "Universities in Latin America: The struggle to make the grade", *The Economist* 8 de outubro de 2012; revista de Educação Executiva do *Financial Times*, 13 de maio de 2013.
44. "Education in Brazil: Studying the world", *The Economist*, 17 de março de 2012.
45. Esta seção é uma versão atualizada e editada de uma matéria que levantei e escrevi para a *The Economist* ("Race in Brazil: Affirming a divide", 28 de janeiro de 2012). Exceto onde indicado, os citados foram entrevistados em Rio de Janeiro e Brasília, em outubro e novembro de 2011.
46. IPEA, *Boletim de Políticas Sociais*, n. 16, 2008, p. 247-55.
47. Antonio Risério, *A utopia brasileira e os movimentos negros*, Editora 34, São Paulo, 2007, p. 17.
48. Banco Mundial (2012), p. 6-9.
49. Fabiano Dias Monteiro, "Do Anti-racismo criminal às ações afirmativas: um estudo sobre o debate político racial no Rio de Janeiro (2000-2007)", Tese de doutorado inédita, Universidade Federal de Rio de Janeiro, 2010.
50. "Schumpeter: Redeemers of a macho society", *The Economist*, 15 de junho de 2013.

51. *Brazil Focus*, boletim publicado por David Fleischer, 29 de março de 2013; *Financial Times*, 30 de março de 2013.
52. *Veja*, 21 de dezembro de 2011.
53. Ver Janice Pearlman, *Favela: Four Decades of Living on the Edge in Rio de Janeiro*, Oxford University Press, 2010.
54. Entrevista do autor, Brasília, setembro de 2010.
55. *Folha de S.Paulo*, 29 de abril de 2011.
56. *O Globo*, 21 de dezembro de 2011.
57. *Veja*, 21 de abril de 2010.
58. Anthony W. Pereira, "Public Security, Private Interests and Police Reform in Brazil", *in* Kingstone e Power (eds.), 2008, p. 196.
59. Pearlman, p. 165.
60. "Security in Brazil: A Magic Moment for the City of God", *The Economist*, 20 de junho de 2012; *Guardian*, 18 de fevereiro de 2011.
61. Entrevista do autor, Rio de Janeiro, junho de 2010.
62. Ver *Veja*, 13 de março de 2013, a respeito dos crimes cometidos pela polícia; *New York Times*, 9 de janeiro de 2012; índice de homicídios informado pelo Overseas Security Advisory Council do Departamento de Estado norte-americano.
63. *Veja*, 13 de março de 2013.
64. Visita do autor a Vigário Geral e entrevista com José Junior, junho de 2010.
65. Pablo Dreyfus *et al.*, "Small Arms in Brazil: Production, Trade and Holdings", *Small Arms Survey*, Genebra, 2010.
66. "Organization of American States, Report on Citizen Security in the Américas", Washington DC, 2012; números de 1980 extraídos de Pereira, p.188.
67. Pereira, p. 196.
68. *Valor Econômico*, 20 de março de 2013.
69. Entrevista do autor com Tulio Kahn, consultor da Secretaria de Segurança Pública, São Paulo, junho de 2010.
70. Agência Brasil, 15 de junho de 2012; "Diadema", *Braudel Papers* n. 36, Instituto Fernand Braudel de Economia Mundial, São Paulo, 2005.
71. Globo.com, 26 de janeiro de 2013.
72. Pereira, p. 203.
73. "Prisons in Latin America: A Journey into Hell", *The Economist*, 22 de setembro de 2012.
74. Palestra no Brazil Institute, King's College, Londres, outubro de 2011.

Capítulo 10

1. Entrevista do autor, Rio de Janeiro, maio de 2012
2. BP Statistical Review of World Energy, junho de 2013.
3. Entrevista do autor, Rio de Janeiro, maio de 2012.
4. *Financial Times*, 4 de julho de 2013.
5. Reuters, 30 de outubro de 2013 e 11 de novembro de 2013.
6. *Financial Times*, 7 de agosto de 2013.
7. Visita do autor, outubro de 2012.
8. BP Statistical Review, *op. cit.*
9. "Brazil's oil boom: Filling up the future", *The Economist*, 5 de novembro de 2011.

10. Conversa particular com o autor.
11. Norman Gall, *Oil in Deep Waters*, Instituto Fernand Braudel de Economia Mundial, 2011.
12. Entrevista com o autor, Londres, fevereiro de 2009.
13. "Petrobras's record share issue: Now comes the hard bit", Americas View, *The Economist*, 24 setembro de 2010.
14. *Revista Piauí* n. 72, setembro de 2012.
15. *The Economist*, 5 de novembro de 2011.
16. *Press release* da Petrobras, 11 de setembro de 2013.
17. *Valor Econômico*, 26 junho de 2012.
18. Entrevista com o autor, São Paulo, outubro de 2012.
19. *Revista Piauí* n. 72, setembro de 2012
20. Reuters, 3 de agosto de 2012.
21. *Wall Street Journal*, 7 de julho de 2013.
22. Entrevistado em *Veja*, 13 de fevereiro de 2013.
23. Entrevista do autor, Rio de Janeiro, outubro de 2012.
24. Informações em http://www.bggroup.com/MediaCentre/LatestNews/Pages/GlobalTechnologyCentre, acessado em 20 de agosto de 2013.
25. *Le Monde*, 25 de maio de 2006.
26. *The Economist*, 28 de agosto de 2010
27. Dados extraídos de www.conab.gov.br
28. Dados extraídos das Estatísticas do Comércio Internacional da Organização Mundial do Comércio
29. Ver "Brazilian agriculture: The miracle of the cerrado", *The Economist*, 28 de agosto de 2010.
30. Entrevista com Pedro Arraes, Embrapa, Brasília, junho de 2010.
31. Entrevista do autor com J. R. Mendonça de Barros, São Paulo, maio de 2010; *Veja*, 27 de março de 2013.
32. *Financial Times*, 30 de agosto de 2013.
33. "Energy in Brazil: Ethanol's mid-life crisis", *The Economist*, 4 de setembro de 2010.
34. Anuário Estatístico 2012, Anfavea.
35. *Financial Times*, 9 de abril de 2012.
36. Entrevista com o autor, São Paulo, maio de 2010. Jank renunciou ao cargo em 2012.
37. Entrevista, maio de 2010.
38. Baer, p. 292
39. "Agrarian reform in Brazil: This land is anti-capitalist land", *The Economist*, 28 de abril de 2007; Xico Graziano, "O país sem o MST", *O Estado de São Paulo*, 6 de agosto de 2013.
40. Todd A. Diacon, *Rondon*, Companhia das Letras, 2006, São Paulo, capítulos 1 e 2.
41. *Ibid.*, capítulo 5.
42. Lévi-Strauss (1993), p. 273.
43. Hemming (2009), p. 265-8.
44. *Ibid.*, p. 291.
45. Skidmore (1988), p. 145-7.
46. Hemming (2009), p. 293.
47. Banco Mundial (2006), p. 92.
48. Entrevista do autor com Paulo Amaral, Imazon, Belém, abril de 1999.
49. Entrevista com Eduardo Martins, diretor do Ibama, Brasília, abril de 1999.
50. Entrevista com Garo Batmanian, World Wildlife Fund, Brasília, abril de 1999.

51. Entrevista do autor, Brasília, abril de 1999.
52. *Valor Econômico*, 21 de maio de 2010.
53. James Astill, "Seeing the wood: A Special Report on Forests", *The Economist*, 25 de setembro de 2010; palestra de Anthony Hall, Londres School of Economics, novembro de 2010.
54. Revista do *Financial Times*, 23 de fevereiro de 2013.
55. Unger (2007); "Brazil and climate change: Dancing com the bear", *The Economist*, 16 de abril de 2009.
56. Emma Duncan, "All Creatures Great and Small: Special Report on Biodiversity", *The Economist*, 14 de setembro de 2013.
57. Comentários em uma conferência da *The Economist*, Rio de Janeiro, maio de 2012; "Protecting Brazil's forests: Fiddling while the Amazon Burns", *The Economist*, 3 de dezembro de 2011.
58. John Terborough, "Out of Contact", *New York Review of Books*, 5 de abril de 2012.
59. *New York Times*, 24 de janeiro de 2012; *Valor Econômico*, 19 de outubro de 2012.
60. Visita do autor, com Helen Joyce, correspondente da *The Economist* no Brasil, outubro de 2012; "Dams in the Amazon: The rights and wrongs of Belo Monte", *The Economist*, 4 de maio de 2013.

Capítulo 11

1. Dados extraídos de www.embraer.com.br.
2. Entrevista do autor, São José dos Campos, junho de 2012.
3. *Valor Econômico*, 8 de novembro de 2011.
4. Entrevista com Carlos Eduardo Camargo, diretor de comunicação externa, Embraer, São José dos Campos, junho de 2012.
5. *Financial Times*, 17 de abril de 2012.
6. Entrevista do autor, Jaraguá do Sul, outubro de 2012.
7. Edmar Bacha e Monica Baumgarten de Bolle (orgs.), *O futuro da indústria no Brasil: desindustrialização em debate*, Editora Civilização Brasileira, Rio de Janeiro, 2013, p. 13.
8. "Brazilian Manufacturing in the Face of Chinese Competition", DEV Research Briefing, University of East Anglia, julho de 2011.
9. Entrevista do autor, São Paulo, maio de 2010.
10. *Ibid*.
11. "Brazil's development banks: A ripple begets a flood", *The Economist*, 19 de outubro de 2013; *Valor Econômico*, 4 de novembro de 2011.
12. Entrevista do autor, São Paulo, outubro de 2012; sobre Dilma Rousseff sobre o papel do governo na estimulação da competitividade, ver, por exemplo, "Dilma defende governo pragmático", entrevista com *Valor Econômico*, 4 de dezembro de 2012.
13. Entrevista do autor, São Paulo, maio de 2010.
14. Entrevista na *Veja*, 19 de outubro de 2011.
15. Entrevista por telefone com o autor, outubro de 2012.
16. OECD (2013), p. 68–70
17. Entrevista com *O Globo*, 20 de outubro de 2012
18. Edmar Bacha, "Abrir ou abrir, eis a questão", *Valor Econômico*, 27 de setembro de 2013.
19. "Latin America's car industry: Revving up", *The Economist*, 27 de abril de 1996; visita do auor a Betim, maio de 1997; *Wall Street Journal*, 25 de fevereiro de 1999; *Financial Times*, 23 de dezembro de 2010.

NOTAS

20. Os dados nestes parágrafos foram extraídos do Anuário Estatístico 2012 da Anfavea.
21. *Financial Times*, 21 de fevereiro de 2012; entrevista do autor com Sérgio Amaral, presidente da Câmara de Comércio Brasil–China, São Paulo, outubro de 2011.
22. Entrevista do autor com Ricardo Wirth, Abicalçados, Novo Hamburgo, novembro de 1998.
23. Entrevista do autor, Crato, agosto de 1998.
24. Macauhub, 12 de março de 2007, acessado em 30 de agosto de 2013; entrevista com Alessandro Teixeira, Ministério do Desenvolvimento, Indústria e Comércio Exterior, Brasília, outubro de 2011.
25. Achyles Barcelos Da Costa, "The footwear industry in Vale do Sinos (Brazil): competitive adjustment in a labour-intensive sector", *CEPAL Review* n. 101, agosto de 2010, Comissão Econômica da ONU para a América Latina, Santiago; Licks, Vinicus *et al.*, "Leather Footwear in Brazil: The Rio Grande do Sul cluster", 5 de abril de 2012, disponível em http://www.isc.hbs.edu/pdf/Student_Projects, acessado em 30 de agosto de 2013.
26. Licks *et al.*, *op. cit.*
27. Dominique Turpin, "How Havaianas built a global brand", *Financial Times*, 3 de setembro de 2013.
28. Visita e entrevistas do autor, outubro de 2012.
29. OECD (2013), p. 46-7.
30. José Roberto Rodrigues, Julia Moraies Soares Afonso e Kleber Pacheco de Castro, "Avaliação da estrutura e do desempenho do sistema tributário Brasileiro", *Documento para Discussão*, Banco Interamericano de Desenvolvimento, janeiro de 2013, p. 11.
31. *Ibid.*, p. 13.
32. Gilberto Luiz do Amaral *et al.*, *Quantidade de normas editadas no Brasil*, IBPT, São Paulo, 2012.
33. "Paying Taxes 2013: The Global Picture", disponível em www.pwc.com
34. Entrevista do autor, São Paulo, outubro de 2012.
35. "Brazil's labour laws: Employer, beware", *The Economist*, 10 de março de 2011.
36. Luis A.V. Catão, Carmen Pagés e Maria Fernanda Rosales, "Financial Dependence, Formal Credit and Informal Jobs: New Evidence from Brazilian Household Data", Documento para Discussão, IZA, Bonn, dezembro de 2009.
37. OECD (2013), p. 48-9.
38. *Newsweek*, 20 de setembro de 2010.
39. Entrevista do autor com José Roberto Mendonça de Barros, São Paulo, outubro de 2012.
40. Alex Segura-Ubiergo, "The Puzzle of Brazil's High Interest Rates", Documento de Trabalho do FMI, fevereiro de 2012.
41. Eduardo Giannetti, *O valor do amanhã*, Companhia das Letras, São Paulo, 2005, capítulo 20.
42. *Financial Times*, 14 de setembro de 2011.
43. http://www.doingbusiness.org/rankings
44. Exemplo adaptado de um artigo de *O Estado de São Paulo*, 9 de dezembro de 2012.
45. *Financial Times*, 23 de agosto de 2013; entrevista de Abreu com o autor, São Paulo, outubro de 2012; *Veja*, 27 de março de 2013.
46. Apresentação de Frédéric Delormel, Tecnhip, na Cúpula Empresarial do Brasil da *The Economist*, Paris, julho de 2012.
47. Entrevista com o autor, Brasília, 9 de setembro de 2010.
48. McKinsey & Company, *Estudo do setor de transporte aéreo do brasil: relatório consolidado*, Rio de Janeiro, 2010.

49. Antonio Luiz Leite, "Malha rodoviária brasileira é a terceira do mundo, mas seu estado é precário", *Valor Econômico*, 6 de novembro de 2009.
50. *Financial Times*, 29 de agosto de 2006.
51. Segundo Raul Velloso, *O Estado de São Paulo*, 8 de outubro de 2012.
52. *O Estado de São Paulo*, 3 de maio de 2010.
53. *O Globo*, 23 de junho de 2013.
54. Raul Velloso, César Mattos, Marcos Mendes e Paulo Springer de Freitas, *Infraestrutura: Os caminhos para sair do buraco*, Instituto Nacional de Altos Estudos, Rio de Janeiro, 2012, p. 11–12.
55. *Financial Times*, 28 de setembro de 2010.
56. *Financial Times*, 21 setembro de 2012.
57. *Financial Times*, 19 de agosto de 2013.
58. *Valor Setorial: Higiene, perfumes e cosméticos*, novembro de 2011; *Financial Times*, 1 de janeiro, 26 maio e 26 de novembro de 2012; Reuters, 18 de junho de 2013.
59. *Revista Exame*, 7 de outubro de 1998.
60. *Bloomberg Businessweek*, 29 de agosto de 2013.
61. *Revista Exame*, op. cit.
62. *International Herald Tribune*, 30 de setembro de 2011.
63. Lourdes Casanova e Julian Kassum, "Brazilian Emerging Multinationals: In Search of a Second Wind", Documento de Trabalho da Insead, 2013.
64. Dados extraídos de http://www.bmfbovespa.com.br/enus/download/BMFBOVESPA_Products_Facts_Fig_janeiro de2013.pdf
65. Apresentações de Francisco Santos, Comissão de Valores Mobiliários, e Joaquim Levy, Bradesco Asset Management, Conferência da *The Economist*, Paris, julho de 2012.
66. "Alternative investments in Brazil: The Buys from Brazil", *The Economist*, 19 de fevereiro de 2011.
67. *Financial Times*, 9 de maio de 2013.
68. Entrevista do autor, São Paulo, maio de 2010.
69. "Science in Brazil: Go south, young scientist", *The Economist*, 8 de janeiro de 2011.

Capítulo 12

1. *O Estado de São Paulo*, 17 de maio de 2010.
2. Entrevista do autor, Brasília, junho de 2010.
3. Embaixador Thomas Pickering et al., "US Shouldn't Dismiss Turkish-Brazilian Nuclear Deal", *Huffington Post*, 1º de junho de 2010.
4. AFP, 27 de maio de 2010.
5. Entrevista do autor, junho de 2010.
6. *Ibid*.
7. Entrevista do autor, Brasília, junho de 2010.
8. Rohter, p. 246.
9. Skidmore (1967), p. 173–4.
10. Ver Matias Spektor, *Kissinger and o Brasil*, Editora Zahar, Rio de Janeiro, 2009.
11. Andrew Hurrell, "Lula's Brazil: A Rising Power, but Going Where?", *Current History*, fevereiro de 2008.
12. Matías Spektor, "Eyes on the Global Prize", *Americas Quarterly*, Primavera de 2011.

13. Hurrell, *op. cit.*
14. Rubens Ricupero, "O Brasil e o mundo: a política exterior após Lula", *Braudel Papers*, Instituto Fernand Braudel, São Paulo, 2010.
15. Fausto (2006), p. 152.
16. Leslie Bethell, "Brazil and Latin America", *Journal of Latin American Studies*, Vol. 42, Issue 3, agosto de 2010, p. 457-85
17. Boris Fausto e Fernando J. Devoto, *Brasil e Argentina: um ensaio de história comparada (1850-2002)*, Editora 34, São Paulo, 2004, p. 227-35; Michael Reid, "Remapping South America: A Survey of Mercosur", *The Economist*, 12 de outubro de 1996.
18. Apresentação na conferência Rising Brazil, King's College Brazil Institute and ILAS, Londres, novembro de 2010.
19. Reid (1996) e Michael Reid, "Mercosur: A Critical Overview", artigo inédito para a Chatham House, Londres, janeiro de 2002.
20. Entrevista do autor, Brasília, junho de 2007.
21. Entrevista do autor, São Paulo, julho de 2009.
22. www.dw.de, 10 de maio de 2008.
23. News.bbc.co.uk, 11 de março de 2010.
24. Entrevista no *El País*, 16 de junho de 2010.
25. "El Mito de América Latina", *El País*, 6 de outubro de 2001.
26. Buarque (1996), p. 177.
27. Entrevista no *El País*, 3 de novembro de 2006.
28. "South American Integration: Mercosur RIP?", *The Economist*, 14 de julho de 2012; Rubens Barbosa, coluna em *O Estado de São Paulo*, 12 de abril de 2011.
29. Ricupero (2010).
30. "Trade talks: Doha round... and round... and round", *The Economist*, 31 de julho de 2008.
31. "Balança comercial brasileira: dados consolidados", http://www.mdic.gov.br, acessado em 2 de outubro de 2013.
32. Entrevista do autor, São Paulo, junho de 2007.
33. Rubens Barbosa, "O Brasil fora das cadeias produtivas globais", *O Estado de São Paulo*, 26 de fevereiro de 2013.
34. Entrevista do autor, São Paulo, novembro de 2012.
35. Entrevista com Antonio Patriota, junho de 2010.
36. Reuters, 23 de fevereiro de 2011; *Financial Times*, 9 de fevereiro de 2010.
37. Entrevista do autor, Brasília, agosto de 2009.
38. *El País*, 29 de janeiro de 2011.
39. *Veja*, 30 de março de 2011.
40. Rubens Barbosa, *O dissenso de Washington: notas de um observador privilegiado sobre as relações Brasil-Estados Unidos*, Agir, Rio de Janeiro, 2011, p. 130-35
41. "Anti-US protests flare at Summit", *Washington Post*, 5 de novembro de 2005.
42. Entrevista do autor com alto funcionário americano, junho de 2010.
43. Peter Hakim, artigo sobre as relações Brasil-EUA para a revista *International Affairs*, no prelo.
44. Barbosa (2011), p. 109.
45. Veja, por exemplo, artigo de opinião de Bernard Aronson, *International Herald Tribune*, 5 de abril de 2012.
46. www.forte.gov.br, 6 de setembro de 2010.
47. *Veja*, 19 de janeiro de 2011.

48. "Navigating the Emerging Markets: Federal Republic of Brazil", IHS, Janes, 2011.
49. Joseph S. Nye, *Soft Power: The Means to Success in World Politics*, Public Affairs, Nova York, 2004, p. x.
50. "Brazil and peacekeeping: Policy, not altruism", *The Economist*, 25 de setembro de 2010.
51. "Brazil's foreign-aid programme: Speak softly and carry a blank cheque", 15 de julho de 2010.
52. Ricardo Lagos, *The Southern Tiger: Chile's Fight for a Democratic and Prosperous Future*, Palgrave Macmillan, 2012, p. 228.

Capítulo 13

1. *Revista Piauí* n. 82, julho de 2013; "Protests in Brazil: The streets erupt", Americas View, www.economist.com, 18 de junho de 2013.
2. De acordo com pesquisa da TV Globo, que planejava desenvolver conteúdo para telefones celulares tendo isso em vista; ver *Valor Econômico*, 2 de dezembro de 2011.
3. Entrevista do autor, São Paulo, outubro de 2013.
4. *Valor Conôomico*, 18 de junho de 13; *O Estado de São Paulo*, 19 de junho de 13.
5. Entrevista na *Folha de S.Paulo*, 22 de junho de 2013.
6. Claudia Antunes, "Nova York chamando", *Revista Piauí* n. 82, julho de 2013;
7. *New York Times*, 17 de julho de 2013.
8. *Valor Econômico*, 21 de junho de 2013.
9. Scott P. Mainwaring, *Rethinking Party Systems in the Third Wave of Democratization: The Case of Brazil*, Stanford University Press, 1999, p. 5.
10. Lamounier (2005), p. 227.
11. Timothy J. Power, "Continuity in a Changing Brazil: The Transition from Lula to Dilma", rascunho gentilmente cedido ao autor.
12. *Valor Econômico*, 21 de outubro de 2013.
13. *Veja*, 18 de fevereiro de 2009.
14. Marcos Nobre, "O fim da polarização", *Revista Piauí* n. 51, dezembro de 2010. Ver também Nobre, Marcos, *Imobilismo em movimento: da abertura democrática ao governo Dilma*, Companhia das Letras, São Paulo, 2013.
15. "A Brazilian political boss: Where dinosaurs still roam", *The Economist*, 5 de fevereiro de 2009; "Brazil's scandal-plagued Senate: House of horrors", *The Economist*, 9 de julho de 2009; *O Globo*, 7 de maio de 2012.
16. Daniela Pinheiro, "Na boca do povo", *Revista Piauí* n. 85, outubro de 2013. Este parágrafo se baseia essencialmente nesse de um dos mais extraordinários jornalistas brasileiros.
17. Brazil Focus, 25 de maio–7 de junho de 2013.
18. Entrevista com o autor em Brasília, outubro de 2011.
19. Marcelo Medeiros e Pedro H. G. F. Souza, "The State and Income Inequality in Brazil", 2013. Disponível em SSRN: http://ssrn.com/abstract=2257857 ou http://dx.doi.org/10.2139/ssrn.2257857
20. Nobre (2010).
21. *The Politics of Policies*, Inter-American Development Bank, 2006.
22. Catão, Pagés e Rosales (2009).
23. Entrevista do autor com Claudio Couto, Fundação Getulio Vargas, São Paulo, outubro de 2013.
24. "Brazil's booming economy: Flying too high for safety", *The Economist*, 20 de maio de 2010.
25. Mailson da Nóbrega, *Veja*, 1º de maio de 2013.

26. Ver projeções demográficas do IBGE, com base no censo de 2010, em http://www.ibge.gov.br/home/estatistica/populacao/projecao_da_populacao/2013/
27. *Growing Old in an Older Brazil*, Banco Mundial, 2011, p. xxvi.
28. Helen Joyce, "Grounded: A Special Report on Brazil", *The Economist*, 28 de setembro de 2013.
29. Banco Mundial (2011), capítulo 3.
30. Entrevista do autor, Rio de Janeiro, junho de 2010.
31. Banco Mundial (2011), capítulo 1.
32. Marcos de Barros Lisboa e Zeina Abdel Latif, "Democracy and Growth in Brazil", Documento de Trabalho do Insper, WPE311/ 2013.
33. Mario Henrique Simonsen, "O Brasil na contramão", *Veja*, 14 de outubro de 1987. Meus agradecimentos a Eduardo Giannetti por me fornecer este artigo.
34. *Veja*, 22 de dezembro de 2010.
35. *New York Times*, 10 de fevereiro de 2013.
36. Eduardo Giannetti, "O manifesto de Simonsen revisitado", manuscrito inédito gentilmente cedido ao autor; Brazil Focus, 12–18 de outubro de 2013.
37. As reformas no Ceará são o tema de Judith Tendler (1997), *Good Government in the Tropics*, Johns Hopkins University Press, Baltimore e Londres.
38. Marcus André Melo, "Democratising Budgetary Decisions and Execution in Brazil: More Participation or Redesign of Formal Institutions", *in* Selee, Andrew e Peruzotti, Enrique, *Participatory Innovation and Representative Democracy in Latin America*, Woodrow Wilson Center Press e Johns Hopkins University Press, Washington DC e Baltimore, 2009.
39. Comentários de Marcus André Melo, conferência "Democratic Brazil Ascendant", Brazil Institute, King's College, Londres, fevereiro de 2013.
40. *Ibid.*
41. Comentários na conferência da *The Economist* sobre o Brasil, São Paulo, outubro de 2013.
42. Armando Castelar Pinheiro, *A reforma do Judiciário: uma análise econômica*, BNDES, Nota Técnica, 1998; John Prideaux, "Getting it together at last: A Special Report on business and finance in Brazil", *The Economist*, 14 de novembro de 2009; "Brazil's labour laws: Employer, beware", *The Economist*, 10 de março de 2011.
43. *Veja*, 13 de dezembro de 2006.
44. Pronunciamento relatado em *O Estado de São Paulo*, 3 de maio de 2013.
45. "A engrenagem da impunidade", *Folha de S.Paulo*, 26 de fevereiro de 2012.
46. *Veja*, 13 de março de 2013.

Capítulo 14

1. Citado em Bellos (2002), capítulo 3.
2. Nelson Rodrigues, "Complexo de vira-latas", *in* Joaquim Ferreira Dos Santos, *As cem melhores crônicas brasileiras,* Editora Objetiva, Rio de Janeiro, 2005
3. Comentários na conferência da *The Economist* sobre o Brasil, São Paulo, outubro de 2012.
4. André Lara Resende, "Além da conjuntura", *Valor Econômico*, 21 de dezembro de 2012.
5. "Liberalism in Brazil: The almost lost cause of freedom", *The Economist*, 28 de janeiro de 2010.
6. *Ibid.*, p. 428.
7. Zaki Laïdi, "Sarkozy's failure reflects France's identity crisis", *Financial Times*, 24 de abril de 2012.
8. Eduardo Giannetti, "Brazilian Culture in the 21st Century", *Bulletin du bibliophile*, no prelo.
9. Mario Henrique Simonsen, "O Brasil na Contramão", *Veja*, 14 de outubro de 1987.

Bibliografia

Abreu, Marcelo de P., Afonso S. Bevilaqua e Demosthenes M. Pinho, "Import Substitution and Growth in Brazil, 1890s–1970s", *in* Enrique Cardenas, José Antonio Ocampo e Rosemary Thorp, *An Economic History of Twentieth-Century Latin America, Vol. 3: Industrialization and the State in Latin America, the Postwar Years*, Palgrave, 2000.

Amaral, Ricardo Batista, *A vida quer é coragem: A trajetória de Dilma Rousseff, a primeira presidenta do Brasil*, Primeira Pessoa, Rio de Janeiro, 2011

Anderson, Perry, "Lula's Brazil", *Londres Review of Books*, 31 de março de 2011.

Anuatti Neto, Francisco, Milton Barossi Filho, Antonio Gledson de Carvalho e Roberto Macedo, "Costs and Benefits of Privatization: Evidence from Brazil", *in* Alberto Chong e Florencio López de Silanes, *Privatization in Latin America: Myths and Reality*, Stanford University Press, 2005.

Aron, Raymond, *Main Currents in Sociological Thought*, Penguin, 1965.

Bacha, Edmar, *Belíndia 2.0: Fábulas e ensaios sobre o país dos contrastes*, Civilização Brasileira, Rio de Janeiro, 2012.

Bacha, Edmar e Monica Baumgarten de Bolle (orgs.), *O futuro da indústria no Brasil: desindustrialização em debate*, Editora Civilização Brasileira, Rio de Janeiro, 2013.

Baer, Werner, *The Brazilian Economy: Growth and Development*, 6ª edição, Lynne Reinner. Boulder e Londres, 2008.

Barbosa, Rubens, *O dissenso de Washington: notas de um observador privilegiado sobre as relações Brasil–Estados Unidos*, Agir, Rio de Janeiro, 2011.

Bellos, Alex, *Futebol: The Brazilian Way of Life*, Bloomsbury, 2002.

Bethell, Leslie (ed.), *The Cambridge History of Latin America*, Vol. III, 1985.

_____ (ed.), *Colonial Brazil*, Cambridge University Press, 1991.

_____ (ed.), *The Cambridge History of Latin America*, Vol. IX, Brazil Since 1930, 2008.

_____, "Populism, Neo-populism and the Left in Brazil: from Getulio to Lula", *in* Cynthia Arnson e Carlos de la Torre (eds.), *Populism in 21st Century Latin America*, Johns Hopkins, 2012.

Bethell, Leslie e José Murilo de Carvalho, "Brazil from Independence to the Middle of the 19th Century", *Cambridge History of Latin America*, Vol. 3, 1985, capítulo 16

Bethencourt, Francisco e Diogo Ramada Curto (eds.), *Portuguese Oceanic Expansion 1400–1800*, Cambridge University Press, 2007.

Birdsall, Nancy, *A Note on the Middle Class in Latin America*, Documento de Trabalho 303 do Center for Global Development, agosto de 2012.

Blackburn, Robin, *The Making of New World Slavery: From the Baroque to the Modern 1492–1800*, Verso, 1997.

Bojunga, Claudio, *JK: o artista do impossível*, Editora Objetiva, Rio de Janeiro, 2001.

Botelho, André e Lilia Moritz Schwarcz (orgs.), *Um enigma chamado Brasil*, Companhia das Letras, São Paulo, 2009.

Bourne, Richard, *Lula of Brazil: The Story so Far*, Zed Books, Londres 2008

Buarque de Holanda, Sérgio, *Raízes do Brasil*, Companhia das Letras, São Paulo, 1996.

Bulmer-Thomas, Victor, *The Economic History of Latin America since Independence*, Cambridge, 1994.
Burke, Peter e Pallares-Burke, Maria Lúcia, *Gilberto Freyre: Social Theory in the Tropics*, Peter Lang, Oxford, 2008.
Busch, Alexander, *Brazil: Emerging Giant*, Hanser/ING, Munich, 2011.
Cabral de Mello, Evaldo (org.), *O Brasil holandês*, Penguin & Companhia das Letras, São Paulo, 2010.
Caldeira, Jorge (org.), *Brasil: a história contada por quem viu*, Mameluco, 2008.
Caldeira, Jorge, *História do Brasil com empreendedores*, Mameluco, São Paulo, 2009.
Cardoso, Fernando Henrique
_____ com Brian Winter, *The Accidental President of Brazil: A Memoir*, Public Affairs, Nova York, 2006 (a).
_____, *A arte da política: a história que vivi*, Editora Civilização Brasileira, Rio de Janeiro 2006 (b).
_____, *Pensadores que inventaram o Brasil*, Companhia das Letras, São Paulo, 2013.
Cariello, Rafael, "O liberal contra a miséria", *Revista Piauí* N. 74, novembro de 2012.
Carvalho, José Murilo de, *D. Pedro II*, Companhia das Letras, São Paulo, 2007.
_____, *Cidadania no Brasil: o longo caminho*, Civilização Brasileira, Rio de Janeiro, 14a edição, 2011.
Castro, Ruy, *O anjo pornográfico: a vida de Nelson Rodrigues*, Companhia das Letras, São Paulo, 1992.
_____, *Rio de Janeiro: Carnival under Fire*, Bloomsbury, 2004.
Catão, Luis A.V, Carmen Pagés e Maria Fernanda Rosales, "Financial Dependence, Formal Credit and Informal Jobs: New Evidence from Brazilian Household Data", Documento para Discussão, IZA, Bonn, dezembro de 2009.
Conniff, Michael L. (ed.), *Latin American Populism in Comparative Perspective*, University of New Mexico Press, Albuquerque, 1982.
_____, *Populism in Latin America*, University of Alabama Press, Tuscaloosa e Londres, 1999.
Conrad, Robert Edgar, *Children of God's Fire: A Documentary History of Black Slavery in Brazil*, Princeton, 1983.
Conti, Mario Sergio, *Notícias do Planalto: a imprensa e Fernando Collor*, Companhia das Letras, São Paulo, 1999.
Corrêa do Lago, Pedro e Blaise Ducos, *Le Brésil à la cour de Louis XIV*, Catálogo da exposição, Louvre, 2005.
D'Araujo, Maria Celina e Celso Castro (orgs.), *Ernesto Geisel*, Fundação Getulio Vargas, Rio de Janeiro, 1997.
D'Avila, Luiz Felipe, *Os virtuosos: os estadistas que fundaram a República brasileira*, A Girafa Editora, São Paulo, 2006.
Da Cunha, Euclides, *Rebellion in the Backlands*, Picador, 1995
DaMatta, Roberto, *O que faz o Brasil, Brasil?*, Editora Rocco, Rio de Janeiro, 8ª edição, 1995.
_____, *Explorações: ensaios de sociologia interpretativa*, Editora Rocco, Rio de Janeiro, 2011.
Darwin, Charles, *The Voyage of the Beagle*, Dent Dutton, 1961.
Dean, Warren, *The Brazilian Economy 1870–1930*, in Bethell, Leslie (ed.), *The Cambridge History of Latin America*, Vol. V, 1986.
Dean, Warren, *With Broadax and Firebrand: The Destruction of the Brazilian Atlantic Forest*, University of California Press, 1997.
Diacon, Todd A., *Rondon*, Companhia das Letras, São Paulo, 2006.

BIBLIOGRAFIA

Dias Monteiro, Fabiano, "Do Antirracismo criminal às ações afirmativas: um estudo sobre o debate político racial no Rio de Janeiro (2000-2007)", Tese de doutorado inédita, Universidade Federal de Rio de Janeiro, 2010.
Dos Santos, Joaquim Ferreira (org.), *As cem melhores crônicas brasileiras*, Editora Objetiva, Rio de Janeiro, 2005.
Dreyfus, Pablo et al., *Small Arms in Brazil: Production, Trade and Holdings*, Small Arms Survey, Genebra, 2010.
Duncan, Emma, "All Creatures Great and Small: A Special Report on Biodiversity", *The Economist*, 14 de setembro de 2013.
Eakin, Marshall C, *Brazil: The Once and Future Country*, St Martin's Press, 1997.
CEPAL (Comissão Econômica da ONU para a América Latina e o Caribe), *Economic Survey 2012*, Santiago.
Faoro, Raymundo, *A democracia traída: entrevistas*, Editora Globo, 2008.
Fausto, Boris, *A Concise History of Brazil*, Cambridge (2006a).
_____, *Getúlio Vargas*, Companhia das Letras, São Paulo (2006b).
Fernández-Armesto, Felipe, *Amerigo: The Man who Gave his Name to America*, Weidenfeld & Nicholson, Londres, 2006.
Ferreira, Jorge, *João Goulart: Uma biografia*, Editora Civilização Brasileira, Rio de Janeiro, 2011.
Feynman, Richard P., *"Surely You're Joking, Mr Feynman!" Adventures of a Curious Character, as told to Ralph Leighton*, W.W. Norton & Company, Nova York e Londres, 1985.
Fishlow, Albert, *Starting Over: Brazil since 1985*, Brookings Institution Press, Washington DC, 2011.
Freire, Antonio de Abreu, *Padre Antonio Vieira: Educador, estratego, político, missionário*, Portugália Editora, Lisboa, 2008.
Freyre, Gilberto, *Casa-grande & senzala: formação da família brasileira sob o regime da economia patriarcal*, Global Editora, São Paulo, 51ª edição, 2006.
Gall, Norman, *Lula and Mephistopheles*, Instituto Fernand Braudel de Economia Mundial, São Paulo, 2005.
_____, *School Reform in New York and São Paulo*, Instituto Fernand Braudel de Economia Mundial, São Paulo, 2007.
_____ e Paes Mano, Bruno, de Araújo Faria, Maryluci, *Diadema*, Instituto Fernand Braudel de Economia Mundial, 2005.
_____, *Oil in Deep Waters*, Instituto Fernand Braudel de Economia Mundial, 2011.
Gaspari, Elio, *A ditadura envergonhada*, Companhia das Letras, São Paulo, 2002.
Giambiagi, Fabio e Claudio Porto (org.), *2022: Propostas para um Brasil melhor no ano do bicentenário*, Elsevier Editora, Rio de Janeiro, 2011.
Giannetti, Eduardo, *O valor do amanhã*, Companhia das Letras, São Paulo, 2005.
_____, "Brazilian Culture in the 21st Century", *Bulletin du bibliophile*, no prelo.
Gonçalves, Marcos Augusto, *1922: A semana que não terminou*, Companhia das Letras, São Paulo, 2012.
Gordon, Lincoln, *Supplement to Brazil's Second Chance: En Route Toward the First World*, Brookings Institution, 2003.
Gotlib, Nádia Battella, *Tarsila do Amaral: a modernista*, Editora Senac, São Paulo, 1997.
Graham, Richard, "Brazil from the Middle of the 19th Century to the Paraguayan War", *in* Bethell (ed.), *Cambridge History of Latin America*, Vol. 3, 1985.
Haber, Stephen (ed.), *How Latin America Fell Behind: Essays on the Economic Histories of Brazil and Mexico, 1800-1914*, Stanford University Press, 1997.

Hemming, John, *Red Gold: The Conquest of the Brazilian Indians*, Papermac, Londres 1978.
_____, *Tree of Rivers: The Story of the Amazon*, Thames & Hudson, Londres, 2009.
Holanda, Sérgio Buarque de, *Raízes do Brasil*, Companhia das Letras, São Paulo, 1996.
Hunter, Wendy, *The Transformation of the Workers' Party in Brazil, 1989-2009*, Cambridge, 2010.
Hunter, Wendy e Timothy Power, "Rewarding Lula: Executive Power, Social Policy and the Brazilian Elections of 2006", *Latin American Politics & Society*, Vol. 49, N. 1, Primavera de 2007.
Instituto de Pesquisa Econômica Aplicada (IPEA), *Boletim de Políticas Sociais*, N. 16, 2008.
_____, "A década inclusiva (2001-2011): desigualdade, pobreza e políticas de renda", *Comunicado* N. 155, 25 de setembro de 2012.
Banco de Desenvolvimento Interamericano, *The Politics of Policies*, David Rockefeller Center for Latin American Studies, Harvard University, 2006.
Joyce, Helen, "Grounded: A Special Report on Brazil", *The Economist*, 28 de setembro de 2013.
Keck, Margaret, *The Workers' Party and Democratization in Brazil*, Yale University Press, 1992.
Kingstone, Peter R. e Timothy J. Power, *Democratic Brazil Revisited*, University of Pittsburgh Press, 2008.
Klein, Herbert S., *The Atlantic Slave Trade*, Cambridge University Press, 2010.
Lagos, Ricardo, *The Southern Tiger: Chile's Fight for a Democratic and Prosperous Future*, Palgrave Macmillan, 2012.
Lamounier, Bolívar, *Da independência a Lula: dois séculos de política brasileira*, Augurium Editora, São Paulo, 2005.
Lehmann, David, *Struggle for the Spirit: Religious Transformation and Popular Culture in Brazil and Latin America*, Polity Press, Cambridge, 1996.
Leitão, Miriam, *Saga brasileira: A longa luta de um povo por sua moeda*, Editora Record, Rio de Janeiro, 2011.
Léry, Jean de, *History of a Voyage to the Land of Brazil*, University of California Press, 1992.
Levine, Robert M., *Vale of Tears: Revisiting the Canudos Massacre in Northeastern Brazil, 1893-1897*, University of California Press, 1995.
_____ e John J. Crocitti (eds.), *The Brazil Reader: History, Culture, Politics*, Duke University Press, 1999.
Lévi-Strauss, Claude, *Tristes Tropiques*, Penguin, 1992, p. 273.
_____, *Saudades de São Paulo*, Companhia das Letras, São Paulo, 1998.
Lewis, Colin M., "Public Policy and Private Initiative: Railway Building in São Paulo 1860-1889", *Institute of Latin American Studies Research Papers* N. 26, University of Londres, 1991.
Lisboa, Marcos de Barros, *A agenda perdida*, Rio de Janeiro, setembro de 2002.
Luna, Francisco Vidal e Herbert S. Klein, *Brazil Since 1980*, Cambridge University Press, 2006.
Macdonald, N. P., *The Making of Brazil: Portuguese Roots 1500-1822*, The Book Guild, Lewes, Sussex, 1996.
Macedo, Roberto, "Distribution of Assets and Income in Brazil: New Evidence" *in* John Nellis e Nancy Birdsall, *Reality Check: The Distributional Impact of Privatization in Developing Countries*, Center For Global Development, Washington DC, 2005.
Machado de Assis, *Papéis avulsos*, Martins Fontes, São Paulo, 2005.
_____, *A Chapter of Hats and Other Stories*, Bloomsbury, 2009.
Maddison, Angus et al, *Brazil and Mexico: The Political Economy of Poverty, Equity and Growth*, Banco Mundial e Oxford University Press, 1992.
Mainwaring, Scott P, *Rethinking Party Systems in the Third Wave of Democratization: The Case of Brazil*, Stanford University Press, 1999.
Maxwell, Kenneth, *Naked Tropics: Essays on Empire and Other Rogues*, Routledge, 2003.

McKinsey & Company, *Estudo do setor de transporte aéreo do Brasil: Relatório Consolidado*, Rio de Janeiro, 2010.
Meirelles, Domingos, *As noites das grandes fogueiras: uma história da Coluna Prestes*, Editora Record, Rio de Janeiro, 1995.
Melo, Carlos, *Collor: O ator e suas circunstâncias*, Editora Novo Conceito, São Paulo, 2007.
Ministério da Fazenda, *The Brazilian Economy: The Challenge of Stability and Sustained Growth*, Brasília 1986.
Moog, Vianna, *Bandeirantes and Pioneers*, George Braziller, Nova York, 1964.
Nabuco, Joaquim, *Essencial*, Penguin/Companhia das Letras, São Paulo, 2010.
Neri, Marcelo (org.), *Microcrédito: O mistério nordestino e o Grameen brasileiro*, Fundação Getulio Vargas, Rio de Janeiro, 2008.
Nobre, Marcos, *Imobilismo em movimento: da abertura democrática ao governo Dilma*, Companhia das Letras, São Paulo, 2013.
Nóbrega, Maílson da, *Além do feijão com Arroz: Autobiografia*, Civilização Brasileira, Rio de Janeiro, 2010.
_____ e Loyola, Gustavo, "The long and simultaneous construction of fiscal and monetary institutions", *in* Lourdes Sola e Laurence Whitehead, Centre for Brazilian Studies, Oxford, 2006.
Nye, Joseph S., *Soft Power: The Means to Success in World Politics*, Public Affairs, Nova York, 2004.
OECD Economic Surveys: Brazil, outubro de 2013.
Oliven, Ruben, *Tradition Matters: Modern Gaúcho Identity in Brazil*, Columbia University Press, Nova York, 1996.
Organization of American States, *Report on Citizen Security in the Americas*, Washington DC, 2012.
Page, Joseph A, *The Brazilians*, Addison-Wesley, 1995.
Paraná, Denise, *Lula, O filho do Brasil*, Fundação Perseu Abramo, São Paulo, 2002.
Pearlman, Janice, *Favela: Four Decades of Living on the Edge in Rio de Janeiro*, Oxford University Press, 2010.
Pinheiro, Daniela, "Lindinhos e *Privates*", *Revista Piauí* N. 20, maio de 2008.
_____, "Na boca do povo", *Revista Piauí* N. 85, outubro de 2013.
Reid, Michael, "The Disorders of Progress: A Survey of Brazil", *The Economist*, 27 de março de 1999.
_____, *Forgotten Continent: The Battle for Latin America's Soul*, Yale, 2007.
Resende, Beatriz, "Brazilian Modernism: the Canonised Revolution" *in* Schelling, Vivian, *Through the Kaleidoscope: The Experience of Modernity in Latin America*, Verso, 2000.
Ribeiro, Darcy, *O povo brasileiro*, Companhia das Letras, 1995.
Ricupero, Rubens, "O Brasil e o mundo: a política exterior após Lula", Braudel Papers, Instituto Fernand Braudel, São Paulo, 2010.
Risério, Antonio, *A utopia brasileira e os movimentos negros*, Editora 34, São Paulo, 2007.
Robb, Peter, *A Death in Brazil*, Bloomsbury, 2004.
Rock, David, "Society and Politics in Argentina 1880–1916", *in* Bethell, Leslie (ed.), *Argentina since Independence*, Cambridge University Press, 1993.
Rodrigues, José Roberto, Julia Moraes Soares Afonso e Kleber Pacheco de Castro, "Avaliação da estrutura e do desempenho do sistema tributário brasileiro", Documento para Discussão, Banco Interamericano de Desenvolvimento, janeiro de 2013.
Roett, Riordan, *The New Brazil*, Brookings Institution Press, Washington DC, 2010.
Rohter, Larry, *Brazil on the Rise: The Story of a Country Transformed*, Palgrave Macmillan, Nova York, 2010.
Rosas Moscoso, Fernando, *Del Rio de la Plata al Amazonas: El Perú y el Brasil en la Época de la Dominación Ibérica*, Editorial Universitaria, Universidad Ricardo Palma, Lima, 2008.

Rouquié, Alain, *The Military and the State in Latin America*, University of California Press, 1987.
Sadlier, Darlene J., *Brazil Imagined: 1500 to the Present*, University of Texas Press, 2008.
São Paulo Justice and Peace Commision, *São Paulo: Growth and Poverty*, The Catholic Institute of International Relations e Bowerdean Press, Londres, 1978.
Schneider, Ronald M., *Brazil: Culture and Politics in a New Industrial Powerhouse*, Westview Press, 1996.
Scheper-Hughes, Nancy, *Death Without Weeping: The Violence of Everyday Life in Brazil*, University of California Press, 1992.
Secco, Lincoln, *História do PT*, Ateliê Editorial, São Paulo, 2011.
Selee, Andrew e Enrique Peruzotti, *Participatory Innovation and Representative Democracy in Latin America*, Woodrow Wilson Center Press e Johns Hopkins University Press, Washington DC e Baltimore, 2009.
Singer, André, *Os sentidos do Lulismo: Reforma Gradual e Pacto Conservador*, Companhia das Letras, São Paulo, 2012.
Skidmore, Thomas, *Politics in Brazil 1930-1964: An Experiment in Democracy*, Oxford University Press, 1967.
_____, *The Politics of Military Rule in Brazil 1964-85*, Oxford University Press, 1988.
_____, *Brazil: Five Centuries of Change*, Oxford University Press, 1999.
Souza, Amaury de e Bolívar Lamounier, *A classe média brasileira: ambições, valores e projetos de sociedade*, Elsevier Editora, Rio de Janeiro, 2010.
Spektor, Matias, *Kissinger e o Brasil*, Editora Zahar, Rio de Janeiro, 2009.
Sullivan, Edward J. (ed.), *Latin American Art in the Twentieth Century*, Phaidon, 1996.
Tendler, Judith, *Good Government in the Tropics*, Johns Hopkins University Press, Baltimore e Londres, 1997.
Toledo, Roberto Pompeu de, *O presidente segundo o sociólogo: entrevista de Fernando Henrique Cardoso*, Companhia das Letras, 1998.
Topik, Stephen, "The Hollow State: The Effect of the World Mark on State-Building in Brazil in the Nineteenth Century", *in* James Dunkerley (ed.), *Studies in the Formation of the Nation State in Latin America*, Institute of Latin American Studies, Londres, 2002.
Unger, Brooke, "Dreaming of Glory: A Special Report on Brazil", *The Economist*, 14 de abril de 2007.
Vainfas, Ronaldo, *Antônio Vieira*, Companhia das Letras, São Paulo, 2011.
Veloso, Caetano, *Verdade tropical*, Companhia das Letras, São Paulo, 1997.
Velloso, Raul, César Mattos, Marcos Mendes e Paulo Springer de Freitas, *Infraestrutura: Os caminhos para sair do buraco*, Instituto Nacional de Altos Estudos, Rio de Janeiro, 2012.
Villa, Marco Antonio, *A história das constituições brasileiras*, Leya, São Paulo, 2011.
Viotti da Costa, Emilia, "Brazil: the Age of Reform 1870-1889", *in* Bethell, Leslie (ed.), *The Cambridge History of Latin America*, Vol. V, 1986.
Wiarda, Howard, *The Soul of Latin America: The Cultural and Political Tradition*, Yale, New Haven e Londres, 2001.
Wilcken, Patrick, *Empire Adrift: The Portuguese Court in Rio de Janeiro 1808-21*, Bloomsbury, 2004.
Williams, Richard, *The Death of Ayrton Senna*, Penguin, 1995.
Banco Mundial, *From Inside Brazil: Development in a Land of Contrasts*, por Vinod Thomas, 2006.
_____, *Growing Old in an Older Brazil*, por Gragnolati, Michele et al., 2011.
_____, *Economic Mobility and the Rise of the Latin American Middle Class*, por Ferreira, Francisco G.et al., 2012.
Zweig, Stefan, *Brazil: A Land of the Future*, Ariadne Press, Riverside, California, 2000.

Índice Onomástico

A

Aberdeen, Lorde, 58
Abranches, Sérgio, 136
Abreu, Capistrano de, 32
Abreu, Kátia, 196, 211
Abreu, Marcelo Paiva de, 85, 101
Agnelli, Roger, 6
Ahmadinejad, Mahmoud, 223, 238
Alckmin, Geraldo, 122, 141
Aleijadinho (Antônio Francisco Lisboa), 46, 69
Alencar, José, 132, 243
Alfonsín, Raúl, 229
Allende, Salvador, 133
Almeida, Guilherme de, 31
Alves, Henrique, 151
Alves, Márcio Moreira, 93
Amado, Jorge, 41
Amaral, Sérgio, 237
Amaro, Rolim, 218
Amorim, Celso, 224, 228
Anastasia, Antonio, 258, 259
Ancelmo, Adriana de Lourdes, 250
Anchieta, José de, 30
Anderson, Perry, 145
Andrade, Oswald de, 68, 69
Andreoni, João Antônio, 41
Aranha, Osvaldo, 72, 77
Araújo, Carlos, 147
Arida, Pérsio, 119
Arinos, Afonso, 90
Aristide, Jean-Bertrand, 232
Arns, Zilda, 161
Aron, Raymond, 62
Arraes, Miguel, 258
Arruda, José Roberto, 257
Arruda, Jozina de, 158
Assis, Machado de, 21, 41, 63
Azevedo, Roberto, 236

B

Bacha, Edmar, 203
Barbalho, Jader, 261
Barbosa, Fabio, 158
Barbosa, Jeanne, 173
Barbosa, Joaquim, 138, 259
Barbosa, Rubens, 234, 237
Barbosa, Ruy, 67
Barral, Condessa de, 53
Barros, Ademar de, 81, 89, 147
Barros, José Roberto Mendonça de, 157, 186, 188, 202
Barros, Ricardo Paes de, 136, 155
Batista, Eike, 178, 179, 202, 215, 250
Behrens, Alfredo, 218
Beltrame, José, 173
Benário, Olga, 76
Bertolini, Sérgio Augusto, 208, 212
Bojunga, Cláudio, 83
Bonaparte, Napoleão, 50
Botín, Emilio, 7
Bragança, Catarina de, 43
Bragança, Duque de, 31
Branco, Humberto Castelo, 89
Braudel, Fernand, 51
Brecheret, Victor, 31, 68
Brizola, Leonel, 87, 88
Buarque, Chico, 21, 97
Bulhões, Otávio, 93
Burle Marx, Roberto, 83, 225
Bush, George H. W., 230, 231, 239, 240

C

Cabral, Pedro Álvares, 25, 28, 50
Cabral, Sérgio, 173, 257
Câmara, Eusébio de Queirós Coutinho Matoso da, 19
Caminha, Pero Vaz de, 26
Campos, Eduardo, 155, 258, 263
Campos, Francisco, 91
Campos, Roberto, 84, 93, 111
Capanema, Gustavo, 79
Cardim, Fernão, 36
Cardoso, Fernando Henrique, 3, 6, 39, 53, 98, 99, 104, 114, 117, 118, 126, 127, 128, 130, 139, 151, 154, 157, 189, 241, 247
Cardoso, Ruth, 120, 128, 154
Carlos II, 43
Carter, Jimmy, 226
Carvalho, José Murilo de, 53
Castelo Branco, Humberto, 90, 92
Castilhos, Júlio de, 65, 74
Castro, Fidel, 87

Castro, Raúl, 233
Castro, Ruy, 12, 15
Cavalcanti, Angela, 159
Cavendish, Fernando, 250
Chávez, Hugo, 144, 146, 231, 232, 238, 263
Che Guevara, Ernesto, 86
Chomsky, Noam, 189
Civita, Victor, 12
Clark, Lygia, 86
Clinton, Hillary, 224
Cochrane, Thomas, 52
Coelho, Nicolau, 26
Collor, Lindolfo, 78, 113
Collor, Pedro, 117
Colombo, Cristóvão, 25
Concistré, Luiz Antonio, 19
Conrad, Robert, 40
Conselheiro, Antônio, 65
Constant, Benjamin, 62
Conti, Mario Sérgio, 113
Costa, Emília Viotti da, 62
Costa, Lúcio, 84, 85
Costa, Miguel, 71
Costantini, Eduardo, 69
Costin, Claudia, 165, 166
Coutinho, Luciano, 141, 148, 201, 213
Coutinho, Rodrigo de Sousa, 46, 51
Covas, Mário, 114, 267
Andrade, Mário de, 68, 69, 70
Cowper, H. Augustus, 39
Cunha, Euclides da, 66

D

D. João III, 48
D. João IV, 31
DaMatta, Roberto, 15, 20, 131, 262
Daniel, Celso, 139
Darwin, Charles, 36
Dean, Warren, 36, 59, 68
Di Cavalcanti, Emiliano, 68
Diniz, Abílio, 202
Dirceu, José, 131, 137, 138, 139
Domingos, Guilherme Afif, 251
Dornbusch, Rudiger, 109
Drummond, Gaspar de Menezes Vasconcellos, 39
Dutra, Eurico Gaspar, 76, 80

E

Eckhout, Albert, 42
Erdogan, Recep Tayyip, 223
Esteves, André ,223

F

Faoro, Raymundo, 49, 85, 102, 131
Faria, Vilmar, 127

Farias, Oswaldo Cordeiro, 89
Farias, Paulo César, 115
Fawcett, Percy, 190
Fernando e Isabel da Espanha. 48
Feynman, Richard, 165
Figueiredo, João Baptista, 92, 96, 110
Filho, Cassimiro Montenegro, 199
Filho, Olímpio Mourão, 76, 89
Filipe II da Espanha, 42, 44
Fishlow, Albert ,161
Fleischer, David, 111
Florisbal, Octavio, 18
Fonseca, Álvaro Coelho da, 146
Fonseca, Deodoro da, 63, 65
Fonseca, Hermes de, 67
Força, Paulinho da, 19
Ford, Henry ,190
Forte, Breno Borges, 95
Fortunato, Gregório, 81
Foster, Maria das Graças, 183
Fraga, Armínio ,126, 134, 202, 267
Franco, Gustavo, 125, 126
Franco, Itamar, 116, 118, 126
Freyre, Gilberto, 15, 34, 38, 69, 168
Frota, Sylvio, 96
Fujimori, Alberto, 263
Furtado, Celso, 87, 155

G

Gabrielli, José Sergio, 182
Gall, Norman, 164
Garcia, Marco Aurélio, 224, 228, 231, 232, 233
Garibaldi, Giuseppe, 54
Garotinho, Anthony, 132, 250, 261
Gates, Bill, 179
Geisel, Ernesto, 92, 95
Genoíno, José, 137, 138
Genro, Luciana, 134
Ghosn, Carlos, 149
Giannetti, Eduardo, 123, 210, 267
Giannetti, Roberto, 209
Gil, Gilberto, 21, 93
Gomes, Ciro, 132, 134
Gomes, Eduardo, 80
Gonçalves, Afonso, 146, 158
Gonçalves, Marcos Augusto, 69-70
Gordon, Lincoln, 90
Goulart, João, 81, 86
Guimarães, Samuel Pinheiro, 228
Guimarães, Ulysses, 110, 111, 114

H

Haddad, Fernando, 163, 251
Hakim, Peter, 240
Hemming, John, 32 , 191
Herzog, Vladimir, 95

ÍNDICE ONOMÁSTICO

Hobsbawm, Eric, 67
Holanda, Sérgio Buarque de, 18, 28, 69, 234
Hughes, Robert, 85
Hugo, Victor, 53
Hurrell, Andrew, 226

I

Isabel, princesa, 61

J

Jank, Marcos, 188
Jefferson, Roberto, 137
Jereissati, Tasso, 257
Jiabao, Wen, 4
João V, 44
João VI, 50, 56
Jobim, Antônio Carlos Brasileiro de Almeida, 19
Johnson, Lyndon, 90
José I, Rei D., 32
Julião, Francisco, 87
Junior, José, 175
Junot, Marechal, 50

K

Kadafi, Muammar, 238
Kallas, Elias, 207
Kardec, Alain, 17
Kirchner, Cristina, 144, 230, 263
Kirchner, Néstor, 240
Kissinger, Henry, 225, 226
Klein, Herbert, 35
Klein, Michael, 212
Koster, Henry, 41
Kubitschek, Juscelino, 9, 82, 83, 153, 191

L

Lacerda, Carlos, 81, 89
Lagos, Ricardo, 243
Laïdi, Zaki, 267
Lamarca, Carlos, 147
Lamounier, Bolívar, 55, 160
Langoni, Carlos, 104
Lapper, Richard, 16
Latif, Zeina, 255
Lazzarini, Sergio, 203
Le Corbusier, 69
Leff, Nathaniel, 56
Leger, Fernand, 69
Leitão, Miriam, 102, 115, 120
Lemann, Jorge Paulo, 215
Leopoldina, princesa, 53
Lerner, Jaime, 258
Lévi-Strauss, Claude, 12, 20, 51
Levy, Joaquim, 134

Lima, Tânia Andrade, 58
Lisboa, Marcos, 134, 255
Lobão, Edison, 250
Lopes, Francisco, 126
Lopes, Lucas, 84
López, Francisco Solano, 61
Lott, Henrique, 82
Lugo, Fernando, 233
Luxemburgo, Rosa, 147

M

Macedo, Edir, 17
Magalhães, Antônio Carlos, 121, 125, 128
Magalhães, Luís Eduardo, 125
Magalhães, Marco, 166
Malan, Pedro, 124, 125
Malfatti, Anita, 69
Maluf, Paulo, 98, 251, 261
Mané Garrincha, 85
Manoel de Portugal, Rei, 25
Mantega, Guido, 141, 213
Maria, rainha, 50
Marighella, Carlos, 94
Marinho, Roberto, 97, 110, 114
Marques, Eduardo, 179
Martins, Eduardo, 193
Martins, Ives Gandra, 111
Mauá, Visconde de, 57
Maxwell, Kenneth, 51
Médici, Emílio Garrastazu, 92, 191
Meirelles, Henrique, 134
Mello, Arnon de, 113
Mello, Zélia Cardoso de, 115
Melo, Fernando Collor de, 19, 113, 229
Melo, Marcus André, 165
Mem de Sá, 29, 43
Mendes, Chico, 191
Mendonça, Duda, 131, 138, 140
Menem, Carlos, 229, 263
Mesquita, Martha, 173
Miliband, David, 6
Miller, Charles, 15
Miranda, Carmen, 14
Monteiro, Fabiano Dias, 170
Monteiro, Luís Vahia, 35
Monteiro, Pedro Aurélio de Góes, 72, 76
Monteiro, Silvestre Péricles de Góes, 113
Montoro, Franco, 97, 114, 121
Moog, Viana, 36, 49, 191, 267
Morais, Prudente de, 65, 66
Morales, Evo, 232
More, Thomas, 29
Moreira, Luiza, 207
Moreira, Sérgio, 154
Motta, Sergio, 125
Mussolini, Benedito, 76

N

Nabuco, Joaquim, 61
Narayamoga, Almir, 195
Nassau, João Maurício de, 42
Neeleman, David, 20
Neri, Marcelo, 154
Netto, Delfim, 96, 111
Neves, Aécio, 258, 263
Neves, Antônio Pimenta, 259
Neves, Tancredo, 73, 83, 97, 98, 110
Niemeyer, Oscar, 69, 79, 84
Nobre, Marcos, 249
Nóbrega, Maílson da, 19, 110, 115
Nóbrega, Manoel da, 28
Nye, Joseph, 243

O

O'Neill, Jim, 4
Obama, Barack, 4, 239, 240
Oiticica, Hélio, 86
Oliveira, Constantino de, 218
Oliveira, Luma de, 179

P

Paduan, Luiz Carlos, 207, 214
Palocci, Antonio, 134, 140, 210
Pasteur, Louis, 53
Pastrana, Andrés, 234
Patriota, Antonio, 233
Paz, Octavio, 79
Pearlman, Janice, 173
Pedro I, 52
Pedro II, 41, 53, 54, 55, 57, 58, 64, 73
Peixoto, Floriano, 65
Pelé (Edson Arantes do Nascimento), 85
Pereira, Anthony ,176
Perón, Juan, 114
Peter Fry, 168, 170
Picchia, Menotti del, 68, 69, 70
Pickering, Thomas, 223
Pilsudski, Jozef, 76
Pinheiro, Armando Castelar, 202
Pinheiro, Daniela, 250
Pinheiro, Francisco, 159
Pinochet, Augusto, 263
Pinto, José de Magalhães, 89
Pitanguy, Ivo, 16
Pombal, Marquês de, 32
Pontes, Neuza, 165, 166
Portinari, Cândido, 83
Post, Frans, 42
Power, Timothy, 145
Prestes, Júlio, 71
Prestes, Luís Carlos, 71, 76
PT, Zeca do, 19

Q

Quadros, Jânio, 86, 90, 113
Quércia, Orestes, 124

R

Ramalho, João, 28
Reagan, Ronald, 240
Rebouças, André, 41
Rego, Francisco de Barros, 39
Reinach, Fernando, 219
Resende, André Lara, 119
Ribeiro, Carlos Antonio Costa, 169
Ribeiro, João Ubaldo, 233
Ribeiro, Milene, 146
Rice, Condoleezza, 240
Ricupero, Rubens, 228, 244
Risério, Antonio, 168
Robb, Peter, 109
Rocha, Glauber, 86
Rodrigues, Angela Regina, 164
Rodrigues, Nelson, 16, 262
Rohter, Larry, 16
Ronaldinho Gaúcho (Ronaldo de Assis Moreira), 19
Ronaldo (Ronaldo Luís Nazário de Lima), 19
Rondon, Cândido Mariano da Silva, 189
Roosevelt, Franklin, 77
Roosevelt, Theodore, 190
Rosa, João Guimarães, 13
Rossi, Padre Marcelo, 17
Rouquié, Alain, 91
Rousseff, Dilma, 4, 7, 8, 20 53, 98, 99, 140, 142, 144, 147, 156, 181, 196, 233, 247, 263

S

Sá, Salvador de, 43
Sachetti, Adilton, 186
Salazar, Antonio, 76
Salgado, Plínio, 76
Salles, Manoel de Campos, 67
Salvador, Vicente de, 36
San Tiago Dantas, 87
Santana, João, 144
Santos, Frei David Raimundo dos, 169
Santos, Ivanir dos, 168
Santos, José Orcírio Miranda dos, 19
Santos, Juan Manuel, 234
Sarmiento, Domingo Faustino, 64
Sarney, José, 14, 98, 110, 133, 229
Sarney, Roseana, 250
Schendel, Mira, 86
Scheper-Hughes, Nancy ,152
Schmelzer, Harry, 200
Scolari, Felipe, 263
Sebastião José de Carvalho e Melo, 32

ÍNDICE ONOMÁSTICO

Sebastião, rei, 42
Sen, Amartya, 154
Senna, Ayrton, 109
Senna, Viviane, 109
Serra, José, 114, 125, 132, 144, 161
Setúbal, Roberto, 150
Shannon, Thomas, 240
Sharma, Ruchir, 8
Sicupira, Carlos Alberto, 215
Silva, "Bill" da, 153
Silva, Artur da Costa e, 91
Silva, Benedita da, 136
Silva, Carolina Brás da, 169
Silva, Golbery do Couto e, 90
Silva, José Bonifácio de Andrada e, 16, 51, 56
Silva, José Graziano da, 136
Silva, Luiz Inácio Lula da, 3, 97, 103, 130, 232, 239
Silva, Marina, 144, 194, 196, 248, 263
Silva, Nelson do Valle, 169, 170
Silva, Paulo Pereira da, 19
Silva, Severina da, 153
Silva, Xica da, 46
Silveira, Antonio, 225
Simonsen, Mário Henrique, 96, 255
Singer, André, 145, 160, 263
Singh, Manmohan, 4
Skaf, Paulo, 237
Skidmore, Thomas, 80
Slim, Carlos, 122
Smith, Adam, 46
Snowden, Edward, 241
Soares, Delúbio, 138
Somaggio, Karina, 138
Soros, George, 126
Sousa, Irineu Evangelista de, 57
Sousa, Paulino José Soares de, 55, 59
Sousa, Washington Luís Pereira de, 71
Souza, Amaury de, 160
Souza, Gabriel Soares de, 36
Souza, Joaquim Carvalho de ,154
Souza, Paulo Renato, 127, 163
Souza, Quitéria de, 146
Summers, Larry, 126

T

Tarsila do Amaral, 69
Tavares, Antônio Raposo, 31
Temer, Michel, 251

Teresa Cristina, princesa, 53, 58
Theodoro, Mario, 168
Tiradentes, 47
Tiririca, 260
Tombini, Alexandre, 214
Torturra, Bruno, 247
Toynbee, Arnold, 85
Trotsky, Leon, 147

U

Uribe, Alvaro, 234
Uruguai, Visconde do, 55

V

Valério, Marcos, 138
Valladão, Alfredo, 229
Vargas, Getúlio, 72, 73, 113, 228
Vasco da Gama, 26
Vasconcelos, Jarbas, 156, 249
Velho, Domingos Jorge 31, 32, 40
Velloso, João Paulo dos Reis, 94
Velloso, Raúl, 144
Veloso, Caetano, 21, 85, 93
Vespúcio, Américo, 27
Vieira, Antônio, 31, 37, 38, 43, 50
Villa-Lobos, Heitor, 68, 69, 79
Villas Bôas, irmãos, 191
Volker, Paul, 6

W

Walters, Vernon, 90
Weber, Max, 49
Wilberforce, William, 58
Wilcken, Patrick, 177

X

Xavier, Joaquim José da Silva, 47

Z

Zagallo, Mário, 94
Zelaya, Manuel, 233
Zuma, Jacob, 4
Zumbi, 40
Zweig, Stephan, 7

Este livro foi impresso nas oficinas gráficas da Editora Vozes Ltda.,
Rua Frei Luís, 100 – Petrópolis, RJ.